논어의 지평

논어의 지평

교육학적 관점에서

신창호 지음

우물이 있는 집

머리말

해체(解體)는 일종의 재창조(再創造)다. 목적과 의도를 가지고 해체한 텍스트의 경우, 재구성 과정에서 그러한 특징이 두드러지게 표출된다. 이 책도 의도적 해체를 통해 재탄생했다. 여러 학인(學人)과 함께 해체를 고려한 의도는 간단한다. 『논어(論語)』의 지평(地平)을 확인하면서, 이 시대에 부합하는 새로운 『논어』를 발견하고 탐구의 수준을 높여가며 공부하기 위해서다.

주지하듯이 『논어』는 유학의 최고 경전이다. 공자를 정점으로 그의 제자들이 생각하고 행동했던 사상의 집합체다. 현재 통용되고 있는 『논어』 20편은 공자와 그 제자를 사숙한 지성인들이 나름대로의 범주를 정해 편집한 것으로 보인다. 각 편마다 상당한 정도의 내용 정돈, 주제 분류 등을 고민하고 논리적 맥락에 따라 정리한 흔적이 역력하다. 인간의 사유나 행위가 현대 민주 사회에 비해 상당히 융·복합적이고 미분화 상태에 있었던 춘추전국 시대의 상황으로 볼 때, 『논어』의 체제를 고민한 당시 지성인들은 그들이 지향하던 학문적 의도에 따라 『논어』 편집의 기술을 발휘했을 것이다. 그러나 현대적 시각에서 얼핏 검토하면, 『논어』의 전체 체제나 각 편의 주제, 내용 등이 어딘가 모르게 엉성한 것 같기도 하고 혼란스럽기도 하고, 때로는 난삽하게 느껴질 때도 있다.

이 책은 그런 점을 염두에 두고, 현대적 시선을 담아 『논어』를 재구성하여 새롭게 편집해 보려는 시도다. 책 제목을 『논어의 지평』으로 하되, 지평의 성격에서 교육학적 관점을 담아보려고 노력했다.

『논어』 20편에 산포(散布)되어 있는 500장에 이르는 문장 전체 가운데, 특별히 의미를 부여하기 어려운 몇몇 장을 제외하고, 460여장을 주제별로 내용을 검토하고 분류했다. 책의 체제는 전체 8편으로 여덟 개의 영역으로 주제를 나누어 배치했다.

제1편은 '교육과 학습'이라는 주제 아래 '학문(學問)'을 주로 다루면서 관련 내용을 67개의 장으로 배치했고, 제2편은 '자기교육'을 주제로 '수신(修身)'을 다루는 내용 112장을, 제3편은 '가정윤리와 도덕교육'을 주제로 '효제(孝悌)'를 다루는 내용 14장을, 제4편은 '사회윤리와 공동체교육'을 주제로 '처세(處世)'를 다루는 내용 80장을, 제5편은 '정치철학과 교육'을 주제로 '치세(治世)'를 다루는 내용 53장을, 제6편은 '사회철학과 문명제도'을 주제로 '예악(禮樂)'을 다루는 내용 44장을, 제7편은 '친교와 사교'를 주제로 '목린(睦隣)'을 다루는 내용 15장을, 제8장은 '인생과 지혜'를 주제로 '논현(論賢)'을 다루는 내용 70장으로 정돈했다. 주제·내용별로 정돈을 하다 보니, 각 편마다 분량이 일정하지 않다.

본문에서 각 장을 정돈한 구절의 내용은 ①각 장의 일련번호와 소제목, ②번역, ③원문, ④교육지평 등 네 부분으로 구성했다. ①에서 각 장에 붙인 일련번호와 소제목은 주제와 내용을 보다 쉽게 드러내기 위한 장치이다. ②번역 부분에서는 한문 원문을 직역한 곳도 있지만, 대부분의 경우, 현대적 의미를 부여하여 해석하거나 시대정신에 적합한 개념이나 용어를 반영하여 이해하기 쉽게 의역하거나 번안했다. ③원문의 경우, 표점을 하고 '자왈(子曰)'과 같이 반복되는 부분이나 의미상 불필요한 구절은 생략한 경우가 있으나 대부분의 원문을 그대로 제시했다. ④교육지평은 원문과 그 해석에 함축된 내용을 각 영역의 주제에 맞추어 해설한 것이다. 특히, 교육철학적 관점을 투영하여 풀이하면서, 필요에 따라서는 다양한 사례를 제시했다.

본 연구를 시도하면서 희구한 것은 『논어』의 현대 교육적 재구성이었다. 그러나 대학원의 여러 제자들과 함께 논의하고 해체 작업을 하면서 정돈해 놓고 보니 미비한 부분이 많다. 해체의 의도와 목적에 부합할지도의문이다. 그래도 스스로 위안해 본다. 『논어』에 담긴 내용을 전체적으로 분류하고 검토해봤다. 거기에다 『논어』 구절 하나하나에 교육철학적 사고를 투영하며 재해석해 봤다. 그 가운데 탐구의 깊이를 더할 수 있었다. 이렇게 공부한 사실만이 진실로 남았다. 번역이나 해석상의 오류, 사고의 변별성이나 교육철학적 관점의 차이 등에서 오는 문제들에 대해서는 많은 질정과 편달을 부탁한다.

참고문헌에서 일부 밝혀 놓기는 했지만, 참고문헌에서의 제시 유무를 막론하고, 지금까지 『논어』 연구를 통해 후학에게 학문의 길을 열어준 모든 선학에게 감사한다. 아울러 나 스스로 또 다른 방식의 『논어』 지평을 열어갈 것을 다짐하며, 새로운 『논어』 해석 작업에 채찍을 가해 본다.

2018. 1.
대한(大寒) 무렵 안암동 연구실에서
신창호(申昌鎬) 배상(拜上)

차례

제1편

교육과 학습 - 학문(學問)

1. 배우고 익히다

육예(六藝)에 담겨 있는 삶에 필요한 기예를 스스로 배우고 익히면, 그
것만큼 기쁜 일이 어디 있겠는가! 자신을 알아주고 함께 의견을 나눌 수
있는 뜻이 같은 벗이 먼 곳에서 찾아와 함께 논의하면, 이보다 즐거운 일
이 무엇이 있겠는가! 남들이 알아주건 알아주지 않건 자기 자리에서 본분
을 다하며 역할과 기능에 충실하면, 곧은 인간으로서 참된 삶이 드러나리
라!

원 문

學而時習之, 不亦說乎. 有朋自遠方來, 不亦樂乎. 人不知而不慍, 不亦君子
乎. -「學而」1

교육지평

이는 『논어』의 첫 번째 구절이다. 모든 저술이 그러하듯이 첫 번째 구절은 그 책의
성격을 규정한다. 『논어』의 첫 구절 중에서도 맨 앞 구는 배움[學]과 익힘[習]으로 되어
있다. 그것은 『논어』가 평생을 학습으로 일관하는 메시지다. 그렇다면 무엇을 학습해
야 하는가? 사람에게 가장 중요한 학습은 인생에 필요한 기술과 도덕이다.

유학에서는 그것을 크게 여섯 가지로 분류하여 설명한다. 이른바 '육예(六藝)'다. 육
예는 인간 공동체의 덕목이자 가치 체계. 자기노력, 벗과의 만남과 교류, 소통, 내면
화! 이런 삶의 의지와 희망, 열정의 텍스트(text) 가운데 모든 사람은 본분에 충실해야
한다.

이러한 교육적 삶을 살았던 유학자들은 많다. 중국 북송(北宋) 시대의 명재상으로
이름을 드날렸던 범중엄(范仲淹)은 어린 시절 집안이 매우 가난했다. 매일 저녁 쌀겨

로 죽을 만들었다. 그리고 다음 날 아침에는 식어서 응고된 죽을 네 조각으로 잘라, 아침에 두 조각을 먹고 저녁에 남은 두 조각을 먹으며 허기를 달랬다. 날이 추워 집중이 안 될 때는 눈[雪]으로 세수를 하고 정신을 차려가며 공부를 했다. 삶은 힘들고 어려웠지만, 범중엄은 어린 시절부터 그런 생활을 담담히 받아들이며 공부를 즐겼다. 공부를 평생 함께 하는 삶의 필수품으로 여기고 습관화 했던 것이다.

이처럼 공부는 자발적이고 적극적으로 할 때, 학습의 기쁨을 느낄 수 있다. 그것을 바탕으로 뜻이 같고 생각이 일치하는 친구를 사귄다면 인생의 큰 즐거움이 될 수 있다. 서로 이야기 하는 동안 의견을 교환하고 지식을 넓히며, 상호 장·단점을 취하고 보완할 수 있다. 그런 다음, 스스로 만족하며 자신의 모습을 자기답게 가꾸었을 때 인간의 공부는 정점에 도달한다.

2. 수준에 맞게 가르치다

중간쯤 되는 사람에게는 수준 높은 세상 이치에 대해 이야기를 해줄 수 있다. 하지만 중간 이하의 사람에게는 교양 수준이 높은 이야기를 해주기가 어렵다.

원 문

中人以上, 可以語上也, 中人以下, 不可以語上也. -「雍也」19

교육지평

가르치는 사람은 배움에 임하는 사람의 개별적 능력에 따라 내용을 일러 주어야 한다. 그래야만이 상대가 수준에 맞게 배우게 된다. 이는 현대적 의미에서 보면 개별화 수업과 상통한다. 인간의 특성에 따라 차이가 있기는 하겠지만, 자질이나 학식, 덕행이 중간 이상 되는 사람이어야 철학적 담론을 논의할 수 있다. 그렇지 않고 보통 이하의 사람에게 갑자기 깊이 있는 얘기를 하게 되면, 상대방은 무슨 이야기인지 알아듣지 못할 뿐만 아니라 자신의 자질을 생각 이상으로 오해하여 엉뚱한 짓을 저질 수도 있다.

공자는 사람의 지력(智力)을 상(上)·중(中)·하(下)의 세 등급으로 구분했다. 태어날 때부터 상지(上智)와 하우(下愚), 그리고 중인(中人)으로 분류하며 수준 차이가 있다고 생각했다. 어떤 사람은 반응은 빠르지만 학습의 내용을 제대로 파악하지 못하며, 반대로 어떤 사람은 반응은 느리지만 배운 내용을 정확하게 이해한다. 그러므로 공자는 사람마다 그 특징에 따라 다른 교육방법을 사용하는 인재시교(因才施敎)를 주장했다. 자질에 맞게 교육방법이 적당하면 모든 사람이 각자 발전을 이룰 수 있는 것이다.

3. 사람이 된 다음에 공부하다

집에서는 부모자식 사이에 효도를 하며, 밖에서는 친구 사이에 우정을 나누어야 한다. 어떤 상황에서도 신중하게 행동하고 신의를 지켜야 하며, 어떤 사람을 만날지라도 열린 마음으로 대하고, 사람다운 사람을 만났을 경우 그를 더욱 가까이해야 한다. 이런 생활을 제대로 실천하고 여유가 생길 때, 글공부를 해야 한다.

원 문

弟子入則孝, 出則弟, 謹而信, 汎愛衆, 而親仁, 行有餘力, 則以學文. -「學而」6

교육지평

공자는 제자들을 향해 글공부 이전에 삶에게 중요한 행실이 무엇인지 심각하게 일러주었다. 그것은 다름 아닌 주체적으로 살아가기 위한 덕목이다. 효도, 우정, 신중, 신의, 개방적 태도, 포용력 등. 삶에서 상식적인 윤리 도덕조차도 지키지 못하면서 글공부에 매달린다면, 사람다움을 체득할 수 없다. 글을 통해 많은 지식은 소유할 수 있을지 모르겠으나 아름다운 사람으로서 모범이 될 수는 없다.

먼저 좋은 사람이 되어야 학문이 쓸모 있게 된다. 지식 이전에 도덕성을 실천하는 인간이 되어 달라! 그 다음에 여유가 생기면 고전 문헌을 학습하고 문자 지식을 향상시킨다.

공자의 교육철학은 학생의 도덕·윤리 관념을 체득하는 일을 우선시 했고 지식의 전달이나 습득은 그것을 보완하는 차원에서 그 이후에 강조되었다.

4. 배움은 사람다운 구실을 하게 만든다

지혜롭고 현명한 사람을 대우하고 존경하며, 정성을 다해 부모를 모시며, 자신이 속한 공동체를 위해 헌신하고, 벗과 사귈 때 빈말을 하지 않는 사람이라면, 그가 글을 배우지 못했을지라도 나는 반드시 이런 사람을 배운 데가 있다고 말하리라!

원 문

賢賢易色, 事父母, 能竭其力, 事君, 能致其身, 與朋友交, 言而有信, 雖曰未學, 吾必謂之學矣. -「學而」7

교육지평

이 글은 공자의 언급이 아니고 공자의 제자인 자하의 언표이다. 자하가 말하는 '배운 사람'은 단순하게 지식을 많이 알고 있거나 고등교육을 받고 석사나 박사학위를 받은 지식인의 차원을 넘어서 있다. '배운 사람'이란 일상에서 사람 관계를 고려하고 윤리 도덕을 실행하는 사람다운 구실을 하는 존재다.

사람이 훌륭한 교육을 받았는지의 여부를 판단하는 기준은 그의 지식수준이 아니라 효(孝)나 충(忠), 신(信)과 같은 기본적 도덕성이다. 자하의 스승인 공자도 효도나 충실, 신뢰와 같은 사람의 덕행이 행복한 가정과 사회를 이루는 삶의 기본 방법이라고 여겼다.

5. 배운 내용을 실천하며 능동적으로 생각하다

공자가 하루는 제자 안회와 종일토록 이야기를 나누었는데, 안회는 멍청할 정도로 내 말을 그대로 따랐다. 하지만 안회가 생활하는 것을 살펴보니 내가 해 준 말들을 누구보다 제대로 실천하고 있었다. 이런 점에서 안회는 절대 어리석은 사람이 아니다.

원 문

吾與回, 言終日, 不違如愚, 退而省其私, 亦足以發, 回也, 不愚. -「爲政」9

교육지평

교사의 가르침에 대해 따져 묻지 않는다고 교육이 잘못된 것은 아니다. 주자의 선생인 이연평은 이 글에 대해 다음과 같이 이해했다. 안회는 그 사람됨이 속이 깊고 순수하며 훌륭한 사람의 면모를 갖추었다. 그러므로 스승 공자의 말을 듣고 마음에 새기며 세상의 이치를 알고 그에 맞게 행동했다.

공자는 제자들에게 재능을 일깨우고 발전시켜 나가는 계발(啓發)을 교육의 방법으로 중시했다. 그것은 학생이 스스로 창조하고 창의적 정신을 갖고 공부해야 한다는 학생의 자발적이고 적극적 자세를 반영한다. 학생이 수동적으로 교사가 전해준 지식을 받아들이기만 하고, 능동적으로 생각하지 않는 자세를 경계한다. 공부를 할 때 좋은 효과를 얻으려면, 스스로 생각하고 문제의식을 갖추어야 한다.

6. 묵묵히 마음에 새기다

묵묵히 마음에 새기고, 배우면서 싫증내지 않으며, 사람 가르치기를 게을리 하지 않는 일, 이 세 가지 가운데 무엇이 나에게 있겠는가?"

원 문

黙而識之, 學而不厭, 誨人不倦, 何有於我哉. -「述而」2

교육지평

공부 방법에 대한 의미 있는 견해다. 묵묵히 마음에 새기는 일은 말없이 속으로 깊이 깨닫고 아는 작업이다. 내면으로부터 깨닫고, 배우며, 사람을 가르치는 일은 인간의 학습과 교육의 과정이다. 공자는 인생의 전반에서 이런 일을 실제로 수행했고, 이 세 가지 교수-학습의 삶을 감당하기가 쉽지 않다고 겸손해 한다.

묵묵히 마음에 새기는 것은 마음을 쓰는 일이고, 배움에 싫증내지 않는 것은 학습의 즐거움을 느끼는 일이며, 가르칠 때 게을리 하지 않음은 학생을 대할 때 사랑하는 마음으로 대하는 일이다.

7. 말하기 전에 실천하다

교육받은 지성인은 말하기 전에 먼저 행하고 그 다음에 말하는 사람
이다.

원 문

君子, 先行其言, 而後從之. -「爲政」13

교육지평

공자의 제자인 자공이 군자에 대해 묻자 공자가 말한 대목으로, 말과 그것을 뒷받
침하는 행동 사이의 대처 문제다. 우리 사회에는 말이 난무하는 반면, 그것을 실천하
는 사람은 드물다. 말만 난무하는 세상을 향해 공자는 실천을 강조한다. 말하는 것 자
체는 절대 어려운 일이 아니다. 중요한 것은 실천이다.

도덕성을 갖추고 넓게 배워 풍부한 지식을 갖고 있는 사람이 되려면, 말만 잘하고
행동이 없으면 안 된다. 먼저 행동을 한 다음 말을 하는 것이 다른 사람에게 믿음을 얻
을 수 있다.

8. 배움과 사고를 결합하다

머리로 배우기만 하고 가슴으로 생각하여 따지지 않으면 제대로 얻는 것이 없다. 단순하게 생각하여 따지기만 하고 온몸으로 배우지 않으면 갈피를 잡지 못하고 위태로운 삶으로 떨어진다.

원 문

學而不思則罔, 思而不學則殆. -「爲政」15

교육지평

삶에서 어떻게 배우고 생각하는지에 대해 변증법적 태도로 접근한 교육 언표다. 인간이 삶을 제대로 운용하려면, 온몸으로 배우고 생각하여 학문과 사고를 일치시키려는 노력이 중요하다. 배움에만 만족하거나 생각이 충실하지 않아 현실적이지 못한 상황으로 전락해서는 곤란하다. 학문과 사고의 역동적 전환은 구체적 행동을 유발하는 실천의 밑거름이 된다.

공자는 학습 과정에서 학문과 사고의 결합을 진지하게 고민했다. 배우지만 사고하지 않으면 힘만 들고 아무런 성과도 이루지 못하고, 수동적이고 막막하게 된다. 반면에 생각만 하고 배우지 않으면 무학으로 무능한 사람이 될 수 있다. 그러므로 학문과 사고는 반드시 함께 해야 한다.

현실적으로 품행과 학업이 훌륭한 학생을 보면, 대체로 독특한 학습태도가 있다. 그것은 자주적 사고 능력을 갖추고, 선생님이 가르친 내용에 대해 스스로 생각한 다음 자기의 것으로 만드는 일이다. 이런 학습의 방법은 미국의 존 듀이가 주장하는 반성적 사고(reflective thinking)와 그에 터한 탐구학습과 상통하고, 자기 조정 학습을 통한 개념 성취와 개념 발달의 교수 원리를 고려할 수 있다.

9. 가르침을 요청하기 전에 신뢰를 쌓다

육포 한 묶음 정도의 예물을 가져온 사람이라면 내 일찍이 가르치지 않은 적이 없다.

원 문

自行束脩以上, 吾未嘗無誨焉. - 「述而」7

교육지평

옛날에는 사람을 만날 때 반드시 선물을 지참하고 가서 기본 예의를 표시했다. 배움에서도 마찬가지였다. 배우기 위해서는 스승을 만나야 하고, 만남의 과정에서 배움에 대한 기본 예의가 요청되었다. 어떤 사람은 이 대목을 '공자가 육포 한 묶음을 학비로 받은 것은 집안 상황이 좋은 사람만 제자로 받은 것'이라고 생각하기도 했다. 그러나 사실은 그렇지 않다.

공자는 최소한의 예의를 갖추어 배우기를 요청한 사람에게 가르치지 않은 일이 없었다. 공자가 육포 한 묶음을 받은 것은 현대적 의미에서 학비로 비유할 수도 있다. 하지만 그것은 교육에 대한 공식적 대가라기보다 교육적 만남에서 이루어지는 인간적 신뢰와 기본 예의로 이해하는 것이 좋다.

10. 모르는 것은 모른다고 하다

아는 것은 안다고 하고, 모르는 것은 모른다고 하라. 그것이 진정으로 아는 것이다.

원   문

知之爲知之, 不知爲不知, 是知也. -「爲政」17

교육지평

공자가 지식과 지혜를 대하는 삶의 태도를 적확하게 볼 수 있는 대목이다. 공자는 당시 용맹스럽고 정의감에 불타던 제자 자로가 너무나 적극적으로 활동하면서 지나친 행동으로 전락할까봐 고민하며 '안다는 것'의 의미를 정확하게 일러 주었다.

진정으로 안다는 것은 풍부한 지식의 소유를 자랑하거나 높은 학력을 뽐내는 것이 아니다. 아는 것과 모르는 것을 정확하게 분별하고 판단하여 자신이 어떤 사람인지 솔직히 밝히는 자기 고백, 고해(告解)이다. 자신을 적나라하게 타자에게 공개하고, 의사소통의 밑거름을 마련하는 작업이다.

그러기에 공자는 자로에게 성실하고 솔직한 태도로 공부를 해야 한다. 아는 것을 안다고 하고 모르는 것을 모른다고 하라! 공부하는 데 조금이라도 거만하고 거짓된 언행을 하면 안 된다고 일러 준 것이다.

11. 확실한 것만을 말하고 실천하다

많이 들어라. 그 가운데 의심나는 것이 있으면 빼놓아라. 그리고 나머지 크게 의심하지 않아도 될 말 가운데서 신중하게 가려서 하면, 일상에서 잘 못하는 일이 적을 것이다. 많이 보아라. 그 가운데 확실하지 않은 것 같다고 생각되는 부분은 빼놓아라. 그리고 나머지 확실하다고 생각되는 것 가운데서 신중하게 가려서 행동하면, 삶에서 후회가 적을 것이다. 말에 잘못이 적고 행동에 후회가 적으면, 반드시 공직자 생활을 잘할 수 있을 것이다.

원　문

多聞闕疑, 愼言其餘則寡尤. 多見闕殆, 愼行其餘則寡悔. 言寡尤, 行寡悔, 祿在其中矣. - 「爲政」18

교육지평

공자의 제자 자장이 공직에 나가 봉급 받으며 사는 방법을 배우려 하자 공자가 말해준 내용이다. 주자에 따르면 이 구절에 대해 다음과 같이 풀이했다. "많이 듣고 보게 되면 학문이 넓어진다. 의심나는 것이나 확실하지 않은 것을 빼놓으면 선택이 쉬워진다. 말과 행동을 신중히 하면 지키는 것이 굳어진다." 따라서 학문을 통해 정확하게 선택하고 올바른 사안을 제대로 지키는 사람이 공직자가 되어야 한다.

공자는 "배우고 여유가 있으면 공직자로 나간다[學而優則仕]"라고 했다. 이는 공직자가 되기 위한 정치·행정철학이 교육·학습관과 상통함을 일러 준다. 배우는 사람은 늘 사실에 토대하여 솔직한 태도로 자신이 모르는 것이 있으면 타인에게 물어봐야 한다.

공직자의 경우에도 이러한 태도로 정치나 행정에 임할 때 실수를 줄일 수 있다. 그 것이 학문을 비롯한 사회 생활의 기본 원칙이다.

12. 아침에 삶의 길을 깨달으면 저녁에 죽어도 좋다

아침에 세상 이치와 사람의 길이 무엇인지를 듣고 깨닫는다면, 저녁에
죽어도 좋다.

원   문

朝聞道, 夕死可矣. -「里仁」8

교육지평

사람에게서 삶과 죽음은 매우 중요하다. 어떤 차원에서는 최고의 인생 문제이기도
하다. 그런데 공자는 인생에서 그것보다 고민할 문제를 제기했다. 다름 아닌 도(道),
인생의 길에 관한 문제다. 여기에서 도(道), '길(way)'은 진리와 유사한 개념이다. 그것
은 자연의 길이요 인간의 길이요, 모든 사물의 길이다. 그 길이 무엇인지 파악하여 순
리대로 따르려는 것이 삶이다.

시대와 지역, 사람에 따라 '도'에 대한 이해는 다를 수 있다. 공자는 끝없이 진리를 추
구하는 마음을 강조하며 인생의 적극적 멘토 역할을 자처한다. 단순한 시간의 흐름이
인생의 가치를 멈추는 이유가 될 수는 없다. 하루를 살더라도 진리를 추구하고 배우며
자신의 품성과 덕행을 수양할 수 있다면, 그런 하루를 산 인생의 의미는 남다르다.

13. 인간 본성과 우주 자연에 대해 이야기하지 않다

공자의 가르침은 사람의 행동거지나 문장처럼 밖으로 드러난 사안에 관한 것이 대부분이었다. 그러다 보니 인간의 본성이나 자연의 질서와 같이 파악하기 힘든 부분에 대해서는 좀처럼 이야기하지 않아 들을 수 없었다.

원　문

夫子之文章, 可得而聞也, 夫子之言性與天道, 不可得而聞也. -「公冶長」12

교육지평

이 구절은 공자의 제자 자공이 공자에게 배운 내용을 간략하게 말한 것이다. 공자는 사람이 살아갈 때 필요한 문화, 그 가운데 윤리 도덕을 중심으로 삶의 합리성을 강조한다. 일상에서 올바른 행위를 중요하게 여기는 생활 태도를 염두에 둔다. 그런 점에서 공자는 인간의 문화를 적극적으로 긍정하며 제자들에게 전수한 선구적인 인문학자다.

하지만 인간의 본성이나 자연의 질서와 같이 심오한 이치를 담고 있는 자연학에 대해서는 적극적으로 해명하지 않았다. 어떤 학자들은 공자가 본성이나 자연의 질서와 같은 심오한 이치를 말해 주었는데, 제자들이 그 뜻을 제대로 이해하지 못했다고 주장하기도 했다. 공부를 할 때, 단순하게 선생이 가르쳐주는 내용을 듣는 데만 의존해서는 안 된다. 인간의 본성이나 자연의 질서와 같은 것은 구체적이지 않고 상대적으로 추상적이기 때문에, 그것을 제대로 이해하고 인식을 하려면, 학습자 자신이 자발적이고 자주적으로 사고할 필요가 있다.

14. 남에게 묻기를 좋아하다

공문자는 행동이 민첩하면서도 배우기를 좋아하고, 아래 사람에게 묻기를 부끄러워하지 않았다. 때문에 '문(文)'이라는 시호를 주었다.

원　문

敏而好學, 不恥下問, 是以謂之文也. -「公冶長」14

교육지평

공자의 제자 자공이 위나라의 대부인 공어에게 왜 '문(文)'이라는 시호를 붙여, 공문자라고 부르는지에 대해 묻자 공자가 말한 대목이다. 성품이 재빠른 사람은 일반적으로 배우기를 좋아하지 않고, 지위가 높은 사람은 아랫사람에게 묻는 것을 부끄럽게 여기는 경우가 많다. 그러므로 부지런히 배우고 묻기를 좋아하는 일은 보통 사람들이 실천하기 어려운 작업이다.

옛날에는 죽은 사람의 생전 업적이나 행적에 따라 임금이 그에 맞는 칭호를 내려주었다는데, 그것을 시호법(諡號法)이라 한다. 이때 배움을 부지런히 하고 묻기를 좋아했던 사람에게 '문(文)'이라는 시호를 내려 주었다. 우리나라 조선의 훌륭한 학자들에게도 이 문(文)이라는 시호가 많이 내려졌다. 퇴계 이황의 시호는 문순공(文純公)이고 율곡 이이는 문성공(文成公)이다.

아무리 훌륭한 학자일지라도 모든 분야의 지식을 두루 갖출 수는 없다. 널리 배우고 지식이 풍부하더라도 자신이 전공하지 않은 어떤 영역에서는 초보자일 수도 있다. 따라서 배우는 사람은 겸손한 마음으로 공부를 하고, 모르는 것이 있으면 그 분야의 전문가에게 물어보는 학문 자세가 매우 중요하다.

15. 배움을 좋아하다

열 집 정도 사는 조그마한 고을에도 충실하고 믿음직스러운 사람은 있기 마련이다. 하지만 나처럼 배우기를 좋아하는 사람은 없으리라!

원 문

十室之邑, 必有忠信, 如丘者焉, 不如丘之好學也. -「公冶長」27

교육지평

공자는 자신에 대해 매우 엄격하게 평가했지만, 스스로 배우기 좋아하는 사람으로 자처했다. 수많은 제자에게 가르침을 베풀었던, 위대한 스승 공자가 배우기를 좋아하는 사람이라고 고백을 한 것은 그만한 이유가 있다. 모든 사람이 각자의 영역에서 배움을 통해 세상일에 대해 힘써 노력하자는 강력한 충고다.

공자는 자신의 호학(好學), 덕행과 재능이 타고 난 것이 아니고, 배움을 통해 터득한 것임을 강조한다. 그런 자신의 모습을 제자들에게도 권장하며 호학(好學)의 마음을 가지도록 격려했다. 이런 차원에서 볼 때, 보통 사람도 배우기를 좋아하고 질문을 잘 해 나가면, 공자 같은 성인이 될 수는 없을지라도 전문 지식이나 재능을 갖춘 사람은 충분히 될 수 있다.

16. 스스로 한계를 긋지 않다

힘이 모자라는 사람은 중도에 그만두기 마련이다. 그대는 지금 미리 할
수 없다고 스스로 한계를 그어 놓고 실천을 하지 않고 있다.

원 문

力不足者, 中道而廢, 今女畫. -「雍也」10

교육지평

　공자의 제자 염구가 선생님의 가르침을 제대로 이행하지 못하자, '힘이 모자라 실
천하지 못한다'라고 변명을 하자, 공자가 꾸짖는 대목이다. 이런 염구의 태도는 배움
과 삶을 자포자기 하는듯한 패배주의의 전형을 보여 준다. 염구를 꾸짖기 이전, 공자
는 '가난하게 살면서도 만족하는 인생', 이른 바 안빈낙도(安貧樂道)를 즐기는 제자 안
회를 칭찬했다. 그런데 염구가 이런 저런 핑계로 자신의 삶에 만족하지 못하자 강력한
경고를 날렸다.

　공부를 할 때 자신이 스스로 한계를 정해놓고 능력이 부족하다는 핑계로 자기가 할
수 없다고 생각하면 성장할 수 없다. 더 이상 발전하기 어렵다. 그런데 염구는 자기는
그렇게 하지 못하겠다고 반발한다. 이에 공자가 화가 난 듯하다. 공자가 볼 때, 어려움
이 닥칠 것을 두려워하는 염구의 마음이 문제다. 못하는 것과 안하는 것의 차이! 스스
로 능력이 부족하다고 여기고 한계를 그어버리면 삶의 퇴보만이 기다릴 뿐이다. 자신
의 능력의 부족하다고 사전에 내세우지 말라! 누구나 자신의 노력을 통해 자기 삶을
가꿀 권리와 의무가 있다! 핵심은 자기 능력에 대한 적극적 긍정과 자포자기에 대한
최고의 경계다.

17. 사람의 길을 즐기다

사람의 길이 무엇인지 아는 사람은 그것을 좋아하는 사람만 못하고, 사람의 길이 무엇인지 좋아하는 사람은 그것을 즐기는 사람만 못하다.

원 문

知之者, 不如好之者, 好之者, 不如樂之者. -「雍也」18

교육지평

지지(知之)-호지(好之)-낙지(樂之)는 크게 보면 교육의 3단계다. '안다'라는 말의 의미는 사람이 각자의 위치에서 가야 할 길이 있음을 아는 일이다. '좋아하다'는 말의 의미는 속으로 좋아서 행하는 일이다. '즐기다'는 말의 의미는 몸으로 직접 터득하여 즐기는 일이다. 알고 난 후 좋아하는 수준은 온전하게 몸으로 터득한 단계는 아니다. 어떤 일을 할 때 그 일에 깊은 관심을 갖고 있으면 즐거움과 흥미를 느낄 수 있고 제대로 완성할 수 있다.

공부 과정에서도 마찬가지다. 공부를 임무로 생각하면 공부를 좋아하는 것보다 못하고, 공부를 좋아하기만 하는 것은 공부를 즐기는 것보다 못하다. '흥미가 최고의 선생이다!' '관심이 가장 좋은 스승이다!'라는 언급이 이런 것을 적절하게 표현한다.

지지(知之)-호지(好之)-낙지(樂之)를 먹거리에 비유하면, 안다는 것은 먹을 수 있는 식재료라는 사실을 아는 것이고, 좋아하는 것은 음식을 먹으면서 맛있게 여기는 것이며, 즐기는 것은 배불리 맛있게 먹은 상황이다. 공부의 과정에서 끊임없이 노력하는 삶을 자강불식(自強不息)이라고 한다.

미국의 교육철학자인 존 듀이에 의하면, 교육은 인간의 본성 발달 과정에 따라 이루어져야 하는데, 이때 인간의 흥미를 함부로 억압해서도 안 되고, 인간의 흥미에 관한 세밀한 관찰을 해야 한다. 흥미와 노력은 동전의 양면처럼 불가분의 관계이기에, 인간이 어떤 사안에 대해 흥미를 느끼고 즐길 수 있으면 자연스럽게 그것에 대해 노력한다.

18. 널리 배우고 간절히 묻다

배우기를 널리 하여 뜻을 도탑게 하며 묻기를 간절히 하여 생각을 가깝게 하면, 사람다운 도덕성은 그 가운데 있다.

원 문

博學而篤志, 切問而近思, 仁在其中矣(「子張」6)

교육지평

공자의 제자 자하가 한 말로, 배움과 뜻, 물음과 생각에 관한 통일적 사유를 전달해 주는 구절이다. 공자가 추구했던 배움은 자연의 질서와 이치, 인간의 역사와 문화 전통 모두가 포함된다. 제자들도 정도의 차이가 있기는 하지만, 이를 그대로 본받는다.

자연과 인간의 이치를 전반적으로 잘 담고 있는 것이 『시경』, 『서경』, 『역경』, 『예기』, 『악기』, 『춘추』의 육경(六經)이다. 박학(博學)을 통해 지향하는 공부의 목표는 형이상학적이거나 거창한 일이라기보다는 형이하학적이고 일상의 삶에 필요한 기예를 배우는 일이었다.

19. 전통을 공부하여 전수하다

　나는 옛 전통 문화를 공부하여 전달하고 기술하는 데 힘을 쏟았지, 내 멋대로 창작하여 가르치지는 않았다. 옛날의 고적을 믿고 좋아하기를 노팽에게 견주어 본다.

원　문

述而不作, 信而好古, 竊比於我老彭. -「述而」1

교육지평

　공자의 학문 자세와 교육 태도를 잘 보여준다. 노팽은 상나라의 대부라고 하는데, 옛 전통을 열심히 공부하고 전달하는 데 능숙했던 사람으로 보인다. 공자는 성인들의 공적을 추려 모으고 절충하여 육경(六經)을 편찬했다. 그 일은 서술하여 전수하는 작업이지만 새롭게 창조하는 것 이상으로 힘든 일이다.

　동양의 학문 전통에서 보면, 창작은 성인(聖人)만이 할 수 있고 그것을 시대에 맞게 해석하고 전달하는 일은 현인(賢人)의 몫이다. 어쩌면 순수 창작은 불가능할 수도 있다. 그런 점에서 전통을 기반으로 전수하고 기술하는 과정 자체가 새롭게 다가오는 시대정신과 열정을 담은 새로운 창작이 될 수도 있다.

20. 전통을 공부하는 동시에 변화에 대비하다

지나간 것을 살펴보는 동시에 다가오는 것을 알아야 한다. 그래야 남의 스승 노릇을 할 수 있다.

원 문

溫故而知新, 可以爲師矣. - 「爲政」11

교육지평

다른 사람의 스승이 될 수 있는 요건을 지칭하는 온고지신(溫故知新)의 출처이다.

다른 사람의 모범이 되어야 할 스승은 전통에 대한 통찰력, 현재를 추동하는 실천력, 그리고 미래에 대한 예지력을 지녀야 한다. 그것은 옛날의 역사를 알고 그것을 현실에서 창조적으로 활용하는 작업이다. 공부는 단번에 할 수 있는 것이 아니다. 학습은 지속적 행위이자 계속적 축적 과정이다. 배운 지식을 꾸준히 복습하면 배운 것을 성숙하게 할 뿐만 아니라 새로운 지식도 창출할 수 있다. 이런 점에서 온고이지신(溫故而知新)은 현실에서 구체적으로 실천할 수 있는 학습 방법이자 규칙이다.

중국 북송(北宋) 시대의 훌륭한 정치가인 조보(趙普)는 미천한 아전 출신이었다. 이에 자신의 약점을 보완하기 위해 누구보다도 열심히 공부했다. 학문의 참맛을 어느 정도 깨달은 후, 조보는 『논어』 절반을 터득하여 세상을 다스린다[半部論語治天下]'라고 했다. 학문의 과정에서 혹은 사회생활에서 '경험은 가장 좋은 선생이다!'라는 말이 있듯이, 과거의 역사를 제대로 파악해야 그 역사적 경험과 교훈을 얻을 수 있다.

과거에서 미래로 이어지는 사유의 연속성은 추론(推論)을 통해 가능하다. 아울러 과거 전통의 사례에 기초하여 학습해 나갈 때 지식이 통합되고 도덕이 합리성을 띠며 삶의 보편성이 확보된다.

21. 사람의 길에 뜻을 두다

사람의 길을 고민하는 데 뜻을 두고, 바른 생활을 하는 곧은 마음을 간직하여, 사람을 사랑하도록 애쓰며, 삶을 멋지게 즐겨야 한다.

원 문

志於道, 據於德, 依於仁, 游於藝. -「述而」6

교육지평

이는 인간이 배우는 목적을 크게 네 가지로 정돈한 구절이다. 즉 배움은 인간의 올바른 길을 인식하고 실천하는 데 있다. 또한 삶의 지혜를 체득하고 개인적 욕망을 조절하며 생활을 합리적으로 영위하는 능력을 함양하는 데 있다. 이런 배움은 삶의 정도 (正道)에 관한 성찰을 요청한다.

『논어』를 비롯한 여러 경전을 통해, 공자는 제자 교육에서 학문의 순서와 방법을 분명하게 일러준다. 그것은 인덕(仁德)에 의거한 인성을 중시하며 육예(六藝)에 능통한, 잘 삶을 위한 실제 능력을 갖추는데 관심을 둔다.

22. 핵심 가치를 구분하다

쓸데없는 공부나 부질없는 일에 몰두하면 손해를 볼 수밖에 없다.

원　문

攻乎異端, 斯害也已. -「爲政」16

교육지평

공자는 학문의 과정에서 본질을 벗어나거나 이단에 빠지는 것을 매우 경계했다. 공자 당시의 이단은 지나치게 자신의 이익만을 추구하는 학설을 주장한 양주나 모든 사람에게 사랑을 베풀어야 한다고 주장한 묵자의 학설을 말한다.

이들은 세상에 부모도 없고 지도자도 없다고 한다. 얼핏 보면 만민 평등이나 사해동포주의처럼 자기애와 타인애가 가득한 사랑과 평등의 학설 같기도 하다. 그러나 그들의 학설은 역할에 따라 사람을 구별하지 않고, 본분을 소홀히 할 수 있으며, 삶의 태도를 합리적으로 처리하지 못할 우려가 있다.

학문은 그 학문이 지향하는 바른 길을 선택해야 한다. 본질을 벗어나 그릇된 이론을 연구하면 올바른 학문 체계를 구축하기 어렵다. 좋은 성과를 얻으려면 우선 올바른 학문의 방향을 찾아야한다.

23. 자기 노력을 우선하다

배워서 알려고 달려들지 않으면 계발해 주지 않고, 말로 표현하려고 애쓰지 않으면 일러 주지 않으며, 한 귀퉁이를 들어 가르쳐 주었는데 세 귀퉁이를 들어낼 만큼 반응하지 않으면 되풀이하여 가르치지 않는다.

원 문

不憤不啓, 不悱不發, 擧一隅, 不以三隅反, 則不復也. -「述而」8

교육지평

학문하는 태도나 방법을 지시하는 언표이다. 학문 방법의 핵심은 무엇보다도 자기 노력이다. 자기 바깥의 타자인 스승이 먼저 지식을 일러 주는 방식이 아니다. 학문의 길에 들어섰다면, 배우려는 의지나 열망을 갖고 분발하고, 무언가 배워 알았다면 입 안에서 중얼거릴 것이 아니라 명확하게 표현해야 한다. 또한 네모진 물건이 있을 때 그 가운데 한 모퉁이를 일러 주면 나머지 부분은 연상을 하여 깨달아야 한다.

지식 습득의 차원에서 이해하면, 교사는 25% 정도의 지식을 시범으로 들어준다. 나머지 75%에 해당하는 지식은 학생이 스스로 탐구해야 하는 구조다. 학생은 그만큼 스스로 의지력, 표현력, 상상력, 응용력 등을 갖추어야 한다. 이는 추론학습이나 문제해결학습, 탐구학습 등에 기반한 계발식(啓發式) 교육과 상통한다. 학생들은 교사에게만 의존해서는 안 되며, 그보다 먼저 적극적이고 독립적 사고를 할 수 있어야 한다.

24. 변화의 철학을 배우다

나에게 몇 년 만 더 살게 해 주어 『역』을 배울 수 있다면, 인생에서 큰 잘못이 생기지 않게 할 수 있을 것이다.

원   문

加我數年, 五十以學易, 可以無大過矣. -「述而」16

교육지평

공자는 우주자연의 변화 원리와 인생의 희로애락을 점칠 수 있는 『역경』에 대해 높은 평가를 하고 있다. 『주역』은 길하고 흉하고, 사그라지고 자라나며, 나아가고 물러나고, 보존되고 멸망하는 자연과 인간의 이치를 담고 있다. 때문에 사람은 『역경』에 담긴 진리를 배우고 깨달아 삶에 응용할 필요가 있다.

공자는 50세 무렵에 『역경』을 배우면 인생에서 큰 실수를 피할 수 있을 것으로 생각한다. "50대에 천명을 알았다[五十而知天命]"라고 말했듯이, 『역경』을 깊이 연구하며 자신의 말과 행위를 '천명'에 부합하려고 노력한 것으로 이해되기도 한다.

25. 많이 듣고 많이 보다

세상 이치를 제대로 알지도 못하면서 함부로 말하고 행동하는 사람이 있는데, 나는 그렇게 하지 않는다. 많이 듣고서 나은 것을 가려서 따르고, 많이 보고서 마음에 새겨 둔다. 그러면 아는 것에 가까워진다.

원 문

有不知而作之者, 我無是也. 多聞, 擇其善者而從之, 多見而識之, 知之次也. -「述而」27

교육지평

공자의 말을 거꾸로 이해하면 더 간단해진다. 제대로 좀 공부하고서 말하고 행동하라! 공부를 하여 안다는 것은 많이 듣고 많이 보는 일과 연관된다. 보고 들을 때, 모범적인 행동을 따라 실천하고 마음에 간직할 필요가 있다.

미리 듣고 보는 일, 즉 일종의 예비지식이 지식의 보조 역할을 한다. 그래야만 어떤 상황이 발생했을 때, 그에 맞게 대비할 수 있다. 좋은 것을 보고 들으며 배우고 따라하는 공부는 삶의 지혜로 발전한다.

26. 부지런히 탐구하다

나는 태어나면서부터 세상의 모든 것을 아는 사람이 아니다. 옛 전통을 좋아하고 그것을 부지런히 탐구하는 사람이다.

원 문

我非生而知之者, 好古敏以求之者也. -「述而」19

교육지평

공자 사후에 그의 제자들을 비롯하여 수많은 사람들이 공자를 평가할 때, 전지전능(全知全能)한 인간, 모든 것을 아는 완전한 인간, 성인(聖人) 등으로 묘사해 왔다. 하지만 공자는 스스로 평가하기를, 태어나면서 총명하여 모든 것을 아는 사람이 아니라 평소에 옛 사람들이 남긴 전통적 삶의 양식을 읽기 좋아하고 열정을 갖고 탐구하기를 좋아하는 사람이라고 했다. 공자는 이를 자신의 학습과 수양의 주요 특징으로 자부한다. 이런 점에서 이 구문은 공자의 겸손함이 묻어나는 대목일 뿐만 아니라, 일반 사람들도 배움에 온 힘을 쏟으라는 메시지를 전하는 듯하다.

공자는 사람은 지력과 지식에 따라 생이지지(生而知之), 학이지지(學而知之), 곤이지지(困而知之), 곤이불학(困而不學)의 네 등급으로 나누었다. 생이지지는 상급에 속하는 지혜인인 '상지(上智)'이고 학이지지는 중급에 속하는 사람으로 중인(中人)에 해당하며, 곤이지지나 곤이불학은 하급에 속하는 사람으로 하인(下人)에 해당된다고 볼 수 있다. 상·중·하에 해당하는 인간의 경우, 누구나 노력하면 지혜로운 인간이 될 수 있다. 공자는 그에 대한 믿음이 있었고, 스스로 생이지지(生而知之)라고 하지 않았다.

문제는 곤이불학의 인간이다. 이런 삶의 자세를 고수하는 인간은 사람다운 사람으로 자라나기 어렵다. 공자는 스스로 생이지지가 아니라는 겸손의 태도를 통해, 모든 사람이 곤이불학이 아니라 자신의 자질을 깨닫고, 더욱 열심히 공부하고 노력하도록 격려했다.

27. 다른 사람의 행동에서 배우다

세 사람이 길을 가면 반드시 그 가운데 나의 스승이 있다. 나보다 장점을 지닌 사람의 행동과 나보다 단점을 지닌 사람의 행동을 가려서 나의 허물을 고치는 거울로 삼는다.

원 문

三人行, 必有我師焉, 擇其善者而從之, 其不善者而改之. -「述而」21

교육지평

여기에서 세 사람은 나를 포함하여 나와 함께 길을 가는 다른 두 사람이다. 그 가운데 한 사람은 나보다 장점을 지닌 좋은 사람이고, 다른 한 사람은 나보다 단점이 많은 나쁜 사람이다. 좋은 사람의 행동은 본받아야 하고 나쁜 사람의 행동은 경계하고 고쳐야 한다. 하지만 선한 측면과 악한 측면을 통해 나를 깨우쳐 주었다는 점에서 두 사람 모두 나의 스승이다.

글을 자세히 보면, 나를 중심으로 인간의 선에 대한 추구와 악에 대한 반성이 동시에 개입되어 있다. 공자가 말한 '삼인행 필유아사(三人行 必有我師)'라는 언표는 후세 사람들이 그에 담긴 의미를 높이 인정하고 평가했는데, 현대 사회에서도 자신을 수양하고 지식과 도덕을 넓히는 데 도움이 될 수 있는 삶의 태도를 보여준다.

28. 교육에서 숨기지 않고 낱낱이 보이다

여러분들은 내가 무엇을 숨기고 있다고 생각하는가? 나는 숨기는 것이 없다. 내가 하는 일은 여러분들에게 낱낱이 모두 보인다. 나는 그런 사람이다.

원 문

二三子, 以我爲隱乎, 吾無隱乎爾, 吾無行而不與二三子者, 是丘也. - 「述而」 23

교육지평

이 구절은 제자를 깨우치기 위한 교육 방법의 하나다. 공자의 제자들은 스승의 학문이 너무나 높고 깊어 자신들은 따라가기 힘들다고 생각했다. 그런 생각의 이면에 스승이 심오한 학문을 모두 가르쳐주지 않고, 그 무언가를 숨기고 있지는 않을까 라는 의심을 깔고 있다.

공자는 어떤 교육 내용이건 제자들과 함께 하고 있다고 격려하며, 더불어 공부하자고 학습 동기를 부여한다. 이는 공자가 말로 설명하면서도 온몸으로 가르치는, 학습을 삶에 녹여 넣는 전인적 교육 태도를 보여준다.

29. 네 가지 요소로 가르치다

공자는 평소에 네 가지 양식으로 제자를 가르쳤다. 그것은 바로 학문, 덕행, 충실, 신뢰다.

원   문

子以四教, 文行忠信. - 「述而」 24

교육지평

학문, 덕행, 충실, 신뢰는 유학 교육의 핵심 내용이다. 학문은 지식이고 덕행은 도덕이며, 충실과 신뢰는 도덕의 핵심 내용이다. 공자는 전통적인 고전과 문헌자료에 관한 학습을 강조하면서도 고전 문헌에 담겨 있는 지식뿐만 아니라 사회적 실천 활동을 중요시한다.

'학문'은 『시경』이나 『서경』과 같은 전적을 통해 공부하는 작업이고, '덕행'은 사회생활에 필요한 윤리 도덕적 차원의 실천이며, '충실'은 자신에게 성실하고 최선을 다하는 일이며, '신뢰'는 다른 사람과의 관계에서 신의를 지키고 언행일치의 생활을 하는 것이다. 이 네 가지 가운데서 충실과 신뢰가 핵심이다.

30. 나를 알아주지 않음을 걱정하지 않다

사람들이 나를 알아주지 않는다고 걱정하지 말고, 내가 사람들을 알아보지 못함을 걱정해야 한다.

不患人之不己知, 患不知人也. -「學而」16

교육받은 사람은 스스로 쌓아올린 도덕을 바탕으로 세상을 헤아린다. 따라서 남들이 알아주건 알아주지 않건 크게 문제 삼지 않는다. 중요한 것은 내가 바르게 알고 바르게 사는 일이다. 반대로 남을 바르게 알지 못할 경우, 무엇이 옳고 그른지, 무엇이 치우치고 바른지 분별할 수 없게 된다. 때문에 내가 남들을 모르는 것에 대해 심각하게 고민해야 한다. 자신이 재능 있는데 펼칠 기회를 만나지 못한다고 걱정하지 말아야 한다. 꾸준히 자신의 실력을 높여 진정한 재능과 학식이 있는 사람이 되면 언젠가 자기를 발견해주는 사람을 만날 수 있다.

31. 세상을 너그러이 대하다

유능하면서도 유능하지 않는 사람에게 묻고, 높은 학식을 지니고 있으면서도 학식이 낮은 사람에게 물으며, 도덕적이면서도 그렇지 않은 척하고, 덕망이 꽉 차 있으면서도 텅 빈 듯이 하며, 다른 사람이 팔을 걷으며 덤벼들어도 그와 맞서지 않는다.

원   문

以能問於不能, 以多問於寡, 有若無, 實若虛, 犯而不校. -「泰伯」5

교육지평

이 구절은 증자가 함께 공부하며 우정을 나누었던 안연에 대해 평가한 것이다. 안연은 이것과 저것 사이의 이치가 무궁함을 깨달은 사람이다. 그러므로 그 사이에 특별한 간격이 있다고 생각하지 않을 정도로 너그러운 성격을 지니고 있었다. 자신은 탁월하고 다른 사람은 멍청하다고 생각하지 않는 용기가 있었다. 그것은 무아의 경지에서 겸허함과 관용을 베풀 수 있을 때 가능하다.

32. 시를 읽고 예의를 배우고 사람들과 어울리다

시를 읽으며 감흥을 돋우고, 예의를 익혀 행동을 바르게 하며, 사람들과
더불어 즐기며 삶을 보람차게 한다.

원 문

興於詩, 立於禮, 成於樂. -「泰伯」8

교육지평

유학은 기본적으로 시·서·예·악(詩·書·禮·樂)으로 덕성을 함양하도록 권장한다. 그
래서 옛날부터 '돈시서(敦詩書) 열예악(說禮樂)'이라고 하여, 시서를 열심히 배워서 두
텁게 하고, 예악을 열심히 익혀서 삶을 기쁘게 한다고 했다.

시는 사람을 감화시키고 의지를 고무하여 착한 마음을 일으키게 한다. 예는 사람의
행위를 단속하고 듣고 말하고 행동하는 여러 측면을 법도에 맞게 하여 자립할 수 있게
한다. 악은 사람의 성정을 함양하여 고상하고 완전한 사람을 만드는 데 기여한다. 이
는 인격을 살찌우는 삶의 구조를 상징적으로 보여 준다.

33. 배우고 취직하는 이유를 깨우치다

3년을 배운 사람 가운데 떳떳한 직장을 구하려는 의지가 없는 사람을 본 경우는 드물었다.

원 문

三年學, 不至於穀, 不易得也. -「泰伯」12

교육지평

인간에게 먹고 사는 문제는 가장 원초적인 욕망이다. 하지만 배우지도 않고, 취직을 위한 준비 과정도 없이, 당장 직장을 구했다하더라도 그것만이 능사는 아니다. 어떻게 그리고 무엇으로 살 것인지를 탐구하는 삶에 관한 공부가 우선이다. '왜 사느냐?'의 문제를 심각하게 고려하는 일이 삶을 단단하게 만든다. 공자는 그런 고민이 너무나 적은 현실을 안타까워하며 한탄했다.

고대 그리스의 철학자 소크라테스도 이와 유사한 태도를 취한다. 우리에게 잘 알려진 '너 자신을 알라!' 이 구절은 델포이 신전에 새겨져 있었다고 한다. 소크라테스는 그것을 화두로 '세상의 지혜를 받아들이고, 모든 인간이 무지(無知)를 자각하여 진리의 세계로 나아가도록 하는 작업'을 평생의 과업으로 삼았다. 그리고 삶에 관한 성찰이 없는 인간, 반성이 이루어지지 않은 삶을 살아가는 인간은 살 가치가 없다고 주장하며, 평생을 지속하여 자신의 삶과 삶 속에 녹아드는 상식과 권위에 질문할 것을 강조했다.

34. 배움의 자세를 말하다

어떤 내용에 대해 배울 때는 그것을 따라잡지 못할까 두려워해야 하고,
이미 배웠다면 그것을 제대로 실현하지 못하고 놓칠까 두려워해야 한다."

원 문

學如不及, 猶恐失之. -「泰伯」17

교육지평

배움은 끝이 없다. 배웠다고 하더라도 모든 내용을 체득하기 어렵다. 또한 인간은
망각의 동물이기에 배운 내용을 수시로 잊어버리기도 한다. 그러므로 일상에서 늘 마
음의 경계를 늦추지 말고 오늘 배운 것을 내일 배우려고 미루지 않는 자세를 가져야
한다.

이 구절은 배움을 좋아하고 성실히 하여 끊임없이 학문을 추구한 공자의 정신을
생동감 있게 보여준다. 지식의 바다에서 우리가 알 수 있는 것은 바다의 한 부분 밖에
되지 않는다. 따라서 끊임없이 계속하여 스스로 배움과 그 실천에 충실해야 한다. 학
습에서 끊임없이 자신의 이상을 추구하고 게으르지 않는 정신을 요청한다.

35. 스스로 탐구하도록 유도하다

진항이 공자의 아들인 백어에게 물었다.

"자네는 아버지로부터 특별하게 가르침을 받은 일이 있는가?"

백어가 대답했다.

"아니, 없어요. 하루는 아버지가 뜰에 홀로 서 계셨는데, 제가 조심스럽게 그 앞을 지나간 일이 있었어요. 그때 아버지가 '시를 배웠느냐?' 하고 묻기에 '아직 못 배웠습니다.'라고 대답했어요. 그랬더니 아버지가 '시를 배우지 않으면 남과 더불어 말할 수 없다'라고 했어요. 그래서 저는 물러나와 『시경』을 공부했습니다.

어느 날 또 아버지가 뜰에 홀로 서 계셨는데, 제가 조심스럽게 그 앞을 지나갔어요. 이때 아버지가 '예를 배웠느냐?' 하기에 '아직 못 배웠습니다.'라고 대답했어요. 그랬더니 아버지가 '예를 배우지 않으면 사회에 나가서 제대로 행세할 수 없다.'라고 했어요. 그래서 저는 물러나와 『예기』를 공부했습니다. 제가 아버지부터 들은 말은 이 두 가지뿐입니다."

그러자 진항은 물러나 기뻐하며 말했다.

"하나를 묻고 세 가지를 얻었다. 시에 대해 들었고, 예에 대해 들었으며, 또 선생님처럼 훌륭한 도덕성을 지닌 사람은 자기 아들이라고 하여 특별히 가까이 하여 가르침을 베풀지 않음도 알았다."

원　문

陳亢問於伯魚曰, 子亦有異聞乎. 對曰, 未也, 嘗獨立, 鯉趨而過庭. 曰學詩乎, 對曰未也, 不學詩, 無以言. 鯉退而學詩. 他日, 又獨立, 鯉趨而過庭. 曰學禮乎, 對曰未也, 不學禮, 無以立. 鯉退而學禮, 聞斯二者. 陳亢退而喜曰, 問一得三, 聞時聞禮, 又聞君子之遠其子也. -「季氏」13

　공자는 스스로 탐구하고 익히도록 계발하고 유도하는 교육방법을 주로 쓴다. 이는 자기 학습이나 자기 주도적 학습이라는 말과도 상통한다. 하나뿐인 아들에게도 이런 교육방법에서는 예외가 아니었다. 특별하게 관심을 갖지도 않았고, 단지 사람에게 필수적인 교육이 무엇인지 일러줄 뿐이었다.

　자식교육에서도 교육의 핵심 내용이 무엇인지 모르는 사람에게 중요한 것이 무엇인지 알려 주는 것과 같았다. 그것은 시와 예이다. 시는 인간의 감정을 조절하고 사리에 통달할 수 있게 해 주고, 예는 사회에서 다른 사람과 어울리며 더불어 살 수 있도록 해 주기 때문이다.

36. 미래 세대를 독려하다

사람은 나중에 태어난 사람, 현재의 젊은이들이나 미래 세대를 두려워해야 한다. 내일을 살아갈 그들이 오늘의 우리보다 못할 것이라고 어찌 함부로 말할 수 있겠는가? 하지만 이들이 40, 50세가 되어서도 학문과 덕행으로 세상에 이름을 내지 못한다면, 이 또한 두려워할 존재가 되지 못한다.

원　문

後生可畏, 焉知來者之不如今也. 四十五十而無聞焉, 斯亦不足畏也已. -「子罕」22

교육지평

이 언표는 젊은 세대에 대한 교육적 독려다. 젊은 후배들은 살아갈 날이 많고 힘이 강하여 전도가 창창하다. 끊임없이 학식을 쌓아 노력해 나가면 기성세대를 충분히 능가할 수 있다. 하지만 그들이 기성세대가 되었을 때, 그에 맞는 명성을 드날리지 못한다면, 그들도 별 볼일 없는 존재로 그치고 말 것이다. 미래 세대들은 기성세대를 뛰어넘을 수 있는 존재들이기 때문에, 시간을 아껴가며 시대정신에 맞게 자신의 재능을 길러가야 한다. 그렇지 않으면 40, 50세가 되어도 아무런 성과가 없을 것이다.

공자의 의도는 양방향을 모두 지향한다. 순방향과 역방향! 두 가지 방향에서 젊은 세대에게 시간을 아끼고 노력하여 정진하라고 조언한다. 이렇게 하면 '푸른빛은 쪽빛에서 우러나오지만, 쪽빛보다 푸르다!' 이른 바 '청출어람 승어람(靑出於藍 勝於藍)!'을 갈망한다. 그것은 강물에서 '뒷 물결이 앞 물결을 밀어낸다!'는 의미의 '후랑추전랑(後浪推前浪)!'이라는 말과도 상통한다.

37. 배움과 실천의 단계를 구분하다

함께 배울 수는 있어도 똑같이 길을 갈 수는 없다. 함께 길을 갈 수는 있어도 똑같이 설 수는 없다. 함께 설 수는 있어도 똑같이 법도에 맞게 실천할 수는 없다.

원 문

可與共學, 未可與適道. 可與適道, 未可與立. 可與立, 未可與權. -「子罕」29

교육지평

배움과 실천의 문제를 단계적으로 연계하는 대목이다. 함께 학문을 연구할 사람이라 할지라도 반드시 함께 올바른 길을 간다고 장담하기 어렵다. 함께 올바른 길에 나갈 만한 사람이라 할지라도 반드시 함께 사람의 도리를 굳게 지킨다고 장담하기 어렵다. 함께 사람의 도리를 굳게 지킬 만한 사람이라 할지라도 함께 세상에서 벌어지는 모든 일의 경중을 저울질하여 도의에 합당하게 만들 수 있다고 장담하기 어렵다.

이처럼 배움에는 그것을 실천하고 성숙시켜 나가는 단계가 있다. 먼저, 자기를 위해 배우고, 그 배움이 충분해져 선을 밝혀야 한다. 그런 다음에 다른 사람과 함께 인간의 길을 사회에서 펼쳐나가야 한다. 이후에, 인간과 사회에 대한 신뢰가 쌓였을 때, 그 길에서 발생하는 일이 가벼운지 무거운지를 헤아려, 도의에 합당함을 따져야 한다. 그것은 어렵지만 인간 세계에서 매우 중요한 사안이다.

38. 사람에 따라 가르침을 달리하다

자로가 물었다.

"좋은 말을 들으면 즉시 행해야 합니까?"

공자가 대답했다.

"부모형제가 있는데 어찌 좋은 말을 들었다고 즉시 행할 수 있겠는가?"

염유가 물었다.

"좋은 말을 들으면 즉시 행해야 합니까?"

공자가 대답했다.

"들은 즉시 행해야 한다."

이런 대화를 지켜보고 있던 공서화가 물었다.

"자로가 '좋은 말을 들으면 즉시 행해야 합니까?'라고 물었을 때는 '부모형제가 있다.'라고 하고, 염유가 '좋은 말을 들으면 즉시 행해야 합니까?'라고 물었을 때는 '들은 즉시 행해야 한다.'라고 하니, 아주 헷갈립니다. 왜 그렇게 대답하셨는지요?"

그러자 공자가 말했다.

"염유는 성품이 소극적이므로 적극적으로 나서라고 한 것이고, 자로는 다른 사람보다 훨씬 적극적이니까 한 발짝 뒤로 물러서게 한 것이다."

원 문

子路問聞斯行諸. 子曰, 有父兄在, 如之何其聞斯行之. 冉有問聞斯行諸. 子曰, 聞斯行之. 公西華曰, 由也問聞斯行諸, 子曰, 父兄在. 求也問聞斯行諸, 子曰 聞斯行之. 赤也惑, 敢問. 子曰, 求也退故進之, 由也, 兼人故退之. -「先進」21

　공자의 교육방법이 극명하게 드러난 대목이다. 그것은 인재시교(因材施教)의 방법이다. 공자는 때와 장소, 사람의 성향에 따라, 그에 맞추어 적절하게 가르쳤다. 예를 들면, 성품이 지나치게 적극적이어서 너무나 활발하게 나서는 사람에게는 행동을 자제하게 하고, 그와 상반되는 소극적인 사람에게는 적극적으로 행동하도록 유도했다.

39. 이론과 실제의 통일을 말하다

『시경』에 실려 있는 시 300편을 모조리 외우더라도, 정치를 맡겼을 때 제대로 처리하지 못하고 다른 나라에 외교관으로 나가 제대로 응대하지 못한다면, 아무리 많은 시를 외워서 안다고 한들 무슨 소용이 있겠는가?

원 문

誦詩三百, 授之以政不達, 使於四方, 不能專對, 雖多亦奚以爲. -「子路」5

교육지평

『시경』은 풍(風), 아(雅), 송(頌) 등 세 가지 내용을 담고 있다. 풍은 서민들의 삶의 애환을 살펴볼 수 있고, 아는 정치적 행사를 알 수 있으며, 송은 나라를 창건한 선조들의 공덕을 알게 한다.

그러므로 시를 알면 정치의 도리를 통달하고 말을 잘하게 된다고 한다. 문제는 시를 암송하기만 하고, 실제 정치에서 제대로 적용하지 못할 때 발생한다. 그런 경우 시 공부를 한 의미가 적어진다. 이는 시 공부와 그것의 응용이라는 차원에서, 이론과 실제의 통일이 중요하다는 말과 상통한다.

40. 자기 수양을 위해 공부하다

옛날의 학자들은 자기 수양을 위해 공부했으나, 요즘의 학자들은 남에게 잘 보이기 위해 공부한다.

원 문

古之學者爲己, 今之學者爲人. -「憲問」 25

교육지평

공자 이후 유학에서 공부의 목적은 개인의 인성 함양, 즉 인간의 덕망을 쌓는 데 있다.

하지만 상당수의 사람들은 과거 시험을 통한 벼슬이나 특정한 이득을 얻기 위해 공부하는 경우도 있었다. 요즘으로 말하면, 학력을 높이고, 자격을 취득하여 세상에서 출세하는 수단을 얻기 위해 공부한다. 취직을 위한 스펙 쌓기, 어떤 분야에서건 남들에게 우월적 지위를 보여 주어야 하는 경쟁 심리 등 자기의 자존감이나 의지와 관계없이 외부의 유혹이나 분위기에 휩쓸려 공부를 하는 사람도 있다.

유학은 이처럼 남에게 보여 주기 위해 공부를 하다가 종국적으로 자기를 잃어버리는 공부를 극도로 경계한다. 대신, 자기 보존과 자기 성찰, 자기 찾기 공부를 중심에 둔다.

41. 끝없는 공부에서 배움을 얻다

자두 꽃이 나부껴 펄럭이는데 어찌 그대를 생각하지 않으리오! 그대 계신 곳 멀기도 하여라!

진정으로 배움을 생각했다면 어찌 멀다고 하겠는가?

원문

唐棣之華, 偏其反而, 豈不爾思, 室是遠而. 未之思也, 夫何遠之有. -「子罕」30

교육지평

현재 전하는 『시경』에는 이 구절이 보이지 않는다. 얼핏 보기에 이 시구는 서로를 그리워하는 남녀의 사랑 노래처럼 느껴진다. 두 사람이 멀리 떨어져 있는 상황을 자두 꽃에 비유한 것은 자두 꽃이 처음 필 때 두 꽃잎이 서로 등지고 있기 때문이다. 서로 사랑하며 그리워하는데 어찌 멀리 있다고 핑계를 대는가! 그것은 정성이 부족한 탓이다!

이는 도덕 윤리의 차원에서도 마찬가지다. 공자는 머나먼 길을 차분하게 지속해가는 것이 도덕적으로 행동할 수 있는 마음 자세를 가다듬는 것으로 보았다. 진정으로 무언가를 이루고자 한다면 머나먼 길은 앞길을 막는 것이 아니며, 끈기 있게 배운다면 그 목표 역시 멀지 않다. 아무리 길이 멀고 험난하다 하더라도, 마음에 그 이상이 있고 그 목표를 향해 부단히 노력하면 결과는 바로 앞에 나타난다.

한나라 때의 대학자인 사마천이 감옥에 갇혀 생식기를 잘리는 궁형(宮刑)을 받은 뒤, 눈물을 흘리며 다음과 같이 탄식했다고 한다. '불쌍하구나! 이렇게 몸에 큰 상처를 입고 어디에 쓸모가 있겠는가? 죽는 편이 낫겠다!' 하지만 시간이 흐르고, 마음을 안정시킨 후, 그는 자신의 이상을 떠올리며 다짐했다. '옛날부터 현인들은 모두 불공평한 대우를 받고 나서 강해지지 않았던가! 주나라 문왕은 주왕(紂王)에게 갇히고 나서,

『주역』을 썼고, 공자는 세상에 제대로 쓰이지 않자 『춘추』를 썼다. 좌구명은 맹인이 된 다음에 『국어』를 편집했고, 손빈은 무릎이 찍히는 불행을 겪은 후 『손자병법』을 지었다. 또한 굴원은 강남으로 유배된 후에 『이소』를 쓰지 않았는가!' 사마천은 이처럼 세상에 대한 인식을 바탕으로 그들을 본보기로 하여 역사 집필에 몰두했다. 그 결과 불후의 명작인 『사기』를 완성했다.

인간에게 아무리 어려운 일, 길이 멀고 험난하다고 하더라도, 자신의 마음에 이상이 있고, 목표를 향해 부단히 노력하면, 결과는 눈앞에서 실현될 것이다.

42. 차근차근 학문을 익히다

궐이라는 마을의 한 소년이 주인이나 손님의 말을 전하는 전갈을 하고 있었다. 그런 와중에 어떤 사람이 물었다.

"공부하고 노력하면 저 아이의 학문에 진전이 있을까요?"

이에 공자가 말했다.

"나는 저 아이가 어른의 자리에 앉아 있는 것을 보았습니다. 또 어른과 함께 걷는 것도 보았어요. 이렇게 볼 때 저 아이는 차근차근 학문을 구하는 게 아니고, 빨리 구하여 어른이 되려고 합니다."

원 문

闕黨童子, 將命. 或問之曰, 益者與. 子曰, 吾見其居於位也, 見其與先生幷行也, 非求益者也, 欲速成者也. -「憲問」47

교육지평

학문을 대하는 기본 방식을 간접적으로 일러 준다. 소년은 주인이나 손님의 말을 전달하는 데 충실하기는 하다. 그런데 심각한 문제가 있다. 먼저 해야 할 일과 나중에 해야 할 일을 구분하지 못한다. 무엇보다도 어려서부터 필요한 예의범절을 익히는 데 소홀히 했고, 대신, 성급하게 빨리 성공하기만을 바라는 모습이 곳곳에서 노출되었다. 이는 올바른 삶으로 가는 지름길이 아니다. 얄팍하고 위험한 겉치레 공부가 되기 쉽다.

공자는 학문 정진에서 단계를 건너뛰어 빨리 이루려는 것을 경계한다. 차근차근 점진적으로 익혀 온전하게 학문을 완성하는 방법을 공부의 기본자세라고 일깨운다.

43. 하나의 원리로 꿰뚫다

공자가 말했다.

"자공, 자네는 내가 많은 것을 배워서 그것을 모두 기억하고 있는 사람이라고 생각하는가?"

자공이 대답했다.

"네, 그렇습니다. 그렇지 않습니까?

그러자 공자가 말했다.

"그렇지 않다. 나는 하나의 원리로 모든 것을 꿰뚫고 있다."

원 문

子曰, 賜也, 女以予, 爲多學而識之者與. 對曰, 然, 非與. 曰非也, 予一以貫之.
-「衛靈公」2

교육지평

이 구절은 자공과 공자의 배움에 대한 관점을 보여준다. 자공은 배우게 되면 여러 방면에서 능숙해지고 많이 알게 된다고 이해했지만, 공자는 많이 배우고 많이 아는 모습 자체가 배움의 목적이기보다 자연과 인간의 법칙을 정확하게 이해하고 일상의 도리를 바르게 실천하는 데 무게 중심을 두었다.

특히, 공자가 강조한 일이관지(一以貫之), 흔히 말하는 일관된 모습은 학습을 기초로 진지하게 생각하고 지식과 사고에 내재된 알맹이를 실천으로 드러내는 일이다. 그것은 배움과 생각의 통합, 즉 학(學)과 사(思)가 통일된 진정한 학습과 절절한 깨달음이다.

44. 고민하면서 방법을 강구하다

'어떻게 할까? 어떻게 할까?'라고 말만 하면서 진정으로 걱정하지 않는 사람은, 정말 어떻게 할 방법이 없다.

원 문

不曰如之何, 如之何者, 末如之何也已矣. - 「衛靈公」15

교육지평

인간의 삶에서 문제 상황은 연속적으로 벌어지고 배움은 그것을 해결하려는 방법을 터득하는 노력의 과정이다. 때문에 문제 상황이 발생하면, 상당수의 사람은 '어떻게 해결하지?'라며 심사숙고 한다. 그런데 아무런 걱정도 하지 않고, 문제를 해결할 의지도 없는 사람의 경우, 어떤 충고를 해야 할까? 막막하기만 하다. 이런 점에서 문제 상황을 해결할 수 있는 문제 해결 능력을 기르는 것이 인간 교육의 핵심 목표일 때가 있다.

45. 언행일치를 강조하다

여러 사람이 하루 종일 모여 있으면서 노닥거리는 말이, 인간의 도덕 윤리에 부합하지 않고, 세상살이의 요령이나 잔꾀 부리기를 좋아하는 일인 경우, 진정한 사람의 길로 유도하기 어렵다.

원 문

群居終日, 言不及義, 好行小慧, 難矣哉. - 「衛靈公」16

교육지평

여러 사람이 모여서 무언가를 논의한다면 어떤 것이 올바른 일인지 최선의 길을 모색하는 자리여야 한다. 그런데 진지한 논의가 아니라 그냥 쉽게 넘어가려고 하고 멋대로 내버려 두면 정도가 아닌 요행이나 기교를 부릴 수 있다. 이럴 경우, 사람답게 사는 길을 모색하기는 어렵다. 흔히 말하는 구제 불능의 인간 행동이다. 공자는 언행이 불일치하는 이런 태도는 의(義)의 기준에 미치지 못한 일이며, 끊임없이 계속해서 일어나는 일이라고 했다. 어떤 한 가지 일에서라도 성과를 얻기 위해서는 언행일치의 성실함이 드러나야 한다.

춘추시대 노나라에 맹무백(孟武伯)이라는 대신이 있었다. 그의 가장 큰 단점은 자신의 말에 책임을 지지 못하는 것이었다. 어느 날 노나라 애공(哀公)이 오오(五梧)에서 연회를 열어 대신들을 초대했고 맹무백도 여기에 참가했다. 당시 곽중(郭重)이라는 대신도 그 자리에 있었다. 곽중은 매우 뚱뚱했지만 평소 애공의 총애를 받아 맹무백의 시기질투를 샀다. 연회 도중에 맹무백이 애공에게 술을 바치는 기회가 생겼다. 이때 맹무백은 고의적으로 곽중을 조롱했다.

"곽선생은 무엇을 먹기에 나날이 뚱뚱해 지는지요?"

그러자 애공은 평소 맹무백의 책임 없고 신뢰 없는 행동을 못마땅해 하고 있었기에, 곽중을 비웃는 맹무백의 말에 매우 화가 났다. 그리고는 곽중을 대신하여 맹무백의 말을 받아치며 다음과 같이 풍자했다.

"꼭 한 사람이 자신의 약속을 지키지 않아, 그것을 항상 잡아먹으니, 당연히 살이 찌지요!"

이 말은 맹무백이 자신의 말에 책임을 지지 않는 습관을 풍자한 것으로, 여러 대신들의 면전에서 말했기 때문에, 맹무백은 난처한 입장이 되었다고 한다.

46. 생각과 배움을 함께 하다

종일토록 먹지도 않고 밤새도록 자지도 않고 생각해 본 적이 있다. 그러나 유익함이 없었다. 그것은 배우는 것만 못한 짓이었다.

원 문

終日不食, 終夜不寢以思, 無益. 不如學也. -「衛靈公」30

교육지평

이는 진지하게 배우지 않고 생각에만 의지하는 사람에 대해 공자가 충고한 구절이다. 온갖 마음고생을 다해가면서 혼자 생각하면서 무언가를 구하려는 것보다 뜻을 겸손하게 갖고 스스로 배워 터득하는 배움의 과정이 의미가 있다. 그렇다고 배우기만 하고 생각하지 않아도 된다는 말이 아니다. 생각과 배움은 상호 의지하며 삶을 성숙해 나가는 배움의 기저이다.

공자는 '배우고 생각하지 않으면 어둡고, 생각하고 배우지 않는다면 위태롭다[學而不思則罔, 思而不學則殆]'라고도 했다. 여기서는 이보다 한 단계 나아간 생각을 보여준다. 생각을 의미하는 사(思)는 이성적 활동이다. 그 작용은 두 가지 차원에서 구체적으로 드러난다. 하나는 언행불일치 혹은 도덕 윤리에 위배되는 지점을 찾아 올바른 방향으로 나아가게 한다. 다른 하나는 자신의 언행이 윤리 도덕적 기준에 부합하는지 조사하고 확인하여 지속적으로 이어나가게 해준다.

47. 인격을 갖추는 데 힘쓰다

도덕성을 지닌 사람은 인간의 길을 제대로 가기 위해 삶을 도모하지, 단순하게 먹고 사는 문제만을 도모하지는 않는다. 농사를 지어도 굶주림이 그 가운데 있을 수 있는데, 배우면 양식을 그 가운데서 얻을 수 있다. 따라서 배워서 인격을 갖춘 사람은 인간의 길을 걱정하지, 가난 자체를 걱정하지는 않는다.

원 문

君子謀道, 不謀食. 耕也, 餒在其中矣, 學也, 祿在其中矣. 君子憂道, 不憂貧.
- 「衛靈公」31

교육지평

교육받은 사람, 윤리 도덕을 갖춘 지도성을 지닌 사람의 학문 자세를 일러 준다. 농사를 잘 지어 곡식을 많이 수확했더라도 정치가 잘못되어 세금을 많이 거둬들이면 인간의 삶이 피폐해지기 마련이다. 하지만 부지런히 배워 올바른 정치를 구현하면 먹고 사는 문제는 저절로 해결된다. 인간의 길로 대변되는 정신과 양식으로 대변되는 물질 사이에서 윤리 도덕 정신의 중요성을 엿볼 수 있다.

당나라 때의 유명한 시인인 두보(杜甫)의 이야기다. 두보가 관리로 임용되지도 못하고, 거기에다 아버지까지 돌아가시어 경제적으로 어려운 힘든 나날을 보내고 있었는데, 어쩌다 운 좋게 친구의 도움을 받는 경우도 있었다. 그러던 어느 날 두보가 너무 아파 거의 죽을 지경에 이르렀다. 몸이 아픈 가운데도 지팡이를 짚고 집을 나서 자기도 모르게 왕의(王倚)라는 사람의 집 앞에까지 오게 되었다. 왕의는 두보를 보고 동정하며 고기와 술을 사주고 열정적으로 보살펴 주었다. 사실 당시 두보는 어딜 가든 구걸을 하며 생활하고 있었다.

이후에 두보는 장안을 떠나 성도에 이르렀다. 가족은 오래된 절 안에서 살게 되었고, 집 안에는 먹을 것이 거의 없었다. 두보는 염치불구하고 고향 친구이자 팽주의 자사로 있던 고적(高適)에게 도움을 청하는 편지를 보냈다. 고적은 두보에게 쌀과 채소를 보내 두보가 굶주리는 고통에서 벗어나게 해주었다. 두보는 아무리 생활이 힘들어도 끊임없이 글을 썼고, 후대 사람들에게 사랑받는 시인이 되었다. 이런 사례는 두보가 가난한 가운데서도 인간의 길이 무엇인지 고민하며 노래하여 인격을 시로 꽃피운 것이었다.

48. 착한 마음은 스승에게도 양보하지 않다

포용력을 실천하는 착한 일은 스승에게도 양보하지 않는다.

원 문

當仁, 不讓於師. -「衛靈公」35

교육지평

착한 일은 모든 사람이 저절로 지니고 있으면서 실천하는 것이다. 그러나 사회에서 마주치는 여러 상황들은 사람을 착하지 않은 마음으로 인도한다. 개방적이고 포용력 있는 인간을 폐쇄적이고 배척하는 인간으로 만들었다.

엄밀하게 말하면 포용력이나 착한 마음은 다른 사람과 경쟁하는 내용이 아니다. 양심과 연관되고, 건전한 사람의 실천윤리이기 때문에 스승과 같은 존엄한 존재에게도 양보해서는 안 되는 문제다. 공자는 선생과 제자 사이의 화합을 중시하고, 스승의 도리가 매우 존엄함을 강조한다. 일반적인 상황에서 학생은 절대 스승을 거슬러서는 안 된다. 그러나 착한 마음을 갖거나 착한 일 앞에서는 스승이라 하더라도 겸손할 필요는 없다. 그것의 실현을 삶의 가장 중요한 문제로 보아야 하기 때문이다.

49. 모든 사람을 가르치다

가르침에는 부류가 따로 없다.

원 문

有敎無類. -「衛靈公」38

교육지평

유교무류(有敎無類)는 공자의 교육관을 드러내는 유명한 언표다. 공자는 교육 자체에 관심을 둘뿐, 교육과 관련하여 별도의 여러 조건을 개입시키지 않았다. 계급이나계층, 인종이나 부족, 사람에 다른 자질 등 어떤 것에 구애 받지 않고 교육했다.

현대적 의미에서 문자 그대로 보면, 교육의 기회균등과 평등성과도 상통하고, 교육의 목적에서 인격이나 품성 형성을 추구한다.

50. 말로 뜻을 바르게 전달하다

말은 뜻을 바르게 전달하기만 하면 된다.

원 문

辭達而已矣. -「衛靈公」40

교육지평

사람이 언어를 통해 다른 사람과 말을 하는 핵심적인 이유는 의사소통 때문이다. 때문에 말을 통해 자기의 의사를 다른 사람에게 분명하게 전달하면 목적은 달성된다. 이때 자신의 의사를 명백하게 전달하는 것이 생명이다. 특히, 국가 간의 외교 문서나 기관 사이의 공식적 업무 전달의 경우, 그 뜻이 분명하게 전해져야 한다. 화려한 미사여구로 말을 부풀리거나 꾸미지 말아야 한다.

공자는 자신의 생각을 가장 소박하고 쉽게 이해될 수 있는 단어로 나타내고, 경솔하거나 화려하게 표현하지 않는 것이 가장 정확한 언어 소통이라고 보았다.

51. 배움의 등급을 구분하다

태어나면서 아는 사람은 가장 뛰어나다. 배워서 아는 사람은 다음이다. 막히면 애써서 배우는 사람은 그 다음이다. 막혀도 배우지 않으면 세상 사람들도 그를 가장 아래에 있는 사람이라고 한다.

원 문

生而知之者, 上也. 學而知之者, 次也. 困而學之, 又其次也. 困而不學, 民斯爲下矣. -「季氏」9

교육지평

유학에서는 학습의 문제를 대단히 중요하게 여긴다. 잘 알다시피 유학의 최고 경전인 『논어』의 첫머리도 '학이시습(學而時習)'으로 시작한다. 이 구절은 인간에게서 배움의 등급을 네 가지로 나누고 있다. 배움의 과정에서 고려해야할 사항은 현명한 사람이건 우둔한 사람이건, 기질의 차이가 있을 뿐이라는 점이다. 대신, 배워서 알고 사람다움을 추구하는 일에서는 모든 사람이 동일하다.

문제는 세상 이치에 대해 제대로 알지 못해 곤란을 겪으면서도 배우지 않는 사람이다. 전혀 애쓰지 않는 자는 옛날부터 가장 멍청하고 어리석은 존재로 취급했다. 공자는 '태어나면서 아는 사람(生而知之)'을 우수한 사람으로 말했지만, 앞에서 언급했듯이 자신이 그런 사람으로 생각하지 않았고, 또 그런 사람을 본 적도 없다고 했다. 모든 사람이 학이시습을 통해 지식과 도덕을 터득하여 삶을 영위할 필요가 있음을 강조했다.

52. 공부를 식물의 성장에 비유하다

싹은 돋아났으나 꽃을 피우지 못하는 것도 있고, 꽃은 피었으나 열매를 맺지 못하는 것도 있다.

원 문

苗而不秀者, 有矣夫. 秀而不實者, 有矣夫. -「子罕」21

교육지평

학문이나 공부를 식물의 성장에 비유한 문구다. 간략히 하면, 식물은 싹을 틔우고 그것이 잘 자라나 꽃을 피우며 열매를 맺는다. 그 과정을 통해 식물 본연의 역할을 수행한다.

사람은 학문을 통해 덕행을 이루고 사람 구실을 해야 한다. 아무리 배웠다고 한들 배우는 과정에서 덕행을 닦아 그에 이르지 못하면, 싹은 돋았으나 꽃을 피울 수 없고 꽃은 피었으나 열매를 맺지 못하는 식물과 다름없는 쓸모없는 인간이 된다.

하나의 싹이 과실이 되는 과정에는 당연히 고난과 좌절이 있다. 인간의 공부 과정도 당연히 역경이 존재하기 마련이다. 중요한 것은 이런 험난한 삶의 과정에서 인간이 계속해서 성실히 노력하고, 난관을 극복하며, 또 공부를 게을리 하지 않고, 도중에 포기하지 않아야 한다. 그래야만이 식물이 꽃을 피우듯이, 인간도 삶의 꽃을 활짝 피울 수 있다.

53. 교육에 따라 인간이 달라지다

인간의 본성은 서로 가깝지만, 익힘에 따라 서로 멀어진다.

원 문

性相近也, 習相遠也. -「陽貨」2

교육지평

　인간의 본성과 학습의 가능성을 제시한 구절이다. 인간의 본성이나 습관에 대해 공자가 많이 언급하지는 않았지만, 이 문구는 매우 함축적인 의미를 담고 있다. '사람의 본성은 서로 비슷하다. 하지만, 어떻게 배우고 익히느냐에 따라 사람 됨됨이가 달라진다!' 여기에서 공자는 교육과 학습의 가능성을 아주 적극적으로 개방하고 있다. 특히, 공자는 후천적 교육에 중점을 두었고, 앞에서 말한 유교무류(有敎無類)의 자세도 담고 있다.

54. 교육으로도 바꿀 수 없는 사람을 말하다

아주 지혜로운 사람이나 아주 어리석은 사람은 그 기질을 쉽게 바꿀 수 없다.

원 문

唯上知與下愚, 不移. -「陽貨」3

교육지평

사람의 본성은 유사하지만, 타고난 기질 가운데 사람마다 다른 측면이 있다. 이른바 '청탁수박(淸濁粹駁)'이라고 하는데, 맑은 사람, 흐린 사람, 순수한 사람, 섞인 사람 등 사람마다 다양하다.

그런데 아무리 사람이 공부를 하여 배우고 익힌다 하더라도 변하지 않는 차원이 있다. 특히, 엄청나게 현명한 사람의 지혜나 자포자기(自暴自棄)할 정도의 어리석은 존재, 이 양 극단의 기질을 지닌 사람의 경우가 그러하다.

아주 훌륭하고 지혜로운 사람은 나쁜 행동을 일삼는 사람의 경지로 추락할 가능성이 매우 낮고, 아주 어리석은 사람은 착한 행동을 일삼는 사람의 경지에 들어설 가능성이 매우 적기 때문이다.

55. 시를 배우는 이유가 있다

　시는 사람의 감흥과 흥취를 돋우고, 사물을 깊이 관찰하게 하며, 사람들과 어울려 화합하는 도리를 알게 하고, 슬픔이나 원한을 풀기도 하고 원망하게도 한다. 가까이는 부모를 모시고 멀리는 임금을 섬기는 도리를 배울 수 있다. 또 새나 짐승, 풀이나 나무 등 자연에 존재하는 사물의 명칭도 많이 알게 한다.

원　문

　詩, 可以興, 可以觀, 可以群, 可以怨. 邇之事父, 遠之事君, 多識於鳥獸草木之名. -「陽貨」10

교육지평

　이 구절은 『시경』을 공부해야 하는 이유를 자세하게 설명하고 있다. 고대 사회의 시는 현대 문학에서 다루는 문학의 한 장르로서의 시이기보다는 종합예술의 영역으로 의미가 확장되어 있다. 정치, 경제, 사회, 문화, 자연 등 복합적인 차원의 삶이 담겨 있다. 그런 점에서 『시경』은 중국 고대 사회의 우주 자연과 인생에 관한 문학과 역사, 철학, 과학을 통합하는 인간학이다.

56. 주남·소남 공부를 권하다

공자가 아들 백어에게 말했다.

"너는 『시경』의 「주남」과 「소남」의 시를 공부했느냐? 사람으로서 「주남」과 「소남」을 공부하지 않으면 담장을 마주하고 서 있는 것과 같다."

원 문

子謂伯魚日, 女爲周南召南矣乎. 人而不爲周南召南, 其猶正牆面而立也與. - 「陽貨」11

교육지평

「주남」과 「소남」은 『시경』 「국풍」의 편명이다. 「주남」에는 11수, 「소남」에는 14수의 시가 실려 있다. '주'와 '소'는 모두 지명 이름으로 주나라가 도읍한 기산의 남쪽에 있었다. 「주남」과 「소남」은 바로 이 두 지역에서 채집한 민간의 노래이다. 그 내용의 핵심이 수신(修身)·제가(齊家)와 관계있기 때문에 공자가 자식에게 그런 것을 배울 수 있도록 교육적 배려를 한 것으로 생각된다.

57. 길거리 말을 옮기지 않다

길거리에서 누군지도 모르는 사람들이 한 말을 듣고 길거리에서 바로 다른 사람에게 말해서 옮기는 것은, 보편적인 윤리 도덕을 포기하는 행동이다.

원 문

道聽而塗說, 德之棄也. -「陽貨」15

교육지평

길거리에 떠도는 말은 어떤 것이 사실이고 거짓인지, 어느 것이 옳고 그른지, 그 진실과 선악을 판단하기 어렵다. 때로는 황당한 유언비어가 조성되기도 한다. 이런 확인되지 않은 말들을 사실이나 진실처럼 받아들여, 길거리에서 사람들에게 전하고 또 전하면 세상은 거짓과 비리로 횡행하기 쉽다. 그것은 윤리 도덕을 파괴하는 지름길이다.

현실에서 일상생활에서 말을 할 때, 분명한 태도로 사실에 기초하여 정확하게 전달받은 내용을 얘기해야지, 길에서 주워들은 말을 좋아하고 사방팔방에서 다른 사람의 사생활을 듣기 좋아하여 이를 떠벌리고 다니는 것을 자신의 즐거움으로 삼는 것은 좋지 않다.

공부하는 사람은 어떤 문제이건 진지하게 확인하고, 점검하고 탐구하며 명확한 사고와 행동을 해야 한다.

58. 자연의 질서를 보고 배우다

공자가 말했다.

"나는 말을 하지 않으려고 한다."

자공이 말했다.

"선생님께서 말을 하지 않으시면, 저희들은 무엇을 바탕으로 공부합니까?"

공자가 말했다.

"자연이 무슨 말을 하던가? 사계절이 바뀌어 돌고 모든 사물이 자라지만, 자연이 무슨 말을 하던가?"

원 문

子曰, 予欲無言. 子貢曰, 子如不言, 則小子何述焉. 子曰, 天何言哉, 四時行焉, 百物生焉, 天何言哉. -「陽貨」20

교육지평

유학의 자연관과 인생관, 그리고 학문관과 교육관을 종합적으로 보여주는 구절이다. 공자의 제자 자공이 인간의 길이 무엇인지 알려달라고 다그치자 공자는 단호하게 말한다.

"나는 말하지 않으련다! 자연의 질서를 잘 보아라! 말할 게 무엇이 있느냐? 그걸 보면 세상 이치는 뻔히 알 수 있다!"

59. 가르침을 구할 때 예의를 지키다

유비가 공자를 만나려고 하였으나 공자는 아프다는 핑계를 대고 만나기를 사절했다. 유비의 말을 전하려고 심부름 온 사람이 문밖으로 나가자, 공자는 거문고를 타고 노래를 불러 그 심부름꾼이 듣게 했다.

원문

孺悲欲見孔子, 孔子辭以疾. 將命者, 出戶, 取瑟而歌, 使之聞之. -「陽貨」21

교육지평

사람 사이에 배움의 관계가 어떠해야 하는지를 잘 보여 준다. 유비는 노나라 사람으로 애공의 신하였다. 이전에 애공의 명령으로 공자에게 상례를 배운 적이 있었다. 공자가 유비를 만나지 않은 이유는 간단하다. 배움에서 예의의 문제다.

이전에 공자에게 배운 사람이, 별도의 가르침을 요청하고 배울 일이 있으면, 직접 찾아와서 상의하는 것이 기본 예의다. 그런데 심부름꾼을 시켜 자신의 말을 전하려고 했으니, 무례한 행동이다.

공자가 심부름꾼을 보내면서 자신이 실제로는 아프지 않음을 노래로 증명해 준 것은, 유비가 예의에 어긋난 행동을 했으니 깨달으라는 일종의 깨우침 교육이다.

60. 무위도식을 경계하다

하루 종일 배불리 먹기만 하고 마음 쓰는 일이 없으면, 윤리 도덕을 기르기 어렵다! 장기나 바둑 같은 놀이나 도박이 좋은 것은 아니지만 그런 심심풀이 짓을 할 수도 있지 않은가? 그런 짓이라도 하는 것이 안하는 것보다 나을 것이다.

원　문

飽食終日, 無所用心, 難矣哉. 不有博奕者乎, 爲之猶賢乎已. - 「陽貨」23

교육지평

아무 할 일을 찾지 않고 빈둥거리며 무위도식하는 사람에 대한 경계를 보여주는 구절이다. '배부른 돼지보다는 배고픈 소크라테스가 낫다!'는 서양의 격언이 있듯이, 사람이라면 물질적으로 단순하게 먹고 즐기기만 하는 일에 신경 쓸 것이 아니라, 정신적 차원의 윤리 도덕적 삶을 모색해야 한다. 특히, 지식을 높이고 윤리 도덕을 함양하여 인류에 기여하는 일을 추구해야 한다.

그렇다고 공자가 장기나 바둑을 권장한 것은 아니다. 장기나 바둑이라도 하는 사람은 마음을 바꾸면 얼마든지 다른 일도 할 수 있다. 하지만 원래부터 아무 일도 하지 않으면 어떤 일도 할 수 없다. 어떤 일도 하지 않고 밥이나 축내지 말고 무엇이건 의미 있는 일을 찾으라는 충고이다.

촉나라의 왕이었던 유선(劉禪)이 전쟁에서 패하여 나라가 망한 후, 어떤 연회가 열렸다. 그때 사마소(司馬昭)가 연회에 초대되었다. 대부분의 촉나라 신하는 나라를 잃어 슬퍼하고 있는데, 왕이었던 유선은 오히려 음악을 연주하며 껄껄 웃고 있었다. 사마소는 이러한 광경을 보고 가충(賈充)에게 말했다.

"사람의 무정함이 이 지경까지 왔네. 설령 제갈량이 살아있다 하더라도 저런 자를 어찌 보필하겠는가?"

어느 날 사마소가 유선에게 물었다.

"과거 촉나라를 그리워하십니까?"

유선이 말했다.

"여기가 즐거워 촉나라 때 일이 생각나지 않으이다."

극정(郤正)이 이런 사실을 알고 유선에게 말했다.

"만약 다시 그와 같이 물어본다면, 울면서 선조의 무덤이 모두 과거 촉 땅에 있으니 날마다 슬프다고 하면서 눈을 감으십시오.."

이후에 사마소가 다시 찾아와 비슷한 내용을 물었다. 유선은 곡정이 시킨대로 대답한 뒤 눈을 감고 우는 척 했다.

사마소가 말했다.

"방금 당신의 말이 왜 곡정의 말투랑 똑같습니까?"

유선은 이를 듣고 크게 놀라면서 사마소를 향해 말했다.

"그 말이 맞습니다!"

그러자 주변 사람들이 모두 웃었다.

61. 젊어서 수양에 힘써야 한다

나이 40세가 되었는데도 사람들에게 미움을 받으면, 그런 인간은 더 이상 볼 것이 없다.

원 문

年四十而見惡焉, 其終也已. -「陽貨」27

교육지평

공자는 나이 40세를 불혹(不惑)으로 표현했다. 불혹은 세상의 어떤 유혹에도 쉽게 흔들리지 않는 시기라는 말이다. 이 정도의 연륜에서는 자기 나름의 신념도 있고 도덕성도 상당히 갖추어야 한다. 그런 부분이 미흡하다면, 나이만 먹었지 인간으로서 성숙도는 낮을 수밖에 없다. 따라서 젊은 시절에 때를 놓치지 말고 자신을 철저하게 교육하는 자기교육, 수양에 힘써야 한다.

62. 끊임없이 배우다

날마다 모르고 있던 것을 알고 달마다 능숙하던 것을 잊어버리지 않으면, 배우기를 좋아한다고 말할 수 있다.

원 문

日知其所亡, 月無忘其所能, 可謂好學也已矣. - 「子張」5

교육지평

이 구절은 공자의 말이 아니라 제자인 자하(子夏)의 언표다. 자하는 학문의 길이 어떠해야 하는지 원리적 차원에서 제시한다.

학문은 매일 새로운 지식을 알고, 그것을 끊임없이 익히는 데서 완성된다. 흔히 말하는 일신우일신(日新又日新)이나 일취월장(日就月將), 그리고 온고지신(溫故知新) 등의 말과도 상통한다.

63. 처음부터 차근차근 온전하게 배우다

자유가 말했다.

"자하의 제자들은 물 뿌리고 쓸며, 응낙하고 대답하며, 나아가고 물러남의 육예에 대해서는 잘 아는 것 같다. 하지만 그런 것들은 일상생활의 조그마한 일이고 본질적인 공부의 차원은 아닌데, 어찌해야 하는가?"

자하가 그 말을 듣고 말했다.

"자유의 말이 지나치도다! 건전한 도덕성을 확보하기 위한 배움의 길은, 어느 것은 먼저 할 것이라 하여 전수하고, 어느 것은 나중에 할 것이라 하여 게을리 하는, 그런 것이 아니다! 풀이나 나무에 비유해 보아도, 그 종류에 따라 다르게 기르듯이, 사람도 마찬가지다. 배움의 길에 어찌 속임수가 있겠는가? 처음부터 끝까지 차근차근 갖추어 가는 사람이 바로 온전하게 배우는 사람이리라."

원   문

子游曰, 子夏之門人小子, 當灑掃應對進退則可矣. 抑末也, 本之則無, 如之何. 子夏聞之曰, 噫, 言游過矣. 君子之道, 孰先傳焉, 孰後倦焉. 譬諸草木, 區以別矣. 君子之道, 焉可誣也. 有始有卒者, 其惟聖人乎. -「子張」 12

교육지평

배움의 내용과 자세에 관한 유형을 판별할 수 문구이다. 유학은 배움의 과정에서 성실성과 노력, 그리고 그 단계를 매우 중시한다. 단계를 뛰어 넘어서도 안 되고, 성실하게 임하지 않거나 끊임없이 노력하지 않아도 곤란하다.

가까운 것에서 먼 것으로 나아가고, 쉬운 것에서 어려운 것으로 실행하며, 단순한 것에서 복잡한 것으로 이행하고, 형이하학적인 것에서 형이상학적인 것으로 단계를 높여가야 한다. 즉 일상의 삶에서 우주 자연의 법칙으로, 도는 우주 자연의 법칙을 본받아 일상을 합리적으로 이끌어 내도록 하되, 충실한 자세를 녹여 넣어야 한다. 자유의 강변에 대한 자하의 변론이 바로 그것을 의미한다.

64. 자신이 있는 곳에서 실천하다

모든 장인이나 기능공은 작업 현장에서 자신이 맡은 일을 완성한다. 정치지도자는 배움을 통해 정치의 길을 실천한다.

원 문

百工居肆, 以成其事. 君子學, 以致其道. -「子張」7

교육지평

공자의 제자 자하의 깨달음이다. 모든 사람은 직책과 지위에 따라 저마다의 업무를 지니고 있다. 그것은 그 직무에 관한 배움을 통해 성숙하게 처리 된다.

공장의 장인이나 기술자들이 자신의 업무를 현장에서 처리 하듯, 정치지도자들은 정치의 현장에서 민생고를 정당하게 실천해야 한다. 이는 궁극적으로 가정과 직장, 사회 곳곳에서 자신이 맡은 바 임무를 처리하는 책임과 의무, 이른바 책무성에 관한 언급이다.

65. 언제 어디서든 배우다

위나라 대부 공손조가 자공에게 물었다.

"공자는 누구에게서 배웠습니까?"

자공이 말했다.

"주나라 문왕과 무왕의 가르침이 아직 땅에 떨어지지 않고, 사람들이 따르며 실천하고 있습니다. 현명한 사람은 그중에서도 중요한 부분을 배워서 알고, 좀 현명하지 못한 사람은 그중에서 자질구레한 것을 배워 알고 있습니다. 그 모두가 문왕과 무왕의 가르침 아닌 것이 없습니다. 그러므로 공자도 문왕과 무왕의 가르침을 배우지 않았겠습니까? 그러니 어찌 정해진 스승이 있겠습니까?"

원 문

衛公孫朝問於子貢曰, 仲尼焉學. 子貢曰, 文武之道, 未墜於地. 在人, 賢者, 識其大者, 不賢者, 識其小者, 莫不有文武之道焉. 夫子, 焉不學, 而亦何常師之有. -「子張」22

교육지평

공자는 생존 당시에 상당히 박식하고 덕망이 높은 사람으로 소문이 나 있었던 것 같다. 그러니까 사람들이 어떻게 하면 공자처럼 훌륭하게 될 수 있는지 궁금해 했을 것이고, 이에 공손조가 공자의 수제자인 자공에게 이에 대해 물었다고 생각된다.

공자는 과거 역사와 문화 전통에서 배우고 스스로 도리를 터득한 것이 많은 사람이다. 그 매개체 중의 하나가 주나라를 창건한 문왕과 무왕, 주공의 가르침이다. 그러므로 어떤 특별한 한 사람에게서만 배우는 것처럼 특별히 정해진 스승은 없었다.

이와 유사한 사례를 수나라 때의 장수인 이밀(李密)에게서 찾을 수 있다. 이밀은 어릴 때부터 책 읽는 것을 좋아하여 학문하는 사람이 되려고 했다. 어느 날 소를 타고 친구를 만나러 갔는데, 타고 가던 소의 뿔 사이에 『한서(漢書)』를 놓고 시간을 쪼개가며 책을 읽었다. 그때 마침 당시 재상이던 양소(楊素)가 이밀의 뒤쪽에서 마차를 타고 오고 있었다. 앞에서 한 소년이 소를 타고 책을 읽으며 가는 모습을 보고 양소는 이상하게 생각했다.

마차 위에서 양소가 말했다.

"어떤 소년이 저렇게도 열심히 책을 읽으며 공부를 한단 말인가?"

이밀은 양소가 재상임을 확인하고, 황급히 소 등에서 내려와 인사를 하며 자신의 이름을 말했다.

그러자 양소가 물었다.

"무엇을 보고 있느냐?"

이밀이 말했다.

"현재 항우의 전기 부분을 보고 있습니다."

양소가 집에 돌아와 탄식하며 아들에게 이런 상황을 말했다.

"이밀의 견식과 기품을 보니, 너희와 도저히 견줄 수 없구나!"

그 후 양소의 아들은 이밀을 찾아가 친구이자 스승으로 삼고 함께 공부했다고 한다.

66. 배움과 일을 아울러 하다

정치지도자로서 정치나 관직 생활을 잘하고 여력이 있으면 또 배우고, 잘 배워서 능력이 또 높아지면 관직이나 정치자의 길로 나아간다.

원 문

仕而優則學, 學而優則仕. -「子張」13

교육지평

이 문구는 자하의 말로 관직과 배움의 관계를 잘 보여준다. 동양의 전통 사회에서는 관직에 나가는 일과 학문의 도리를 동일선상에서 보았다. 하는 일이 달랐을 뿐, 상호 보완적 위치에 있었다. 사실 관료의 대부분은 상당한 수준의 학문을 성취한 사람들이었고 학자들의 대부분은 관료를 지향했다. 그래서 그들을 '학자 관료'라고 한다.

관직을 담당하고 있는 경우, 직무상 처리할 일을 제대로 이행한 후에 시간이 있으면 학문을 연구할 필요가 있다. 그만큼 업무의 충실성과 효율성을 기할 수 있기 때문이다. 오늘날 직장인들이 자신의 분야에서 직무 연수를 하듯이 말이다. 학문을 하는 사람의 경우에도 동일한 논리가 성립한다. 일정 수준의 학문적 성취를 이룬 후 능력이 점차 증가하면 그것을 바탕으로 관직에 나가 학문을 응용하여 그 재능을 발휘할 필요가 있다.

67. 은나라 주왕을 악의 경계로 삼다

은나라 주왕의 착하지 않음이 그렇게까지 심하지는 않았으리라. 정치 지도자는 나쁜 정치 체제에서 활동하기를 싫어한다. 왜냐하면 세상의 악이 모두 자신에게로 돌아오기 때문이다.

원 문

紂之不善, 不如是之甚也. 是以君子, 惡居下流, 天下之惡, 皆歸焉. -「子張」20

교육지평

이 구절은 자공의 말이다. 은나라 주왕은 달기라는 요녀와 짝이 되어 이른바, 주지육림(酒池肉林)으로 상징되는 타락상을 조장했다. 그 결과 주나라 문왕과 무왕에게 멸망당했다.

주왕이 누린 정치 체제나 상황은 최악의 정치를 연출했다. 그러므로 정치에서 모든 악은 그가 뒤집어쓰고 있다. 이런 주왕의 사례를 보면서 선을 쌓고 악을 저지르지 말라는 권고이다.

제2편

자기교육 - 수신(修身)

1. 매일 세 가지 일로 나를 성찰하다

나는 매일 세 번씩 세 가지 일에 대해 자신을 돌아본다. 첫째, 남을 위하는 일에 충실했는가? 둘째, 벗들과 사귀면서 신뢰를 주었는가? 셋째, 스승으로부터 전해 받은 것을 제대로 익혔는가?

원 문

吾日三省吾身. 爲人謀而不忠乎. 與朋友交而不信乎. 傳不習乎. -「學而」4

교육지평

이 구절은 공자의 말이 아니라 제자 증자의 언급이다. 매일 세 번, 세 가지로 반성하고 성찰한다는 언표는 하루에도 여러 번에 걸쳐 자신의 언행을 점검하며 삶에서 긴장의 끈을 놓치지 않으려는 노력이다. 하루 일과를 정돈할 때 어찌 세 가지 일만 가지고 말할 수 있겠는가? 더구나 오늘날처럼 복잡한 시대에 세 번, 세 가지 일로 하루를 마감할 수 있다면 그것도 행복일 수 있다.

유명한 심리학자 칼 구스타브 융은 인간의 일생에서 중년을 '인생의 오후'에 해당된다고 했다. 중년은 과거를 돌아볼 수 있고 미래를 전망할 수 있는 시기다. 오후 무렵에는 아침에 들고 나온 물건들이 아직도 쓸모가 있는지 확인해야 한다. 이유는 간단하다. 아침에 세운 삶의 계획에 따라 오후까지의 인생을 그대로 지속할 수는 없기 때문이다. 아침에는 중요하게 여겼던 사안이 저녁에는 바뀔 수도 있고, 아침에는 참이었던 일이 저녁에 와서는 거짓이 될 수도 있다.

2. 올바름을 기준으로 문제를 처리하다

자기교육을 제대로 한 사람은 세상의 수많은 일을 처리할 때, 한 가지 방법만을 고집하지도 않고 어떤 방법은 절대 안 된다고 부정하지도 않는다. '올바름'이라는 기준에 따라 처리할 뿐이다."

원　문

君子之於天下也, 無適也, 無莫也, 義之與比. -「里仁」10

교육지평

세상에서 부딪치는 일을 처리할 때, 기본 원칙과 기준에 대한 지침이다. 세상의 수많은 일을 처리하는 방법은 다양하다. 어떤 때는 합리적인 방법을 선택하는 과정에서 문제가 해결되는 경우도 있다. 중요한 것은 원칙과 기준을 그 수단이나 방법과 혼동하지 않아야 한다는 점이다.

자기교육을 이행하는 사람에 대해 공자는 기본적으로 '오직 의리에 부합'하는 행동을 요구한다. 자기교육이 제대로 된 사람은 숭고한 인격을 갖추게 마련이다. 공정하고 다정하며 융통성이 있는 사람으로 다른 사람을 불공평하게 대하거나 자기를 중심으로 패거리를 만들지 않는다. 사람을 대할 때 지나치게 친절하거나 냉담하지 않고, 일을 할 때는 그 일이 진정으로 올바른지의 여부를 신중하게 판단한다.

3. 반성하고 잘못을 고치려고 하다

자기교육을 제대로 한 사람은 자신의 배만을 채우려 하지 않는다. 자기만이 편안하게 살려고도 하지 않는다. 자신이 맡은 일은 재빠르게 처리하고 일과 관련해서는 말을 조심한다. 수시로 올바르게 일을 처리하는 사람을 찾아가 자신의 잘못을 고치려고 한다. 이런 사람이야말로 배우기를 좋아한다고 할 수 있다.

원   문

君子, 食無求飽, 居無求安, 敏於事而愼於言, 就有道而正焉, 可謂好學也已. -「學而」14

교육지평

배움은 삶의 조건을 마련하는데 필요한 원천이다. 그런 점에서 자기교육은 삶의 본질이다. 자기교육은 자신의 안락을 넘어 자신의 허물과 단점을 발견하고 이를 보완하려는 적극적 자세에서 그 동기가 부여된다. 무엇보다도 반성과 성찰을 통해 세상을 알아가는, 삶의 고백과 참회 속에서 이루어진다. 때문에 역사상 수많은 위인들이 고백록과 참회록으로 자기교육의 과정을 정돈하기도 한다.

공자는 인간이 물질적인 것에 대해 지나친 관심을 갖고 있으면 안 되고, 의미 있는 일에 관심을 두어야 한다고 주장한다. 이것이야말로 삶과 공부를 진심으로 사랑하며, 자기교육을 인도하는 힘이다.

4. 자기교육을 바탕으로 인생을 수양하다

나는 열다섯 살 무렵에 어른으로서 익혀야 하는 삶의 철학을 배우는 데 뜻을 두었다. 그리고 삶의 지혜와 기술이 담겨 있는 『시경』, 『서경』, 『역경』, 『예기』, 『춘추』 등 다섯 경전을 3년에 하나씩 15년에 걸쳐 익혔다. 그리하여 서른 살 즈음에 삶의 목표가 섰고, 마흔 살 무렵에는 자연의 질서와 인간의 법칙을 깨달아 어떤 유혹이나 난관에도 쉽게 마음이 흔들리지 않았으며, 쉰 살 무렵에는 세상이 어떻게 이루어지는지 그 근원인 자연의 이법과 인생의 사명감을 깨달았다. 예순 살쯤 환갑 무렵에는 세상사에 관해 귀로 듣는 것은 무엇이나 훤하게 알아차리게 되었고, 일흔 살 무렵에는 하고 싶은 대로 행동해도 법도에 어긋나는 일이 없었다.

원   문

吾十有五而志于學, 三十而立, 四十而不惑, 五十而知天命, 六十而耳順, 七十而從心所欲不踰矩. -「爲政」4

교육지평

공자의 자기교육을 통한 '어른 되기'의 과정은 인생 수양이 어떤 차원으로 승화되는지, 인성의 성숙도를 살펴볼 수 있는 중요한 대목이다. 15년이 넘는 기간의 배움을 바탕으로, 10여년 정도의 주기로 삶의 경험이 질적으로 전환된다.

자기교육은 나이가 많아지면서 인생의 경험을 쌓아가고 도덕성의 수준을 높여나간다. 인생에 대한 생각도 달라진다. 15세에서 40세는 자기교육의 과정에서 학습을 통해 깨닫는 단계다. 50대에서 60대 무렵에는 마음을 안정시키고 사명감을 일깨우는 단계로 성숙하면서 현명함을 더하고 주변 환경의 영향을 상대적으로 많이 받지 않는다.

70대 무렵의 인생 말년은 주관적 의식과 처세의 규칙이 융합되는 단계다.

공자는 15세 이후, 당시 귀족들의 혼례나 상례, 제사 등 각종 행사에서 음악을 연주하고 행사를 주관했다. 30대가 되면서 세상에 그 명성이 점점 알려졌고, 35세 때 노나라에 내란이 일어나자, 이르바 천하주유(天下周遊)가 시작되었다. 제나라에 가서 고소자(高昭子)의 가신(家臣)이 되었고, 제나라 경공 밑에서 일을 하려고 온 마음을 쏟았다. 50세에 노나라의 양화지란(陽貨지亂)이 일어났고 그 다음 해에 다시 관직에 복무했다. 이후 68세에 노나라로 돌아왔고, 이때부터 고전 문헌 정리와 교육에 모든 역량을 집중하여 심혈을 기울였다.

5. 교육받은 사람은 한 방면에만 한정되지 않는다

제대로 교육받은 사람은 그릇처럼 국한된 존재가 아니다.

원 문

君子不器. -「爲政」12

교육지평

일반적으로 그릇은 정해진 용도가 있다. 모든 그릇은 나름대로 제각각의 용도가 있기에 서로 통용하지 않는다. 그릇과 달리, 자기교육이 제대로 된, 교육받은 사람은 하나의 재능이나 기예만을 지니고 있는 것이 아니라, 여러 사안에 융통성을 발휘할 수 있는 인물이다. 다시 말해, 사람과 사람 사이에서 회통하고 유연성을 갖춘 존재다.

공자는 교양과 전문성을 갖춘 진정한 인간은 그릇처럼 실용적이지만 어떤 한 방면에 한정되어 있으면 안 된다고 주장한다. 교육받은 사람은 다양한 재능으로 큰 임무를 책임질 수 있어야 하기 때문이다. 관직에서는 여러 업무를 처리할 수 있고, 밖에서는 사방으로 응대할 수 있어야 다양한 사무를 순조롭게 진행할 수 있다.

6. 함부로 경쟁하지 않다

교육받은 사람은 함부로 경쟁하지 않는다. 불가피하게 경쟁을 해야 한다면 활쏘기를 할 때 정도다. 그때에도 서로 예의를 갖추고 활 쏘는 자리에 오르고, 활쏘기에서 지면 자리에서 내려와 벌주로 술을 마신다. 이런 절도 있는 경쟁에 임하는 사람이야말로 교육받은 모습을 보여준다.

원 문

君子, 無所爭, 必也射乎. 揖讓而升, 下而飮, 其爭也君子. -「八佾」7

교육지평

교육받은 사람, 사람다운 사람은 기본 예의를 지키고 공손하기 때문에 다른 사람과 다투고 싸우거나 경쟁할 일이 많지 않다. 특별한 경우를 제외하고는 화합하고 협동하며 공동체의 발전을 위해 함께 한다.

그런데 예외가 있다. 동양의 고대 사회에서 활쏘기는 연회나 특별한 모임에서 교양을 갖춘 사람들이 즐긴 일종의 오락이자 예절의 실험장이었다. 그것은 경쟁이라기보다는 예의 모범을 보여 주는 하나의 사례였다. 활 쏘는 자리에 오를 때는 활쏘기에서 짝을 이룬 두 사람이 올라가기 전에 가볍게 절을 하고, 활쏘기를 마치고 내려왔을 때는 승자는 패자에게 절을 하고 패자는 활쏘기 자리에 올라가서 술잔을 들고 서서 마신다. 이는 승자 독식의 경쟁이나 승리의 환호가 아니라, 패자에게 미안한 마음과 서로에게 자기의 위상을 보여 주는 아름다운 삶의 모습이다.

'교육받은 사람인 군자는 다투는 바가 없다'는 말에서, '다툼[爭]'은 점잖고 예의 바른 경우에만 실천할 수 있는 것이다. 그러나 지나치게 겸손하고 예의만을 강조하는 것은 인간의 적극적 삶의 자세를 억압하고 사회 발전의 과정에서 도덕적 저항이 될 수도 있다. 여기서는 그릇된 수단으로 경쟁하거나 과도하게 명예를 추구하지 않으며, 눈앞의 이익(利益)에 대해 겸손하고 양보하는 태도가 중요함을 말하고 있다.

7. 음악을 통해 덕을 평가하다

공자는 순임금의 음악인 소에 대해 '정말 아름답고 또 참으로 좋다.'라고 했다. 하지만 주나라 무왕의 음악인 무에 대해서는 '정말 아름답기는 하지만 참으로 좋다고 할 수는 없다.'라고 했다.

원 문

子謂韶, 盡美矣, 又盡善也. 謂武, 盡美矣, 未盡善也. -「八佾」25

교육지평

공자는 음악을 통해 인간의 덕성을 평가하고 그에 대해 교육적 의미를 부여했다. 공자가 이렇게 평가한 이유는 간단하다. 순임금은 요임금을 이어 자연스럽게 왕도(王道) 정치를 실현했고 무왕(武王)은 은나라의 폭군인 주(紂)를 정벌하여 백성을 구제했다는 측면에서 그 공로가 유사하다. 그러므로 그들의 음악은 모두 '정말 아름답다.'

하지만 순임금의 덕은 자연스럽게 이어진 것이고, 무왕의 덕은 폭군의 폭정으로 잃어버렸던 덕을 전쟁을 통해 되찾은 것이라는 측면에서 그 실상이 다르다. 따라서 순임금의 소 음악은 참으로 좋은 것이고 무왕의 무 음악은 참으로 좋다고만 할 수는 없었다.

공자는 소악(韶樂)과 무악(武樂)을 통해 음악의 형식뿐만 아니라 음악의 내용도 매우 중요하게 여긴다. 내용과 형식의 완벽한 조화가 이루어져야 진선진미(盡善盡美)다. 음악은 형식적으로 아름다운 멜로디만으로는 부족하다. 내용 측면에서도 풍부하고 충실해야 한다. '착함을 다하고 아름다움을 다한다! 이른바 진선진미는 내용과 형식의 조화와 사물의 온전함을 추구한다는 점에서 유명한 사자성어가 되었다.

8. 열린 환경에 거주하다

마을의 분위기가 탁 트여 있어야 아름답고 좋다. 스스로 이런 마을을 골라 열린 마음으로 살 때, 지혜롭다고 할 수 있지 않겠는가!

원 문

里仁, 爲美. 擇不處仁, 焉得知. -「里仁」1

교육지평

동서고금을 막론하고 어떤 공동체이건 그 사회가 일궈 온 전통과 문화가 있다. 그것을 흔히 풍속(風俗), 혹은 풍토(風土)라고 한다. 아름답고 좋은 풍속을 미풍양속(美風良俗)이라고 하는데 이는 열린 사회적 분위기에서 가능하다.

인간이 살만한 곳이 개방적이고 배려하는 태도로 어우어진 이런 마을이다. 옛날부터 전해오는 '붉은 색에 가까이 있으면 붉게 되고 검은 색에 가까이 있으면 검게 된다'는 '근주자적 근묵자흑(近朱者赤 近墨者黑)'과 같은 속담이 바로 주위 환경이 중요하다는 것을 이르는 말이다. 특히 사람이 인덕(仁德)과 지혜(智慧)을 갖춘 사람과 함께 있으면, 자주 보고 들어서 익숙해지고 습관이 되어, 좋은 영향을 많이 받을 수 있다.

9. 마음을 열기 위해 힘을 쏟다

나는 아직 진정으로 열린 마음을 지닌 사람을 보지 못했다. 동시에 닫힌 마음을 지닌 자를 미워하는 사람도 보지 못했다. 더불어 사는 사회에서 열린 마음을 지닌 사람보다 더 착한 사람은 없으리라. 닫힌 마음을 지닌 자를 미워하는 사람도 스스로 열린 마음으로 세상을 마주할 수 있다. 이때 닫힌 마음을 지닌 자가 가까이 다가와 영향력을 미치지 않게 하는 것이 중요하다. 단 하루라도 마음을 열고 세상을 마주하기 위해 온 힘을 쏟는 사람이 있는가? 나는 힘이 모자라서 마음을 열지 못했다는 사람을 아직까지는 보지 못했다. 세상에 그런 사람이 있겠지만, 나는 아직 보지 못했다.

원 문

我未見好仁者, 惡不仁者, 好仁者, 無以尙之, 惡不仁者, 其爲仁矣. 不使不仁者, 加乎其身, 有能一日, 用其力於仁矣乎. 我未見力不足者, 蓋有之矣, 我未之見也. -「里仁」6

교육지평

일반적으로 세상 사람들은 평범하게 살아간다. 소시민들은 완전하게 개방된 마음도 완전하게 폐쇄된 마음도 아닌 어정쩡한 모습으로 주변의 눈치를 보며 처세한다. 하지만 그 가운데 올바르게 살아갈 수 있는 가능성이 있다. 반쯤 개방되고 반쯤 폐쇄된 상황이기에 온전하게 열린 마음으로 훌륭한 사람이 될 수 있는 것이다.

공자는 사람들이 마음을 열고 착한 행동을 하는 데 모든 시간을 쏟지 않는 것이, 그것을 실천할 힘이 부족하기 때문은 아니라고 생각한다. 착한 행동을 하려는 마음이 있고 기꺼이 하려고 하면, 모든 사람이 인덕을 갖춘 사람이 될 수 있다. 그것은 인간의 수양이 자신의 자발적인 교육에 달려있고, 누구나 노력하면 착한 사람이 되어 마음을 여는 경지에 도달할 수 있다는 의미다.

10. 잘못을 보고 사람을 가늠하다

사람이 잘못을 저지를 때는 제각기 그 잘못의 유형이 있다. 사람이 저지르는 잘못의 유형을 살펴보면 그 사람이 어느 정도 사람다운지 알 수 있다.

원 문

人之過也, 各於其黨. 觀過, 斯知仁矣. -「里仁」7

교육지평

사람이 잘못을 하거나 실수를 저지를 때 비슷한 유형을 보이는 경우가 많다. 예를 들면, 착한 사람은 너무 따스하고 후하게 사람을 대하다가 지나치게 되고, 나쁜 사람은 너무 잔인한 짓을 많이 하여 잘못하는 경우가 많다. 이러한 잘못된 행동을 통해 그 사람의 인품을 가늠할 수 있다.

공자는 다른 사람을 인식하고 이해하는 방법을 실수의 유형을 통해 일러준다. 사람이 실수를 하는 이유는 근본적으로는 인덕을 제대로 갖추지 못하기 때문다. 사람은 장점을 통해서도 알 수 있지만, 단점을 통해서 그를 파악할 수 있다.

11. 본분에 맞게 행동하다

하급 공무원이 국민에게 봉사하는 데 뜻을 두면서도 서민들이 즐겨 입는 옷 입기를 부끄러워하고, 서민들이 즐겨 먹는 음식 먹기를 창피하게 여긴다면, 그와 더불어 대민 봉사에 대해 논의할 가치가 없다.

원 문

士志於道, 而恥惡衣惡食者, 未足與議也. -「里仁」9

교육지평

하급 공무원은 국민들, 특히 서민의 삶을 위해 발로 뛰며 봉사하는 공직자다. 그런데 명품 옷을 입고 비싼 음식을 골라 먹는다면, 어찌 서민들에게 믿음을 줄 수 있겠는가? 특히 공무원의 경우, 자신의 신분에 맞게 눈높이를 조절하며 본분을 다하는 자세가 중요하다.

12. 몸가짐을 경건하게 하다

공자가 말했다.

"염옹은 높은 자리에 올라 신하들을 다스릴 수 있는 인물이다."

중궁이 물었다.

"자상백자는 어떻습니까?"

공자가 말했다.

"괜찮기는 한데 지나치게 소탈하고 대범하다."

중궁이 다시 물었다.

"몸가짐을 경건하게 하고 행동을 소탈하고 대범하게 하여 백성을 대한다면 또한 괜찮지 않습니까? 몸가짐을 소탈하고 대범하게 하고 행동도 소탈하고 대범하게 한다면, 지나치게 소탈하고 대범한 것이 아니겠습니까?"

공자가 말했다.

"염옹의 말이 옳다."

원　　문

子曰, 雍也, 可使南面. 仲弓, 問子桑佰子. 子曰, 可也簡. 仲弓曰, 居敬而行簡, 以臨其民, 不亦可乎, 居簡而行簡, 無乃大簡乎. 子曰, 雍之言然. -「雍也」1

교육지평

염옹과 공자의 대화는, 자상백자라는 인물을 통해 삶과 정치에서 중요한 태도가 무엇인지를 일러준다. 그것은 경건(敬虔), 혹은 거경(居敬)이다.

경건하게 처신할 때 마음의 중심이 잡히고 자신의 행동을 적절하게 조절할 수 있다. 지나친 소탈함이나 대범함은 번거롭지 않고 간단하다는 차원에서는 장점일 수 있다. 그러나 그것으로 인해 자신에게 소홀히 할 수 있고 최소한의 제도 자체를 거부할 위험성이 있다.

13. 착한 마음으로 상호 봉사하다

지도자는 착한 마음으로 서민에게 봉사할 것을 생각하고 서민은 편안하게 먹고 살 것을 생각한다. 지도자는 정해진 법도를 서민이 잘 지킬 것이라 생각하고 서민은 지도자의 은혜를 받아 이익을 얻으려고 한다.

원 문

君子懷德, 小人懷土. 君子懷刑, 小人懷惠. -「里仁」11

교육지평

지도자와 서민의 길은 서로 다르다. 지도자는 공공의 이익을 위해 소신을 펼치고 서민은 개인의 이익을 위해 노력한다. 그러나 이 둘은 상호 의지하는 동시에 상호 협력을 통해 사회를 구성한다.

과거 전통 사회의 지도자는 정치 관료가 되어 백성들의 삶을 윤택하게 만드는 데 기여하려고 했다. 일반 백성인 소인은 땅을 얻어 농사를 지으며 잘 살기를 바랐다.

그런데 소인의 경우, 지도자처럼 아량이 넓은 품격을 지니지 못한 사람이다. 소인은 원대한 포부가 없고 시야가 좁으며 자기 이익만을 생각한다. 이와 반대로 지도자는 고상한 인품을 지니고 마음이 넓으며 국가와 사회 발전을 위해 많은 것을 생각하고 고려한다.

14. 사회적 지위를 확보하기 전에 능력을 먼저 갖추다

사회적 지위가 없음을 걱정하지 말고, 그런 자리에 나설 수 있는 능력을 어떻게 갖출지를 걱정하라. 자기를 알아주는 사람이 없음을 걱정하지 말고, 다른 사람이 나를 알아보도록 자신의 능력과 실력을 갖추어라.

원 문

不患無位, 患所以立. 不患莫己知, 求爲可知也. -「里仁」14

교육지평

인간의 삶에서 한 인간이 차지하고 있는 사회적 지위와 개인의 능력이 반드시 일치하는 것은 아니다. 하지만 대부분의 사람들은 그것이 일치될 때 일처리가 매끄러울 것이라고 생각한다. 문제는 실력이나 능력을 제대로 갖추지 않았는데도 그보다 높은 자리를 탐내거나, 별 볼일 없는 인생을 살면서 남들에게 허세를 부릴 때다. 인생에서 중요한 것은 사회적 지위냐? 실력이냐?라는 선택의 문제 만은 아니다. 먼저 훌륭한 인성과 전문성을 갖추는 작업이다. 이런 경우에 권모술수(權謀術數)는 끼어들기 힘들다.

훌륭한 사람은 자기교육을 통해 자신의 능력에 따라 사회적으로 부여되는 일을 추구한다. 다른 사람이 자기를 잘 몰라도 괜찮다. 꾸준히 열심히 하면 언젠가 사람들이 자발적으로 자신을 찾아보러 올 것이다. 이런 점에서 배우는 사람은 우선 자신의 지식, 도덕을 수양하고, 재능을 길러 사회에서 자신이 담당해야 할 여러 능력을 갖춰야 한다. 어떤 사태가 발생하면 그것에 대해 불평하지 않고 자신으로부터 원인을 찾아 성찰해야 한다. 지속적으로 노력하여 자신의 능력을 향상시키는 것이 문제를 해결하는 가장 좋은 방법이다.

전국시대의 정치가인 소진은 어렸을 때부터 집안이 매우 가난했지만, 제나라에 가서 정치 공부를 했다. 공부가 끝난 후, 먼저 주나라 현왕(顯王)과 진나라 혜문왕(惠文王)에게 올바른 정치의 길에 대해 유세하며 관직을 구하려고 했지만 실패했다. 관직을 얻지 못하고 집으로 돌아오자, 가족들은 '공부하면 뭐 하나? 관직도 제대로 얻지 못하고 우리는 이렇게 가난하기만 한데.'라고 하며, 소진을 이해하지 못하고 비웃었다.

이에 소진은 자신의 능력을 매우 창피하게 생각하고 자신이 공부한 것에 대해 깊이 반성했다. 그리고는 문밖으로 나가지도 않고 열심히 공부만 했다. 매일 밤늦게까지 주나라 때 강태공의 『음부(陰符)』라는 책을 읽으며 연구했다.

한참 후에 소진은 다시 세상에 나가 연나라 문후(文侯)에게 여섯 나라가 합종하여 진나라에 대항할 것을 제안했고, 여섯 나라를 설득하여 동맹을 만들었다. 소진은 병사를 한 명도 동원하지 않고, 돈을 한 푼도 쓰지 않고, 전국시대의 각 나라의 형세를 뒤바꾸었고, 여섯 나라의 최고 재상이 되었다.

이제 소진은 천하에서 대적할 수 있는 사람이 없을 정도로 강한 사람이 되었다. 열심히 노력한 소진처럼, 사람이 학식과 도덕성을 풍부하게 갖추고, 능력과 실력을 구비하게 되면, 세상 사람이 어찌 그를 알지 못하겠는가?

15. 올바르고 정당함을 좋아하다

자기교육을 제대로 한 사람은 올바르고 정당함을 밝히고 좋아하며, 교육받지 않은 사람들은 세속적인 이익을 밝히고 좋아한다.

원 문

君子, 喩於義. 小人, 喩於利. - 「里仁」16

교육지평

세상 사람들이 공인하는 훌륭한 사람과 어리석은 사람의 차이, 즉 교육받은 인간과 그렇지 못한 인간의 변별점은 간단하게 드러난다. 정의와 도의를 추구하느냐? 사사로운 이득, 즉 돈이나 물질만을 밝히느냐?다. 의리와 이익은 반드시 상충하는 것은 아니지만, 지나친 이익만을 추구하여 욕망으로 빠질 때 삶의 모습은 천박해진다.

이 구절은 의와 리를 통해서 자기교육이 된 사람, 교양과 전문 소양을 갖춘 사람과 교육받지 못한 조무래기를 구별하는 것이다. 공자는 교육받은 사람은 대의를 잘 알고 의리를 이익보다 앞에 두어야 하며, 개인의 이익을 위해 도의(道義)를 잊으면 안 된다고 했다.

16. 현명한 사람에 비춰 자신을 돌아보다

현명한 사람을 보면 그와 같이 현명하게 되기를 생각하고, 현명하지 못한 사람을 보면 '나는 어떤가?' 하고 스스로 깊이 돌아보아야 한다.

원 문

見賢思齊焉, 見不賢而內自省也. -「里仁」17

교육지평

동양의 전통 사회에서는 현명한 사람이 되는 것을 인간이라면 누구나 추구하는 삶의 목표이자 교육적 이상이었다. 그것은 사람으로서 사람다움을 보증하는 하나의 기준이자 원칙이다. 따라서 어느 정도 현명함에 미치느냐? 어리석음으로 치우치느냐? 가 인간성을 좌우하는 관건이었다.

품행이 좋은 사람을 만나면 그에게 배우고, 그런 사람과 같은 현인(賢人)이 될 수 있도록 노력해야 한다. 착하지 않고 어리석은 사람을 만나면 자기도 같은 그런 사람과 같은 실수를 반복하고 있는지 신중하게 반성해야 한다. 이런 삶의 자세를 견지하다 보면 현명한 사람을 만나든 어리석은 사람을 만나든 자신의 개인 수양을 향상시키는 데 도움이 될 수 있다.

다른 사람의 장점을 배우고 타인의 실수와 실패를 교훈으로 삼아 경계하는 태도가 삶을 윤택하게 만든다. 자기교육 차원에서 보면 공자는 주변에 품행이 고상한 사람이 있건 없건 자신의 윤리 도덕을 함양 하는 데 큰 영향을 받지 않고 묵묵히 공부해 나갔다.

17. 실천할 수 없는 말을 하지 않다

옛날 사람이 말을 함부로 내뱉지 않은 것은, '몸소 그 말을 실천하지 못할까' 부끄러워했기 때문이다.

원 문

古者, 言之不出, 恥躬之不逮也. -「里仁」22

교육지평

자기교육에 충실한 사람은 자신감과 신뢰감이 몸에 충만하다. 따라서 말과 행동도 자연스럽게 일치한다. 일반적으로 사람을 평가할 때, 언행일치는 신뢰의 담보가 되기도 하고 의리의 근거가 되기도 한다. 보통 사람들의 경우, 일상사에서 말을 가볍게 하다 보니 언행일치가 되지 않는 수가 많고, 이는 다툼의 소지로 작용하기도 한다. 말만 잘하고 실제적인 행동이 없는 것은 불신의 씨앗이 된다.

어느 날 증자의 아내가 볼 일이 있어 집 밖으로 나가려고 하자, 아들이 울고불고 하면서 따라가고 싶어 했다. 아내는 아들을 달래기 위해 다음과 같이 말했다.

"아들! 집에서 놀면서 기다려! 이따 와서 고기 삶아 줄게."

아들은 그 말을 믿고 혼자 집에서 놀았다. 아내가 집에 오자 증자는 칼을 들고 돼지를 잡으려고 했다. 그러자 아내가 증자의 앞을 가로 막으며 말했다.

"당신, 정말 돼지를 잡아서 아들에게 삶아 주려고 하는 거예요? 참나, 아까 바깥으로 나가면서 애를 달래느라 잠깐 거짓말을 한 거예요!"

이에 증자가 크게 꾸중했다.

"아니, 아들에게 어떻게 거짓말은 할 수 있어요? 어른의 말은 아이에게 큰 영향을 줄 수 있고, 우리 어른들이 약속을 지키지 않으면 아이가 나중에 우리말을 듣지 않을 것이오!"

　그리고는 증자는 바로 돼지를 잡았고, 삶은 고기를 아들에게 주었다. 그 후, 증자는 열심히 공부하면서 몸으로 가르쳐, 후세 사람들에게 큰 존경을 받았다.

18. 마음을 단속하다

거만하거나 방종하지 않고 마음을 단속하라. 그런 행동을 하는 가운데, 실수하는 사람은 드물다.

원 문

以約失之者, 鮮矣. -「里仁」23

교육지평

모든 일에서 긴장의 끈을 놓치지 않고 일을 자세하게 살피며 공부해 나가면, 실수가 줄어드는 것은 당연한 이치다. 공자는 사회생활에서 자기관리와 자기교육의 중요성을 강조한다.

자기의 언행을 단속할 줄 알고 자신에게 엄격하면 그만큼 실수를 줄일 수 있다. 스스로 규율을 정하여 자신을 단련해 나가는 자율(自律)을 통해, 지속적으로 자신의 품행을 성숙해 나갈 때 자신을 개선할 수 있다.

19. 말은 신중하게 행동은 재빠르게 하다

자기교육에 충실한 사람은 말을 어눌하고 신중하게 하며, 행동은 재빠르고 민첩하게 한다.

원 문

君子, 欲訥於言而敏於行. -「里仁」24

교육지평

일반적으로 사람은 언행에서 말하기는 쉬우나 신중하기는 어렵다. 행동하기에 힘쓰는 것은 어렵지만 재빠르게 할 수는 있다. 말과 행동, 두 가지가 삶의 핵심에 존재하는 행위의 양상이지만, 그것을 실제 추동하는 데 쉽지 않음을 일러 주는 구절다.

공자는 신중히 말하고 민첩하게 일하는 사람을 좋아했다. 이러한 인재들이 자기교육을 통해 교육받은 사람에 속한다.

공자를 필두로 하는 유학에서는 소박함을 중시했다. 말을 아무리 잘해도 실제 행동이 없으면, 그 아름다운 말들조차도 헛소리에 불과할 뿐이라고 한다. 실제 행동이 무엇보다도 중요하지만 언어 능력이 필요 없는 것은 아니다. 말재주가 있는 것도 하나의 능력이다. 다만, 말만 앞세우고 행동하지 않는 것이 문제이지, 말을 잘하는 것 자체를 비판할 필요는 없다.

20. 이웃과 함께 사랑을 나누다

사랑하고 협동하는 성품을 지닌 사람은 외롭지 않다. 반드시 그것을 함께 나눌 이웃이 있기 때문이다.

원   문

德不孤, 必有隣. -「里仁」25

교육지평

동서고금을 막론하고 인간은 개인의 완성을 염원하고 건전한 사회를 지향한다. 특별한 경우를 제외하고, 사람은 혼자 살 수 없기 사회를 이루게 마련다. 이때 필요한 것이 사람으로서 사람다움이라는 덕목이며, 그 덕목은 함께 어울리기 위한 윤리 도덕성이다.

윤리 도덕성이 높은 사람은 삶에 외로움을 느끼지 않는다. 그의 주변에 항상 그와 같이 윤리 도덕성이 높은 사람이 함께 있기 때문다. 인간다운 도덕과 품성은 언제나 사람들이 갖춰야 하는 기본적인 삶의 자산이다.

21. 물질적 욕망을 절제하다

공자가 말했다.

"나는 아직까지 물질적 욕망을 초월하는 꿋꿋한 사람을 만나지 못했다."

그러자 어떤 사람이 공자의 그런 태도에 반색하며 말했다.

"젊은 친구 중에 신정이란 사람이 있는데, 꿋꿋한 사람 같은데요."

공자가 말했다.

"신정은 욕심쟁인데, 어찌 꿋꿋한 사람이라고 할 수 있겠는가?"

원 문

子曰, 吾未見剛者. 或對曰, 申棖. 子曰, 棖也慾, 焉得剛. -「公冶長」10

교육지평

물질적 욕망은 보통 사람들이 조절하기 어려운 문제 중 하나다. 꿋꿋한 삶의 자세는 세속에 유행하는 물욕을 누르고 덮어 버리거나 조절할 수 있을 때 구현된다. 공자가 생존했을 당시 신정이라는 사람이 어떤 욕심을 지니고 있었는지 알 수는 없지만 성질이 좀 괴팍하고 욕심이 많았다고 전한다. 욕심이 많은 사람은 자신에게 돌아오는 이익이 적을 경우, 사소한 일에도 쉽게 성을 내는 경향이 있으므로, 신정을 욕심쟁이로 인식했을 것이다.

공자는 사람이 욕망이 넘치면 예의에 어긋날 수 있다고 생각했다. 신정의 경우, 욕망이 철철 넘쳐 굳고 꿋꿋하지 못하다고 보았다. 사람은 욕심이 많으면 자기의 욕망에 속박당하여 정의를 실천할 수 없고, 강직할 수도 없다. 공자는 욕망 자체를 반대하지는 않지만, 숭고한 이상을 지닌 인격자라면 삶에 발생하는 여러 욕망을 조절하고 인간의 길에 집중해야 한다고 생각했다.

22. 마음을 열기 위해 끊임없이 노력하다

자장이 물었다.

"자문이라는 사람은 초나라의 재상인 영윤이라는 벼슬을 지냈습니다. 세 차례나 영윤을 지냈는데, 그때마다 우쭐거리거나 기뻐하는 낯빛이 없었고, 세 차례 그만둘 때도 언짢아하거나 노여워하는 낯빛을 하지 않았습니다. 자리에서 물러날 때는 반드시 전임의 업무를 신임에게 인계했습니다. 이런 자문을 할 정도라면 어떤 사람으로 볼 수 있습니까?"

공자가 말했다.

"그런 태도라면 본분에 충실한 사람이다."

자장이 다시 물었다.

"열린 마음을 지닌 사람이라고 할 수 있습니까?"

공자가 말했다.

"글쎄, 잘 모르겠다. 열린 마음을 지닌 사람이라고 할 수야 있겠는가?"

자장이 다른 사람에 대해 또 물었다.

"제나라의 대부인 최저가 제나라 군주를 시해했습니다. 그때, 제나라 대부였던 진문자는 말 40마리를 버리고 그곳을 떠났습니다. 다른 나라로 가서 말하기를, '우리나라 대부 최저와 같구먼!'하고 떠났고, 또 다른 나라로 가서 말하기를, '우리나라 대부 최저 같구먼!'하고 떠났다고 하는데, 그런 행동을 한 그의 사람됨은 어떻습니까?

공자가 말했다.

"청렴한 사람 같네."

자장이 다시 물었다.

"열린 마음을 지닌 사람이라고 할 수 있습니까?"

공자가 말했다.

"글쎄, 잘 모르겠다. 열린 마음을 지닌 사람이라고 할 수야 있겠는가?"

子張問曰, 令尹子文, 三仕爲令尹, 無喜色, 三已之, 無慍色, 舊令尹之政, 必以告新令尹, 何如. 子曰, 忠矣. 曰仁矣乎. 曰未知, 焉得仁. 崔子弑齊君, 陳文子有馬十乘, 棄而違之, 至於他邦, 則曰猶吾大夫崔子也, 違之, 之一邦, 則又曰, 猶吾大夫崔子也, 違之, 何如. 子曰, 淸矣. 曰仁矣乎. 曰未知, 焉得仁. -「公冶長」18

교육지평

자문은 초나라의 귀족이었는데 어려서 호랑이 젖을 먹고 자랐다고 전한다. 여러 차례 벼슬에 나아갔는데 오늘날의 총리에 해당하는 재상 자리에 세 번이나 올랐다. 나라 걱정에 온 힘을 쏟아 자신의 삶을 잊을 정도로 희생하며 충성스런 사람이었기에, 자장이 그의 사람됨을 스승인 공자에게 여쭈었다. 공자는 자문이 개인적인 욕심이 없고 충실한 사람이긴 하지만, 열린 마음을 지닌 사람인지에 대해서는 다시 점검할 필요가 있다며 신중함을 보였다.

23. 너무 길게 생각하지 않는다

노나라의 대부 계문자는 세 번이나 곱씹어 생각한 다음에 행동으로 옮겼다.

공자가 그런 사실을 듣고 다음과 같이 말했다.

"두 번이면 괜찮다."

원　문

季文子三思而後行. 子聞之曰, 再斯可矣. -「公冶長」19

교육지평

인생에서 어떤 사안에 대해 실천에 앞서 깊이 생각하는 자세는 중요하다. 그러나 지나치게 생각에만 몰두하면, 생각 자체에 매몰되어 실천 의지가 약해질 수 있다. 공자가 '두 번이면 괜찮다'라고 한 것은, 사안에 따라 다를 수는 있겠지만, 두 번 정도 생각하면 어떤 일이건 충분히 잘 할 수 있다는 의미다.

아무리 건전한 생각이라도, 세 번 이상, 너무 많이 하게 되면, 개인적 의도가 끼어들 수도 있고 또 판단이 흐려질 정도로 헷갈려서 현혹되기 쉽다. 현명한 사람은 올바른 길이 무엇인지 찾으려는 노력을 게을리 하지 않고 과감하게 결단한다. 대신 쓸데없이 많이 생각하는 것을 높이 평가하지 않는다. 생각하는 시간이 길면 사람이 나약하고 겁이 많아지게 되어 재빠르게 행동하는 능력이 없어진다.

24. 사람을 포용하되 자신을 버리지 않다

재아가 물었다.

"열린 마음을 지닌 사람은, '어떤 사람이 우물에 빠졌습니다'라고 하면 우물에 들어가 그를 구하고 빠져 허우적댑니까?"

공자가 말했다.

"그렇게야 하겠는가? 훌륭한 사람은 우물에 가서 사람을 구하려고 하겠지만, 우물에 들어가 빠져 허우적대지는 않을 것이다. 사람들이 훌륭한 사람을 우물에 빠지게 하듯이 잠시 속일 수는 있겠지만, 허우적댈 정도로 끝까지 속일 수는 없다."

원 문

宰我問曰, 仁者雖告之曰, 井有仁焉, 其從之也. 子曰, 何爲其然也. 君子, 可逝也, 不可陷也, 可欺也, 不可罔也. -「雍也」24

교육지평

열린 마음을 지닌 사람은 사람을 포용하고 신뢰를 주는 존재이므로, 어려움에 처한 사람을 구하는 데 앞장서게 마련이다. 그렇다고 자신의 존재까지도 잊어버리는 무모한 사람은 결코 아니다. 문제해결을 위한 지혜를 지니고 삶의 이치를 고민한다.

우물에 빠진 사람을 구하기 위해서는 내 몸은 우물 밖에 있어야 한다. 내가 우물 속에 들어간다면 나도 우물에 빠지기 때문에 오히려 사람을 구할 수 없다.

25. 신뢰를 주고 편안하게 하고 품어주다

어느 날 안연과 자로가 공자를 모시고 곁에 앉아 있었다.

이때 공자가 말했다.

"너희들이 뜻하는 바를 한번 각각 말해 보게나?"

자로가 말했다.

"수레와 말, 옷과 가벼운 가죽옷을 얻어, 벗들과 함께 나눠 쓰다가, 헐어 못 쓰게 되더라도 서운하게 여기지 않았으면 합니다."

안연이 말했다.

"제가 잘한 것을 내세우고 싶지도 않고, 남에게 힘든 일을 시키고 싶지도 않습니다."

자로가 말했다.

"선생님의 뜻을 듣고 싶습니다."

공자가 말했다.

"늙은이를 편하게 해 주고, 벗에게는 믿음을 주며, 젊은이는 품어주려고 한다."

원 문

顔淵季路侍. 子曰, 盍各言爾志. 子路曰, 願車馬, 衣輕裘, 與朋友共, ▨之而無憾. 顔淵曰, 願無伐善, 無施勞. 子路曰, 願聞子之志.. 子曰, 老者安之, 朋友信之, 少者懷之. -「公冶長」25

교육지평

자로와 안연과 공자의 언표는 모두 마음을 열고 사람을 사랑하려는, 인간과 세계에 대한 관심을 보여 준다. 자로는 자기가 갖고 있는 좋은 것을 친구들과 함께 나누려고 했다. 안연은 자랑하지 않고 신중하고 겸손하게 하려고 했다. 공자는 세상을 마음에 품는 훌륭한 품격으로 답했다.

자로는 마음을 열려는 단계이고, 안연은 마음을 열어 가는 중간 수준이며, 공자는 마음을 활짝 열어 놓은 성숙한 인간의 모습을 보여준다.

26. 매사에 신중하고 성찰하다

자기교육에 충실한 사람은 모든 일에 신중해야 한다. 그렇지 않으면 위엄이 없어 보인다. 그리고 부지런히 배워서 마음을 열어야 한다. 그렇지 않으면 고집스럽게 보인다. 어떤 경우에도 충실과 신의를 삶의 무게 중심으로 삼고, 학문과 덕성이 나보다 못한 사람을 벗으로 사귀지 말며, 잘못이 발견되면 주저하지 말고 바로 고쳐야 한다.

원 문

君子不重則不威. 學則不固, 主忠信. 無友不如己者, 過則勿憚改. -「學而」8

교육지평

자기교육에 충실하여 교양과 전문 지식을 갖춘 사람은 지도적 인물이다. 그의 언행은 묵직하고, 그만큼의 권위도 있으며, 리더십을 발휘할 자질도 갖추었다. 충실한 행동과 신뢰를 최고의 덕목으로 삼고, 나보다 나은 사람에게서 늘 배우려는 자세를 가지며, 자신에게 오류가 있으면 그것을 인정하고 고치려는 태도를 가진다. 그것이 다름 아닌 지도자의 리더십이다.

27. 출신이 아닌 능력을 논하다

공자가 중궁을 평하여 말했다.

"얼룩소 새끼일지라도 털빛이 붉고 뿔이 가지런하게 자랐다면, 사람들이 그것을 제물로 쓰지 않으려 해도 산천의 신이 어찌 그것을 버리겠는가?"

원 문

子謂仲弓曰, 犁牛之子, 騂且角, 雖欲勿用, 山川, 其舍諸. -「雍也」4

교육지평

중궁의 아버지는 천민 출신이었고 행실이 아주 나쁜 사람이었다고 한다. 하지만 중궁은 높은 자리에 올라 다른 사람을 다스릴 수 있는 인물이었다. 공자가 말한 얼룩소는 중궁의 아버지에 비유되고, 얼룩소 새끼는 중궁에 상징한다.

중국 고대의 주나라에서는 중요한 제사를 지낼 때, 털빛이 붉고 뿔이 바르게 생긴 소를 희생으로 바쳤다. 얼룩소는 농사일을 비롯한 힘든 일을 하며 고귀한 희생에 비해 상대적으로 천한 대접을 받았다. 그러나 중궁의 인물 됨됨이에 비유되면서 새로운 의미가 부여된다. 즉 부모의 출신이 천하고 행실이 나쁘다고 자식까지도 그런 것은 아니다. 자식은 귀한 자리에 오를 수도 있고 성품이 착할 수도 있는데 그것까지 무시해서는 안 된다.

이런 점에서 공자를 비롯한 유학 사상이 출신 성분에 의한 귀속주의라기보다 사람의 능력이나 노력을 소중하게 여기는 현실주의임을 발견할 수 있다.

28. 진정으로 자기교육을 하다

공자가 자하에게 충고했다.

너는 진정하게 자신을 교육하며 학습하는 사람이 되어야 한다. 하찮은 조무래기나 교육받지 않는 사람이 되어서는 안 된다.

원 문

子謂子夏曰, 女爲君子儒, 無爲小人儒. -「雍也」11

교육지평

진정하게 자기교육을 실천한 학자나 관료는 의리를 목숨처럼 여기며 자신의 수양을 위해 배운다. 교육을 제대로 받지 않고 배우지 않는 조무래기 소인배들은 개인의 이익만을 추구하며 남에게 알려지기만을 바란다. 전자는 위기지학(爲己之學)이라 하고 후자는 위인지학(爲人之學)이라 한다.

자기교육에 충실한 학자는 위기지학을 생명력으로 삼고, 시정잡배는 위인지학으로 빠지기 마련이다. 자기교육에 충실한 사람을 군자유(君子儒)라고도 하는데, 이들은 품격이 고상하고 인간의 품격을 수준 높게 갖추며, 귀한 자리에 있고, 예법에 정통하며, 이상적 인격을 갖춘 학자를 말한다. 그 반대인 사람을 소인유(小人儒)라고 하는데, 이들은 지위가 비천하며 예의도 모르고 품격도 별 볼일 없고 삶의 포부도 없는 사람이다.

29. 본성과 배움의 경험을 조화롭게 하다

사람의 본바탕이 자라나면서 꾸민 것보다 강조되면 촌스럽다. 후천적으로 꾸민 것이 본바탕보다 강조되면 사람 됨됨이가 텅 빈 듯 공허하다. 본바탕과 나중에 꾸민 것이 함께 어울려야 훌륭한 인물이라고 할 수 있다.

원 문

質勝文則野, 文勝質則史. 文質彬彬, 然後君子. -「雍也」16

교육지평

교육을 진행하는 과정에서 실질적 내용이나 도리, 사실적 바탕만을 강조하고 외형적으로 꾸미거나 문화적으로 수식한 것을 소홀히 하면 순박한 사람으로 비치기 쉽다. 그렇다고 지나치게 외형적으로 꾸미거나 문화적 수식만을 강조하고 실질적 내용을 소홀히 하면, 알맹이는 없고 수다스런 사람이 된다. 따라서 문화적 꾸밈과 실질적 내용이 잘 어울려 빛을 발휘해야 교육받은 사람으로서 온전한 인성을 갖게 된다. 훌륭한 인격은 질박(質朴)과 문채(文彩)가 서로 보완되었을 때 갖춰진다.

옛날에 백락(伯樂)이라는 사람이 있었는데, 그는 말을 잘 알아보고 그 말이 좋은지 나쁜지를 잘 가려냈다. 어느 날 백락이 진목공(秦穆公)에게 구방고(九方皐)라는 사람을 추천했다. 구방고는 진목공을 만난 후 천리를 달릴 수 있는 천리마를 찾기 시작했다. 3개월 후, 구방고는 천리마로 노랑색의 암말을 찾았다고 진목공에게 보고 했다. 그러나 나중에 가져온 것은 검정색의 수말이었다.

이에 진목공은 매우 불쾌해 했다. 그리고는 백락이 추천한 사람이 말의 색깔과 암수조차도 구별할 줄 모르는 데, 백락이 무슨 말을 잘 알아보는 사람이냐고 따지며 책망했다. 백락이 이런 상황에 대해 듣고 탄식하며 다음과 같이 말했다.

'구방고가 말을 찾으며 관찰할 때는, 겉으로만 쓰윽 보고 안으로 자세하게 살펴보는 과정을 스쳐 지나갔다! 천리마가 갖춰야 하는 조건들에만 신경을 집중하고, 무엇이 중요한지 그렇지 않은지 여러 부분에 대해서는 관심을 두지 않았다!'

본바탕에 해당하는 실제 사물에 대해 자세하게 관찰하는 것은 진리를 검증하는 유일한 방법이다. 따라서 본질의 발현과 그것을 바탕으로 구현되었던 경험을 전반적으로 점검하여 결합시켜야 한다. 그렇지 않으면 지식은 이론에 머물 뿐이다.

30. 곧게 살아가다

사람이 사람답게 살아갈 수 있는 존재의 이유는 곧음 때문이다. 곧은 방법이 아니라 구부러지고 비뚤게 속임수를 써서 살아간다면 기껏해야 요행으로 죽음을 면하고 있을 뿐이다.

원 문

人之生也直. 罔之生也, 幸而免. -「雍也」17

교육지평

사람이 자연으로부터 생명을 받아 삶을 누리고 있는 것은 자연의 도리를 그대로 본받고 따르기 때문이다. 자연의 질서는 정직하다. 봄이면 생기가 돋고 여름에는 무성하게 자라며 가을에는 열매 맺고 시들며 겨울에는 다음 봄을 기다리며 조용히 움츠려 든다. 이런 자연의 순환과 법칙을 인위적으로 망가뜨린다면, 사람이 살아갈 수는 있겠지만 그만큼의 부작용도 드러날 수 있다.

31. 중요한 사안에는 정성을 다하다

나는 선생님에게서 이렇게 들었다. '사람은 평상시에는 자발적으로 성의를 다해 일하지 못하는 존재다. 하지만 부모의 상례를 치를 때는 반드시 정성을 다해야 한다.'

원 문

吾聞諸夫子, 人未有自致者也. 必也親喪乎. -「子張」17

교육지평

이 구절은 공자의 말이 아니라 증자의 언표다. 일상에서 인간의 특징과 특별한 상황, 즉 부모 상례에서의 행동을 보여 주는 대목이다.

인간은 일상생활에서는 무덤덤하게 다람쥐 쳇바퀴 굴리듯 반복된 삶을 살아간다. 이런 경우, 진정으로 성의껏 자신의 힘을 모두 펼치지 않는 경우가 대부분이다. 하지만 상례와 같이 특별하고 중요한 상황이 닥쳤을 때는 반드시 최선을 다해 정성껏 힘을 발휘해야 한다.

32. 반성하며 잘못을 살피다

아! 끝내 어쩔 수 없는가! 아직까지 자기의 잘못을 보고 진심으로 스스로 꾸짖는 사람을 보지 못했다.

원 문

已矣乎. 未見能見其過而內自訟者也. -「公冶長」26

교육지평

자기주장과 판단으로 일관하기 쉬운 인간은 일상의 행위에서 자신의 잘못을 스스로 인지하기 어렵다. 잘못을 저지르고도 스스로 알지 못한다. 하지만 말과 행동을 성찰하여 스스로 잘못을 알고 진심으로 뉘우치고 깨닫는다면 반드시 잘못을 고칠 수 있고 실수를 줄일 수 있다.

공자는 이런 인간이 많지 않음을 걱정하며, 생전에 그런 사람을 만나지 못할까 탄식한 듯하다. 공자는 사람들이 자신의 실수와 잘못한 것에 대해 진심으로 반성하는 것이 쉽지 않다고 생각한다. 현실 삶에서 사람들은 다른 사람의 실수와 단점을 바로 알아볼 수 있는데, 자기의 잘못에 대해서는 그렇지 못하다. 자기의 실수를 알면서도 다른 사람에게 책임을 미루거나 여러 가지 핑계로 변명한다.

중국 고대 하나라 때의 제후였던 유호씨가 우 임금의 아들 계(啓)가 왕위에 오르자, 계를 공격했는데 계가 패했다. 그러자 계의 부하들이 승복하지 않고 다시 유호씨를 공격하자고 권했다. 이에 계가 말했다.

"아니다. 우리 병사들이 더 많고 땅도 더 넓음에도 불구하고, 내가 패한 것은 나의 덕이 그보다 못하고, 군사를 훈련하는 법도 그보다 못해 그런 것이다. 오늘부터 열심히 노력하여 나의 부족한 점을 고칠 것이다."

그 이후 계는 매일 일찍 일어나 업무를 보고 소박하게 살면서 백성을 위해 열심히 일했다. 1년이 지난 후 유호씨는 이를 알게 되었고, 다시는 계를 공격하지 않고 오히려 그에게 항복했다. 계처럼 자신을 반성하고 잘못함을 바로 고치는 사람은, 궁극적으로 성공의 길로 나아간다.

33. 널리 글을 배우고 예법으로 몸단속 하다

훌륭한 사람은 두루두루 글을 배우되 예법으로 몸단속을 한다. 그러므로 좀처럼 사람이 살아가는 도리에 어긋나는 일이 없다.

원   문

君子博學於文, 約之以禮, 亦可以弗畔矣夫. -「雍也」25

교육지평

세상의 여러 가지 일을 두루두루 배운다는 것은 세상의 문화를 전반적으로 공부하는 일이다. 하지만 배운 내용을 많이 알고 있는 것 자체가 의미 있기보다는 간략하게 요약하여 지키는 일이 중요하다.

학문을 통해 사회 문물을 광범위하게 익히고, 그것을 구현하기 위한 다양한 예법을 통해 정돈해야 일관성 있게 삶의 질서가 유지된다.

34. 마음을 올바르게 쓰다

인생에서 중용의 올바른 실천이 최고인가 보다! 사람들이 이를 소홀히 하여 실천하지 못한 지가 오래되었구나!

中庸之爲德也, 其至矣乎. 民鮮久矣. -「雍也」27

중용은 세상의 바른 도리와 정해진 이치로, 일상에서 행해져야 하는 도덕의 핵심이다. 그것은 올바르고 정당한 마음 씀씀이에 달려 있다. 공자의 언표는 마음 씀씀이가 제대로 이루어지지 않는 현실에 대한 개탄이다.

공자가 말한 중용은 유학의 핵심인데, 현실에서 이 경계에 도달한 사람이 많지 않다. 중용은 지나치지도 않고 부족하지도 않게 삶의 화해(和諧)를 유지하는 상황이다. 중용의 처세 방식은 인간의 기본적 삶의 원칙을 위반하지 않은 조건에서 사람 사이에 발생하는 갈등을 잘 화해할 수 있다.

청나라 때의 관리이자 학자였던 증국번(曾國藩)은 주변에 아첨하고 얼렁거리는 사람이 많았는데도, 이에 대해 대수롭지 않고 담담하게 대처했다고 한다. 그만큼 인간 사회의 규칙과 삶의 이치를 잘 알고 있었다. 무엇보다도 아첨하는 사람에 대해 기꺼이 받아들이지도 않고 특별히 고민하지도 않았다. 이처럼 넓은 마음을 가지면 사람이 위험에 직면해도 두려워하지 않고, 변화에 부딪쳐도 놀라지 않는다. 이런 삶의 자세가 중용이 갖는 생명력이다.

35. 삶의 지침을 고민하다

덕을 제대로 닦지 못한 것, 학문을 제대로 익히지 못한 것, 옳은 일을 듣고도 행동으로 옮기지 못한 것, 착하지 않은 일을 진정으로 고치지 못한 것, 이 네 가지가 나의 걱정 근심이요 고민거리다.

원 문

德之不修, 學之不講, 聞義不能徙, 不善不能改, 是吾憂也. -「述而」3

교육지평

공자가 자신의 인생 경험을 바탕으로 인간의 성숙과 성장에 필수적인 네 가지를 말한 구절이다. 덕은 자기교육인 수양을 한 후에 체득되고, 학문은 강구하고 실천해야 더욱 밝아진다. 정의로운 일을 보면 그것을 본받아 자신도 실천할 수 있어야 하고, 잘못된 일에 대해서는 재빨리 그것을 인식하고 바로 고칠 수 있어야 한다. 이 네 가지가 인생을 새롭게 발전시키고, 풍요롭게 만드는 삶의 행동 지침이다. 공자는 이러한 자기교육, 즉 수양의 과정을 일신우일신(日新又日新)으로 생각했다.

36. 차분하게 휴식을 취하다

공자는 특별한 일 없이 한가로이 있을 때, 얼굴 모습은 부드럽고 느긋하며 낯빛은 온화하고 환하게 했다.

원   문

子之燕居, 申申如也, 夭夭如也. -「述而」4

교육지평

일상에서 휴식은 삶에 활력을 불어넣는다. 직장에서 돌아와 집에서 쉬면서, 다양한 사무로 시달렸던 긴장의 끈을 풀고 스트레스를 해소하며 마음의 화평을 요청하면, 그만큼 삶의 생명력은 다시 샘솟는다. 가족들과 말을 할 때는 자상하고 안색은 온화하게 하여 가정의 분위기를 살리고, 즐거운 기분으로 몸의 에너지를 충전하며 내일을 준비한다.

37. 옳지 않은 삶의 길에는 즐거움이 없다

잡곡밥이나 거친 나물죽을 먹고, 고깃국 대신 냉수를 마시며, 팔을 굽혀 베개로 삼을 정도로 가난하게 사는 가운데도 즐거움이 있다. 옳지 않은 방법으로 재물을 불리고 권력이 있는 높은 자리를 차지하며 살아가는 모습은 나에게는 뜬 구름과 같이 부질없는 짓이다.

원 문

飯疏食飮水, 曲肱而枕之, 樂亦在其中矣. 不義而富且貴, 於我如浮雲. -「述而」15

교육지평

공자는 삶에서 '정의냐 부정이냐? 올바른 일이냐 그른 일이냐?'에 관심을 쏟는다. 건강을 위해 별도의 식단을 준비하는 것이 아닌 한, 누가 거친 밥 한 그릇, 냉수 한 사발의 초라하고 가난한 음식을 찾아 즐기며, 베개조차 없는 잠자리를 좋아하겠는가? 공자도 기름기 잘잘 흐르는 맛있는 음식과 편안한 잠자리를 원했던 것은 분명하다.

그러나 삶의 핵심은 정의에 있다. 정당하지 않은 방법, 불합리한 수단으로 부와 지위를 차지하는 것에 대해서는 무한정 경계한다. 공자는 '안빈낙도(安貧樂道)'를 강조하며, 자신의 처지를 긍정하며 만족할 줄 알았다. 물질적인 삶이 소박하고 가난하더라도, 그것이 자신의 포부와 뜻에 영향을 주지는 못했다. 아무리 가난한 생활이라도 오히려 그것을 적극적으로 활용하며 인생의 즐거움을 찾는다.

38. 배움을 좋아하여 먹는 것을 잊다

초나라의 대부 섭공이 공자의 제자 자로에게 스승인 공자가 어떤 사람인지 물었는데, 자로가 대답하지 않았다.

그러자 공자가 자로에게 말했다.

"자네, 왜 말하지 않았는가. '사람됨이 배우기를 좋아하여 분발하면 먹는 것도 잊고, 일상의 올바른 도리를 즐김으로써 모든 근심을 잊으며, 늙는 것조차 모른다.'라고 했어야지."

원 문

葉公問孔子於子路, 子路不對. 子曰, 女奚不曰, 其爲人也, 發憤忘食, 樂以忘憂, 不知老之將至云爾. -「述而」18

교육지평

섭공은 초나라의 귀족으로 섭현을 맡은 지도자다. 지도자 감이 아니었는지, 자기 능력에 맞지 않게 스스로 공이라 부르며 오만 방정을 떤 인간이라고 한다. 그는 공자가 훌륭한 사람인 것을 제대로 알지 못했기 때문에 그 사람됨에 대해 물었고, 자로는 이에 대꾸조차 하지 않았다. 대신 공자는 자기 평가를 통해 자신의 순수한 마음과 인생관을 드러내 보인다.

사람을 잘 모르면서 평가한 또 다른 사례를 중국 고대의 음악가인 사광(師曠)에게서 발견할 수 있다. 어느 날 사광이 진평공(晉平公) 앞에서 연주를 하고 있었다. 진평공은 자기가 모르는 것이 아직도 많은데, 나이가 이미 70세를 넘어 무엇을 배우려고 해도 너무 늦었다고 낙담하고 있었다. 사광이 이 말을 듣고 웃으면서 촛불을 켜라고 했다.

이에 진평공이 불쾌한 기분을 드러내며 말했다.

"지금 나를 놀리는 것인가? 배움과 촛불이 무슨 상관이 있는가?"

사광이 대답했다.

"제가 어찌 감히 임금님을 놀리겠습니까? 제가 예전에 들었는데, 어린 나이에 배우는 것은 아침에 뜬 태양 아래에서 걷는 것과 같고, 중년이 되어 배우는 것은 정오 무렵의 태양 아래에서 걷는 것과 같으며, 노년이 되어 배우는 것은 밤에 촛불을 켜고 조심스럽게 걷는 것과 비슷합니다. 촛불의 빛이 햇빛보다 약하지만, 없는 것보다는 낫습니다."

진평공이 이 말을 듣고 깊이 깨달았다고 한다. 공자가 배움으로 인해 늙는 것조차 몰랐다는 의미가 새삼 느껴지는 대목이다.

39. 한결같은 마음을 추구하다

현실에서 완전한 인간을 기대할 수 없다면, 참된 사람이라도 만나 보았으면 좋겠다. 아니 더 양보해서 착한 사람을 기대할 수 없다면, 마음이 한결같은 사람이라도 만나 보았으면 괜찮겠다. 요즘 사람들은 없으면서도 있는 체하고, 텅 비었는데도 알찬 체하며, 가진 것도 없으면서 넉넉한 체한다. 그러니 마음이 한결같은 사람 만나기가 참으로 어렵다.

원 문

聖人, 吾不得而見之矣, 得見君子者, 斯可矣. 善人, 吾不得而見之矣, 得見有恒者, 斯可矣. 亡而爲有, 虛而爲盈, 約而爲泰, 難乎有恒矣. -「述而」25

교육지평

공자의 바람은 완전한 인간 또는 참된 인간인 성인·군자가 되는 것이었다. 하지만 현실은 그렇지 않았다. 알맹이는 없이 겉만 번지르르한 인간들이 난무했다.

여기서 우리는 윤리 질서가 점점 무너져 가던 춘추전국의 시대상을 엿볼 수 있다. 그래도 공자는 선한 사람이나 언행일치를 통해 변함없이 자신의 뜻을 지킬 수 있는 사람을 기대하고 있는 듯하다. 그런 인간상을 기대하며 공자는 학문과 교육 활동에 힘썼다.

40. 사냥을 하는 경우에도 정당하게 하다

낚시질은 해도 그물질은 하지 않고, 주살질은 해도 잠자고 있는 새를 잡지는 않는다.

원 문

釣而不網, 弋不射宿. -「述而」26

교육지평

공자는 어렸을 때 매우 가난하게 살았다. 아버지 제사와 어머니 봉양, 그리고 생계를 위해 낚시와 주살로 물고기나 새를 잡는 사냥을 했다고 전한다. 하지만 낚시와 주살질을 할 때도 그에 맞는 정당한 방법을 사용했다.

낚시질을 하면 필요한 만큼 물고기를 잡지만 그물질을 하면 모조리 잡는 꼴이 된다. 또한 공중에 날아다니는 새가 아니라 둥지에서 잠자고 있는 새를 주살질하면 불의의 수단으로 사냥하는 꼴이 된다. 사냥에서도 이런 마음을 드러내며 상황에 합당한 방식을 고민했다. 이런 사실을 미루어 볼 때, 사람을 다룰 때 어떤 마음을 드러냈을지 쉽게 짐작할 수 있다.

41. 시간에 따라 쉬지 않고 수양하다

공자가 냇가에 서서 말했다.

"가는 것이 이 물과 같구나! 밤낮으로 쉬지 않고 흘러가는구나!"

원 문

子在川上曰, 逝者如斯夫, 不舍晝夜. - 「子罕」16

교육지평

　자연의 이치에서 삶을 찾으려는 모습을 그대로 보여 주는 구절이다. 공자는 강둑에 서서 흘러가는 강물을 보면서 삶의 변주를 고민한다. 세차게 흘러가는 큰 강을 보고 시간이 물과 같이 영원히 멈추지 않고 흘러간다는 것에 감탄했다. 만물의 변화가 끊임없이 무궁무진하기에 삶을 고민하는 모든 사람도 흘러가는 강물처럼 쉬지 않고 삶의 지혜를 깨달으며 공부하라는 교훈을 던진다.

　진(晉)나라 때 조적(祖逖)이라는 사람이 있었는데, 마음이 거리낌 없고 원대한 포부를 지녔다. 그러나 조적도 어릴 때는 책읽기를 아주 싫어하며 천방지축으로 놀던 아이였다. 청년기에 접어들면서 자신의 지식이 부족함을 깨닫고 열심히 공부하기 시작했다. 그를 만난 사람은 모두 조적이 나중에 왕을 보좌하여 나라를 다스릴 인재라고 평가했다.

　세월이 지난 후, 조적은 어린 시절 친구였던 유곤(劉琨)과 함께 사주(司州)의 주부(主簿)를 맡게 되었다. 친구인 유곤과 함께 관리가 되어 일하면서 우정은 더욱 깊어지고, 함께 책을 읽고 함께 잠을 잤다. 어느 날 한 밤중에 조적이 꿈속에서 수탉의 울음소리를 듣고는 깨어나, 옆에서 자고 있던 유곤을 단숨에 깨워 이렇게 말했다.

　"우리 앞으로 수탉이 울면 아예 일어나 수련을 하는 게 어떻겠는가?"

유곤은 이에 동의했다. 이후 그들은 매일 수탉이 우는 소리가 나면 바로 일어나 수련을 했다. 기나긴 시간 동안 고된 학습과 훈련을 통해 그들은 문무가 출중한 인재가 되었다. 조적은 진서(鎭西)의 장군이 되어 국가에 봉사하겠다는 소원을 이루었다. 유곤도 북벌을 담당했고, 병(幷)·기(冀)·유(幽) 등 세 주(州)를 관할하는 군사가 되어 자신의 재능을 마음껏 발휘했다고 한다.

공자가 흘러가는 물을 보고 깨달은 것이, 바로 시간의 중요성이다. 조적의 사례처럼 밤낮으로 쉬지 않고 수련하는 자세가 삶의 공부로 요청된다.

42. 식견을 넓히고 언행을 단속하다

우러러볼수록 더욱 높으시고, 속으로 깊이 들어갈수록 더욱 굳으시다. 바라볼 때는 앞에 계시더니 어느덧 뒤에 계신 듯하다. 선생님은 조리 있게 차근차근 사람을 잘 깨우쳐 주신다. 학문으로 나의 식견을 넓혀 주고 예의로 나의 언행을 단속해 주신다. 그러하기에 공부를 그만두려고 해도 그만둘 수가 없다. 나의 재능을 다하여 공부하려 해도 선생님은 더욱 우뚝 서 계신다. 아무리 선생님을 쫓아가려 해도 그 경지에 이를 수 없도다.

원 문

仰之彌高, 鑽之彌堅. 瞻之在前, 忽焉在後. 夫子循循然善誘人. 博我以文, 約我以禮. 欲罷不能, 旣竭吾才, 如有所立卓爾. 雖欲從之, 末由也已. -「子罕」10

교육지평

이 구절은 안연이 공자의 학문과 사람다움의 높이와 깊이가 무궁무진하기에 따라 잡기 어려움을 비유한 대목이다. 학문은 격물치지(格物致知)로 연구하고 탐색하여 앎을 체득하는 일이고, 예의는 극기복례(克己復禮)로 개인의 사사로움을 이기고 사회적 공공성에 부합하는 언행을 말한다. 공자는 사람을 가르칠 때, 널리 학문을 익히고 예의로 간략하게 정돈하는 박문약례(博文約禮)의 방법을 핵심으로 삼았다.

43. 참된 사람 노릇이 어렵다

학문에서는 나도 다른 사람에 못지않다. 하지만 참된 사람 노릇을 하는
데는 아직 이르지 못했다.

원 문

文莫吾猶人也. 躬行君子, 則吾未之有得. -「述而」32

교육지평

공자가 말하는 학문은 시서예악(詩書禮樂)과 같은 지식적 측면에 비유할 수 있고,
참된 사람은 사회 윤리를 실천하는 도덕적 인간에 비유할 수 있다. 공자는 여러 측면
에서 훌륭한 사람임에도 불구하고, 학문을 탐구하는 자세에서 남들을 따라갈 수 있다
고 자신감을 나타냈으나, 도덕적 실천에서는 부족함을 고백했다.

이를 두고 대부분의 유학자들은 공자가 겸손해서 한 말이라고 하지만, 어떤 점에서
는 공부의 과정에서 사람다움의 실천이 그만큼 어렵다는 점을 일러주기 한다. 공자는
스스로 도덕의 본질에 대해 강력히 요구했고, 자기교육의 지침으로 삼았다.

44. 완전한 사람과 인간 사랑을 추구하다

공자가 말했다.

"완전한 사람이나 사람을 사랑하는 사람, 이런 경지를 내가 어찌 감히 바라겠는가? 기껏해야 그것을 추구하는 데 싫증내지 않고 사람을 가르치는 데 게으르지 않으려고 할 뿐이다."

공서화가 말했다.

"바로 그것을 저희들이 본받고 따르지 못하는 것입니다."

원 문

子曰, 若聖與仁, 則吾豈敢. 抑爲之不厭, 誨人不倦, 則可謂云爾已矣. 公西華曰, 正唯弟子, 不能學也. -「述而」33

교육지평

공자는 늘 사람다움과 사람 사는 세상의 아름다움을 추구하는 데 혼신의 힘을 쏟는다. 그것은 자기교육을 통한 열린 마음과 다른 사람을 교육하는 일로 압축되는데, 그에 대한 열정은 다른 어떤 것보다 강하다. 사람으로서 완전함을 추구하는데 싫증내지 않고, 또 교육에 열의를 다한다는 것은 근본적으로 동일한 의미다.

45. 교양 있는 사람과 더불어 살다

공자는 아홉 개의 오랑캐 나라가 있는 동쪽에 가서 살려고 했다. 그러자 어떤 사람이 말했다.

"그곳은 문화 수준이 뒤떨어져 누추한 곳인데, 어떻게 살려고 하십니까?"

공자가 말했다.

"사람답고 교양 있는 사람이 함께 살 텐데, 어찌 누추함이 있겠는가?"

원 문

子欲居九夷. 或曰, 陋, 如之何. 子曰, 君子居之, 何陋之有. -「子罕」13

교육지평

황간이라는 사람이 쓴 『논어』 소(疏)에서는 동방의 아홉 오랑캐인 구이(九夷)를 '현토, 낙랑, 고려, 만식, 부갱, 삭가, 동도, 왜인, 천비'라고 했다. 당시 중국이 사람답게 살 수 있는 사회 문화적 질서가 잡히지 않았기 때문에 공자는 구이에 가서 살고 싶다고 했다. 공자는 구이가 중국에 비해 문화 수준이 좀 뒤떨어지긴 해도 순수한 면을 간직하고 있으므로 오랑캐들을 교화하여 예의 있고 질서 있는 사회에서 그들과 함께 살기를 꿈꾸었다. 공자는 올바른 인덕을 지닌 사람은 외부에서 닥쳐오는 어려움을 두려워하지 않아야 한다며, 수양하는 과정에서 사람이 적극적으로 어려움을 헤쳐 나갈 수 노력을 강조했다.

당나라 때의 유명한 시인인 유우석(劉禹錫)은 윗사람에게 노여움을 사서, 중앙의 관직에 있다가 안휘성 화주 통판으로 좌천되었는데, 관아에 거주하라는 조건까지 붙여 내쫓았다. 당시 화주에는 책지현(策知縣)이라는 소인배가 있었는데, 유우석이 좌천

되어 오자 여러 측면으로 그를 괴롭히려고 했다. 책지현은 유우석을 관아에 있지 못하게 하고 성 남쪽의 강가에서 거주하라고 했다.

유우석은 이런 조치에 불평하기는커녕 오히려 좋아하면서 방문 앞에 시를 붙여놓았다.

'큰 강을 마주하여 돛을 바라보니 몸은 비록 화주에 있어도 마음은 조정에서 다투는 데 가 있구나!'

이러한 그의 행동은 책지현을 더욱 화나게 했다. 책지현은 관아의 서기장에게 일러 유우석의 거주지를 남문이 아닌 북문으로 옮기고, 방 크기는 1/2 이상 줄이라고 명령했다. 북문으로 옮긴 거주지의 방은 강가 근처였고 주변에는 매우 큰 버드나무가 있었다. 유우석은 이 경치를 보고 다시 한 번 시를 읊었다.

'강가에 수양버들이 청청하니 몸은 역양에 있어도 마음은 경성에 있구나!'

책지현은 이를 알고 한 번 더 치를 떨며, 관아의 서기장과 의논하여 유우석을 성내의 작은 집으로 보냈다. 반년 동안 3번이나 집을 옮기자, 유우석은 책지현의 행동이 지나치다고 생각했다. 이에 화를 내며 자신이 거처하는 방에 관한 누실명(陋室銘)을 쓴 뒤 돌에 새겨 문 앞에 두었다. 그러자 책지현이 이를 보고 말문이 막혀 더 이상 괴롭히지 않았다고 한다. 마치 오랑캐와 같은 소인배가 교화된 것과도 같았다.

46. 예절은 상황에 적합해야 한다

공손하되 예절을 모르면 헛수고만 하게 되고, 신중하되 예절을 모르면 두려워하게 되며, 용감하되 예절을 모르면 난폭해지고, 강직하되 예절을 모르면 각박해진다. 높은 지위와 권력 있는 사람이 가까운 친인척을 잘 대접하면 다른 사람들도 이를 본받아 사람 구실을 하게 되고, 옛 친구들을 버리지 않으면 사람들도 이를 본받아 야박하게 굴지 않는다.

원 문

恭而無禮則勞, 愼而無禮則葸, 勇而無禮則亂, 直而無禮則絞. 君子, 篤於親則民興於仁, 故舊不遺則民不偸. -「泰伯」2

교육지평

예의범절을 행할 때 상황에 적합해야 함을 강조한 구절이다. 공손하고 신중하고 용감하고 강직한 것은 인생에서 훌륭한 덕목이다. 하지만 그것이 맹목적일 때는 그와 반대 현상이 생겨서 헛수고나 두려움, 난폭함, 각박함 등 인간답지 못한 행동을 낳을 수 있다.

공자는 모든 일을 할 때 그 한계와 분수를 지켜야 한다고 했다. 공손, 신중, 용기, 강직 등의 품행은 독립적으로 존재하는 것이 아니라, 반드시 예의와 연관된다. 만약 예의에 벗어나면, 많은 일들이 거꾸로 흘러가 수고로움, 각박함, 난폭함 등이 나타나 수양을 행하기 어렵게 된다. 무엇보다도 사회 지도급 인사가 취하는 실제 행동이 사회적 분위기와 백성의 행동거지에 큰 영향을 미친다.

47. 일의 경중을 구별하다.

증자가 병을 앓아눕자 노나라의 대부인 맹경자가 문병을 왔다. 그러자 증자가 말했다.

"'새가 죽으려 할 때는 그 울음이 애처롭고, 사람이 죽으려 할 때는 그 말이 착합니다.' 지도자가 귀하게 여겨야 할 일에 세 가지가 있습니다. 몸짓을 할 때는 사납고 거만하지 말아야 하고, 낯빛은 바르고 믿음직스러워야 하며, 말솜씨는 억지를 부리지 않고 깔끔해야 합니다. 그 대신, 제사 때 제기 다루는 일과 같이 상대적으로 중요하지 않는 일은 그것을 전담하는 관리에게 맡기십시오."

원 문

曾子有疾, 孟敬子問之. 曾子言曰, 鳥之將死, 其鳴也哀, 人之將死, 其言也善. 君子所貴乎道者三, 動容貌, 斯遠暴慢矣. 正顏色, 斯近信矣. 出辭氣, 斯遠鄙倍矣. 籩豆之事則有司存. -「泰伯」4

교육지평

공자의 제자 증자의 언표로 병석에서도 직언을 하는 모습이 감동적이다. 지도자는 리더십을 갖춘 행동을 해야 한다. 엄중하고, 객관적이고, 합리적이면서 마음을 열고 구성원을 포용할 수 있어야 한다.

이때 어떤 일이 중요하고 부차적인지 그 우선순위를 판단하는 것도 지도자의 몫이다. 그러므로 지도자는 정치에 필요한 마음의 근본을 함양하는 데 힘 쓰고, 기물을 다루는 것과 같은 사소한 일처리는 별도의 담당자에게 위임해야 한다.

48. 능력과 책임감을 갖추다

어린 임금을 보필하여 국정을 수행할 수 있고, 사방 100리쯤 되는 나라를 맡아 다스릴 수 있으며, 나라의 운명이 풍전등화 같은데도 절개를 굽히지 않는 사람, 그런 정도의 사람이라야 지도자의 자질을 갖추었다고 할 수 있다.

원 문

可以託六尺之孤, 可以寄百里之命, 臨大節而不可奪也, 君子人與, 君子人也. ─「泰伯」6

교육지평

이 구절은 공자의 제자인 증자의 말로 지도자의 자질에 관한 언급이다. 지도자의 양대 덕목은 재능과 절개다. 첫째, 누군가로부터 중요한 임무를 부탁받았을 때 재주와 덕망을 발휘하여 임무 수행 능력을 발휘할 수 있어야 하고, 긴급한 재난을 당했을 때 절개를 지킬 수 있어야 한다. 그것은 공동체의 지속과 보존에 기여할 수 있는 강력한 책무성으로 연결된다. 공자가 기르고자 하는 사람은 바로 도덕, 지식, 재능을 겸비한 사람이다.

49. 자신의 책무를 다하다

공직에 종사하는 사람은 반드시 뜻이 넓고 굳세야 한다. 왜냐하면 그 임무가 무겁고 갈 길이 멀기 때문이다. 마음을 열고 사람을 사랑하는 일이 자신의 임무이니 어찌 무겁지 않겠는가. 죽은 후에야 그 임무가 멈춰질 것이니 그 길 또한 멀지 않겠는가.

원　문

士不可以不弘毅, 任重而道遠. 仁以爲己任, 不亦重乎. 死而後已, 不亦遠乎. -「泰伯」7

교육지평

인생 사업에서 본분과 책임, 그리고 임무 수행의 문제는 건전한 상식이 있는 사람이라면 누구나 고려해야 할 사안이다. 내가 맡은 임무가 어떤 무게를 지니는지, 나의 존재감은 어느 정도인지, 얼마나 지속적으로 끌고 나가야 하는지, 명확하게 판단하고 자부심을 갖고 임할 필요가 있다.

증자가 말한 이 구절은 원대한 지향점을 지닌 사람들에 대한 독려와 채찍이다. 위대한 인격의 형성에는 장기적인 수양이 필요하지, 일시적인 용기만으로는 부족하다. 또 원대한 지향점과 넓은 마음을 갖고 끈기와 대담함을 지녀야 한다. 임무는 중대하고 갈 길은 멀기 때문이다. 이는 '앞날은 밝고, 그 길은 복잡하다!'는 말과도 상응하는 대목이다.

50. 교만과 인색을 경계하다

주나라 건국에 크게 기여한 주공과 같이 지혜롭고 능력 있고 솜씨가 뛰어난 사람일지라도, 사람의 행동이 교만하고 인색하다면, 그 사람 됨됨이를 볼 때 다른 측면은 생각할 것도 없다.

원 문

周公之才之美, 使驕且吝, 其餘, 不足觀也已. -「泰伯」11

교육지평

유학에서 사람다움의 기준은 철저하게 윤리 도덕이다. 때문에 교만하고 인색한 태도를 지닌 사람이나 나태한 생활을 하는 경우, 매우 경계한다. 교만함은 기운이 넘쳐 차오를 때 나타나고 인색함은 기운이 쇠약하여 부족할 때 나타난다. 이 둘은 상호 보완적 특성을 지니면서 사람을 부도덕한 방향으로 인도하기 쉽다.

공자는 주공을 매우 존경했고, 주공이 만든 『주례(周禮)』를 존숭했다. 하지만 아무리 주공과 같이 아름답고 풍부한 재능을 지녔다 하더라도, 조금이라도 자만하게 된다면 그런 사람은 더 이상 볼 필요가 없다고 했다.

당나라 때의 유명한 서예가였던 유공권(柳公權)은 어린 시절부터 시를 잘 썼고 글씨도 아름다웠다. 이에 많은 사람들이 그를 칭찬했는데, 그러자마자 자만해지기 시작했다. 어느 날 그와 몇 명의 친구들이 나무 밑에서 서예를 연마하고 있었다. 이 때 두부를 팔던 한 노인이 다가오자, 유공권이 득의양양하게 자신이 쓴 글을 들고 물었다.

"할아범! 당신이 보기에 내 글자가 아름답소?"

노인이 말했다.

"이 글자는 내 두부와도 같이 가볍구려! 뼈가 없어!"

유공권은 이에 굴복하지 않고, 노인에게 글씨를 써보라고 했다.

그러자 노인이 말했다.

"내 글씨는 형편없소. 하지만 내가 아는 사람은 발로 글씨를 쓰는데도 당신의 것보다 낫소! 믿기지 않으면 내일 마을로 와서 보시오."

이튿날 유공권이 마을에 들어서자마자, 북쪽의 큰 나무 아래에 많은 사람들이 에워싸고 있는 모습이 보였다. 그곳에는 양팔이 없는 검고 야윈 노인이 땅 위에서 양 다리만으로 글씨를 쓰고 있었다. 왼쪽 다리로는 땅 위의 종이를 잡고, 오른쪽 다리로 붓을 휘날렸는데, 그 움직임이 힘찼고, 글씨 또한 탄탄했다. 유공권은 이 모습을 보고 부끄러워하면서도 감탄했다. 그 후, 유공권은 온 힘을 다해 서예를 연마하면서 겸손의 자세를 배워 위대한 서예가로 성장했다.

51. 잘못을 고치려 하지 않는 사람을 경계하다

함부로 날뛰면서 솔직하지 않고, 무식하면서 착실하지 않으며, 무능하면서 신의마저 없는 사람을 어찌해야 할지 모르겠다.

원 문

狂而不直, 侗而不愿, 悾悾而不信, 吾不知之矣. -「泰伯」16

교육지평

전통적으로 유학에서는 중급 이하의 자질을 타고난 사람은 장점과 단점이 있다고 생각한다. 문제는 결점이나 단점이 있는데 그것을 고치려고 공부하지 않는 사람이다. 그런 존재는 세상에서 버림받을 가능성이 높다. 공자의 걱정은 이런 사람들을 어떻게 처리할지 고민이라는 것이다.

이런 사람들의 윤리 도덕은 삶의 기본 원칙에 어긋날 뿐만 아니라, 유학이 목표로 하는 온순, 선량, 공손, 검소, 양보, 인의예지신(仁義禮智信)과 같은 요구에도 맞지 않는다. 때문에 공자가 이렇게 멋대로 행동하는 사람에 대해 어찌해야할지 정말로 모르겠다고 한 것이다.

52. 고집불통의 자세를 경계하다

공자는 평소에 네 가지 행동을 결코 즐겨 하지 않았다. 자기 뜻만을 세우지 않았고, 꼭 그렇다고 함부로 단정하지 않았으며, 완강하게 고집을 부리지 않았고, 자기만이 옳다고 여기지 않았다.

원 문

子絶四, 毋意, 毋必, 毋固, 毋我. -「子罕」4

교육지평

공자가 욕망에서 발생하는 개인적 이익을 공공의 적으로 경계했다. 사사로운 생각으로 가득하면 반드시 그것을 달성하기 위해 고집불통이 되고 자기중심적 사고에 빠지고 만다. 멋대로 생각하고 함부로 속단하며 자기 입장만 내세울 수 있고, 다른 사람의 생각이 아무리 옳다 하더라도 따르지 않고 자기 생각만을 주장하기 쉽다.

공자가 엄금하려고 했던, '절사(絶四)'의 정신은 여전히 개인의 수양 문제, 자기교육의 충실을 강조한다. 이는 한 개인이 객관 사물을 인식하고 판단하기 위한 네 가지 원칙으로, 자아 극복이자 초월이기도 하다. 따라서 개인의 도덕 수양과 건강한 윤리 의식을 기르기 위한 적극적인 촉진 작용을 한다.

53. 가정과 직장에서의 본분을 다하다

관직에 나가 벼슬을 하면 직속상관을 섬기고, 집안에서는 부모와 형을 모시며, 상을 당했을 때는 정성을 다해 장례를 치르고, 잔치에서 지나치게 술을 마셔 고생하지 않는 것, 나는 이런 일을 처리하는 데 어려움을 느끼지 않는다.

원 문

出則事公卿, 入則事父兄, 喪事, 不敢不勉, 不爲酒困, 何有於我哉. -「子罕」15

교육지평

이 구절은 삶에 대한 태도와 경계를 간략하게 보여 준다. 공직자의 자세, 가족으로서의 역할, 장례식과 연회에서의 술 문화 등 일상에서 신중하게 하라는 당부처럼 느껴진다. 현대적으로 말하면, 직장과 가정, 경조사에서의 기본 예의를 알려 주는 듯하다.

유학에서는 충과 효를 매우 중시한다. 외면으로는 윗사람을 모시는 것이 충(忠)이며, 집에 돌아와서는 부모와 형제를 봉양하는 것이 효제(孝悌)다. 힘든 일이 있어도 진심을 다해 섬기는 것이 사람을 존중하는 교양을 갖춘 사람의 품행이다. 공자는 이를 충분히 담당할 수 있다고 여겼다. 공자는 자신부터 이런 기본 에티켓을 행해야 하며, 실제 행동을 통해 스스로의 도덕을 점검해야 한다고 보았다.

54. 깨우쳐주는 말에 따라 잘못을 고치다

바르게 되라고 깨우쳐주는 말을 따르지 않을 수 있겠는가? 그보다 중요한 것은 그 말에 따라 잘못을 고치는 일이다. 부드럽게 타이르는 말을 기꺼이 듣지 않을 수 있겠는가? 그보다 중요한 것은 그 말의 참뜻을 살펴보는 일이다. 기꺼이 듣기만 하고, 참뜻을 알지 못하거나 따르기만 하며 고치지 않는다면, 그런 사람에 대해 내가 어찌할 도리가 없다.

원 문

法語之言, 能無從乎. 改之爲貴, 巽與之言, 能無說乎. 繹之爲貴, 說而不繹, 吾末如之何也已矣. - 「子罕」 23

교육지평

이 구절은 사람들의 충고가 얼마나 중요한지를 일깨워 준다. '바르게 되라고 깨우쳐 주는 말'은 정치가에게 왕도 정치를 하라는 조언이고, '타이르는 말'은 지나치게 돈을 좋아하거나 이성을 좋아하는 태도에 대한 조언이다.

대부분의 사람들은 바르게 꾸짖으면 그 자리에서는 겁을 내고 두려워하며 따르는 척한다. 하지만 진정으로 자신의 잘못을 고치지 않으면 눈앞에서만 따르는 격이 된다. 부드럽게 타이르면 기분을 상하지 않게 하므로 사람들은 반드시 기쁘게 듣는 척한다. 하지만 그 말이 의미하는 바가 무엇인지 제대로 헤아려 찾지 않으면 말의 참뜻을 이해하지 못할 수도 있다. 공자는 비판 받을 때는 열심히 들어야 하고, 칭찬 받을 때에는 자기반성을 하는 것이 올바른 태도라고 보았다.

55. 도덕성을 갖추려고 애쓰다

끝난 듯하다. 앞으로도 이런 사람은 없겠구나! 나는 아직 '사람다운 품격 갖추기'에 애쓰기를, 이성을 사랑하는 것만큼 좋아하는 사람을 보지 못했다.

원 문

吾未見好德, 如好色者也. -「子罕」17

교육지평

사회에서 공인한 인간적 도의가 중요한가? 개인적인 특수한 사랑이 중요한가? 유학은 인간의 사회적 도덕성을 개인적 감정보다 앞세우는 철학이다.

그런데 일반적인 인간의 감성은 도덕성을 싫어하기보다, 아름다운 이성에게서 느끼는 사랑의 감정이 도덕성에 앞서기 일쑤다. 이런 점에서 공자는 사회적 도덕성도 그만큼 존중되기를 바라는 간절한 마음을 표출했다.

참고로 도덕성과 연관된 교육에 대해 간략하게 언급하면, 도덕 윤리교육은 인간이 가야할 길, 인간이 지켜야 할 도리를 알고 실천하도록 하는 교육이다. 다시 말하면, 도덕성을 발달시켜 도덕적 인간을 기르는 교육을 의미한다. 현대 서구 교육학의 경우, 도덕 윤리교육에 대한 입장은 덕(德) 윤리학, 인격교육, 공동체주의, 구성주의, 배려의 윤리 등과 같은 문제를 많이 다룬다. 동시에 도덕성의 인지적·정의적·행동적 측면이 모두 발달한 통합적 인격을 형성하는 데 초점을 맞춘다. 도덕 윤리교육의 방식에서 통합적 접근이 드러난다.

56. 끊임없이 노력하다

다음과 같은 비유를 들어 보겠다. 어떤 사람이 산을 만들려고 한다. 한 자루 한 자루 흙을 쌓고 쌓아 산을 완성하기 직전에 이르렀다. 이제 한 자루의 흙만 쏟아 부으면 온전한 하나의 산이 만들어진다. 이 지점에서 산 만들기를 그만두면 내가 그만두는 것이다.

또 이런 비유를 들어 보겠다. 어떤 사람이 울퉁불퉁하던 땅을 평평하게 만들려고 한다. 이제 한 자루의 흙만 푹 파인 구덩이에 부어 덮고 고르면 땅이 평평해진다. 이때 그 한 자루의 흙을 덮는 것도 내가 나서서 하는 것이다.

원   문

譬如爲山, 未成一簣, 止吾止也, 譬如平地, 雖覆一簣, 進吾往也. -「子罕」18

교육지평

한 자루의 흙을 쌓지 않아 산을 만들지 못하고, 한 자루의 흙을 붓지 않아 평지를 만들지 못하는 일, 이 모두는 자신의 문제다. 어떤 일을 도중에 그만두거나 앞으로 나아가거나 두 가지 모두 자신에게 달린 일이며 남의 탓으로 돌릴 수 없다. 일하는 도중에 멈추어 버리면 이전에 노력한 공이 수포로 돌아가 못쓰게 된다. 끊임없이 노력하여 끝까지 밀고나가라는 충고다. 이러한 정신은 무언가 하려는 의지를 지닌 사람에게 매우 중요하며, 사람의 도덕 윤리의 본질을 형상화한 모습이기도 하다.

중국의 고대 사회에 두 개의 큰 산이 있었다. 하나는 태항산(太行山)이고, 다른 하나는 왕옥산(王屋山)이었다. 그곳의 북쪽에 우공(愚公)이란 노인이 살고 있었는데, 나이가 90세였다. 우공이 남쪽으로 외출하려면 두 산에 가로막혀 멀리까지 돌아가야 했다. 삶에 불편함을 느낀 우공은 어느 날 이 두 산 사이를 갈라 길을 내기로 했다.

결심이 선 이튿날 이른 아침부터 우공은 아들과 손자를 데리고 산을 파기 시작했다. 땅을 파는 사람의 수는 적었지만, 그들은 계속해서 땅을 파 나갔다. 어떤 노인이 이 장면을 보고 우공을 비웃었다. 그러자 우공이 말했다.

"당신, 참으로 완고하구려! 내가 죽는다 해도 내 아들놈들이 여기 있고, 내 아들들이 죽으면 손자가 있으니, 대는 끊이지 않소! 게다가 산은 다시 높아지지 않으니, 어째서 파지 못한다고 생각하오?"

이것이 그 유명한 우공이산(愚公移山)의 고사다. 어떤 난관이 있다 하더라도, 끊임없이 노력한다면 반드시 성공할 수 있다.

57. 옳지 않은 일은 피하다

자리가 바르지 않으면 앉지 않았다.

원 문

席不正, 不坐. -「鄕黨」10

교육지평

'자리가 바르지 않다'는 말은 '예의에 어긋난다.'는 뜻이다. 인간은 올바른 도리를 실천하는 존재인데, 그것에 어긋나거나 바르지 않은 자리라면 함께 하지 않는 올바른 처세의 길이다. 이 구절은 공자가 일상생활에서 바르고 당당한 기상을 갖고 예의를 지킨 동시에 많은 사람들에게 보내는 훈계의 메시지다.

58. 자신의 인품을 지키다

큰 나라의 군대를 지휘하는 총사령관도 뺏어 올 수 있다. 그러나 보통 사람일지라도 그 사람의 뜻은 뺏을 수는 없다.

三軍, 可奪帥也. 匹夫, 不可奪志也. -「子罕」25

인간의 마음이 지니고 있는 자주성과 지조에 대한 상징적 표현이다. 주나라의 제도에 따르면, 1군은 1만 2,500명의 군사로 구성된 군대다. 따라서 3군은 3만 7,500명 규모다. 천하를 소유하고 있는 천자(天子)는 6군을 거느릴 수 있다고 한다.

군사력은 사람에 의해 구성된 것이고, 평범한 사나이의 뜻은 스스로 굳게 다져져 마음 깊숙한 곳에 있다. 군대가 아무리 크고 많은 병사가 있더라도 사기가 떨어지면 하루아침에 무너질 수 있다. 이때 그 군대의 장수를 빼앗아 오는 것은 어렵지 않다. 그러나 힘이 없는 보통 사람일지라도 올바른 길을 따라 굳게 다진 그의 의지는 권력을 통해 쉽게 빼앗을 수 있는 것이 아니다.

이 구절을 보면, 내부에서 스스로 쌓은 의지와 외부에서 억지로 구성한 권력의 차이가 어떤 것인지 느낄 수 있다. 한 사람의 이상, 신념, 의지는 매우 귀중하다. 숭고한 인격과 강한 의지는 사람이 실천할 수 있는 최고의 존엄이다. 함부로 깎아내릴 수 없다. 공자를 비롯한 유학자들이 '지(志)'를 중시 여긴 이유도 여기 있다. 한 사람이 자기 교육을 통해 터득한 자기 나름대로의 인격과 의지를 갖고 있다면, 그는 반드시 자신의 존엄을 지켜야 한다. 어떤 위협에도 굴하지 않고 계속해서 자신의 '의지'를 관철해야 한다.

전국시대 노나라에 의휴(儀休)라는 재상이 있었는데, 그는 손님이 물고기를 보내왔지만 받지 않았다고 한다.

손님이 말했다.

"제가 듣기로 재상께서 물고기 요리를 좋아한다고 하여 물고기를 보냈는데, 어째서 받지 않는 것입니까?"

의휴가 말했다.

"내가 물고기 요리를 좋아하기 때문에 받지 않는 것이오. 현재 재상을 하고 있으므로 내 월급만으로도 내가 물고기를 먹으면 언제든지 물고기를 사 먹을 수 있소. 재상에서 물러나면 누가 나에게 물고기를 주겠소? 이런 이유로 나는 받을 수 없소."

이처럼 모든 사람은 나름대로 자신의 의지가 있다. 이른 바, '강산은 쉽게 변해도 본성은 쉽게 변하지 않는다!'는 말은 한 사람의 의지를 바꾸기가 매우 어려움을 보여준다.

관직에 있는 자들은 각종 유혹에 휘둘리기 마련이다. 그 직위가 높을수록 그 유혹은 더욱 커지게 된다. 이러한 유혹을 보고도, 의휴처럼 담담히 거절하고 자신의 의지를 관철하는 일은 쉽지 않다.

59. 소나무 잣나무와 같은 절개를 갖추다

날씨가 추워진 뒤에야 소나무와 잣나무가 나중에 시드는 것을 알게 된다.

원　문

歲寒然後, 知松栢之後彫也. -「子罕」27

교육지평

그 유명한 '세한(歲寒)'이라는 말을 통해 인간의 지조와 자세를 알려 주는 명문장이다. 날씨가 추워지면 대부분의 초목들은 잎사귀가 시들어 떨어진다.

하지만 소나무와 잣나무는 여전히 잎사귀가 푸르다. 이때가 되어서야 사람들은 소나무와 잣나무가 다른 초목에 비해 가장 늦게 시듦을 알게 된다. 그것들의 시들지 않고 푸름을 지속하는 속성을 알아채는 것이다.

이런 속성 때문에 전통적으로 소나무와 잣나무는 인간의 절조와 굳은 절개를 상징하는 것으로 자리매김했다. 공자는 사람이라면 누구나 원대한 의지가 있는 교양을 갖춘 사람이 되어야 한다고 여겼다. 그러므로 소나무나 잣나무처럼 온갖 환경 변화에도 꿋꿋하게 시련을 견뎌낼 수 있기를 바랐다.

60. 훌륭한 사람의 발자취를 따르다

자장이 물었다.

"착한 사람의 길은 무엇입니까?"

공자가 말했다.

"옛날 훌륭한 사람의 발자취를 밟고 따르지 않으면 그들이 추구한 깊은
방에 들어가지 못한다."

원 문

子張問, 善人之道. 子曰, 不踐迹, 亦不入於室. - 「先進」19

교육지평

'착한 사람'은 좋은 자질을 지니고 있으나 아직 자기교육에 충실하지 못하고 배움을
철저하게 경험하지 못한 사람을 말한다. 일반인으로 생각해도 무방하다.

훌륭한 사람의 발자취를 밟고 따르는 일은, 찬란한 전통이나 지도자들의 언행을 배
우는 작업이다. 현대적으로 이해한다면 인류의 위대한 문화유산을 성찰하는 일과도
통한다. 이는 일반 생활인이 배워야 할 내용이나 과정과 연관된다.

61. 음식에 대한 예의를 말하다

곱게 찧은 쌀로 지은 밥을 싫어하지 않고, 가늘게 썬 회를 싫어하지 않는다. 쉬어서 맛이 변한 밥과 상한 생선이나 썩은 고기로 요리한 것은 먹지 않는다. 썩지는 않았더라도 음식의 빛깔과 냄새가 변한 것은 먹지 않는다. 삶지 않거나 익히지 않은 음식, 제철이 아닌 음식도 먹지 않는다.

바르게 썰지 않은 고기는 먹지 않고, 재료에 맞게 간을 제대로 맞추지 않아 조리를 잘 못한 음식도 먹지 않는다. 고기반찬이 많이 있어도 주식인 밥보다 많이 먹지 않았고, 술을 마실 때는 정한 양은 없으나 술주정을 하며 몸가짐을 흐트러뜨리는 일 없이 알맞게 마신다. 시장에서 아무렇게나 파는 술과 육포는 사 먹지 않고, 악취를 제거하고 비타민 같은 역할을 하는 생강은 물리지 않고 먹지만 많이 먹지는 않았다.

나라에서 제사를 지내고 남은 고기를 얻어 왔을 때는 신령의 은혜를 받기 위해 그날 밤을 넘기지 않는다. 집에서 제사 지내고 남은 고기는 사흘을 넘기지 않고 모두 나누어 준다. 왜냐하면 사흘이 지나면 상하여 먹지 못할 수 있기 때문이다.

음식을 먹을 때는 먹는 데 집중하지, 서로 말하거나 대답하는 데 신경을 쓰며 마음을 흩트리지 않고, 잠자리에 들어서는 잠자는 일에 몰입하지, 숨을 고르지 못할 정도로 말을 하여 취침을 방해하지 않는다. 잡곡밥이나 나물국을 먹더라도 반드시 그것을 있게 한 모든 존재에게 감사의 뜻을 잊지 않고 공경하는 마음을 지닌다.

원 문

食不厭精, 膾不厭細. 食饐而餲, 魚餒而肉敗, 不食. 色惡不食, 臭惡不食. 失餒不食, 不時不食. 割不正不食, 不得其醬不食. 肉雖多, 不使勝食氣. 唯酒無量, 不及亂. 沽酒市脯, 不食. 不撤薑食, 不多食. 祭於公, 不宿肉. 祭肉, 不出三日, 出三日, 不食之矣. 食不語, 寢不言. 雖疏食菜羹, 瓜祭, 必齊如也. -「鄕黨」9

교육지평

   음식과 삶의 문제에 대한 예의를 기록한 구절이다. 핵심 내용은 음식을 통해 단순히 욕구를 채우기보다는 기력과 신체를 보양하고 생명력을 다치지 않게 하려는 의도가 강하다. 음식을 대하는 모습에서 삶의 바른 자세, 근본에 대한 성찰, 공경과 존중, 정성스런 인생 태도를 느낄 수 있다.

62. 마음을 열어 사랑하다

사람을 사랑하는 마음이 멀리 있는가? 내가 마음을 열면 사랑하는 마음이 당장 나타난다.

원 문

仁遠乎哉. 我欲仁, 斯仁至矣. -「述而」29

교육지평

사람을 사랑하는 마음은 지금 당장 마음을 여느냐 닫느냐의 여부에 달려 있다. 어떤 일을 실천할 때, 나와 상관없다고 보면 그 일은 저 멀리로 달아나고, 나의 일이라고 생각하면 그 일은 나와 가장 가까운 곳에 존재한다. 이처럼 인간에 대한 관심과 무관심의 차이는 얼마나 사람을 배려하느냐에 달려 있다.

유학에서는 사람을 사랑하는 마음을 인간의 본성으로 이해한다. 그 마음은 특별한 윤리나 도덕에서 나오기보다 진정으로 사람을 사랑하려는 마음을 여느냐의 여부에 달려있다. 공자는 '인간사랑'이라는 기준에 맞춰 자신을 다스리고, 항상 '인간사랑'의 규범에 맞춰 행동한다면, 충분히 마음을 여는 경지에 도달할 수 있다고 믿었다.

63. 지나친 것은 미치지 못함과 같다

자공이 물었다.

"자장과 자하 가운데 누가 더 현명합니까?"

공자가 말했다.

"자장은 지나치고 자하는 미치지 못한다."

자공이 말했다.

"그러면 자장이 더 현명합니까?"

공자가 말했다.

"지나친 것은 미치지 못함과 같다."

원 문

子貢問, 師與商也, 孰賢. 子曰, 師也過, 商也, 不及. 曰然則師愈與. 子曰, 過
猶不及. -「先進」15

교육지평

지나치지도 않고 모자라지도 않는 상황인 중용을 말하는 구절이다. 중용은 인생에
서 적절함이나 균형 감각에 맞추는 삶으로 표현할 수도 있다. 어떤 일을 하건 항상 그
일이 순리대로 진행될 수 있도록 적합한 길에 따르는 것이다.

공자는 자장과 자하라는 두 제자의 평가를 통해 중용의 삶을 재차 강조했다. 『중용』
에서는 '도가 행해지지 않는 이유는 아는 자는 지나치고, 어리석은 자는 미치지 못하
기 때문이다. 도가 밝아지지 않는 이유는 현명한 자는 지나치고, 불초한 자는 미치지
못하기 때문이다. 양 극단을 잡고 올바른 삶의 길을 헤아려 중도를 취하여 그것을 백
성들에게 베풀어야 한다.'고 했다.

중국 역사에서 삼국지로 유명한 촉한(蜀漢)을 건국한 후, 어느 날 갑자기 익주(益州)로부터 비보가 날아왔다.

만왕(蠻王)인 맹획(孟獲)이 군사 10만을 데리고 국경을 침략하자, 건녕(建寧) 태수가 돌아서서 맹획에게 붙었다는 소식이었다. 당시 제갈량은 이 소식을 듣고, 대군을 이끌고 남하하여 포로를 이용하여 맹획을 잡았으나, 바로 풀어주었다. 이런 일을 7번이나 되풀이 하자, 장군들은 제갈량의 행동을 이해할 수 없었다.

장군들이 물었다.

"맹획은 남만(南蠻)의 수령인데, 그를 잡아 두면 남쪽이 안정될 텐데 어째서 승상께서는 그를 놓아주십니까?"

제갈량이 말했다.

"오직 덕으로 사람을 복종시켜야만 진정으로 충성을 다한다. 힘으로 굴복시키면 오히려 후환이 생기리라."

7번째 맹획을 정벌하는 단계에서 제갈량은 불을 이용하여 산골짜기에서 병사들을 태워 죽이고 맹획을 다시 사로잡고는 또 다시 고의로 그를 풀어주었다. 그러자 맹획은 도망가기는커녕 무릎을 꿇고 맹세했다.

"이후에는 절대로 모반하지 않겠습니다!"

이것은 바로 제갈량이 '과유불급(過猶不及)'이라는 중용의 도리를 이해했기 때문에 가능한 전략전술이었고, 맹획의 마음을 사로잡을 수 있었던 까닭이었다.

64. 올바른 도리를 따르다

안회의 학문이 거의 도에 가까워졌다. 그런데 가난하여 쌀통에 쌀이 떨어지는 것이 애석하구나! 자공은 도를 굳게 지키고 살지 않으면서도 재물을 불리고 축적하는 데 필요한 일을 추측한 것이 도리에 맞는구나!

원 문

回也其庶乎屢空. 賜不受命而貨殖焉, 億則屢中. - 「先進」18

교육지평

공자의 제자인 안회는 매우 가난했다. 하지만 관직을 탐하거나 재산을 모으기 위해 발버둥치지 않고 안빈낙도(安貧樂道)를 추구했다.

자공은 안회와 달리 탁월한 지식과 재능으로 재화를 늘리는 것을 비롯하여 여러 가지 일을 잘 헤아려 많은 재물을 취할 수 있었다. 공자의 제자로서 그들의 공통적인 부분은 올바른 도리를 따르려는 마음을 잊지 않았다는 점이다.

65. 지·인·용의 효력이 중요하다

지혜로운 사람은 미혹되지 않고, 사람을 사랑하는 사람은 근심하지 않으며, 용기 있는 사람은 두려워하지 않는다.

원   문

知者不惑, 仁者不憂, 勇者不懼. -「子罕」28

교육지평

유명한 '지·인·용'에 관한 정의를 말한 구절이다. 삶의 길을 제대로 터득한 지혜로운 사람은 세상일에 함부로 흔들리거나 쉽게 사기를 당하지 않는다. 마음을 열고 사람을 사랑하는 덕망을 갖춘 사람은 걱정하지 않는다. 정의를 용감하게 실천하는 사람은 두려울 것이 없다.

지혜가 있는 총명한 사람은 타인에게 잘 속지 않고, 어떠한 일이 일어나도 당황해하지 않는다. 사람을 사랑하며 덕망을 갖춘 사람은 우울해하지 않는다. 용감한 사람은 겁에 질리지 않는다. 이 세 가지 인간의 본질은 교육받은 사람이 지닌 고유한 특성이다.

66. 실천 없이 말이 화려함을 경계하다

어떤 사람이 있어 많은 사람들이 변론을 잘한다고 그를 추켜세운다고 해서, 과연 그가 훌륭한 사람일까? 내가 볼 때, 그는 말이나 잘하고 외모나 꾸미는 사람일 뿐이다.

원 문

論篤, 是與, 君子者乎. 色莊者乎. -「先進」20

교육지평

옛날에는 변론을 잘하면서 외모를 꾸미는 일을 교양 있는 사람의 조건으로 보는 경우도 있었다. 하지만 말을 잘하고 외모를 중시하는 사람, 즉 말솜씨 좋고 볼품 있는 사람이 진정으로 훌륭한 사람인지 고민해 볼 필요가 있다.

공자는 타인을 관찰할 때, 그 사람의 말과 진실한 태도를 볼 뿐 아니라 행동도 살폈다. 무엇보다 언행일치가 되어야 사람다운 사람으로서 제대로 교양을 갖추었다고 볼 수 있다.

67. 이기심을 극복하고 공공성을 회복하다

안연이 사람 구실을 하는 방식에 대해 물었다.

공자가 말했다.

"개인의 이기적 탐욕을 극복하고 사회적 공공성을 회복하면 된다. 어느 날 개인의 사사로운 욕심을 극복하고 사회적 공공심을 회복하면 세상 자체가 아름다워진다. 이런 인간 사랑의 실천은 자신에게 달려 있다. 절대 다른 사람에게 달린 문제가 아니다."

안연이 다시 물었다.

"더 자세하고 구체적으로 일러 주십시오."

공자가 말했다.

"예가 아니면 보지도 마라. 예가 아니면 듣지도 마라. 예가 아니면 말하지도 마라. 예가 아니면 실천하지도 마라."

안연이 말했다.

"제가 재빠르지는 않습니다만, 말씀대로 실천하겠습니다."

원 문

顏淵問仁. 子曰, 克己復禮爲仁. 一日克己復禮, 天下歸仁焉. 爲仁由己, 而由人乎哉. 顏淵曰, 請問其目. 子曰, 非禮勿視, 非禮勿聽, 非禮勿言, 非禮勿動. 顏淵曰, 回雖不敏, 請事斯語矣. -「顏淵」1

교육지평

이 구절은 유학의 학문, 특히 자기교육의 알맹이를 전수해 주는 대화에 해당한다. 인간을 사랑하고 사람 구실을 상징하는 '인(仁)'과 사회적 공공성을 중시하는 '예(禮)'가

인간의 삶에서 얼마나 중요한지 잘 보여 준다.

유명한 '극기복례(克己復禮)'라는 말이 나오는 구절이기도 하다. 공자는 예로써 인간 사랑을 규정하려고 했고, 예에 의거하여 행동하는 것이 인간 사랑의 근본적 요구라 여겼다. 따라서 예는 인간 사랑을 기초로 삼고, 마음을 여는 방식으로 지킬 수 있는 것이다. 인간을 사랑하는 인은 내적인 것이며, 예는 외적인 것으로 두 가지는 밀접하게 결부되어 있다. 특히 개인성과 사회성을 통합하고 있는 극기복례는 사람의 도덕 수양을 말하며, 자기교육의 과정에서 자각적으로 준수해야 할 삶의 지침이다.

68. 말을 신중하게 하다

제자 사마우가 마음을 열고 사람을 사랑하는 방식에 대해 물었다.

공자가 말했다.

"마음을 열고 사람을 사랑하는 사람은 말을 함부로 하지 않고 신중하게 한다."

사마우가 다시 물었다.

"말을 신중하게 하는 것, 그것이 바로 마음을 열고 사람을 사랑하는 것입니까?"

공자가 말했다.

"마음을 열고 사람을 사랑하는 일은 정말 어렵다. 그러니까 말을 신중하게 할 수밖에 없다!"

원 문

司馬牛問仁. 子曰, 仁者, 其言也訒. 曰其言也訒, 斯謂之仁矣乎. 子曰, 爲之難, 言之得無訒乎. -「顔淵」3

교육지평

사마우는 송나라 상퇴[환퇴]의 동생으로 말이 많고 조급한 성격을 지녔다. 이에 공자가 말을 할 때 가볍게 함부로 하지 말고 깊이 생각하도록 충고한 것이다.

말을 가볍게 하지 않는 것은 그만큼 참아서 신중히 한다는 뜻이다. '참을 인'자를 세 번씩 반복하면서 참아내면 살인도 면한다는 속담도 있듯이, 마음을 열고 사람을 사랑하려면, 다른 것에 대한 관심과 이해, 배려가 최고조에 달해야 한다.

69. 속으로 살피다

사마우가 학행과 덕행을 겸비한 훌륭한 사람은 어떤 특징을 지니고 있는지 물었다.

공자가 말했다.

"훌륭한 사람은 근심하지도 않고 두려워하지도 않는다."

사마우가 다시 물었다.

"근심하지도 않고 두려워하지도 않으면 바로 훌륭한 사람입니까?"

공자가 말했다.

"속으로 살펴서 잘못이 없는데 무엇을 근심하며 무엇이 두렵겠는가?"

원 문

司馬牛, 問君子. 子曰, 君子, 不憂不懼. 曰不憂不懼, 斯謂之君子矣乎. 子曰, 內省不疚, 夫何憂何懼. - 「顔淵」 4

교육지평

사마우는 형인 상퇴가 반란을 일으켰기 때문에, 항상 근심하고 두려워했다. 이에 공자가 제자 사마우를 수시로 위로해 주었다. 환퇴는 송나라 사람으로 사마 벼슬을 지냈고, 당시 임금인 경공에게 반란을 일으켰다. 하지만 경공이 그의 형 상소를 보내 반란을 무마했고, 결국 환퇴는 국외로 도망갔다.

70. 온 세상 사람이 모두 형제다

사마우가 근심 가득한 얼굴로 말했다.

"남들은 모두 형제가 있어 서로 사랑하고 도우며 잘사는 데, 저만 형제가 없이 외롭게 살고 있는 것 같습니다!"

자하가 말했다.

"저도 선생님께 들어서 잘 알고 있습니다. '생사 문제는 목숨에 있고, 부귀 문제는 하늘에 달려 있다'고 했습니다. 참다운 사람은 자신을 존중하며 도리를 잃지 않고, 남에게 공손하며 예의를 지킵니다. 이렇게 하면, 온 세상 사람이 모두 형제와 같습니다. 참다운 사람이 어찌 형제가 없음을 근심합니까?"

원 문

司馬牛憂曰, 人皆有兄弟, 我獨亡. 子夏曰, 商聞之矣. 死生有命, 富貴在天. 君子敬而無失, 與人恭而有禮. 四海之內, 皆兄弟也. 君子何患乎無兄弟也. -「顔淵」5

교육지평

사마우는 5명의 형제가 있었다. 그러나 형제들이 나쁜 마음을 먹고 있어 서로 싸우기 일쑤였고, 나라 안이 떠들썩할 정도였다. 형인 환퇴는 반란을 일으켜 국외로 도망갔고, 공자를 죽이려고까지 했다.

이런 상황에서 사마우는 일상에서도 걱정근심과 두려움이 늘 앞섰고 형제애가 그리웠다. 그래도 공자의 제자로서 예의와 도리를 잘 지켰기 때문에, 스승과 동료들이 이해해 주는 가운데 수시로 대화하여 여러 차례 위로를 받았던 것 같다. 개인적으로는 좀 불행했을지라도 사회적으로 사람으로서 어느 정도 지지를 받았기 때문에 가능한 일이다.

사회적 지지는 어렵거나 힘든 상황에서도 타인이 부여하는 실제적·정신적 자원을 의미한다. 인간은 사회적 지지를 통해 스트레스로 인한 부정적 영향을 만회시킬 수 있다. 그러므로 사회적 지지는 대인 관계에서 얻을 수 있는 매우 긍정적인 인생의 자원이다.

71. 내면의 바탕과 외면의 형식을 동시에 중요시하다

위나라 대부인 극자성이 말했다.

"참된 사람은 바탕이 되는 본질을 중시하면 그만이다. 형식적으로 외형을 꾸며서 무엇 하겠는가?

자공이 말했다.

"안타깝습니다. 사람에 대한 당신의 평가 기준은 문제가 있는 것 같습니다. 아무리 빨리 달리는 사두마차도 한번 내뱉은 실언을 뒤쫓아 갈 수 없습니다. 세련미를 더하는 무늬가 소박한 바탕이고 바탕이 무늬입니다. 그렇다고 그 차이를 인정하지 않는다면, 털을 제거한 호랑이나 표범의 가죽이 털을 제거한 개나 양의 가죽과 마찬가지라고 하는 격입니다."

원   문

棘子成曰, 君子質而已矣. 何以文爲. 子貢曰, 惜乎. 夫子之說, 君子也, 駟不及舌. 文猶質也, 質猶文也, 虎豹之鞹, 猶犬羊之鞹. - 「顏淵」 8

교육지평

공자 당시의 유학자들은 바탕이나 본질을 중시하고, 잘 다듬어 꾸민 것을 싫어했다. 극자성은 나름대로 당시의 풍조에 대해 합리적인 차원을 고민했으나 자공이 이를 비판했다. 그렇다고 자공의 말이 전적으로 옳은 것도 아니다. 극자성은 극단적으로 표현했고, 자공은 바탕과 무늬 중 어느 것이 소중한지, 경중의 차이를 두지 못했다.

이 구절이 상징적으로 보여주려는 것은 겉과 속의 일치에 대한 문제다. 극자성이 착한 사람이 되려면 좋은 본질만 있으면 되지 외적인 치장은 필요하지 않다고 했다. 그러나 자공은 이러한 논지에 반대했다. 자공은 좋은 본질은 반드시 그에 합당한 표현

형식이 있어야 하며, '내용과 형식을 겸비해야 한다.'고 생각했다. 그렇지 않으면 본질

이 아무리 좋다 하더라도 그것을 나타낼 수 없기 때문이다.

72. 신뢰와 의혹을 분별하다

자장이 도덕성을 높이고 의혹을 분별하는 방법에 대해 물었다.

공자가 말했다.

"충실과 신뢰를 소중하게 생각하고 도의를 실천하는 일이 도덕성을 높이는 일이다. 내가 사랑하고 좋아하면 그가 살기를 바라고, 내가 미워하고 싫어하면 그가 죽기를 바란다. 살기를 바랐다가 또 죽기를 바라는 것처럼 오락가락하는 것이 의혹이다. 옛 시에도 '진정으로 부유해지지도 못하면서, 다른 사람에게 의혹만 받을 뿐'이라고 했다."

원 문

子張問, 崇德辨惑. 子曰, 主忠信, 徙義, 崇德也. 愛之欲其生, 惡之欲其死. 旣欲其生, 又欲其死, 是惑也. 誠不以富, 亦祗以異. -「顏淵」10

교육지평

사회적 윤리 도덕은 자기교육을 통한 본분의 충실과 타자와의 신뢰를 통해 확립될 수 있다. 그것은 윤리적으로 공생, 공존, 공영의 미덕으로 발전한다.

반면에 의혹은 이랬다저랬다 오락가락하는 심리 상태를 반영한다. 특히, 정치지도자가 서민 생활의 안정을 위해 세금을 줄여 주었다가 자신의 필요에 의해 세금을 무겁게 매기는 경우, 국민들은 헷갈리게 된다. 그렇다고 해서 지도자 자신이 잘 살게 되는 것도 아니고, 오히려 의혹의 눈총을 받을 수도 있다.

73. 지도층 인사가 세 가지 일을 두려워하다

지도층 인사는 세 가지 두려워해야 할 일이 있다. 자연의 질서와 세상의 이치를 두려워하고, 훌륭한 사람을 두려워하며, 진리의 말씀을 두려워해야 한다. 조무래기 소인배는 자연의 질서와 세상의 이치를 알지 못하므로 두려워하지 않는다. 때문에 훌륭한 사람을 함부로 대하고, 진리의 말씀을 업신여기며 빈정댄다.

원　문

君子, 有三畏. 畏天命, 畏大人, 畏聖人之言. 小人, 不知天命而不畏也, 狎大人, 侮聖人之言. -「季氏」8

교육지평

사회 지도층 인사는 지도자로서 군림하는 것이 아니라, 사회의 다양한 상황과 지도력 발휘 차원에서 두려워해야 할 것이 많다. 어떤 사람은 이렇게 말하기도 한다. '내가 지금 이 자리까지 왔는데 두려울 것이 무엇인가? 두려울 것 없어!' 하지만 공자와 같은 현인이 보면 한심하기 짝이 없는 말다. 공자는 사람은 경외하는 마음을 지녀야만 언행이 고상한 지도급 인사가 될 수 있다고 생각했다.

74. 명성과 통달은 다르다

자장이 물었다.

"하급 관료인 공직자들이 어떻게 해야 통달한다고 말할 수 있는지요?"

공자가 말했다.

"자네가 말하는 통달이 무슨 뜻인가?"

자장이 대답했다.

"제후가 다스리는 나라에서도 명성을 떨치고, 경·대부가 다스리는 가문에서도 명성을 드날리는 것입니다."

공자가 말했다.

"그것은 명성을 드날린 것이지 통달이 아니다. 통달이라는 것은 성품이 소박하고 강직하고 정의를 사랑하며, 남의 말을 깊이 살피고 얼굴빛을 관찰하여, 신중한 태도로 항상 자신을 낮추는 일이다. 그래야 나라에서도 통달하고 가문에서도 통달할 수 있다. 명성을 드날린다는 것은 겉으로는 마음을 열어 놓고 사람을 사랑하는 것처럼 하되, 실제 행실은 그것에 어긋나는 짓을 하며, 그렇게 처신하면서도 의아하게 여기지 않는다. 이런 사람들이 나라에서도 명성을 떨치고 가문에서도 명성을 드날린다."

원 문

子張問士何如, 斯可謂之達矣. 子曰, 何哉, 爾所謂達者. 子張對曰, 在邦必聞, 在家必聞. 子曰, 是聞也, 非達也. 夫達也者, 質直而好義, 察言而觀色, 慮以下人. 在邦必達, 在家必達. 夫聞也者, 色取仁而行違, 居之不疑. 在邦必聞, 在家必聞. -「顏淵」20

　자장은 여러 측면에서 장점을 지니고 있었지만 실천에 힘쓰지 않는 것이 최대 결점이었다. 특히 정치지도자와 서민들의 연결 고리 역할을 하던 하급 관료에 대해 잘못 이해하고 있는 듯하다. 자장은 통달을 겉으로 이름나고 이득을 얻는 것, 다시 말하면 명성을 떨치는 것이 통달이라고 착각하고 있었다.

　이에 공자가 통달과 명성의 차이를 명시했다. 통달은 윤리 도덕성이 세상에 미치게 하는 것임을 분명하게 일러 주었다. 공자는 여기서 상호 대립하는 명사로 명성에 해당하는 '문(聞)'과 통달에 해당하는 '달(達)'에 대해 말했다. '문(聞)'은 허황된 명성이기에 표면에 나타나지 않는 반면, '달(達)'은 공직자가 마음 깊이 내면에서 심각하게 고민하는 인의예지신(仁義禮智信)의 덕성을 말한다. 이는 자신의 윤리 도덕적 수양인 자기교육에 중점을 둔 것이지 허황된 명성을 추구는 것이 아니다.

75. 나에게 맡겨진 일을 먼저 한다

번지가 공자를 따라 기우제를 지내는 제단 아래에서 바람을 쏘이며 노닐다가 말했다.

"선생님, 윤리 도덕성을 높이고, 나쁘게 마음먹은 것을 바로잡으며, 의혹을 분별하고 바르게 판단하는 방법이 있는지요?"

공자가 말했다.

"좋은 질문이다. 나에게 맡겨진 일을 먼저 하고 그 대가는 나중에 바라는 것이 윤리 도덕성을 높이는 일이 아니겠는가? 자신의 나쁜 점을 스스로 다스리고 다른 사람의 나쁜 점을 탓하지 않는 것이 나쁘게 마음먹은 것을 바로잡는 길이 아니겠는가? 순간적인 분노를 참지 못해 자기 몸을 돌보지 않고 남과 싸우고, 그 화가 부모에게 미치게 하는 것이 의혹이 아니겠는가?"

원 문

樊遲從遊於舞雩之下, 曰敢問崇德脩慝辨惑,. 子曰, 善哉問, 先事後得, 非崇德與. 攻其惡, 無攻人之惡, 非脩慝與. 一朝之忿, 忘其身, 以及其親, 非惑與. - 「顔淵」21

교육지평

번지는 공자의 제자 가운데 학문과 수양의 측면에서 상대적으로 부족한 부분이 많은 사람이었다. 노나라 애공 11년에 제나라가 노나라를 침공했는데, 이때 염유의 명령에 따라 어린 번지가 전차를 몰고 참가하여 승리를 거두었다.

그 후 공자가 노나라로 돌아오자 공자의 제자가 되었고 공자의 수레를 몰기도 했

다. 공자는 번지의 지식수준을 알기에 늘 그 수준에 맞게 쉽고 간단하게 대답해 주었

다. 공자는 윤리 도덕적 측면의 수준을 높이기 위해서는 성실히 일을 행해야 하며, 물

질의 이익을 과도하게 생각하지 말아야 한다고 생각했다.

76. 뜻이 높거나 고집스러운 사람과 함께 하다

중도에 맞게 올바른 도리를 행하는 사람과 함께 할 수 없다면, 차라리 지나치게 뜻이 높은 사람이나 무식하지만 고집스러운 사람과 함께 한다. 뜻이 높은 사람은 진취적이고, 고집스러운 사람은 나쁘다고 판단되면 실천하지 않기 때문이다.

원 문

不得中行而與之, 必也狂狷乎. 狂者, 進取, 狷者, 有所不爲也. -「子路」21

교육지평

공자는 일상생활에서 중도에 맞게 올바른 도리를 행하는 사람을 양성하려고 했다. 하지만 현실은 그렇지 않았고, 공자가 살았던 춘추 시대에는 패도가 성행하고 하극상이 난무했다. 세상을 바로잡기 위해서는 여러 인물들과 함께 해야 하는데, 올바른 도리를 지키는 사람을 만나지 못할 바에야 그 다음 수준의 인물이라도 만나서 동지적 관계를 유지해야만 했다.

지나치게 뜻이 높은 사람은 자기가 행하는 것에 대해 숨기거나 가려서 덮는 일이 없다. 무식하지만 고집스런 사람은 악한 일이나 불의와 타협하지 않고 절개를 지킬 줄 안다. 공자의 의도는 간사하고 아첨하는 소인배와 짝하면 안 된다는 것이다.

77. 변하지 않는 도덕성을 드러내다

남쪽 나라 사람들의 말에, '사람으로서 항상 믿고 변하지 않는 마음이 없으면, 무당이나 의원과 같은 사람도 그를 위해 빌거나 약을 처방해 줄 수 없다.'라고 했는데, 참으로 옳은 말이다. 『주역』「항괘」에도 '자신의 도덕성을 지키지 않고 이랬다저랬다 하면 수치를 초래하고 창피를 당할 수 있다.'라고 했다. 항상 믿고 변하지 않는 윤리 도덕을 지닌 사람은 어떤 문제에 대해 점을 쳐서 해결할 필요가 없다.

원 문

南人有言曰, 人而無恒, 不可以作巫醫. 善夫. 不恒其德, 或承之羞. 子曰, 不占而已矣. -「子路」22

교육지평

이 구절은 사람의 지조와 연관된 언표다. 사람은 변하지 않는 신뢰를 통해 자신을 드러내야 한다. 그것은 일종의 정체성으로 개인을 가꾸어 나가는 동시에 사회를 건전하게 만드는 바탕이 된다. 일정한 윤리 도덕성을 지닌 사람의 경우, 쉽게 변하지 않으므로, 삶의 성취에서 요행을 바라거나 우연을 기대하지 않는다. 성실히 살면 그만이다.

당나라 때의 대시인인 이백(李白)은 어릴 때부터 경전을 읽었다. 그러나 경전의 내용이 매우 심오하여 제대로 이해하지 못했다. 수시로 무미건조하다고 생각되어 경전을 놓고 밖으로 나가 놀았다. 그러던 어느 날 어떤 할머니가 칼을 가는 숫돌 옆에 앉아, 손에는 크고 굵은 쇠방망이를 들고 숫돌에 대고 열심히 갈고 있었다.

이에 이백이 신기해서 물었다.

"할머니, 무엇을 하고 계신지요?"

"갈아서 바늘을 만들려고!"

할머니는 고개를 들지도 않고, 이백의 물음에 간단하게 대답했다.

"네?" 이백은 할머니의 말을 이해하지 못하고 또 물었다.

"이렇게 큰 방망이가 바늘이 된다고요?"

할머니는 드디어 고개를 들고 이백을 보며 말했다.

'그렇단다. 쇠방망이는 크고 두꺼우니, 이걸 갈아 바늘로 만들려면 당연히 힘들지! 하지만 매일매일 이렇게 갈아나가 언젠가는 바늘이 된다. 얘야! 열심히 공부하고 일해라. 쇠방망이가 바늘이 될 수 있는 것처럼 말이야.'

이 말을 듣고, 훗날 최고의 시닝으로 평가 받는 이백은 무엇을 깨달았을까? 할머니의 사례와 같이, 어떤 일을 할 때는 항상 일관된 마음을 갖고, 매일매일 실천해 나가야 한다. 그러면 어떤 일이라도 궁극적으로 성공에 도달할 수 있다.

78. 훌륭한 사람은 교만하지 않다

훌륭한 사람은 차분하면서 교만하지 않다. 속 좁고 하찮은 인간들은 교만할 뿐 차분하지 못하다.

원　문

君子, 泰而不驕. 小人, 驕而不泰. -「子路」26

교육지평

훌륭한 사람은 세상의 도리를 따르므로 평안하고 조용하여 교만하거나 방자하지 않다.

반대로 하찮은 인간들은 개인적 욕심을 마냥 채우려고 하기 때문에, 온갖 폼을 잡고 이리저리 뽐내며 나대고 다녀서 차분하게 행동하지 못한다.

79. 교양 있는 사람을 기쁘게 하다

교양 있는 사람은 모시기는 쉬우나 기쁘게 하기는 어렵다. 올바른 도리가 아닌 자세로 접근하면 결코 기뻐하지 않는다. 사람에게 일을 시킬 때는 능력과 기량에 맞게 부리고 쓴다.

교양이 없는 하찮은 사람은 모시기는 어려워도 기쁘게 하기는 쉽다. 올바른 도리가 아닌 자세로 접근해도 자기에게 이로움이 생기면 기뻐한다. 사람에게 일을 시킬 때도 한 사람에게 모든 재주가 갖춰지기를 바란다.

원 문

君子, 易事而難說也, 說之不以道, 不說也. 及其使人也, 器之. 小人, 難事而易說也, 說之雖不以道, 說也. 及其使人也, 求備焉. -「子路」25

교육지평

자기교육을 하고 교육을 잘 받은 사람, 이른 바 교양을 갖춘 참된 사람과 제대로 교육 받지 못하고 자기교육에도 충실하지 않은 하찮은 사람은 분명한 차이가 있다. 사람을 어떻게 대하고 어떻게 일을 시키는지 그 모습을 보면 분명하게 알 수 있다.

교양 있는 사람은 공명하고 관대하고 교양이 없는 하찮은 사람은 사사롭고 각박하다. 교양 있는 사람은 세상에 필요한 공공성, 이른바 올바른 도리에 관심이 있는 반면, 하찮은 사람은 오직 자신의 탐욕에 눈이 어둡다. 그것은 세상일을 대하는 데서 그대로 드러난다.

교양 있는 사람인 군자와 교양이 없는 소인 사이에 이 부분을 구별하는 것은 매우 중요하다. 현실 사회에서 군자는 잘 드러나 보이지 않지만, 이러한 소인은 무수히 많이 보인다.

80. 좋고 싫음이 아닌 선악을 기준으로 삼다

자공이 물었다.

"어떤 사안에 대해 동네 사람들이 모두 좋아하면 어떻습니까?"

공자가 말했다.

"좋아하는 것 하나만 보고 그것을 좋다고 할 수 없다."

자공이 또 물었다.

"어떤 사안에 대해 동네 사람들이 모두 싫어하면 어떻습니까?"

이에 공자가 말했다.

"싫어하는 것 하나만 보고 그것을 싫다고 할 수 없다. 동네 사람 중에 착한 사람은 그것을 좋아하고, 착하지 않은 사람이 그것을 싫어하는 것만 같지 못하다."

원 문

子貢問曰, 鄕人, 皆好之, 何如. 子曰, 未可也. 鄕人, 皆惡之, 何如. 子曰, 未可也, 不如鄕人之善者好之, 其不善者, 惡之. -「子路」24

교육지평

어떤 사회건, 마을이나 지역사회, 국가와 같은 공동체는 사람들의 공론, 즉 여론과 관계되는 문제를 다룬다. 세상일은 그 내용에 따라 좋고 싫음이 다르기 마련이다. 보통 사람들은 자신의 이익과 연관될 때, 선악(善惡)이나 시비(是非)를 바르게 가리거나 판단을 하지 못하는 경우가 있다. 대중의 지지를 얻으면 좋은 사람이라고 착각하기 쉽다.

때문에 삶의 핵심은 인간 사회의 올바른 도리를 기준으로 선을 높이고 악을 억제하는 데서 찾아야 한다. 공자는 사람의 좋고 싫음이 아닌 선악을 기준으로 삼아야 한다고 여겼다. 사람의 의견이 마땅히 그러해 보인다 해도 이것만으로 그 사람을 판단하는 근거로 삼으면 안 된다. 반드시 그 사람이 칭찬을 받거나 욕을 먹는 이유를 찾아야 한다.

춘추전국 시대의 유명한 사상가인 자사(子思)가 어느 날 위(衛)나라 군주에게 구변(苟變)이라는 사람을 추천하면서, 구변은 '500명의 군사를 이끌고도 출정할 수 있을 정도의 특출한 인재'라고 소개했다. 그러나 위나라 왕은 구변이 세금을 징수할 때 다른 사람의 계란 2개를 멋대로 먹었기 때문에 그를 등용하지 않았다.

그러자 자사는 위나라 왕에게 부탁하며 말했다.

"훌륭한 군주는 인재를 선발할 때, 목수가 나무를 선별하는 것과 마찬가지로, 그 장점만 바라봅니다. 아무리 굵고 튼실한 나무일지라도 썩은 부분이 있기 마련입니다. 하지만 훌륭한 목수를 그 나무를 버리지 않습니다. 현재 군주께서는 전쟁의 시대에 살고 있기 때문에, 힘이 있는 장수를 등용해야 합니다. 어찌 계란 두 개를 먹은 과오로 나라를 지킬 수 있는 장수를 등용하지 않으십니까!"

그러자 위나라 왕이 깊이 생각한 끝에 자신을 반성하며 말했다.

"좋은 가르침이오!"

81. 높은 도덕성을 말하다

물욕에 굴하지 않고 의지가 굳고, 기상이나 기개가 높고 크며, 소박하고, 말을 신중하게 하고 입이 무거운 사람이 높은 도덕성을 지닐 가능성이 높다.

원 문

剛毅木訥, 近仁. -「子路」27

교육지평

이기적이고 관능적이며 동물적인 욕심을 극복할 줄 아는 사람이 윤리 도덕을 갖추고 교양 수준도 높다. 그것은 의지가 강직하여 쉽게 굽히지 않고, 행위가 과감하여 머뭇거림이 적으며, 성품이 질박하고, 말이 느리고 둔하여 신뢰가 가는 인간에게서 찾아볼 수 있는 행동이다.

특히, 공자는 마음을 열고 인간을 사랑하는 성품과 사람의 소박한 기질을 같은 종류로 이해했다. 훌륭한 품성을 지닌 사람이라면, 굳건하게 결단하고, 그 후의 언행에서는 신중해야 최고의 경지에 이를 수 있다.

82. 수치스러움과 사람다움을 말하다

원헌이 물었다.

"어떤 것을 수치스러운 일이라고 할 수 있습니까?"

공자가 말했다.

"나라가 안정되었을 때는 공무원으로 재직하며 봉급을 받는다. 그러나 나라가 안정되지 않고 혼란스러운데 그 틈을 타서 봉급을 받는 것은 수치스러운 일이다."

원헌이 물었다.

"남에게 이기기를 좋아하고, 자기의 공을 내세우며, 남을 원망하고, 탐욕을 부리는 일, 이 네 가지를 하지 않으면 사람답다고 할 수 있습니까?"

공자가 말했다.

"그렇게 하는 것은 무척이나 어렵다. 그렇게 한다고 해서 사람다운 것인지 어떤지는 잘 모르겠다."

원　문

憲問恥. 子曰, 邦有道穀, 邦無道穀, 恥也. 克伐怨欲, 不行焉, 可以爲仁矣. 子曰, 可以爲難矣, 仁則吾不知也. -「憲問」1, 2

교육지평

원헌은 성격이 강직하고 고결했다. 따라서 나라가 안정되어 있는데도 공직에 봉사하며 유익한 일을 하지 않거나, 반대로 나라가 혼란스러운데 조용히 물러나 착한 일을 하려 노력하지 않고 봉급을 축내는 것은 창피하다고 생각했다.

모든 사람은 제각기 감정과 욕망을 지니고 있고 그것은 희로애락의 정감으로 나타난다. 경쟁에서 이겼을 때 쾌감을 느끼고, 자기 자랑을 늘어놓으며, 싫어하는 존재에 대해서는 원망과 시기·질투를 하고 그 때문에 관계가 멀어지기도 한다. 그만큼 인간으로 살면서 감정과 욕망을 억제하기가 쉽지 않다. 유학에서 '사람답다'는 의미는 이러한 정감의 세계를 얼마나 조절할 수 있느냐와 연관된다. 그런 가운데 마음을 열고 인간을 사랑하는 차원에 관심을 두는 '인(仁)'은 유학에서 윤리 도덕의 최고 기준이다.

83. 참다운 행정가를 말하다

하급 관리가 편안하게 근무하기를 바란다면 참다운 행정가라고 할 수 없다.

士而懷居, 不足以爲士矣. -「憲問」3

공직에서 관리로 봉사하는 사람은 안일한 생활을 기대해서는 곤란하다. 특히, 하급 관리는 사회를 안정시키는 실무를 담당하며 위아래를 연결하는 고리 역할을 하기 때문에, 부지런히 일해야 한다.

중국 고대 사회에서 홍수가 범람하자 사람들의 안정된 생활을 위해 순임금은 우(禹)를 파견하여 치수(治水)를 도모했다. 우임금은 치수를 하는 13년 동안 집에 갈 기회가 3번이나 있었지만 집에 들르지 않았다.

첫 번째는 치수 4년째 되던 해 어느 날 아침이었다. 우는 집 문 앞까지 갔으나, 어머니가 욕하는 소리와 아들이 우는 소리가 들었다. 우는 집으로 달려 들어가 이를 해결하고 싶었지만, 어머니를 노하게 할까 두려웠다. 무엇보다도 치수를 도모하던 중요한 시기였기에 조용히 집 앞을 떠났다.

치수 6-7년 후, 우는 두 번째로 집 앞을 지나갔다. 그 날은 점심때였는데 우가 집 앞의 작은 언덕에 올라가자 집안 굴뚝에서 연기가 나고 있었다. 또 간간이 어머니와 아들의 웃음소리가 들려서 안심했다.

또 다시 3-4년이 지난 어느 날 저녁, 치수를 하는 장소가 집 근처에까지 이르렀다. 그런데 갑자기 큰 비가 쏟아지면서 우는 집 앞의 처마 밑에서 비를 피했고, 때마침 어머니와 아들이 대화하는 소리를 들었다.

어머니가 아들에게 말했다.

"네 아비는 홍수를 해결하면 집에 온단다."

우는 이 말을 듣고 매우 감동하여 치수를 열심히 해야겠다는 결심을 북돋우며 서둘러 길을 나섰다.

우임금의 이 이야기는, 자신에게 중대한 임무가 있었고 그것을 열심히 수행하면서도, 집안의 안위(安危)에 대해서도 잊지 않은 진정한 공직자의 모습을 일깨워 준다.

84. 행정가의 자세를 말하다

나라가 안정되어 잘 다스려질 때는 도리에 따라 말하고 행동하지만, 나라가 혼란스러울 때는 도리에 따라 행동하되 말은 겸손해야 한다.

원 문

邦有道, 危言危行, 邦無道, 危行言孫. -「憲問」4

교육지평

시대 변화와 사회의 상황에 따라 어떤 언행이 필요한지, 일종의 처세술을 일러 준다. 사회가 안정되어 질서가 잡혀 있을 때는 정직하게 말하고 행동하면 된다. 그러나 사회가 혼란스럽고 정의가 무너졌을 때, 행동이나 몸가짐은 변함없이 정직하게 하더라도 때로는 화를 피하기 위해 할 말을 다하지 못할 상황이 있을 수 있다. 이런 사태에서는 말할 때 신중할 필요가 있다. 이것이 바로 정치를 실천하는 기본 방법이다. 특히, 공직에 있는 사람들은 이런 도리와 이치에 정통해야 한다.

85. 삶의 자세를 말하다

'착한 일을 보면 따라가지 못하는 것처럼 하고, 착하지 않은 일을 보면 끓는 물을 더듬듯이 한다.'라고 했는데, 나는 그런 사람을 보기도 했고 또 그런 말을 들은 적도 있다.

'숨어 살면서 자기의 뜻을 추구하고, 의리를 행하면서 사람의 길을 달성한다.'라고 했는데, 나는 그런 말을 들어 본적은 있으나 아직 그런 사람을 보지는 못했다."

원   문

見善如不及, 見不善如探湯, 吾見其人矣, 吾聞其語矣. 隱居以求其志, 行義以達其道, 吾聞其語矣, 未見其人也. -「季氏」11

교육지평

삶의 자세를 일러주는 구절이다. 착한 일을 보면 더욱 노력하여 실천하려는 마음가짐을 지니고, 착하지 않은 일이나 나쁜 짓을 보면, 끓는 물속에 손을 넣었다가 얼른 빼내는 것처럼, 재빠르게 경계하는 자세를 가질 때 건전한 사회를 꿈꿀 수 있다.

한편, 은거하거나 은퇴해 있으면서도 올바른 인간의 길을 추구하거나, 의리를 실천하면서 사람의 길을 온전하게 달성하려고 노력하는 일이 매우 어려움을 고백한 표현이다.

86. 온전하게 된 사람의 특징을 말하다

자로가 물었다.

"온전한 사람은 어떻습니까?"

공자가 말했다.

"장무중 같은 지혜, 맹공작 같은 청렴, 변장자 같은 용기, 염구 같은 재주를 갖추고, 예악으로 문화 교양을 가꾸는 사람이다. 하지만 오늘날의 온전한 사람은 반드시 그렇게 하지 않아도 된다. 이득을 보게 되면 그것이 올바른 것인지를 생각하고, 위태로운 일을 당하게 되면 목숨을 아끼지 않으며, 오래 전에 맺은 약속일지라도 평소 그 말을 잊지 않고 신뢰를 주면, 온전한 사람이라고 할 수 있다."

원 문

子路問, 成人. 子曰, 若臧武仲之知, 公綽之不欲, 卞莊子之勇, 冉求之藝, 文之以禮樂, 亦可以爲成人矣. 今之成人者, 何必然. 見利思義, 見危授命, 久要, 不忘平生之言, 亦可以爲成人矣. -「憲問」13

교육지평

온전한 사람은 이른바 '된 사람', 나아가 '사람다운 사람'을 의미한다. 인격이 훌륭하고 내실 있는 사람, 교양 수준이 높은 사람으로 볼 수도 있다. 그런 사람이 되기 위한 네 가지 요건이 바로 지혜, 청렴, 용기, 재주다.

하지만 이 네 가지는 더불어 살아가는 사회 공동체의 문화 제도로 승화되어 모두가 함께 누릴 수 있을 때, 보다 아름다운 빛을 발휘한다. 장무중은 노나라 대부 장손흘의 손자로 슬기롭고 박식했고, 변장자는 노나라 변읍에 사는 장자라는 사람으로 용감했다고 한다.

　이 구절에서 '이익을 보면 의로움을 생각한다'라는 '견리사의(見利思義)'는, 취할 이익이 있는 일을 만나도 그것이 올바름에 부합하는지 따져보아야 한다는 의미인데, 후세 인간이 살아가는데 막대한 영향을 끼친 삶의 지표가 되었다.

87. 말을 경계하다

함부로 큰소리를 치며 말을 하고도 부끄럽게 여기지 않는다면, 그 말을 실천하기 어렵다.

원 문

其言之不怍, 則爲之也難. -「憲問」21

교육지평

일상생활에서 말에 대한 경계다. 당초 어떤 일에 대해 호언장담을 잘하는 사람은, 그것을 실제로 이행하려는 마음이 적은 경우가 많다.

현실과 상황을 고려하지 않고, 터무니없는 사기성이 농후한 말을 뱉어 놓는 경우, 실제로 그 말을 행하기는 매우 어렵다. 이에 대한 현실적인 충고다.

88. 군자와 소인의 차이를 말하다

자기교육을 통해 교양을 갖춘 사람은 위로 가서 도달하고, 자신에 대한 교육을 소홀히 한 조무래기 소인배는 아래로 추락한다.

원 문

君子, 上達. 小人, 下達. -「憲問」24

교육지평

훌륭한 교양을 갖춘 참된 사람은 자연의 이치, 세상의 법칙을 따르기 때문에 날로 고귀하고 밝은 데로 나아간다. 하지만 조무래기 같은 하찮은 존재들은 개인의 욕망과 욕심에 휘둘리기 때문에 어두운 세계 밑바닥으로 떨어지기 쉽다.

공자는 교양을 갖춘 군자와 그렇지 못한 소인의 차이를 수시로 설명하는데, 이 구절에서는 양자의 근본적인 차이에 대해 말했다.

위로 가서 도달한다는 의미의 '상달(上達)'과 아래로 추락한다는 의미의 '하달(下達)'에는 두 가지 관점이 있다. 첫째, 상달은 인간의 도리와 의리, 윤리 도덕과 같은 정신 영역을 확보한다는 말이고, 하달은 기물이나 수단과 같은 물질 영역에 치우친다는 뜻이다. 둘째, 상달은 위로 뻗어 나가 고명함을 향해 나아가는 일이고, 하달은 아래로 가라앉아 더러운 것을 중시하는 짓을 말한다.

89. 말과 행동의 일치를 말하다

"훌륭한 사람은 자신이 한 말이 행실보다 지나친 것을 부끄럽고 창피하게 여긴다."

원 문

君子, 恥其言而過其行. -「憲問」29

교육지평

덕망이 있고 교육받은 사람들, 이른바 사회 지도층 인사로서 교양 있는 사람은 말과 행동이 일치해야 한다. 온갖 미사여구를 동원하여 그럴 듯하게 말해 놓고, 행동으로 실천하지 않는다면, 그것은 사람을 속이는 것과 마찬가지다. 말에는 책임이 따르기 때문에 내가 할 수 있는 능력의 한계를 넘어서는 곤란하다.

사회에서 항상 터무니없이 과장하는 사람의 입은 강물과도 같아서 결코 끊이지 않고 거짓된 말과 허황된 말을 일삼는다. 또 제대로 된 일 하나도 행하지 않아 사람들에게 매우 좋지 않은 영향을 미친다. 이 문구는 이와 같은 행위를 일삼는 사람에게 던지는 인생살이에 관한 공자의 경고다.

90. 사람다운 사람의 길을 말하다

사람다운 사람의 길에 세 가지가 있다. 열린 마음을 지닌 사람은 근심하지 않고, 지혜로운 사람은 미혹되지 않으며, 용기 있는 사람은 두려워하지 않는다.

원 문

君子道者三. 仁者不憂, 知者不惑, 勇者不懼. -「憲問」30

교육지평

사람의 길을 가기 위해서는 자신을 성찰하는 작업이 중요하다. 어떤 형태이건 스스로를 책망하며 조심할 필요가 있다.

공자가 강조하는 '열린 마음을 지닌 사람, 지혜로운 사람, 용기 있는 사람' 이른 바 '인(仁)', '지(智)', '용(勇)'으로 무장한 사람은, 착한 마음과 슬기로운 자세, 그리고 용기 있는 행동으로 일상에서 자신의 몸단속을 철저히 한다.

91. 먼저 자신의 수양에 힘쓰다

제자 자공이 사람을 서로 비교하며 이러쿵저러쿵 평가를 했다.
그러자 공자가 말했다.
"자공아, 너는 진정 현명한 것이냐! 저렇게 사람을 비평할 수 있다니.
나는 그렇게 할 겨를이 없다."

원 문

子貢方人. 子曰, 賜也, 賢乎哉. 夫我則不暇. -「憲問」31

교육지평

일상생활에서 사람을 비교 평가하는 것은 쉬운 일이 아니다. 사람의 장점과 단점,
재능과 성격 등 다양한 프리즘을 통해 인간의 특성을 정돈할 능력이 있어야 한다.

자공은 현명한 사람이기 때문에 충분히 사람을 비평할 능력이 있었다. 하지만 그런
일에 매몰되면, 남을 헐뜯기 쉽고 자신의 수양은 소홀히 할 수 있다. 공자의 걱정은 거
기에 있었다. 사람의 비평하고 평가하는 일에만 매몰되지는 마라!

92. 사물을 판단하는 기준을 말하다

기주에서 나는 천리마가 명마인 이유는, 말의 힘이 세기 때문이 아니다. 조련이 잘되었기 때문이다.

원 문

驥, 不稱其力, 稱其德也. -「憲問」35

교육지평

아무리 힘이 센 말이라고 할지라도 조련이 제대로 되지 않아 천방지축으로 날뛰면 그 역할과 기능을 제대로 할 수 없다.

사람의 경우에도 아무리 재주가 많다고 할지라도 학문과 수양으로 인격과 덕성을 쌓지 않으면 사람답게 성숙하기 어렵다. 인재를 판단하는 우선 기준은 덕(德)이다. 덕성을 기초로 재능을 보아야 한다.

93. 자기교육을 다른 사람에게로 확장하다

자로가 훌륭한 사람의 요건이 무엇인지 물었다.

공자가 말했다.

"자기를 수양하여 깨달아야 한다."

그러자 자로가 물었다.

"그렇게만 하면 됩니까?"

이에 공자가 또 말했다

"자기를 수양하여 다른 사람을 편안하게 해 주어야 한다."

자로가 다시 물었다.

"정말, 그렇게만 하면 됩니까?"

공자가 심각하게 말했다.

"자기를 수양하여 모든 사람을 편안히 해 주어야 한다. 자기를 수양하여 모든 사람을 편안히 해 주는 일은 최고의 정치지도자라고 하는 요임금이나 순임금도 실현하기 어려워한 것이다."

원 문

子路問君子. 子曰, 修己以敬. 曰如斯而已乎. 曰修己以安人. 曰如斯而已乎. 曰修己以安百姓, 修己以安百姓, 堯舜, 其猶病諸. - 「憲問」 45

교육지평

자기교육을 통해 다진 훌륭한 사람의 요건에 대해 공자가 자세하게 설명한 내용이다. 유학의 기본 정신을 한마디로 표현하면 '수기치인(修己治人)'다. 수기(修己)는 몸을 닦는 자기교육으로 자신에게 충실 하는 일이고, 치인(治人)은 다른 사람과 관계망을 통해 이해하고 관심을 갖는 타자 배려다.

여기에서 자기 깨달음은 자기 수양이자 교육인 수기이고, 다른 모든 사람을 편안히 해 주는 것은 치인에 해당한다. 이때 수기는 학문과 정치의 근본 바탕이 되고 치인은 그 궁극 목적이 된다. 스스로 행동하고, 스스로 마음을 닦고, 사람을 대할 때 존경해야만 사람들과 백성에게 안락을 가져다 줄 수 있다. 이런 점에서 공자의 수신(修身)은 궁극적으로 나라를 평안히 다스리는 일로 지향된다.

94. 윤리 도덕의 중요성을 다시 강조하다

"자로야, 세상에 덕을 아는 사람이 참으로 드물구나!"

원 문

由, 知德者, 鮮矣. -「衛靈公」3

교육지평

인간에게 생명처럼 부여되어 있는 것 중의 하나가 윤리 도덕이다. 도(道)는 인간이 마땅히 걸어가야 할 길로, 삶의 바탕 혹은 밑천이다. 그러기에 인간은 자신의 가야 할 길을 배워야 한다.

덕(德)은 인간이 가야 할 길인 도를 실천하여 좋은 결과나 성과, 열매를 얻는 작업이다. 따라서 덕을 어느 정도 갖추었느냐에 따라 그 사람의 학문적 인격적 수준을 가늠할 수 있다.

도(道)는 본체이자 본질이고 덕(德)은 그것의 작용이나 응용이다. 때문에 도와 덕이 어우러져야 자기교육이 전면적으로 이루어진다.

95. 자신을 엄격하게 책망하다

자신에 대해서는 엄격하게 책망하고 다른 사람에 대해서는 가볍게 책망하라. 그러면 세상을 살아가면서 원망이 적을 것이다.

원　문

躬自厚而薄責於人, 則遠怨矣. -「衛靈公」14

교육지평

자신에 대해 엄격하다는 것은 그만큼 자신을 성찰하며 자기교육과 수양에 힘쓴다는 말이다. 다른 사람에 대해 관대하고 용서하는 마음을 지니면, 다른 사람들이 더 쉽게 나에게 다가오게 된다. 그런 상호 관계 속에서 원망은 줄어들 수 있다.

사람과 사람 사이에서는 어쩔 수 없이 각종 모순과 분쟁이 일어나기 마련다. 따라서 사람들은 다른 사람의 시각에서 문제를 바라보아야 한다. 일단 모순이 발생하면 스스로를 엄격히 질책하고, 타인을 넓게 받아들이는 것이 온전한 사회관계를 유지할 수 있는 원칙이다.

96. 인격자에 대해 말하다

윤리 도덕성을 지닌 사람은 올바름을 바탕으로 삼고, 예의로 그것을 실천하고, 겸손으로 그것을 드러내며, 믿음으로 그것을 이룬다.

원   문

君子, 義以爲質, 禮以行之, 孫以出之, 信以成之. -「衛靈公」17

교육지평

유학은 사회를 지탱하는 핵심가치로 올바름에 시선을 집중한다. 정의는 모든 일을 만들거나 규정짓는 기준이다. 그러므로 삶의 바탕으로 삼는다. 그 위에 예의와 겸손, 믿음과 같은 도덕 실천의 행위가 규범으로 제시된다.

이 구절은 훌륭한 사람, 지도자급 인격자의 모습을 제시한, 일종의 행동 규범이다. 사람이 정의를 본질로 하여 행동하면, 반드시 그 사회의 절도가 아름답게 되고, 그것이 예의범절로 굳어진다.

97. 사회를 위해 공헌하다

지도자급 인격을 갖춘 사람은 죽을 때까지 자기의 이름이 세상에 칭송되지 않는 것을 유감스럽게 여긴다.

원　문

君子, 疾沒世而名不稱焉. - 「衛靈公」19

교육지평

지도자나 그에 준하는 인격을 갖춘 사람은 억지로 자신이 남에게 알려지기를 원하지는 않는다. '40대가 되면 자신의 얼굴에 책임을 지라!'라는 말이 있듯이, 지도자는 평생토록 학문을 연마하고 사회를 위해 공헌해야 한다.

그럼에도 불구하고, 지도자급에 걸맞게 세상에 이름이 제대로 나지 않았다면, 지도자급 본분에 맞는 특별한 일을 하지 않았다면 반증이 된다. 유학에서는 그런 인간의 삶을 부끄럽게 여긴다.

98. 자기교육을 통해 자기에게서 구하다

윤리 도덕성과 지도자급 인격을 갖춘 사람은 모든 것을 자기에게서 구하고, 개인적 욕심에 빠진 조무래기들은 남에게서 구한다.

원 문

君子, 求諸己. 小人, 求諸人. - 「衛靈公」20

교육지평

앞에서도 나왔듯이, 이는 군자와 소인을 구분하는 유명한 문구다. 훌륭한 인격을 지닌 사회 지도층 인사는 늘 자기 충실을 꾀한다. 그러므로 모든 일에 대해 스스로 성찰하고 책망할 뿐이다. 조무래기 소인배는 인격 수양이 제대로 되지 않아, 헛된 명예나 이익을 얻기 위해, 어떤 일을 하건 다른 사람 핑계를 댄다.

옛날 위(魏)나라 때 문후(文侯)가 고권(孤卷)이라는 관리에게 물었다.

"아버지, 아들, 형제, 신하가 모두 덕과 재능이 있다면, 모든 정사를 그들에게 기대도 되는가?"

고권이 대답했다.

"다른 사람에게 나라의 희망을 맡기면 자신의 목적을 달성할 수 없고, 다른 사람에게 기대는 사람은 오래갈 수 없습니다. 나라를 잘 다스리시기 위해, 군주께서는 스스로 실천하길 바랍니다! 어찌 다른 사람에게 기대려고 합니까?"

위의 사례와 동일하지는 않지만, 유사한 양식으로 현대 교육이론 가운데 자기효능감이 있다. 자기효능감은 특별한 상황이나 과제를 다루는데 요구되는 행동을 조직하고 실행할 수 있다는 자신의 능력에 대한 믿음이다. 자기교육의 맥락에서 자기효능감은 학습자 자신이 소유하고 있는 지식과 기술을 효과적으로 적용하여 새로운 학습을 할 수 있는 학습자 자신의 자기신뢰와 상통한다.

99. 사람이 사람의 길을 넓히다

사람이 길을 넓힐 수 있는 것이지, 길이 사람을 넓히는 것이 아니다.

원 문

人能弘道, 非道弘人. - 「衛靈公」 28

교육지평

우주 자연에서 볼 때, 사람은 아주 보잘 것 없는 존재에 불과하다. 하지만 문화와 문명을 일으켜 이 세계 속에서 인위적으로 주체적인 삶을 추동해 가는 위대한 존재이기도 하다. 그렇게 만든 것이 문화의 길이다. 그것이 윤리적 차원에서 논의될 때 도덕으로 표현된다.

이 도덕은 사람이 만든 것이고, 시대정신에 따라 업그레이드를 거듭한다. 사람은 반드시 자신을 수련하고, 확충하고, 끌어올려야만, 인간의 길인 '도(道)'를 크게 펼칠 수 있다. 사람이 길을 넓히는 일과 길이 사람을 넓히는 것의 관계는, 결코 서로 엎치락뒤치락 하는 그런 문제가 아니다.

100. 잘못을 고치지 않는 것이 잘못이다

잘못을 저지르고도 고치지 않는 것, 이것이 진짜 잘못이다.

원　문

過而不改, 是謂過矣. -「衛靈公」29

교육지평

허물이나 잘못, 오류를 대하는 유학의 생활철학을 잘 말해주는 명문장이다. 우리는 일상생활에서 끊임없이 잘못을 저지른다. 대부분의 경우, 잘못에 대해 사과하고 용서하며 서로를 감싸주기도 한다. 그것이 땅과 하늘, 낮과 밤, 음과 양처럼 짝으로 점철된 유학의 관용 정신이다.

하지만 잘못을 저지르고도 고치지 않고, 사과 한마디 없이 그냥 지나가는 경우도 많다. 거짓은 거짓을 부르고 바늘 도둑이 소도둑 되듯이, 잘못된 정신세계가 눈덩이처럼 불어나기도 한다.

인간은 절대 완전함을 구현한 성인의 경지에서 살기 힘든 존재이다. 그런 점에서 결코 성인이 아니다. 어떤 인간인들 인생에서 잘못이 없겠는가! 하지만 삶의 관건은 과오를 반복하여 저지르지 않는 것이다.

101. 수신의 중요성을 재차 강조하다

사회 지도층 인사는 세 가지 경계해야 할 일이 있다. 젊은 시기에는 혈기가 안정되지 않았으므로 성적 욕구를 경계하고, 어른이 되어서는 혈기가 마냥 강하므로 다툼을 경계하며, 늙어서는 혈기가 시들고 쇠약하므로 얻는 것을 경계해야 한다.

원 문

君子有三戒. 少之時, 血氣未定, 戒之在色. 及其壯也, 血氣方剛, 戒之在鬪. 及其老也, 血氣旣衰, 戒之在得. -「季氏」7

교육지평

사회 지도층 인사의 인생을 세 시기로 나누어 주의할 사항이다. 특히, 혈기의 변화를 전제로 하되 자신의 뜻이 어떠한지에 대응하여 일러 주고 있어 삶을 설계하는 데 유용하다. 어떤 차원에서는 유학의 실용 정신을 몸과 마음으로 정리한 것 같기도 하다.

어리고 젊은 소년 시기에서 어른으로서 한참 활동하는 장년의 시기를 거쳐 삶을 정리하는 노년 단계에서 무엇을 해야 할지 고려하게 만든다. 소년시절부터 노년시절까지 계속해서 주의해야 할 문제를 지적하며 수신의 중요성이 재차 강조된다.

102. 다른 사람을 키워주고 고쳐주다

홀륭한 사람은 다른 사람의 장점을 살리고 키워주고, 다른 사람의 단점을 고쳐준다. 반면에 속 좁은 조무래기들은 이와 반대되는 짓을 저지른다.

원　문

君子, 成人之美, 不成人之惡. 小人, 反是. -「顔淵」 16

교육지평

홀륭한 사람은 착하고 열린 마음으로 다른 사람을 아끼고 사랑하며 더불어 살아가려고 노력한다. 그러나 조무래기 소인배들은 이기심과 탐욕으로 가득하여 다른 사람을 누르고 혼자만 잘 살려고 발버둥 친다. 그렇기 때문에 남이 잘되는 꼴을 보지 못하고 끌어내리는 데 혈안이 되어 있다. 장점은 짓밟아 뭉개고 단점은 끄집어내어 여기저기에 소문을 낸다.

청나라 강희제 때 유명한 관리였던 장영(張英)에 관한 일화다. 장영이 중앙에서 벼슬을 하고 있는데 그 가족이 지방의 안휘성에 있는 오래된 집을 보수하려고 했다. 마침 이웃집도 집을 수리하려고 공사를 하고 있었는데, 이웃 간에 집 땅의 경계에 관한 문제로 싸움이 벌어졌다. 두 집은 서로 양보하지 않았고, 장영의 가족은 장영에게 편지를 써서 어떻게 하면 좋을지 고민했다.

장영은 답장으로 시를 한 편 써서 가족에게 보냈다.

'한 장의 편지가 단지 담장하나 때문인가. 집안 당 3척을 양보한들 집수리에 그 얼마나 방해가 되겠는가. 만리장성은 지금까지 그대로 남아있건만, 그때의 진시황은 지금 보이지 않구나.'

가족들은 그 편지를 받은 뒤 심각하게 고민하며, 장영이 말한 대로 3척의 땅을 양보하기로 했다.

이웃집에서도 이 모습을 보고 깊이 감동하여, 자신의 집땅 경계보다 3척 뒤에 담장을 세웠다. 그러자 두 집의 담장 사이에 골목이 하나 생겼고, 후대 사람들은 이 골목을 '육척항(六尺巷)'이라 불렀다.

이 구절은 '내가 서고자 할 때 남도 세우고, 내가 이르고자 할 때 남도 이르게 한다'라는 기욕립이립인 기욕달이달인(己欲立而立人, 己欲達而達人)의 정신과 '자신이 원하지 않으면 다른 사람에게도 베풀지 말아야 한다'라는 기소불욕 물시어인(己所不欲, 勿施於人)의 생활 태도를 잘 일러주고 있다. 교육도 다름 아닌 이러한 정신 자세를 함양하는 작업이다.

103. 아홉 가지 생각에서 도덕성이 우러나오다

도덕성을 지닌 사람, 혹은 지도적 인성을 갖춘 사람은 아홉 가지 생각해야 할 것이 있다. 볼 때는 분명하게 보기를 생각하고, 들을 때는 명확하게 듣기를 생각하고, 낯빛은 온화하게 하기를 생각하고, 태도는 공손하게 가지기를 생각하고, 말은 충실히 하기를 생각하고, 일은 신중히 하기를 생각하고, 의심스러운 것은 물어보기를 생각하고, 성이 날 때는 뒤에 어려운 일이 올 것을 생각하고, 이익을 얻을 때는 그것이 올바른 상황인지를 생각한다.

원 문

君子有九思, 視思明, 聽思聰, 色思溫, 貌思恭, 言思忠, 事思敬, 疑思問, 忿思難, 見得思義. -「季氏」10

교육지평

훌륭한 사람이 윤리 도덕을 제대로 갖추기 위해 지녀야할 아홉 가지 생각으로, 이른바 유명한 '구사(九思)'다. 매우 구체적으로 생활 규범을 정하여 예의범절로 만들어 놓았다. 보고 듣는 일에서 이익을 구하는 것 등 아홉 가지는 평소 생활에서 늘 겪는 일이다. 날마다 발생하는 일이니 매일 생각하고 진실하게 다가가 자신을 성찰하고 단속하라! 이런 삶의 요소들을 확보하는 과정을 통해, 교육이 일상적이고 평생 진행되는 과정이며, 생활 철학적 차원임을 보여준다.

104. 겸손함을 갖추다

가난하게 살면서 원망하지 않기는 어렵다. 하지만 부자로 살면서 교만하지 않기는 쉽다.

원 문

貧而無怨難, 富而無驕易. -「憲問」11

교육지평

가난하게 살면 여러 측면에서 부족함을 느끼게 된다. 그래서 '나는 왜 이렇게 사는가.'라고 하며, 주변의 사람이나 세상을 원망하기 쉽다.

부유하게 살면 여러 가지로 풍족하다. 풍족하면 여유가 있고 떵떵거리며 사는 모습을 표현하지 않은 채 겸손함으로 그것을 갖출 수도 있다.

빈궁함과 부유함에서 오는 삶의 환경에 따라 사람의 심리와 행위를 잘 조절할 필요가 있다.

105. 여섯 가지 덕에 숨겨진 폐단을 말하다

공자가 말했다.

"자로, 자네! 여섯 가지 도덕을 나타내는 말 속에 여섯 가지 폐단이 숨겨져 있다는 걸 아는가?"

자로가 대답했다.

"그런 잘 모르겠습니다. 아직 듣지 못했습니다."

공자가 말했다.

"앉게나. 내 자네에게 그것을 일러 주겠네.

베풀기를 좋아하면서 배우기를 좋아하지 않으면 그 폐단은 어리석음이다. 지혜롭기를 좋아하면서 배우기를 좋아하지 않으면 그 폐단은 허황함이다. 믿음을 좋아하면서 배우기를 좋아하지 않으면 그 폐단은 해침이다. 곧음을 좋아하면서 배우기를 좋아하지 않으면 그 폐단은 각박함이다. 용맹을 좋아하면서 배우기를 좋아하지 않으면 그 폐단은 난동이다. 굳셈을 좋아하면서 배우기를 좋아하지 않으면 그 폐단은 광기다."

원 문

子曰, 由也, 女聞六言六蔽矣乎. 對曰未也. 居, 吾語女. 好仁不好學, 其蔽也愚. 好知不好學, 其蔽也蕩. 好信不好學, 其蔽也賊. 好直不好學, 其蔽也絞. 好勇不好學, 其蔽也亂. 好剛不好學, 其蔽也狂. -「陽貨」9

교육지평

여섯 가지 덕을 나타내는 말에 숨겨져 있는 여섯 가지 폐단에 관한 언급이다. 이를 '육언육폐(六言六蔽)'라고도 한다.

세상일은 이중적인 경우가 많다. 밝은 면이 있으면 어두운 면이 있고, 큰 것이 있으면 작은 것이 있듯이 말이다. 포용, 지혜, 신뢰, 정직, 용기, 강직 등 여섯 가지는 유학에서 매우 중시하는 덕목이다. 하지만 그것을 오용되거나 지나칠 때, 심각한 폐단이 나올 수 있다. 무엇이건 적절하게 적용하지 못하고 지나치게 고지식하거나 제멋대로 자의적으로 판단하면 문제가 될 수 있다.

공자가 중요시하는 '중용'은 인생의 훌륭한 행위 기준임과 동시에 완전한 목표다. 이 목표에 도달하기 위해 계속 학습하고, 나날이 새로워지고 달라져야 한다.

106. 의와 용을 말하다

자로가 말했다.

"정치지도자도 용맹이나 용기 자체를 존중합니까?"

공자가 말했다.

"정치지도자는 도의를 최고의 덕목으로 여긴다. 정치지도자가 용맹스럽고 용기는 넘치는데 도의가 없으면, 반란을 일으킨다. 일반 서민이 용맹스럽고 용기가 넘치는데 도의가 없으면, 도둑질을 하게 된다."

원 문

子路曰, 君子尚勇乎. 子曰, 君子, 義以爲上, 君子有勇而無義, 爲亂, 小人有勇而無義, 爲盜. -「陽貨」24

교육지평

공자의 제자 가운데 자로는 다른 제자에 비해 매우 용맹스럽고 그만큼 나서기를 좋아했다. 공자가 볼 때 용맹스러운 태도나 용기도 필요하지만, 그보다 우선해야 할 것은 윤리 도덕성이었다. 도덕성이 전제되지 않은 어떤 행동도 정당화하기 어렵고, 도덕성에 앞서는 행동은 부정적인 문제 상황을 유발하게 된다.

사람의 행위는 보편적인 사회적 예의에 부합해야 하며, 이것이 정의로 이어진다. 따라서 예의와 정의는 늘 함께 한다. 이때 용맹은 반드시 정의를 기준으로 삼아야 한다.

107. 이익 앞에서 의리를 생각하다

지도자급 인성을 제대로 갖춘 선비는 위태로움을 보면 목숨을 바치고, 이익 앞에서는 의리를 생각해야 한다. 제사는 공경한 마음으로 모시고, 상례는 애통하는 마음으로 치러야 한다. 그래야 진정한 선비라 할 만하다.

원 문

士見危致命, 見得思義, 祭思敬, 喪思哀, 其可已矣(「子張第十九」1)

교육지평

이 구절은 공자의 제자인 자장인 한 말이다. '견위치명(見危致命)'이나 '견득사의(見得思義)'의 자세는 전통적으로 공직자나 사회 지도층 인사들에게 요구되는 덕목이다.

우리 사회에도 다양한 방면의 의인(義人)이 있다. 애국지사, 독립투사, 민주화 유공자, 화재 현장을 비롯한 안전사고 구역에서 다른 사람의 목숨을 구한 사람 등 현대적 의미에서는 이들이 의인으로서 한 모델이 될 수도 있다.

108. 윤리 도덕성을 넓히다

도덕성을 지니고 있으면서 그것을 넓히지 않고, 사람의 도리를 믿으면서 그것을 성실히 실천하지 않으면, 어찌 도덕성이나 도리가 있다고 할 수 있겠는가? 어찌 도덕성이나 도리를 없다고 할 수 있겠는가?

원 문

執德不弘, 信道不篤, 焉能爲有, 焉能爲亡. -「子張」2

교육지평

이 구절도 자장이 한 말이다. 도덕성이나 도리를 가졌으면, 그것을 넓히고 실천하는 것이 사회 지도층 인사의 할 일이다. 단순히 도덕성이나 도리를 지키면서 아무것도 하지 않는다면, 그런 존재는 세상에 있어도 좋고 없어도 그만이다.

이 윤리 도덕성은 자기교육과 교육받는 사람에게 필수적인, 어쩌면 전면적인 인생 가치의 기초다. 도덕을 실천하고 신뢰하며, 또 충실히 이를 지켜내야만 자신의 윤리와 교양 수준을 끌어올릴 수 있다.

109. 소인의 특성을 말하다

인격을 제대로 갖추지 못한 조무래기들은 잘못을 하면 반드시 얼버무리고 꾸며 대려고 한다.

원 문

小人之過也, 必文. -「子張」8

교육지평

공자의 제자인 자하가 소인과 군자의 차이를 말한 대목이다. 인격을 갖추지 못했거나 도덕성이 낮은 부류의 인간들은 일이 잘못되면 자신의 과실임을 알면서도 고치려 하지 않는다. 그리고 그런 근성이 몸에 배었는지, 다른 이유나 다른 사람의 탓으로 돌리며 온갖 핑계를 대기도 한다.

110. 훌륭한 사람의 풍모를 말하다

도덕성을 갖춘 지도층 인사의 모습은 세 가지 차원에서 다르게 드러난다. 첫째, 멀리서 바라보면 위엄이 있고 근엄하게 보인다. 둘째, 가까이 나아가 접해 보면 온화하고 포근하게 느껴진다. 셋째, 그의 말을 들으면 너무나 바르고 명확하다.

원　문

君子有三變, 望之儼然, 卽之也溫, 聽其言也厲(「子張第十九」9)

교육지평

자하가 스승인 공자의 의용과 풍모를 칭송했다. 오늘날로 치면, 훌륭한 사회 지도층 인사의 자세나 태도가 그렇다는 의미다. 낯빛, 눈빛, 몸짓, 손짓 등에 이르기까지 인격자가 갖추어야 할 아름다운 이미지가 돋보인다. 유학이 지향하는 교육적 인간상과 상통한다.

111. 교육받은 사람이 물과 산을 좋아하다

슬기로운 사람은 물을 좋아하고 열린 마음을 지닌 사람은 산을 좋아한다. 슬기로운 사람은 상황에 따라 잘 움직이고 서성거리며, 열린 마음을 지닌 사람은 세상을 고요하게 품는다. 슬기로운 사람은 경쾌하게 현실적 삶을 즐기고, 열린 마음을 지닌 사람은 묵묵하게 수명을 누린다.

원 문

知者樂水, 仁者樂山. 知者動, 仁者靜. 知者樂, 仁者壽. -「雍也」21

교육지평

지적이고 똑똑한 사람은 사리에 통달한 사람이다. 물의 속성처럼 두루 흐르고 막힘이 없다. 그러므로 물을 좋아한다.

반면에 열린 마음을 지닌 어진 사람은 의리(義理)를 중시한다. 때문에 중후하고 함부로 자신의 마음을 옮기지 않는다. 묵묵히 버티고 있다. 그러므로 그런 속성을 닮은 산을 좋아한다.

지혜로운 사람은 슬기롭게 처세에 밝으므로 삶이 유동적다. 상황 포착의 달인이다. 때문에 현실에서 벌어지는 삶의 다양한 모습을 즐긴다.

반면, 열린 마음을 지닌 어진 사람은 모든 것을 사랑하므로 마음을 비우고 조용하게 대응한다. 현실을 즐기는 삶보다는 자신에게 주어진 긴 삶의 시간을 존중한다.

112. 자연의 질서와 사회의 도덕을 말하다

자연의 질서를 이해하지 못하면 지도자가 될 수 없다. 사회의 도덕을
알지 못하면 세상에서 떳떳하게 행세할 수가 없다. 자연의 질서와 사회의
도덕을 체득하여 적용하지 못하면 인생을 경영할 수 없다.

원　문

不知命, 無以爲君子也. 不知禮, 無以立也. 不知言, 無以知人也. - 「堯曰」3

교육지평

이 구절은 『논어』의 마지막 문장이다. 『논어』 첫 장의 첫 마디가 '학이시습(學而時
習)—배우고 늘 익히면'이었고, 마지막 장 첫 마디가 '부지명(不知命)—자연의 질서를
이해하지 못하면'이다.

이런 점에서 『논어』는 배움에서 시작해서 세계를 파악하는 작업으로 마무리된다.
배움을 통해 우주 자연과 인간 세계의 법칙을 인식하고 그것으로 삶을 영위하는 인간
교육학이라고 할 수 있다.

제3편

가정윤리와 도덕교육 - 효제(孝悌)

1. 효도와 우애는 삶의 기초 윤리다

부모자식 사이에 효도하고 자애로우며 형제자매 사이에 우애 있는 사람 가운데 윗사람에게 덤벼드는 사람은 드물다. 윗사람에게 덤벼들기를 좋아하지 않는 사람으로서 난동부리는 자도 아직까지는 없었다. 참된 사람은 삶의 근본 문제를 다룬다. 왜냐하면 삶의 근본 문제가 파악되어야 인생의 길이 보이기 때문이다. 효도와 우애야말로 마음을 열고 사람을 사람답게 대하는 길을 실천하는 기초 윤리다.

원 문

其爲人也孝弟, 而好犯上者, 鮮矣. 不好犯上, 而好作亂者, 未之有也. 君子務本, 本立而道生, 孝弟也者, 其爲仁之本與. -「學而」2

교육지평

이 구절은 공자의 제자인 유자가 사람됨에 대해 말한 대목이다. 사람 됨됨이와 사람다움의 문제는 가정 내에서 얼마나 제대로 윤리를 실천하느냐와 연관된다. 부모는 자식을 내리 사랑하고 자식은 부모에게 효도하며 형제자매 사이에는 서로 위하고 지켜주며 우애를 다져야 한다.

이는 가족 윤리에서 사회 윤리로 발전하여, 삶의 근본 문제로 이어진다. 효도는 사회에서 윗사람과 아랫사람의 관계를 나타내고, 우애는 동료애로 발전한다. 그러므로 효도와 우애는 사람을 사람답게 대하는 사랑의 실천 요소가 된다. 때문에 동양에서는 옛날부터 '100가지 착한 일보다 효도가 으뜸이다'라는 말이 전해 내려온다.

이런 태도는 현대적 의미의 인성교육을 통해 강화할 수 있다. 인성교육은 인간으로서 지녀야 하는 바람직한 품성, 건전한 인격을 형성하려는 의도적인 노력이다. 사람다운 품성을 함양하기 위해서는 인간의 통합된 덕을 내면화하고 인지적·정의적·행동적 측면의 인격을 조화롭게 발달시키는 것이 중요하다.

2. 부모가 돌아가신 후 3년 동안 유지를 따르다

부모가 살아 계실 때 자식은 마땅히 어른의 뜻을 살펴 받들어야 하고, 돌아가신 뒤에도 자연스럽게 살아 계실 때의 행적을 살펴 받들어야 한다. 최소한 3년 동안 부모가 추구했던 길을 바꾸지 않아야 효자라 일컬을 수 있고 효도했다고 할 수 있다.

원 문

父在, 觀其志, 父沒, 觀其行. 三年, 無改於父之道, 可謂孝矣. - 「學而」11

교육지평

유학에서 말하는 효도의 의미와 규정을 엿볼 수 있는 문구다. 효도는 살아 계실 때는 부모가 원하는 바를 알아차리고, 그것을 실천하여 부모 마음을 흡족하게 해 드리는 일이고, 돌아가신 후에도 어른의 유지를 받드는 일이다.

3. 부모님의 뜻에 어긋남이 없다

노나라 대부 맹의자가 효도에 대해 묻자 공자는 아주 짧게 답했다.

"부모님의 뜻에 어긋남이 없는 것입니다."

번지가 수레로 공자를 모시고 있을 때, 공자는 그 사실을 번지에게 알려주면서 말했다.

"맹손이 나에게 효도에 대해 묻기에 내가 '부모님의 뜻에 어긋남이 없는 것이다.'고 대답해 주었다."

번지가 물었다.

"무슨 뜻으로 하신 말씀입니까?"

공자가 말했다.

"부모가 살아 계실 때도 예로 섬기고, 돌아가셨을 때도 예로 장례를 치르며, 제사도 예로 모셔야 한다."

원 문

孟懿子問, 孝. 子曰, 無違. 樊遲御, 子告之曰, 孟孫, 問孝於我, 我對曰, 無違. 樊遲曰, 何謂也. 子曰, 生事之以禮, 死葬之以禮, 祭之以禮. -「爲政」5

교육지평

부모님의 뜻에 어긋남이 없는 것은 부모의 명령에 무조건 순종하는 것과는 차원이 다르다. 그것은 부모를 섬기는 예의 과정에서 처음부터 끝까지 일관되게 하고, 부모를 존경함에 소홀히 하지 않는다는 의미다.

당시에는 부모를 섬기는 예를 어기는 사람들이 많았고, 이에 공자가 그런 사회 행태를 비판한 것이다. 부모님은 가장 가까운 가족이기 때문에 사람들이 쉽게 부모님을 소홀히 대할 수 있다. 공자는 예의에 어긋남이 없이 자식으로서 도리를 다할 때 진정한 효도를 하는 것으로 보았다.

4. 자신의 건강을 지키는 것이 효도의 시작이다

맹무백이 효도에 대해 묻자 공자는 간단하게 말해 주었다.

"부모는 오직 자식의 질병을 근심한다."

원 문

孟武伯問, 孝. 子曰, 父母, 唯其疾之憂. - 「爲政」6

교육지평

효는 부모의 걱정을 덜어 드리는 것에서 시작된다. 『효경』에서도 '우리 몸은 털 하나라도 부모에게 받은 것이어서 늘 상하지 않도록 조심하는 것이 곧 효의 시작이다.'라고 했듯이, 부모의 걱정을 끼치지 않는 기본적인 방법은 자기 몸을 건강하게 유지하는 일에서 출발한다.

특히, 몸이 아프지 않고 무사하게 살아 있는 모습이 중요하다. 그러기에 '자녀가 먼 길을 떠나면 어머니는 늘 걱정한다.'라고 했다. 자기 건강을 챙기고 부모님께 걱정 끼치지 않으며, 자기 자신을 닦고 노력해서 부모님을 안심시켜야 한다. 그것이 가정에서 '효 교육'의 근본이다.

5. 3년상을 중요하게 생각하다

제자 자장이 말했다.

"『서경』에 '고종이 여막에 사는 것처럼 상제 노릇하는 3년 동안 말을 하지 않았다.'라고 했는데, 무슨 뜻입니까?"

공자가 말했다.

"어찌 고종뿐이겠는가? 옛날 사람은 모두 그렇게 했다. 임금이 돌아가시면, 모든 관리들이 자기가 맡은 일을 총괄하여 총재에게 묻고 허락받기를 3년간 했다."

원 문

子張曰, 書云, 高宗諒陰三年, 不言, 何謂也. 子曰, 何必高宗. 古之人, 皆然. 君薨, 百官, 總己, 以聽於冢宰三年. -「憲問」43

교육지평

유학의 예의에 관해 기록하고 있는 『예기』「단궁」에 보면, 최고지도자를 비롯하여 일반 사람에 이르기까지 부모가 돌아가시면 자식은 3년상을 치러야 한다. 최고지도자의 경우, 오늘날의 국무총리에 해당하는 총재에게 정사를 위임하여 모든 관리들은 총재에게 재가를 받고 업무를 처리했다.

『상서』에 보면 부모가 돌아가신 후 자녀가 3년 동안 상을 지키는 관습은 공자 이전에도 이미 있었다. 공자는 3년상을 치르는 예의에 대해 긍정적 태도를 가지고 있었고, 임금이라도 부모가 돌아가시면 왕위에 있더라도 3년 동안 정사를 처리하지 않았다. 이러한 임금의 행동을 백성들도 본받아 일종의 사회 풍습이 되었다.

6. 부드러운 낯빛으로 어른을 섬기다

자하가 효에 대해 묻자 공자가 말했다.

"부드러운 낯빛으로 어른을 섬기기가 정말 어렵다. 해야 할 일이 있으면 젊은이들이 먼저 수고하고 술과 먹을거리가 있으면 어른께 먼저 올린다고 하여 효도를 다했다고 할 수 있겠는가?"

원 문

子夏問, 孝. 子曰, 色難. 有事, 弟子, 服其勞, 有酒食, 先生饌, 曾是以爲孝乎.
-「爲政」8

교육지평

자식이 부모를 섬길 때 항상 안색을 밝게 하고 표정을 부드럽게 하기는 쉽지 않다. 또한 부모의 심기가 어떠한지 안색을 통해 파악하는 것도 어려운 일이다. 어른을 대신해서 일을 도맡아 하거나 먹을거리를 충분히 마련한다고 해서 효도를 다한 것은 아니다.

이런 점에서 효도는 부모-자식 사이의 이심전심(以心傳心)이자 내면의 공감과도 통한다. 사는 것이 풍족하다고 하여 돈이나 재물만 갖다 주는 물질적 봉양만으로는 진정한 효도를 다했다고 할 수 없다. 부모님을 진심으로 존경하고 마음을 어루만지며 자식으로서 예의를 다했을 때 진정한 효도라고 말할 수 있다.

7. 부모와 자식 사이의 관계를 말하다

부모를 모실 때, 간절하게 드릴 말씀이 있으면 신중하게 올려야 한다. 간절하게 말씀드렸건만 그 뜻이 받아들여지지 않더라도 더욱 공경하게 부모를 모시며 효도를 다해야 한다. 또 간절히 드린 말씀 때문에 힘든 상황이 벌어지더라도 부모를 원망해서는 안 된다.

원   문

事父母, 幾諫. 見志不從, 又敬不違. 勞而不怨. - 「里仁」18

교육지평

부모자식 사이에 어떤 관계를 유지해야 하는지 잘 보여 주는 구절이다. 전통 유학에서 자식은 부모에게 순종하는 형태로 드러난다. 자식이 부모에게 간청하거나 부탁을 했을 때 상당수의 부모는 이를 달가워하지 않고 거절할 수 있다. 이 경우에도 자식은 부모의 말씀을 따르며 잘 모시는 것이 전통 시대의 문화였다.

하지만 유학의 예의를 정돈해 놓은 『예기』「내칙」에는 약간 다르게 표현되어 있다. '자식이 간절하게 말씀드리지도 않고 부모가 계속하여 잘못을 할 경우 어떻게 할 것인가? 부모가 잘못을 저질러 그 지역 사회나 마을, 이웃에게 죄를 짓는 것보다는 자식이 간절하게 말하여 그것을 막는 것이 낫다.' 아무리 '부모자식' 사이라고는 하지만, 현대 사회에서는 민주적 의사소통이나 상호 간의 설득, 사안의 합리성에 의거하여, 드러난 일을 논의하는 것이 바람직하다.

8. 부모가 걱정할 정도로 멀리 여행하지 않다

부모가 살아 계실 때 자식은 부모가 잘 모르는 먼 지역에 여행하지 않아야 한다. 부득이 하게 여행을 가는 경우, 자식은 반드시 부모에게 그 행선지가 안전한 곳임을 알려서 안심시켜야 한다.

원   문

父母在, 不遠遊, 遊必有方. -「里仁」19

교육지평

부모-자식 사이뿐만 아니라, 잘 알고 수시로 만나는 사람 사이에는 서로의 행방을 알려 주는 일이 매우 중요하다. 왜냐하면 그것이 서로의 마음을 편안하게 하고 믿음을 줄 수 있는 계기이기 때문이다.

현대 사회처럼 교통이나 통신 기술이 발달하지 않았던 전통 사회에서는, 특별한 경우를 제외하고 부모자식은 거의 동일한 공간에서 생활했다. 따라서 자식은 평소에 부모와 떨어져 지내지 않는 것이 상식이었고, 불가피하게 떨어져 지낼 경우, 자신의 위치를 알려 걱정을 하지 않도록 했다. 필요에 따라서는 부모가 부르면 그때를 놓치지 않고 언제든지 돌아갈 수 있도록 다양한 장치를 마련해야 했다.

9. 부모의 나이는 반드시 알아야 하다

부모의 나이는 반드시 알고 있어야 한다. 그래야 한편으로는 장수하시는 것을 기뻐하고, 다른 한편으로는 쇠약해지는 것을 두렵게 여기며 염려할 수 있기 때문이다.

원 문

父母之年, 不可不知也. 一則以喜, 一則以懼. -「里仁」21

교육지평

인간에게서 생로병사(生老病死)는 자연의 이치다. 거기에는 희로애락이 공존한다. 장수하는 기쁨 속에 노쇠의 슬픔이 배어 있다. 그에 따라 자신도 그런 과정에 편입된다. 중요한 것은 두 차원을 동시에 꿰뚫어 보는 혜안이다.

부모자식 사이의 나이 확인도 이런 자연의 이치와 삶의 정황을 모색하는 과정이다. 효도도 그 가운데 자리하는 윤리다. 부모의 나이에 관심을 갖고 있는 것은 효도를 하고 있다는 증거다. '자식이 성공하여 부모에게 효도를 하려고 했으나 부모는 이를 기다려 주지 않는다!'는 말이 있듯이, 수시로 자신의 나이를 헤아리려가며 인생을 돌아보고, 일찍부터 효도를 통해 후회 없는 삶을 고민해야 한다.

10. 부모에게서 받은 몸을 잘 보존하다

증자가 병을 앓았다. 그러자 제자들을 불러 말했다.

"이불을 걷어 나의 발을 보고 나의 손도 보아라. 『시경』에 '부들부들 조심조심, 깊은 연못가에 서 있듯, 얇은 얼음을 밟고 걷듯'이라고 노래했다. 부모로부터 받은 몸을 잘 보존해야 하기에, 그간 몸조심을 했는데, 이제야 겨우 그 중책에서 벗어났음을 알겠다. 제자들아!"

원 문

曾子有疾. 召門弟子曰, 啓予足, 啓予手. 詩云, 戰戰兢兢, 如臨深淵, 如履薄氷, 而今而後, 吾知免夫, 小子. -「泰伯」3

교육지평

공자의 제자인 증자는 평소에 신체는 부모로부터 받았으므로 상처를 내거나 훼손해서는 안 된다고 강조했다. 그러므로 자신이 병들어 누워 있을 때도 제자들에게 그것을 확인시켜 주었다. 죽음을 눈앞에 두고도 몸을 보전하려는 극진한 효도의 마음 자세가 담겨 있다.

11. 부모의 뜻을 헤아리다

자유가 효도에 대해 묻자 공자가 말했다.

"요즘 사람들은 효에 대해 부모를 물질적으로 봉양하는 데만 초점을 둔다. 사람이 개나 말과 같은 짐승을 키울 때도 먹이는 준다. 부모를 섬기는데 진정으로 존경하는 마음이 없다면 개나 말을 기르는 것과 무엇이 다르겠는가?"

원 문

子游問, 孝. 子曰, 今之孝者, 是謂能養. 至於犬馬, 皆能有養. 不敬, 何以別乎.
-「爲政」7

교육지평

효도에서 가장 중요한 것은 부모에 대한 무한 존경이다. 그것은 단순하게 봉양하는 차원을 넘어 부모의 뜻을 헤아리는 정신적 안식과 연관된다. 눈에 보이는 가식적 효도가 아니라 가슴 깊이 우러나오는 부모를 향한 진정한 마음이다.

어떤 사람은 강아지나 말과 같은 애완동물에 대해서는 온갖 정성을 쏟아 가며 열심히 키우는데, 부모에 대해서는 물질적으로만 모시고 정신적으로 존경을 하지 않는 경우가 있다. 정상적인 상황이라면 부모는 자식이 한 푼 쥐어주는 용돈과 같은데 모든 관심을 두기보다 부모 자식 간에 서로의 마음을 이해하고 건강이나 안위 등을 고민한다.

12. 3년상의 의미를 말하다

재아가 물었다.

"부모가 돌아가셨을 때 3년상은 그 기한이 너무 긴 것 같습니다. 정치지도자가 3년이나 예의를 지키지 못하면, 예의는 반드시 혼란스러워질 것입니다. 3년이나 음악을 울리지 않으면, 음악은 반드시 무너질 것입니다. 묵은 곡식이 없어진 다음에 새 곡식이 나오고, 불씨를 얻기 위해 구멍을 뚫어 불씨를 일으키는 나무도 새로 마련하는 것처럼, 3년상도 1년상으로 마치는 것이 좋지 않겠습니까?"

공자가 말했다.

"1년상만 마치고, 쌀밥을 먹고 비단옷을 입어도, 자네 마음이 편하겠는가?"

재아가 말했다

"편합니다."

공자가 말했다.

"자네 마음이 편하다면 그렇게 하게! 도덕성을 갖춘 사람은 상중에는 음식을 먹어도 맛있지 않고, 음악을 들어도 즐겁지 않으며, 어떤 곳에 살아 있어도 편하지 않다네. 때문에 그렇게 하지 않는 것이네. 지금 자네 마음이 편하다면 그렇게 하게."

재아가 나가자 공자가 말했다.

"재아는 참으로 도덕적이지 못하구나! 자식은 태어난 지 3년이 지나야 부모의 품에서 겨우 벗어날 수 있다. 부모가 돌아가셨을 때 3년상을 치르는 것은 세상의 보편적인 예의다. 재아도 부모로부터 3년 동안 큰 사랑을 받았겠지?"

宰我問, 三年之喪, 期已久矣. 君子三年不爲禮, 禮必壞, 三年不爲樂, 樂必崩.
舊穀旣沒, 新穀旣升, 鑽燧改火, 期可已矣. 子曰, 食夫稻, 衣夫錦, 於女安乎. 曰
安. 女安則爲之. 夫君子之居喪, 食旨不甘, 聞樂不樂, 居處不安, 故不爲也. 今女
安則爲之. 宰我出, 子曰, 予之不仁也. 子生三年然後, 免於父母之懷. 夫三年之
喪, 天下之通喪也. 予也有三年之愛於其父母乎. -「陽貨」22

교육지평

유학의 전통 상례에서 3년상이 어떤 의미를 지니고 있는지 구체적으로 알려 주는
대목이다. 요즘은 장례법이 많이 바뀌었다. 매장도 하지만 화장, 수목장 등을 행하기
도 하고, 먼 조상으로부터 가까운 조상에 이르기까지 가족 납골묘나 납골당에 영혼을
모시기도 한다. 장례 기간도 매우 짧고, 특별한 경우를 제외하면 1년상이니 3년상이
니 하는 개념도 희박하다.

3년상을 치르는 것은, 인간이 태어나서 3년쯤 지나야 부모 품에서 벗어날 수 있기
때문에, 부모님이 돌아가시면 태어나서 길러 준 기간만큼은 최소한 은혜를 갚는다는
상징적 의미가 있다. 물론, 부모님의 끝없는 애정과 은혜에 비하면, 이 3년도 긴 시간
이라 보기 힘들다. 그래도 3년 정도 예의를 표하는 것이 부모님이 길러 준 은혜에 최
소한의 감사를 할 수 있다는 것이다.

인간이 교육하는 이유도 이런 예의와 연관된다. 인간은 다른 동물과 달리 태어날
때 미성숙하고, 상당히 긴 시간의 양육을 필요로 한다. 인간이 인간답게 성장하기 위
해 필요한 시간만큼 부모는 자식 교육에 온갖 힘을 쏟는다. 부모를 대신하는 스승도
제자를 교육하는 데서 마찬가지 존재다. 교육받은 존재라면, 그런 은혜에 대한 최소한
의 예의가 필요하다.

13. 부모가 돌아가신 후에도 뜻을 계속 받들다

맹장자와 같은 사람의 효도 실천에서 대부분의 것은 누구나 할 수 있다. 하지만, 자식으로서 아버지가 등용했던 부하와 아버지가 행하던 정치의 방식까지도 고치지 않고 그대로 이어받은 것은, 아무리 효자라고 할지라도 쉽게 실천하기 어렵다.

원 문

孟莊子之孝也, 其他可能也. 其不改父之臣, 與父之政, 是難能也. -「子張」18

교육지평

맹장자는 노나라 대부 중손씨다. 그의 부친은 맹헌자인데 매우 현명하고 덕망이 있는 사람이었다. 맹장자는 아버지가 죽은 후에도 아버지의 뜻을 받들었던 효자였다. 특히, 정치 세대가 바뀌어 아버지가 등용했던 가신이나 정책을 그대로 지켜가는 일은 쉽지 않음에도 불구하고, 지속적으로 이어 갔다고 한다.

제4편

사회윤리와 공동체 교육 - 처세(處世)

1. 정확하게 약속하고 예의 있게 공손하다

약속을 정확하게 이행함이 사물을 올바르게 처리하는 것에 가까울 때 약속한 말을 실천할 수 있다. 공손함이 예의에 가까울 때 치욕을 당하지 않는다. 인연을 맺으면서 그 친근감을 잃지 않을 때 상호 존중할 수 있다.

원 문

信近於義, 言可復也. 恭近於禮, 遠恥辱也. 因不失其親, 亦可宗也. -「學而」13

교육지평

이 구절은 공자의 제자 유약이 한 말이다. 사람은 사회생활 과정에서 언행과 교제를 통해 자신의 의사를 밝히고 관계를 만들어 간다. 이때 주의할 것은 시작과 끝에 대한 경계다.

시작할 때는 신중히 해야 하고, 결과가 어떻게 나타날지 깊이 생각해야 한다. 그러기에 약속은 의리에 맞게, 공손함은 예의에 알맞게, 인정을 간직한 인간 존중을 삶에서 실천할 수 있어야 한다.

믿음을 나타내는 '신(信)'과 공손함의 '공(恭)'은 서로 의존하는 덕목으로 서로를 알차게 승화시키는 역할을 한다. 믿음은 공손함을 기초로 구체적 행위를 할 수 있고, 공손함은 믿음을 표준으로 하고 예의를 규칙으로 삼아 치욕을 멀리 한다. 이것은 사회 윤리이자 공동체에서 처세하는 기본 원칙이다.

2. 정직은 분명하게 표명하는 일이다

누가 미생고를 정직하다고 했는가? 어떤 사람이 그에게 식초를 얻으러 갔더니, 자기 집에 없다고 하지 않고, 이웃집에서 빌려다가 주었다.

원　문

孰謂微生高直. 或乞醯焉, 乞諸其隣而與之. -「公冶長」23

교육지평

미생고는 노나라 사람으로 평소에 정직하다고 소문난 인물이었다. 그런데 어떤 사람이 식초를 빌리러 왔을 때, 자기 집에 식초가 없으면 없다고 얘기를 해야 하는데, 그러지 않고 이웃집에서 얻어다 주었다.

이런 행위는 물질을 가지고 다른 사람에게 은혜를 베푸는 것으로, 인간 사이의 정직함과 거리가 멀다. 정직함은 '옳은 것은 옳다. 그른 것은 그르다. 있으면 있다. 없으면 없다'라고 분명하게 표명하는 데서 시작된다. 공자는 미생고의 행위를 보고, 솔직하게 표현하지 않고 가식적으로 사람을 대한다고 판단했다.

3. 절차탁마의 생활 자세를 강조하다

자공이 물었다.

"가난한 생활을 하면서도 남에게 아첨하지 않은 사람이 있습니다. 또한 부유한 생활을 하면서도 교만하지 않은 사람이 있습니다. 이 두 가지 상황에 대해 어떻게 생각하시는지요?"

공자가 말했다.

"둘 다 괜찮게 사는 것으로 생각되네. 하지만 가난한 생활 가운데서도 사람답게 사는 데 충실하고, 부유한 생활 가운데서도 예의를 지키며 착하게 사는 사람보다는 못한 것 같다."

자공이 말했다.

"『시경』에서 '칼로 자르고 줄로 쓸고 끌로 다듬고 숫돌로 가는 듯이'이라고 했는데, 이른바 '절차탁마(切磋琢磨)'라고 한 것이 바로 이것을 가리키는 말입니까?"

공자가 말했다.

"이제 자네와 함께 시를 이야기할 수 있겠구나. 지나간 일을 알려 주었더니 다가올 일도 아는구나."

원 문

子貢曰, 貧而無諂, 富而無驕, 何如. 子曰, 可也, 未若貧而樂, 富而好禮者也'子貢曰, 詩云 如切如磋, 如琢如磨, 其斯之謂與. 子曰, 賜也, 始可與言詩已矣, 告諸往而知來者. -「學而」15

교육지평

공자가 제자 자공과 함께 가난함과 부유함을 기준으로 사회생활을 하는 방식에 대해 대화를 나눈 구절이다. 유교는 일생을 통해 지속적인 수양을 강조한다.

　절차탁마의 작업에서도 볼 수 있듯이, 인간은 사회적으로 조그마한 성공에 안주해서는 안 되며, 자신의 단점이나 결점을 끊임없는 살피고, 현실에서 충실히 개선하려는 노력을 통해 예방하고 치유하는 활동을 게을리 하지 않아야 한다.

　공자는 사회생활 가운데 빈천하지만 긍정적이고, 부귀하지만 겸손하고, 예의를 좋아하여 그에 맞게 실천하는 사람을 보다 훌륭하다고 했다. 빈천하든 부귀하든 각자의 직책을 다 하면, 사회의 안전을 유지할 수 있다.

4. 사람을 알아보지 못함을 걱정하다

사람들이 나를 알아주지 않는다고 걱정하지 말고, 내가 사람들을 알아보지 못함을 걱정해야 한다.

원 문

不患人之不己知, 患不知人也. - 「學而」16

교육지평

참된 사람은 스스로 쌓아올린 학덕을 바탕으로 사회의 여러 분야를 헤아린다. 따라서 남들이 알아주건 알아주지 않건 크게 문제 삼지 않는다. 중요한 것은 내가 바르게 알고 바르게 사는 일이다.

반대로 남을 바르게 알지 못할 경우, 무엇이 옳고 그른지, 무엇이 치우치고 바른지 분별할 수 없게 된다. 때문에 내가 먼저 남들이 모르는 것에 대해 심각하게 고민해야 한다. 다른 사람들이 나를 잘 모르는 것에 영향 받아서 자신의 이상과 그에 대한 추구를 포기하면 안 된다.

외로운 상황에서도 자기가 해야 할 일을 할 수 있어야 하고, 정당한 인간 사회의 윤리 도덕을 완성할 수 있어야 한다. 이러한 생각은 자신감과 관용적 기백으로 드러난다.

5. 행위의 이유를 보면 사람이 보인다

어떤 사람이 지금 무언가를 하고 있다. 무엇을 하고 있는지 슬쩍 한 번 보라. 그리고 그가 왜 그것을 하고 있는지 자세하게 살펴보라. 나아가 그가 무엇에 마음 편해 하는지 세밀하게 들여다보라. 그러면 그 사람의 인품을 알 수 있다. 사람이 어찌 자신을 숨길 수 있겠는가?"

원 문

視其所以, 觀其所由, 察其所安. 人焉廋哉, 人焉廋哉. -「爲政」10

교육지평

한 공동체 속에서 함께 활동하는 사람을 이해하기 위해서는 그 사람이 현재 무엇을 하고 어떤 행동을 하는지 살피고 들여다볼 필요가 있다.

외면만이 아니라 내면까지도 조용히 파고들었을 때, 열심히 노력하며 자신이 만족하는 일을 즐겁게 하는 사람이라면, 훌륭한 사람으로 간주할 수 있다. 그렇지 않은 사람은 자신이 만족하거나 즐기는 일을 오래 지속하지 못하고, 금방 사람들에게 들통 나고 만다.

사회 속에서 구현되는 말과 행위, 그리고 마음을 통해 전면적으로 사람을 알 수 있고, 그 사람에 대한 인식을 정확하게 할 수 있다.

6. 교양 있는 인간은 패거리를 만들지 않는다

교양을 갖춘 인간은 여러 사람과 두루 소통하며 자기들만의 패거리를 만들지 않는다. 그러나 조무래기는 자기들만의 패거리를 만들고 사람들과 소통하지 않는다.

원 문

君子, 周而不比, 小人, 比而不周. -「爲政」14

교육지평

인격을 제대로 갖춘 사람은 여러 사람들과 어울리고 서로 이해하며 공감대를 이끌어 낸다. 반면에 물질적 쾌락만을 일삼는 소인배들은 자신의 개인적 이익에 맞추어 당파를 만들어 욕심을 채우려고 한다. 덕을 갖춘 군자는 사람과 함께 어울려 살 수 있지만 다른 사람과 뒤로 결탁하면서 살지는 않는다. 소인은 정반대로 대부분의 사람과 함께 어울려 소통하며 살지 않고 뒤에서 자기들끼리만 어울려 배타적인 삶을 산다.

동양 역사의 아버지로 불리는 사마천의 사례를 들어 본다. 사마천이 『사기』를 쓸 때, 이릉(李陵)이라는 장수가 흉노에게 투항했다. 이에 당시 황제였던 한 무제는 이릉의 가족들을 모두 죽였다. 사마천은 이릉을 대신해 그의 용서를 구했다. 그러나 한 무제는 화가 머리끝까지 나서, 사마천에게 생식기를 거세하는 궁형(宮刑)의 벌을 내렸다.

사마천은 「보임안서(報任安書)」라는 글에서 이때의 심정을 다음과 같이 알렸다.

'나는 이릉과 친한 친구도 아니었다. 하지만 이릉을 대신해 용서를 구한 것은 이유가 있다. 이릉은 진정으로 나라를 빛낼만한 풍모를 갖추었다. 그것이 전부다.'

이릉은 장수였지만 인간다운 덕성을 갖춘 인물이었다. 부모에게 효도하고 사람 사이의 의리를 중시했다. 성실하고 신용을 잘 지키며, 검소하고 청렴했다. 사람을 대할 때 매우 공경하고 예의를 갖추는 정말 사람다운 사람이었다. 그러므로 사마천은 이릉이 흉노에게 투항한 것은 분명히 이유가 있을 것이라고 생각했다.

평소에 사마천이 이릉과 친하게 지내는 사이가 아니었다. 하지만 목숨이 왔다갔다 하는 중요한 상황에서 사마천이 이릉의 편을 들 수 있었던 것은 다름 아닌 사람으로서 인격을 갖춘, 교양 수준이 높은 군자로서의 '의리' 때문이었다.

군자 사이에는 서로 결탁하지 않으며, 중요한 상황에서는 자신의 이익조차도 손해를 보는 경우도 있다. 이는 바로 사람 사이의 '의리'를 중시여기기 때문이다. 소인은 이와 정반대로 행동한다. 평소에 그렇게 좋다고 서로 친하게 지내다가도, 진정으로 어려운 일을 당했을 때는 서로 외면하고 매정하게 대할 수도 있다.

7. 믿을 수 있어야 쓸 수 있다

사람이 믿음직스럽지 않다면 그 쓸모를 알 수 없다. 소가 끄는 큰 수레에 멍에 걸이가 없고, 말이 끄는 작은 수레에 멍에 걸이가 없다면, 어떻게 수레를 끌고 갈 수 있겠는가?

원 문

人而無信, 不知其可也. 大車無輗, 小車無軏, 其何以行之哉. -「爲政」22

교육지평

모든 사물은 제각기 그에 맞는 쓰임이 있다. 사람도 마찬가지다. 그중에서 사람의 쓸모를 가늠할 수 있는 기준이 다름 아닌 신뢰다. 사람을 믿을 수 있을 때 그에 적합한 일을 제대로 맡길 수 있다.

믿음을 나타내는 신(信)은 유학의 전통적 윤리 규칙인 동시에 세상을 살아가는 생활 철학의 기본 덕목이다. 유학에서 이 신(信)은 두 가지 뜻이 있다. 하나는 다른 사람의 신뢰를 얻는 일이고, 다른 하나는 내가 신용을 지키는 일이다.

8. 마땅한 도리를 따라 행동하다

왕손가가 물었다.

"'안방의 신에게 아첨하기보다 차라리 부엌의 신을 섬기고 아첨하라.'고 한 말은 무엇을 뜻합니까?"

공자가 말했다.

"그렇지 않습니다. 하늘에 죄를 지으면 빌 곳조차 없는 법입니다."

원 문

王孫賈問曰, 與其媚於奧, 寧媚於竈, 何謂也. 子曰, 不然, 獲罪於天, 無所禱也. - 「八佾」13

교육지평

안방의 신과 부엌의 신을 간단하게 설명하면 다음과 같다. 안방의 모퉁이에 모신 신인 오는 제사를 받는 주체가 아니고, 부엌의 신을 모신 조는 천하기는 하지만 때에 따라 긴요한 일을 한다.

때로는 안방을 임금에 비유하고, 부엌을 정치 실권을 잡은 신하에 비유하기도 한다. 그러므로 이 구절을 임금에게 결탁하지 말고 정치 실권자 신하에게 아부하라는 의미로 이해되기도 한다.

하지만 이 말의 핵심은 방이건 부엌이건, 임금이건 정치 실권자 신하이건 관계없이, 마땅한 도리에 따라 행동하는 것이 중요하고, 부당한 방법으로 안방 신이나 부엌 신, 혹은 임금이나 정치 실권자 신하에게 아첨해서는 안 된다는 것이다.

9. 지나치게 자주 충고하지 않다

군주를 모시고 있을 때 지나치게 자주 간언을 하여 귀찮게 만들면 끝내는 욕을 보게 된다. 친구와 동료 사이에도 지나치게 자주 충고를 하여 귀찮게 하면 사이가 멀어진다.

원문

事君數, 斯辱矣. 朋友數, 斯疏矣. -「里仁」26

교육지평

이 구절은 공자의 제자인 자유가 말한 것이다. 윗사람에 대한 간언은 중요한 결단의 순간에 유용한 참고 자료가 된다. 친구나 동료, 그리고 아랫사람에 대한 충고는 삶의 활력소를 주기도 한다.

그러나 지나친 간언이나 충고는 도움을 주기보다는 간섭으로 전락하고, 어떤 사안에 대해 구체적인 판단을 하는 데 방해 요소가 될 수도 있다. 이런 경우의 간언과 충고는 오히려 일을 그르칠 수 있으므로, 어떤 일의 실패 요인이 되기도 한다.

군주를 섬기든 친구를 사귀든 기본적인 예의와 일정한 한도를 지키면서 서로 소통하고 교류해야 한다.

10. 사람됨의 기준을 말하다

윗자리에 있으면서 너그럽지 못하고, 예를 행하면서 경건하지 못하며, 상례를 치르면서 슬퍼하지 않는다면, 내 무엇으로 그 사람의 사람됨을 보겠는가?"

원 문

居上不寬, 爲禮不敬, 臨喪不哀, 吾何以觀之哉. -「八佾」26

교육지평

윗자리에 있으면서 너그럽고 예를 행하면서 경건하며 상을 당하여 슬퍼하는 것은 인지상정이다. 그런데 그와 반대로 한다면, 그 사람이 어떤 존재인지 사람됨의 기준을 파악하기 어렵다. 이는 어울려 살아야 하는 사회에서, 사람과 사람 사이의 소통이 어떤 기준이어야 하는지를 일깨워 준다.

사회에서 윗자리에 있는 사람은 도덕적 수양이 부족하면 사람들이 자신을 믿고 복종하게 만들기 어렵다. 더구나 기꺼이 그들이 원해서 따라하게 만들기는 더욱 힘들다. 지도층 인사가 품행이 단정하지 않으면, 결코 다른 사람의 믿음을 얻을 수 없고 민심을 얻을 수 없다.

11. 마음을 열고 어려움을 극복하다

마음을 열지 못하는 사람은 가난을 견디지 못하고 즐거운 삶을 지속하지도 못한다. 마음을 여는 어진 사람은 확 트인 분위기에 젖어들고, 지혜로운 사람은 확 트인 분위기를 잘 이용한다.

원   문

不仁者, 不可以久處約, 不可以長處樂. 仁者, 安仁, 知者, 利仁. -「里仁」2

교육지평

마음을 여는 어진 사람을 인자(仁者)라고 하고 지혜로운 사람을 지자(智者)라고 하는데, 이 둘의 차이는 이해관계의 여부에 있다. 이익을 고려하는 존재는 속마음과 겉으로 드러난 행동이 다를 수 있으나 어울려 즐기는 사람은 속마음이나 겉으로 드러난 행동이 한결같다. 중요한 것은 마음을 열지 않으면 최악의 가난이나 최선의 즐거움도 극복하거나 즐길 수 없다는 점이다.

한나라 무제 때의 일이다. 흉노가 침범해 와서 한 나라가 전투에서 패하자, 무제는 소무(蘇武)를 포함한 몇 사람을 서성에 보내 흉노의 단우(單于)와 우호 관계를 맺게 했다. 부사인 장승(張勝)이 흉노의 내부 투쟁에 참여하여 혼란을 부추기자 단우가 몹시 화가 나 소무를 비롯한 몇 사람을 북해에 구금했다.

이에 흉노는 구금되어 있던 소무를 협박하고 투항을 권했다. 하지만 소무는 끝까지 굴복하지 않았다. 소무는 나중에 흉노의 노예가 되어 초원에서 양을 방목하며 어렵게 살아가고 있었다. 시간이 지나 황제가 바뀐 후, 한 나라는 다시 흉노에 사람을 보내 화해 관계를 회복하고, 소무를 돌려달라고 요청했다.

흉노는 자신들의 잘못을 알고 있었기 때문에, 소무가 죽었다고 거짓말을 했다. 하지만 한나라 사신이 수소문한 결과 소무가 아직 살아있는 소식을 들었다. 그리고는 '한나라 천자가 사냥할 때, 기러기 한 마리가 날아왔는데, 그 발에는 쪽지가 묶여 있었다. 그 쪽지에 소무가 아직 살아있고 사는 형편이 어렵다고 적혀 있었다!'라고 흉노에게 거짓말을 했다.

이에 흉노가 놀라, 급히 사람을 보내, 소무를 찾아 한나라로 돌아가게 했다. 소무는 흉노에서 19년이라는 기간이나 양을 방목하며 천한 일을 하며 괴로움을 견뎌냈다. 소무가 장안으로 돌아오는 날, 장안 사람들이 모두 나와 그를 맞이했다.

사람들은 소무가 너무나 많이 늙었지만 손에 막대기만 남은 병부를 들고 있는 모습을 보고, 모두 감동을 받았다.

이처럼 마음을 열고 나라를 사랑하는 어진 마음이 있으면, 어떤 환경에서도 올곧은 의지는 변하지 않는다.

12. 마음을 열어 둔 사람은 사사로움이 없다

마음을 열어 둔 사람만이 사람을 사랑할 수 있고 사람을 미워할 수 있다.

원 문

惟仁者, 能好人, 能惡人. -「里仁」3

교육지평

마음을 열어 둔 사람은 사사로운 욕심이 없다. 개인적 인정에 이끌려 함부로 이것저것에 치우치지 않는다. 치우치지 않을 때 사회에서 정해 놓은 객관적 기준이 작동할 수 있다. 삶의 정당한 기준에 따라, 올바른 사람을 사랑할 수 있고 그릇된 사람을 미워할 수도 있다.

마음을 열어 놓은 어진 사람은 이익이나 편견으로 다른 사람을 평가하지 않는다. 어진 사람이 다른 사람을 평가하는 기준은 열어 놓은 마음을 기준으로 사람을 사랑하는 데서 나온다. 어진 마음이 없는 사람은 그 사회의 다른 사람에게서 미움을 받을 만하고, 어진 마음이 있는 사람은 그 사회의 여러 사람으로부터 사랑 받을 가치가 있다.

13. 교양 있는 사람은 마음을 열어 둔다

　재물이나 높은 지위, 이른바 '부귀'는 사람이 탐내는 것이다. 그러나 정당한 방법으로 얻은 것이 아니라면 그 부귀를 누려서는 안 된다. 가난과 천한 직업, 이른바 '빈천'은 사람이 싫어하는 것이다. 하지만 그것이 정당하게 주어진 것이 아니라 사회가 타락하고 부도덕한 무리들이 판을 치는 바람에 어쩔 수 없이 나에게 부과된 것이라면, 피하지 마라.

　교양 있는 사람이 마음을 열지 않으면 사람다움을 어디에서 찾겠는가?

　교양 있는 사람은 밥 먹을 때와 같은 평상시에도 사람답고, 다급한 일을 닥쳐도 그러하며, 가난에 넘어지고 좌절하며 뒤집히는 순간에도 그렇게 한다."

원　문

　富與貴, 是人之所欲也, 不以其道, 得之, 不處也. 貧與賤, 是人之所惡也, 不以其道, 得之, 不去也. 君子去仁, 惡乎成名. 君子無終食之間, 違仁, 造次, 必於是, 顚沛, 必於是. -「里仁」5

교육지평

　교양을 갖춘 사람은 개방된 자세로 세상을 마주한다. 시대 상황이나 일의 정황이 바뀌어도 정당한 방법에 의거하여 삶을 추구한다. 그 핵심이 사람 구실하는 작업인데, 유학에서는 그것을 한마디로 '인(仁)'이라고 한다.

　사회에서 윤리 도덕적 차원인 인의(仁義)와 물질적 욕망의 차원인 이욕(利慾)의 관계 문제가 늘 고민이다. 이에 대해 공자는 객관적 상황이 어렵다고 자신의 윤리 도덕적 인의를 포기해서는 안 된다고 강조한다. 사람은 누구나 가난하게 떠돌아다니는 삶을 원하지 않는다. 부귀하고 편안하게 살고 싶어 한다. 그렇지만 이는 반드시 정당한 수단과 방법으로 얻어야 한다. 물질적 이익의 유혹에 직면할 때, 윤리 도덕적 인의를 우선하려는 마음 자세가 사회생활에서 아주 중요하다.

14. 지나친 이익 추구는 위태롭다

지나치게 이익을 채우면 원망이 많아진다.

원   문

放於利而行, 多怨. -「里仁」12

교육지평

사리사욕을 채우려고 제멋대로 행동하면 주변 사람들에게 반드시 해를 끼치기 마련이다. 그것은 곧바로 주변 사람들의 원망이나 원한으로 연결되기 쉽다. 따라서 이익에 의거하는 삶은 위태롭다.

이익만 따지지 않고 의리에 따라 일을 하면 사람들을 납득시킬 수 있고 믿어서 따르게 할 수 있다. 고상한 인격을 지닌 군자는 항상 개인의 이익만을 추구하거나 이해득실만을 따지지 않는다. 군자는 이익의 유혹에 직면할 때, 도의에 위반하는 일을 하지 않는다. 군자는 먼저 의리에 부합하는지 살피고, 그 다음에 자신의 이익을 생각한다.

15. 공인이 재물을 다루는 도리를 말하다

자화가 제나라로 사신을 가게 되었다. 이때 염구가 자화의 어머니에게 먹을 곡식을 보내줄 것을 청했다.

공자가 말했다.

"6말 4되를 보내면 어떻겠는가."

염구가 더 보내기를 청하자 공자가 말했다.

"그럼, 16말을 보내게나."

그러나 염구는 80섬의 곡식을 보냈다.

이에 공자가 말했다.

"자화가 제 나라로 갈 때, 살찐 말을 타고 가벼운 가죽옷을 입었다. 나는 이렇게 들었다. '교양 있는 사람은 부족한 사람에게는 보태주되 풍족한 사람에게 보태주지는 않는다고.'"

공자가 사구 벼슬을 할 때 원사가 그 밑에서 가신 노릇을 했다. 공자가 고마움의 표시로 원사에게 곡식 900섬을 주자 원사가 너무 많다고 사양했다.

그러자 공자가 말했다.

"사양하지 마라. 네 이웃들과 지역 사람들에게 나누어 주면 되지 않느냐."

원 문

子華使於齊. 冉子爲其母請粟. 子曰, 與之釜. 請益, 曰與之庾. 冉子與之粟五秉. 子曰, 赤之適齊也, 乘肥馬, 衣輕裘. 吾聞之也, 君子, 周急, 不繼富. 原思爲之宰, 與之粟九百, 辭. 子曰, 毋, 以與爾隣里鄉黨乎. -「雍也」3

자화가 외교관이 되어 제나라로 갈 때, 살찐 말을 타고 가벼운 갖옷을 입고 갔다. 이는 오늘날에 비유하면, 고급 승용차에 명품 옷을 입고 간 것과 마찬가지로, 그가 매우 부유했음을 상징한다. 그런데도 염구는 자화의 어머니를 위해 곡식을 더 보내 주자고 했다. 자화가 가난했다면 공자는 염구가 청하지 않더라도 알아서 주었을 것이다.

전통 사회에서 지도층 인사들의 삶의 자세는 궁핍하여 궁지에 몰린 사람을 돕고 살림살이를 보태주되, 풍족한 사람의 재물을 늘리는 데는 절대 보태주지는 않는 것이었다. 이런 점에서 자화에게 적게 주거나 주지 않는 것이 옳다. 그런데 그와 상반되는 태도를 취하는 제자들의 모습을 보고, 공자는 못마땅하게 여겼다.

공자의 가신이었던 노나라 원사의 경우, 공자가 준 곡식을 사양한 것 자체가 잘못된 것은 아니다. 공자가 준 곡식이 자신의 직분에 비추어 보아 너무 많기에, 합당한 의사 표시를 한 것이다. 이런 점에서 그의 사양은 정당하다. 다만, 공자는 공인으로서 재물을 어떻게 다루어야 하는지, 올바른 기준을 보고 접근하는 방법을 역설적으로 일러 준다.

16. 충고의 방식을 보이다

애공이 재아에게 토지신을 모시는 사당에 심은 나무에 대해 묻자, 재아가 대답했다.

"하나라 지도자는 소나무를 심었고 은나라 사람들은 잣나무를 심었으며 주나라 사람들은 밤나무를 심었습니다." 그리고 덧붙여 말하기를, "주나라가 밤나무를 심은 것은 사람들에게 '밤송이'를 보듯이 두려워하게 만들기 위해서였습니다."

공자가 이 사실을 알고 재아를 꾸짖으며 말했다.

"이미 저지른 일이니 해명하라고 하지 않겠다. 그렇게 할 수밖에 없는 일이니 따지지도 않겠다. 한참 지난 일이니 책망하지도 않겠다."

원 문

哀公問社於宰我. 宰我對曰, 夏后氏以松, 殷人以栢, 周人以栗. 曰使民戰栗. 子聞之曰, 成事不說, 遂事不諫, 既往不咎. -「八佾」21

교육지평

재아는 언어와 웅변에 뛰어난 사람이었다. 그러므로 자의적 판단에 의해 말을 잘 갖다 붙이기도 했다.

옛날에는 나라를 세울 때, 토지신에게 제사지내는 사당을 짓고 그 토지에 맞는 나무를 심어 주신(主神)으로 삼았다. 또한 그 지역에서 성장한 나무로 토지신의 위패를 만들었다.

주나라가 밤나무를 심은 것은 그것이 토양에 맞는 나무였기 때문이지 사람들을 겁주기 위한 것은 아니었다. 그래서 공자는 제대로 알지 못하고 엉뚱하게 말한 재아를 꾸짖고 탓한 것이다.

17. 내가 싫어하는 일을 남에게 시키지 않다

자공이 말했다.

"저는 다른 사람이 저에게 제가 싫어하는 일을 억지로 시키는 것을 원하지 않습니다. 마찬가지로 저 또한 다른 사람에게 그가 싫어하는 일을 억지로 시키고 싶지 않습니다."

공자가 말했다.

"자공아, 말하기는 쉬워도 그런 행동을 쉽게 할 수 있는 것은 아니다."

원 문

子貢曰, 我不欲人之加諸我也. 吾亦欲無加諸人. 子曰, 賜也, 非爾所及也. -「公冶長」11

교육지평

자공은 내가 원하지 않는 것을 남이 강요하는 것을 싫어하고, 자신도 남에게 강요하지 않으려고 했다. 이런 마음자세는 유학이 추구하는 마음을 여는 작업이다.

마음을 여는 작업은 억지로 애쓴다고 성취할 수 있는 영역이 아니다. 적극적이고 진취적으로 남을 사랑하고, 너그럽게 남을 배려할 수 있을 때 우러나온다. 일종의 영혼의 울림이 있어야 가능한 경지다.

이러한 경계는 도달하기는 쉽지 않다. 인간은 사회생활을 통해 더불어 살아가기 때문에, 자신이 원하지 않지만 다른 사람도 똑같이 원하지 않은 것은 아니므로, 공자는 이런 부분을 자공이 할 수 없다고 여긴 것이다.

18. 온화하고 선량하고 공손하고 검소한 덕성을 보다

자금이 자공에게 물었다.

"공자는 어떤 나라에 도착하시면 반드시 그 나라의 지도자로부터 정치 상황에 대해 듣습니다. 공자께서 먼저 그것을 요청한 것입니까? 아니면 그 나라 지도자가 공자께 자문을 듣기 위해 미리 제공한 것인가요?"

자공이 말했다.

"공자는 온화하고 선량할 뿐만 아니라 공손하고 검소하며 겸양하는 인격을 갖추신 분이다. 그렇기에 그와 같은 덕성으로 각 나라의 지도자를 감화시킨다. 그 결과 각 나라에서는 자신들의 정치 상황에 대해 다양한 자문과 상담을 요청한다. 그러므로 공자께서 그것을 구한 것은 다른 사람이 그것을 구한 태도와는 다르다."

원 문

子禽問於子貢曰, 夫子至於是邦也, 必聞其政, 求之與, 抑與之與. 子貢曰, 夫子, 溫良恭儉讓以得之, 夫子之求之也, 其諸異乎人之求之與. -「學而」10

교육지평

인격과 덕성은 사람 됨됨이를 규정하는 바탕이다. 공자는 남다른 인격과 덕성을 갖추고 각국의 지도자를 만났다. 그러고는 그들의 훌륭한 상담역이자 멘토 역할을 했다.

공자가 집대성한 유학은 질박함을 중시하고, 호사스러운 삶을 숭상하지 않으며, 겸손하고 따지지 않으며, 남의 장점을 많이 배우고 타인의 단점과 실패를 교훈으로 삼는다.

19. 교언영색을 부끄럽게 여기다

듣기 좋게 말을 꾸며대고, 얌전한 체 낯빛을 부드럽게 하며, 지나치게 굽실거리며 공손한 체하는 짓을 좌구명은 부끄럽게 여겼다. 나도 이런 짓을 부끄럽게 여긴다. 마음에 원한을 숨기고 친구인 체하는 짓을 좌구명은 부끄럽게 여겼다. 나도 이런 짓을 부끄럽게 여긴다.

원 문

巧言令色足恭, 左丘明恥之. 丘亦恥之. 匿怨而友其人, 左丘明恥之. 丘亦恥之.
-「公冶長」24

교육지평

좌구명은 노나라의 대부라고 하는데, 사회생활에서 부정한 일이나 부당한 사안에 대해 부끄럽게 여겼다고 한다. 그것을 지켜본 공자는 좌구명이 부끄럽게 여긴 측면을 두 가지 차원에서 생각했을 수 있다.

하나는 좌구명이 악한 사람이었을 경우, 그런 사람조차도 교언영색하고 속으로는 원망가득하면서 겉으로 웃는 존재를 부끄럽게 여기는 데, 공자 자신은 더욱 그러하다고 볼 수 있다. 다른 하나는 좌구명이 착한 사람이었을 경우, 그도 공자처럼 올바른 삶을 추구하는 사람인데, 가면을 쓴 존재들에 대해 기본적으로 부끄럽게 여긴다는 데 동의하는 장면으로 볼 수도 있다.

공자는 사람이 정직하고 솔직하며 성실해야 하고, 겉과 속이 다르면 안 된다고 했다. 이는 건강한 인격을 양성하는 기본 요구로서 교육적 의미가 크다.

20. 제자들의 교육을 다시 생각하다

공자는 세상을 두루 다니면서 자신의 이상을 주장했고, 그것이 여러 나라에서 시행될 것을 기대했다. 그러나 진나라에 있을 때 그 한계를 절실히 느끼면서 다음과 같이 말했다.

"이제 내 고향 노나라로 돌아가야겠다. 노나라에서 활동하고 있는 제자들이 젊고 혈기왕성하여 날뛰며 나름대로 고집도 있어, 겉으로는 그럴 듯하게 보인다. 하지만 아직도 어찌해야 하는지 정확하게 방향을 찾지 못하고 있는 것 같다. 그러니 빨리 돌아가 제자들이 엉뚱한 곳으로 빠지지 않도록 단속해야 한다."

원 문

子在陳曰, 歸與, 歸與. 吾黨之小子狂簡, 斐然成章, 不知所以裁之. -「公冶長」21

교육지평

나이 56세 때, 공자는 노나라를 뒤로 하고 여러 나라를 돌아다니다가 진나라에 두 번 들렸다. 당시 진나라는 초나라와의 싸움으로 전화를 입었다. 이에 공자는 진나라에서도 자신의 정치적 이상을 펼치기가 매우 어렵다는 사실을 깨달았다.

이 지점에서 공자가 느낀 중요한 사안은 그 동안 가르쳐 놓은 제자들 단속이었다. 노나라에서 활동하고 있는 공자의 제자들마저 자신의 본분을 잊고 타락하게 될까 두려워, 공자는 다시 자기의 학문적 이상을 점검하는 삶으로 돌아가려고 했다.

21. 마음이 차분하고 너그럽다

교양을 갖춘 사회 지도층은 마음이 차분하고 너그러우며, 조무래기 소인배는 늘 초조하고 불안해한다.

원   문

君子, 坦蕩蕩. 小人, 長戚戚. -「述而」36

교육지평

교양을 갖춘 사람은 세상일에 떳떳하고 이치에 맞게 행동하므로 항상 몸과 마음이 활짝 열리고 태연하고 점잖다. 그러므로 얼굴빛은 늘 온화한 미소로 가득하다. 반대로 소인배들은 물질적 이익에 얽매여 자기 욕심만을 채우려고 하므로 항상 근심과 걱정이 많다. 낯빛은 늘 찡그리고 있다. 그러기에 세상 사람들은 자신의 인생을 경계하는 뜻에서, 이 구절을 거실에 걸어놓고 삶을 격려하기도 한다.

22. 언변과 외모만을 중시하는 사회를 안타까워하다

위나라 대부 축타 같은 말재주가 없거나, 송나라의 공자 송조 같은 미모를 갖지 못했다면, 오늘날과 같은 세상에서 살기 어려우리라!

원 문

子不有祝鮀之佞, 而有宋朝之美, 難乎免於今之世矣. -「雍也」14

교육지평

축타는 제사를 관장하는 제관으로서 말 재주가 좋았고, 송조는 위나라 영공의 부인인 남자의 옛 애인으로 외모가 뛰어났다. 둘 다 언변과 외모 하나로 급변하는 세상에 잘 대처했다. 혼란한 세상일수록 아첨이 난무하고 용모 꾸미기가 성행한다. 그래야 이른바 사람들에게 따돌림을 받지 않고 그럭저럭 살 수 있다.

현실적으로 위선적 언변과 외모 지상주의는 난세를 건너는 방법의 하나일 수는 있다. 하지만 인간 사회가 추구하는 진실한 삶과는 거리가 있다.

23. 현재 함께 사는 사람들을 먼저 돌아보다

번지가 지혜롭게 사는 것에 대해 묻자, 공자가 말했다.

"사람들을 잘살게 하는 데 힘을 쏟아야 한다. 선조의 신령이나 산천의 신을 공경하게 모시되 적절한 거리를 두어야 한다. 그래야 정치가로서 지혜롭다고 할 수 있다."

또 마음을 여는 방법에 대해 묻자, 공자가 말했다.

"사람들에게 마음을 열고 사랑하는 방법은, 어려운 일을 남보다 앞서서 하고 거둬들이는 것은 나중에 하는 것이다. 그러면 마음을 열고 사람을 사랑하는 사람답다고 할 수 있으리라."

원 문

樊遲問知. 子曰, 務民之義, 敬鬼神而遠之, 可謂知矣. 問仁. 曰仁者, 先難而後獲, 可謂仁矣. -「雍也」20

교육지평

사회 지도층이 되어 리더십을 발휘하려면 어떤 자세가 필요할까? 번지의 물음은 지도성에 대한 성찰이다. 그 핵심은 현재를 함께 살고 있는 사람들에 대한 관심과 배려다. 선조나 산천의 귀신을 모시는 일보다 그것이 우선이다. 아울러 어려운 일의 경우 다른 사람보다 앞서서 실천하고, 명예나 이익 등 자신에게 돌아오는 보답은 나중에 생각할 일이다.

이런 차원에서 유학이 추구하는 리더십의 지혜를 간략하게 정돈할 수 있다. 첫째, 자신의 자리에서 당연히 해야 할 일에 힘쓰라. 둘째, 알기 어려운 것을 애써 구하지 마라. 셋째, 알고 있는 것은 힘껏 실천하라. 넷째, 실천하기 어려운 일에 대해 꺼리지 말고 행하라.

24. 자신의 일을 온전하게 수행하다

어떤 자리에서 일을 맡지 않은 사람이라면 그 일에 대해 이러쿵저러쿵 논의해서는 안 된다.

원 문

不在其位, 不謀其政. -「泰伯」14

교육지평

세상에는 자기 일도 아닌데 참견하는 사람이 참으로 많다. 자기가 맡은 일을 충실하게 수행하는 것이 사회생활의 기본 원칙이다. 자기 일을 온전하게 수행하기도 힘든데, 어찌 다른 사람의 일까지 걱정하고 고민하고 충고하랴! 전문성을 갖추지 않고 다른 일에 개입할 경우 실패할 확률이 높다.

삼국 시대 촉나라의 양의(楊儀)는 '가문에서 실행했던 일을 참고로 나라의 일을 논의한다!'는 생각으로, 제갈량(諸葛亮)에게 다음과 같이 충고했다.

"나를 다스리는 정치에는 일정한 제도가 있고, 각자 나름대로의 지위를 지닌 위아래 사람은 자신의 본분이나 권위를 넘어 서로 침범하면 안 됩니다!"

사실 제갈량은 당시 주군의 책사로 매우 훌륭한 능력을 갖고 있었으나 매사를 자신이 직접 챙겼다. 그러다보니 자신의 권한 범위를 넘어서는 일이 지속될 때도 있었고, 그러다보면 나중에 자신의 건강에 피해를 줄 수 있고 일의 효율성도 떨어질 수 있는 우려가 있었다.

그런 모습을 보고 양의는 진지하게 제갈량의 업무 스타일에 대해 충고했다.

"한 집안에서 주인이 살림을 할 때 그 집안의 책임 소재를 명확히 구분하면, 주인의 요구를 모두 만족시킬 수 있습니다. 그러나 주인이 집안의 모든 일을 스스로 담당하고, 다른 사람에게 업무를 나누어 주지 않으면 몸이 매우 피곤하고 힘들기 마련입니다. 왜냐하면 주인이 집주인으로서 살림을 해 나가는 기준이나 원칙을 두지 않았기 때문입니다."

제갈량은 양의가 해준 말을 듣고, 이른 바 '제가(齊家)·치국(治國)·평천하(平天下)'의 도리를 깨달았다.

양의가 제갈량에게 충고해 준 것처럼, 다른 사람에게 권한이나 책임 소재를 깨우쳐 주는 일도 정치를 하는 하나의 방법이다. 업무 분장에 따라 자신이 맡은 일을 구체적으로 확인하고 최선을 다한다면, 더욱 효율적인 업무를 수행할 수 있다.

25. 구차하게 재물을 구하지 않다

재물이라는 것이 구하여 얻어질 수 있는 것이라면, 마부 노릇이라도 하여 구할 것이다. 하지만 구하여 얻어질 수 있는 것이 아니라면, 내가 좋아하는 일을 하면서 살겠다.

원 문

富而可求也, 雖執鞭之士, 吾亦爲之. 如不可求, 從吾所好. -「述而」11

교육지평

각박한 사회생활 가운데 경제적으로 부를 획득하는 일은 쉽지 않다. 무조건 열심히 일한다고 해서 쉽게 재물을 모우거나 돈을 버는 것은 결코 아니다. 전혀 일하지 않은 것 같은데도 재수가 좋아 횡재하는 경우도 있고, 때로는 자신도 모르게 도리에 어긋나는 일을 저지르기도 한다.

중요한 것은 사회에서 생존하기 위한 기본적인 돈벌이는 해야 하지만, 올바른 이치를 어기면서 구차하게 재물을 구하는 일은 경계해야 한다는 것이다.

공자는 관리가 되어 벼슬하는 것을 절대 반대하지 않았고, 돈을 버는 것에 대해서도 부정하지 않았다. 다만, 관리를 하여 생계를 유지하건 돈을 모아 부자로 살아가건, 어떤 행위이건 반드시 도리에 부합해야 한다. 이것은 삶의 원칙에 관한 문제다.

26. 사람답게 사는데 뜻을 두다

최소한 마음을 열고 사람답게 사는 데 뜻을 두어야 나쁜 짓을 하지 않는다.

원   문

苟志於仁矣, 無惡也. -「里仁」4

교육지평

사회생활에서 개방된 마음 자세, 사람 구실을 하려는 노력! 이런 삶의 지향을 가지고 있다면, 자신도 모르게 잘못된 거동을 한다 하더라도, 나쁜 짓을 저지르는 데까지 이르지는 않을 가능성이 높다. 인덕(仁德)을 갖춘 사람은 자신이 속한 공동체에 반역을 꾀하지 않고 함부로 악한 짓을 저지르지 않는다. 자신의 본분을 충실하게 이행하고 공동체에 도움이 되고 사람들에게 유익한 일을 한다.

27. 평소에 신중하다

공자가 평소에 신중하게 여긴 것은, 몸가짐 마음가짐을 바르게 하고, 국가의 흥망이 걸린 전쟁을 고민하며, 자기 몸의 생사가 달린 질병이었다.

원 문

子之所愼, 齊戰疾. - 「述而」12

교육지평

일상을 살아갈 때 신중하게 여겨야 할 것은 많이 있다. 공자는 목욕재계나 전쟁, 질병은 물론, 모든 일에 대해 조심하는 태도를 지니고 있었다.

이 구절에서는 몸가짐, 전쟁, 질병의 세 가지를 들었는데, 이는 사회생활에서 심각하게 고려해야 할 우선순위를 내 놓은 것이다.

목욕재계를 통해 몸과 마음을 깨끗이 하여 자연의 질서와 인간의 문화 제도를 이해하며, 전쟁과 질병에 관한 관심과 이해로 인간 사회의 지속 가능한 삶을 고민한다.

28. 평소에 도의와 신명에 맞게 행동하다

공자가 심하게 병을 앓자 자로가 천지신명께 병을 낮게 해달라고 기도라도 해 보자고 했다.

공자가 말했다.

"병이 났을 때 그렇게 한 사례가 있는가?"

자로가 대답했다.

"있습니다. 있고말고요. 죽은 사람의 생전 공덕을 칭송하고 명복을 비는 글인 뇌문에 '위로는 하늘 신에게 아래로는 땅 신에게 빈다.'라고 했습니다."

공자가 말했다.

"그러한 기도는 나도 오랫동안 해 왔다."

원   문

子疾病. 子路請禱. 子曰有諸. 子路對曰有之, 誄曰, 禱爾于上下神祇. 子曰, 丘之禱久矣. -「述而」34

교육지평

공자를 비롯한 유학자들은 종교적이거나 미신적인 기도를 잘 하지 않았다. 굳이 기도를 할 일이 있으면 일상에서 자신의 잘못을 뉘우치고 착실하게 살겠다고 맹세하면서 하늘의 도움을 비는 정도였다.

더구나 생사 문제는 인간의 의지에 달렸기 보다는 하늘에 달린 일이기에 병을 낮기 위해 기도하지는 않았다. 기도를 한다고 병이 낫고 죽음을 면할 수 있는 것이 아니기 때문이다.

중요하게 여긴 것은 평상시 도의와 신명에 맞게 행동하면 별도의 기도가 필요하지 않다는 점이다. 공자는 삶과 죽음 그리고 질병에 대해 침착하게 받아들이고, 태연하게 대처하며 두려워하지 않으며, 낙천적인 태도로 대했다.

29. 충실과 배려를 말하다

공자가 말했다.

"중삼아, 내가 지키고 행하는 길은 한결같다!"

증자가 대답했다.

"네, 알았습니다."

공자와 증자가 대화를 나눈 뒤, 공자는 밖으로 나갔다. 공자의 여러 문하생들이 증자에게 물었다.

"무엇을 말씀하신 것입니까?"

증자가 말했다.

"선생님의 길은 충실과 배려일 뿐이다."

원   문

子曰, 參乎, 吾道一以貫之. 曾子曰唯. 子出, 門人問曰, 何謂也. 曾子曰, 夫子之道, 忠恕而已矣. -「里仁」15

교육지평

공자의 일관된 길을 말한 유명한 구절이다. 공자는 증자의 언표를 통해 자기 삶의 길을 '충(忠)·서(恕)'라는 두 글자로 표현했다. 충은 자신에게 최선을 다하는 충실을 의미하고, 서는 다른 사람에게 최선을 다하는 배려를 뜻한다. 이는 일종의 '자기로부터의 혁명'이자 '타자를 포용'하는 거대한 화해다. 충서는 관용하는 마음을 대변하고, 유학의 최고 덕목인 인(仁)이 기본적으로 요구하는 실천 행위다.

전국시대 초기에 위나라 문후(文侯)는 대장군인 낙양(樂羊)에게 중산국을 정벌하라는 명령을 내렸다. 당시에 낙양의 아들이었던 낙서(樂舒)는 중산국에서 벼슬을 하고 있었다. 위나라와 증산국, 두 나라가 전투를 벌이자, 증산국은 낙서를 이용하여 위나라를 위협하고 군대가 물러가도록 유도했다. 그러나 위나라의 낙양은 전혀 흔들리지 않았다.

낙양은 전투에서 이기기 위해, 증산국 군대를 포위해 놓고 공격은 하지 않는 전술을 택했다. 이 소식이 위나라에 전해지자, 일부 간신들이 '군주가 내린 정벌 명령을 내세워 자식을 살리기 위한 사사로운 이익을 도모한다!'라고 하며, 최전방에 나가 있던 낙양을 위나라 문후에게 일러바쳤다.

그러나 위 문후는 간신의 말을 믿지 않았다. 간신들이 올린 상주문을 일부러 보지 않았을 뿐 아니라, 전방으로 사람을 보내 군대를 위로하고 낙양에게 새로운 집을 지어주었다. 낙양이 증산국 군대를 포위한 지 며칠이 지나고, 공격의 시기가 무르익자, 낙양은 단번에 증산국 군대를 공격하여 물리쳤다.

낙양이 위나라로 돌아오자 위 문후는 승리를 경축하기 위해 큰 연회를 베풀었다. 연회가 끝날 때쯤, 사람들이 모두 떠난 후, 위 문후는 낙양에게 큰 상자를 주었다. 낙양이 상자를 열어보니 그 안에는 간신들이 올린 상주문 들어 있었다. 이에 낙양은 큰 감동을 받았고, 위 문후에게 '군주의 관용이 아니었다면 저는 벌써 죽었을 것입니다.'라고 했다.

이처럼 한 국가의 흥망성쇠가 지도자의 자기충실과 타자 배려라는 관용에 있듯이, 사회생활에서 자신의 일에 충실하고 타자와의 관계에서 관용을 베푸는 것이 그 사회를 살리는 길이 될 수 있다.

30. 가난과 미움이 난을 일으키다

사람이 똑똑하고 용맹스러운데 가난한 경우, 그것이 싫어서 난을 일으킬 수 있다. 사람이 지혜롭지 않은데 지나치게 미워하는 마음을 지녔을 경우, 그것이 싫어서 난을 일으킬 수 있다.

원　문

好勇疾貧, 亂也. 人而不仁, 疾之已甚, 亂也. -「泰伯」10

교육지평

어떤 사건이건 반드시 그 사건이 발생하는 계기가 있다. 특히 세상을 어지럽힐 만한 난리가 발생한 경우에는 분명한 이유가 있다. 그것은 사회적 상황과 관련이 많지만, 사람의 성격이나 특성과도 밀접한 관련이 있다.

지혜롭고 현명한데 가난하게 살고 싶어 할 사람은 적다. 약간 부족한 사람일지라도 지나치게 무시하거나 간섭할 경우, 그에 반발하여 자기표현을 할 수 있다.

31. 자기신뢰와 자기결정을 중시하다

독한 신념으로 배우기를 좋아하고, 죽음을 각오하고 삶의 길에 생명력을 불어넣는다. 위태롭게 기울어져 가는 나라에는 들어가지 않고 어지러운 나라에서 살지 않는다. 세상이 제대로 질서가 잡히고 잘 다스려지면 나타나고, 세상이 혼탁하고 질서가 어지러우면 조용히 숨어 지낸다. 나라가 제대로 다스려지고 있는데 물질적으로 가난하고 미천한 자리에 있다면, 이는 한심하고 부끄러운 노릇이다. 세상이 혼탁하고 혼란스러운데 물질적으로 부유하고 높은 자리에서 권력을 휘두르고 있다면, 이 또한 부끄러운 짓이다.

원 문

篤信好學, 守死善道. 危邦不入, 亂邦不居. 天下有道則見, 無道則隱. 邦有道, 貧且賤焉, 恥也. 邦無道, 富且貴焉, 恥也. -「泰伯」13

교육지평

인간은 자신에 대한 자긍심, 이른바 프라이드가 서지 않으면 어떤 일을 시도하더라도 재미가 적다. 철저한 자기신뢰만이 자신을 지키는 수호신이다.

세상의 질서가 안정적인지 혼란스러운지에 따라 세상에 참여하여 사람들과 함께 즐길 것인가, 은둔할 것인가를 결정하게 된다. 질서 잡힌 곳에서 안락하지 못하고 혼란한 곳에서 부귀를 누린다면, 무언가 빗나간 상황이다.

어떤 경우에도 삶을 추동하는 핵심은 자기신뢰와 자기결정이다. 세상에 도의가 살아 있고 사람들이 질서를 지킬 때는, 세상에 나가 나라를 다스리기 위해 자신의 재능을 써야 한다. 이런 상황에서는 사람들이 잘 살아갈 텐데, 어떤 사람이 여전히 빈궁하다면, 그것은 매우 수치스러운 일이다. 반대로 이 세상에 도의가 제대로 실현되지 않아, 대부분이 풍족하지 못한데, 어떤 사람이 부귀하게 살아간다면 이는 수치스러운 일이다. 개인의 영예와 치욕은 한 사회, 한 나라의 흥망성쇠와 함께 간다.

32. 지와 용을 말하다

공자가 안연에게 말했다.

"한 나라의 지도자가 등용해 주면 나가서 바른 정치를 행하고, 등용되지 않으면 물러나 은거해야 한다. 살아온 이력으로 보건대 나와 너만이 그렇게 할 수 있을 것이다."

자로가 물었다.

"선생님께서는 군대를 대동하여 출정을 하신다면 누구와 함께 하시겠습니까?"

공자가 말했다.

"맨주먹으로 호랑이를 사로잡으려 하거나 맨발로 강물을 건너려다가 죽어도 뉘우치지 않는 무모한 자와는 함께 할 수 없다. 반드시 일을 처리하기에 앞서 실패하면 어떻게 할 것인지 조심하고 계획을 잘 세워서 일을 성사시키려고 노력하는 사람과 함께 할 것이다."

원 문

子謂顔淵曰, 用之則行, 舍之則藏, 惟我與爾有是夫. 子路曰, 子行三軍則誰與. 子曰, 暴虎馮河, 死而無悔者, 吾不與也. 必也臨事而懼, 好謀而成者也. -「述而」10

교육지평

양식 있는 인간이라면 누구나 세상에 필요한 존재이기를 갈망한다. 그래서 공부를 하고 인간관계를 만들며 실력을 갈고 닦는다. 자신이 종사하려는 영역에 필요한 능력을 갖춘 후, 그 사회의 유능한 인재로 쓰이기를 바라는 것이 순서다. 기회를 만나지 못해 쓰이지 않더라도 특별한 미련을 가지지 않는다. 그냥 편하게 자신의 바른 길을 간다.

능력이 부족한데도 불구하고 억지로 쓰이기를 바란다면 그것은 욕심이다. 하지만 아무런 계획도 방법도 고민하지 않고 허무맹랑하게 세상일에 대처한다면 그만큼 어리석은 짓도 없다.

공자는 사람의 생명을 소중히 여기고 자발적으로 자기 삶의 사명을 이행할 것을 강조했다. 하지만 힘만 세고 꾀가 없는 행위를 일삼는 경우에는 비판받는다. 일에 직면해서 침착하고 계획을 잘 세우며 능력이 있는 사람이 필요하다.

특히, 사회생활에서 용기는 막무가내로 행동하는 것이 아니라, 어떤 일이 생길 때 두려워하지 않고 침착하게 맞이하여, 계획과 전략을 잘 세워 성공하는 것을 의미한다.

33. 예악을 소박하게 쓰다

주나라 초기의 선비들은 예와 악을 시골 사람처럼 소박하게 지켰다. 주나라 후기의 선비들은 예와 악을 세련되고 교양 있는 사람처럼 화려하게 했다. 지금 예와 악을 쓴다면 주나라 초기의 선비들이 쓰던 것처럼 소박하게 하겠다.

원 문

先進, 於禮樂, 野人也. 後進, 於禮樂, 君子也. 如用之則吾從先進. -「先進」1

교육지평

이 구절은 공자가 예와 악에 대해 선배들의 정신을 따르겠다고 선언한 내용이다. 예와 악은 인간 삶의 문화제도적 차원이다. 그러므로 예악은 시대정신에 의거하여 형식과 내용을 적절하게 따라야 한다.

하지만 공자 생존 당시의 사람들은 허례허식에 빠져 형식을 내용보다, 즉 본질보다 현상을 더 중요시했다. 이에 공자가 지나친 형식이나 드러난 현상에 대해 반성하고 내용과 본질을 돌아보기 위해 선배들의 소박함에 점수를 더 준 것으로 보인다.

34. 지난 일을 마음에 두지 않다

호향 지역의 사람들은 착하지 않은 데 길들여져 있고 무엇이건 반대를 하기 때문에 더불어 말하기 어려웠다. 그런데 그곳의 아이들이 공자를 만나러 오자 제자들이 당황하면서 웅성거렸다.

공자가 말했다.

"그곳 사람들이 나를 만나러 오는 것을 내가 이해해 준 것이지, 그 동네에서 착하지 않는 짓을 하도록 놔두는 것을 허락한 것이 아니다. 그런데 왜 이렇게 야단법석이냐? 사람이 자신을 깨끗이 하고 나오면 그 깨끗함을 알아주어야지, 지난 일을 마음에 두어서는 안 된다."

원 문

互鄉, 難與言. 童子見, 門人惑. 子曰, 與其進也, 不與其退也. 唯何甚. 人潔己以進, 與其潔也, 不保其往也. -「述而」28

교육지평

호향은 조그만 마을 이름인데, 당시 그 동네 사람들의 질이 좋지 않았던 모양이다. 그러니까 제자들은 공자가 그 동네 사람들 만나는 일을 못마땅하게 여겼다.

하지만 공자는 그 동네 사람들이 자신을 만나 대화하면서 착한 사람이 될 수 있다고 판단하고, 진정으로 마음을 열고 맞이했다. 과거에 얽매이지 않고 착하게 살아가려는 의지를 높이 평가했기 때문이다.

35. 격에 맞는 대우를 기대하다

자공이 말했다.

"선생님, 여기에 아름다운 구슬이 있다고 가정하십시오. 선생님이라면 이 구슬을 함 속에 넣어 보물처럼 보관하겠습니까? 좋은 값을 쳐주는 사람을 찾아 팔겠습니까?"

공자가 말했다.

"팔아야지, 팔고말고! 나는 좋은 값으로 그것을 사 갈 사람을 기다린다."

원 문

子貢曰, 有美玉於斯, 韞匵而藏諸, 求善賈而沽諸. 子曰, 沽之哉, 沽之哉, 我待賈者也. -「子罕」12

교육지평

출중한 능력을 갖추었음에도 불구하고 공자는 당시 벼슬에 나가지 않았다. 이에 제자 자공이 구슬에 빗대어 공자의 심중을 살펴본 것이다.

아름다운 구슬은 공자에, 좋은 값을 쳐서 사 가는 사람은 사람을 제대로 알아보는 지도자에 비유했다. 아름다운 구슬이 그에 합당한 값을 받을 수 있도록, 그것을 사는 사람이 나타날 때를 기다리는 것처럼, 공자는 능력을 갖춘 후 그에 합당한 예우를 기대했다. 어떤 일이건 부당하게 구하지 않고 마땅함을 기다린다는 의미다.

공자 자신도 그와 같이 적합한 기회를 찾고 있었다. 공자는 천하주유를 하면서 올바른 정치를 말하고, 각국의 통치자들이 자신이 추구하는 도리에 따라 다스려지기를 원했다. 동시에 공자는 항상 자신이 통치자가 등용하는 자리로 갈 준비를 하고 있었고, 그 정치지도자의 힘으로 올바른 정치를 실천하려고 했다.

36. 사람을 중히 여기다

마구간에 불이 나서 모조리 다 타버렸다.

공자가 조정에서 퇴근하자마자 집안사람들에게 말했다.

"다친 사람은 없는가?"

그리고 마구간에 있던 말에 대해서는 특별히 묻지 않았다.

원   문

廐焚. 子退朝曰, 傷人乎. 不問馬. -「鄕黨」13

교육지평

공자는 인간을 중심에 놓고 삶을 중시한 사상가다. 사람과 가축이 있을 때 사람은 귀하게 생각하고 가축은 천하게 여겼다. 그렇다고 마구간에 있던 말을 무시하고 아끼지 않은 것은 아니다. 사람이 다쳤을까 염려하는 마음이 말이 상한 것보다 중요했기 때문에 말에 대해서는 미처 물을 여유가 없었다.

37. 진정성을 중시하다

내가 아는 것이 있는가? 아는 것이 별로 없다. 그러나 이러한 나에게 천박하고 무식한 사람이 진정성을 가지고 물어 오면, 나는 내가 아는 것을 모두 털어서 알려 주리라.

원 문

吾有知乎哉. 無知也. 有鄙夫問於我, 空空如也, 我叩其兩端而竭焉. -「子罕」7

교육지평

다른 사람에게 어떤 지식을 성실하게 알려 준다는 것은 일종의 용기다. 그것은 자신을 낮추는 겸허함이라는 진정성이 담보될 때 가능하다. 유학의 전통에서 볼 때, 공자와 같이 훌륭한 사람은 남을 가르치는 경우 상대방의 시선을 고려하여 반드시 자신을 낮추는 태도로 임한다. 넓은 세계에서 사람이 배울 수 있는 지식은 한계가 있다. 따라서 자신이 어떤 분야에서 무지한지를 인지하는 것이 중요하다.

어떤 학자가 있었다. 그는 자신의 학식 수준이 매우 높은 경지에 이르렀다고 생각하여, 사회에서 학식이 높다는 사람을 찾아가 그 깊이를 시험해 보려고 했다. 당시 남산에서 공부하던 유명한 학자가 있었는데, 학문 수준이 매우 높아 사람들은 그를 '남은(南隱) 선생'이라 불렀다.

그 학자가 남은 선생의 명성을 듣고 남산으로 찾아갔다. 학자를 만난 남은은 그 학자와 방안에 마주 앉아 학식의 수준에 관한 여러 가지 이야기를 나누었다. 그리고는 차 주전자를 들고 신중하게 차를 잔에 따랐다. 그런데 남은은 찻잔이 가득 찼음에도 차 따르기를 멈추지 않았다. 차가 넘쳐흘러 바닥까지 흐르자 학자가 말했다.

"₩'남은 선생님, 차가 이미 가득 찼습니다!"

그러자 남은은 찻잔이 넘쳐흐르는 것을 방금 알아차린 듯, '아니?' 하고는 차 주전자를 내려놓았다. 그리고 차분한 말로, 가득 찬 찻잔을 가리키며 학자에게 말했다.

"당신은 이 찻잔과 같습니다. 당신의 안에는 이미 당신의 관점으로 가득 차 있습니다. 제가 말하려는 것은, 자신의 생각과 견해는 이미 밖으로 흘러나간 물과 마찬가지입니다. 우선 이 찻잔부터 비우시지요. 저는 그냥 학인일 뿐입니다."

38. 삶과 죽음을 말하다

자로가 물었다.

"귀신을 어떻게 섬기면 좋습니까?"

공자가 말했다.

"사람도 제대로 모시지 못하면서, 어찌 귀신을 섬길 수 있겠는가?"

자로가 다시 물었다.

"그러면 죽음이란 무엇입니까?"

공자가 말했다.

"삶에 대해서도 제대로 알지 못하면서, 어찌 죽음에 대해 알겠는가?"

원 문

季路問, 事鬼神. 子曰, 未能事人, 焉能事鬼. 敢問死. 曰未知生焉知死. -「先進」11

교육지평

인간과 귀신, 삶과 죽음의 문제에 대한 유학의 입장을 분명하게 드러난 구절이다. 귀신은 오므리고 펴는 자연의 질서처럼 천지 우주를 상징한다. 인간은 자연의 질서를 통해 사람의 법칙을 깨닫고 삶에 충실하게 임한다.

인간 사회에서 삶에 충실히 하는 일은 죽음의 도리를 알게 하는 바탕이 되고, 이는 자연의 질서를 통해 재확인된다. 이때 우선 관심을 갖고 고려할 문제는 귀신보다는 사람이고, 죽음보다는 삶이다. 한마디로 말하면 현실 사회에서 '사람살이'가 중심이라는 의미다.

39. 도리에 어긋난 제자를 성토하다

임금을 무시하며 세도를 부렸던 노나라 대부 계강자는 그 당시 임금이나 어떤 귀족보다도 부자였다. 그런데 그 밑에서 일하던 공자의 제자 염유가 많은 세금을 거둬들여 계강자의 재물을 더욱 불려 주었다.

이에 화가 끝까지 치민 공자가 말했다.

"도리에 어긋난 짓을 한 염유는 더 이상 나의 제자가 아니다! 제자들아, 북을 둥둥 울리고 가서 그의 잘못을 성토하는 것이 옳다!"

원 문

季氏富於周公, 而求也, 爲之聚斂而附益之, 子曰, 非吾徒也, 小子, 鳴鼓而攻之, 可也(「先進第十一」16)

교육지평

공자의 제자 염유는 정치에 밝은 인간이었다. 그러므로 인간의 도리나 덕을 구하는 데 소홀히 하면서 종종 정치가로서 수완을 발휘했다. 공자는 제자들과 친근하게 지내며 그들을 사랑했기에 엇길로 가는 제자라고 해서 함부로 버릴 수는 없었다. 이에 먼저 사람의 도리를 깨닫지 못한 제자 염유와 관계를 단절하는 극단의 조치를 취한 후, 다른 제자들이 염유의 행동을 바로잡아주기를 기대했다.

40. 자질을 갖추지 못한 제자를 경계하다

계씨의 가신이 된 자로가 자고를 비 지방의 지도자로 추천했다.

공자가 말했다.

"남의 집 자식을 망치게 하는구나."

자로가 말했다.

"세상에는 국민을 다스리는 일을 하는 사람도 있고 나라 일을 하는 사람도 있습니다. 어찌 글을 읽어야만 학문하는 것이라고 하겠습니까?"

공자가 말했다.

"자네가 이 같은 말주변으로 변명을 하므로 내가 궤변만 늘어놓는 자를 미워하는 것이다."

원 문

子路使子羔, 爲費宰. 子曰, 賊夫人之子. 子路曰, 有民人焉, 有社稷焉, 何必讀書然後, 爲學. 子曰, 是故惡夫佞者. -「先進」24

교육지평

자고는 자질이 좋은 사람이었지만 조그마한 지방 단체일지라도 정치지도자가 되기에는 아직 학문이 부족했다. 이에 공자가 지도자로서의 자질을 갖추지 못한 사람이 너무 일찍 지도자로 나서면 사람을 망치거나 해칠 수 있다고 충고했다.

이에 자로가 할 말이 없어 이리저리 말을 돌려가며 변명하자, 공자가 그런 태도를 꾸짖은 구절이다. 공자의 생각은 제대로 배우고 난 후에 정치에 관여하는 것이다.

41. 총명함의 기준을 제시하다

자장이 총명함에 대해 물었다.

공자가 말했다.

"물이 스며들 듯이 은근히 파고드는 모략이나 피부로 느껴질 듯이 간절한 하소연에 넘어가지 않아야, 총명하다고 말할 수 있다. 또한 물이 스며들 듯이 은근히 파고드는 모략이나 피부로 느껴질 듯이 간절한 하소연에 넘어가지 않아야, 멀리 내다본다고 말할 수 있다."

원 문

子張問, 明. 子曰, 浸潤之譖, 膚受之愬, 不行焉, 可謂明也已矣. 浸潤之譖, 膚受之愬, 不行焉, 可謂遠也已矣. -「顏淵」6

교육지평

이 구절에서는 어떤 사람이 총명한지 그렇지 않은지를 판단하는 일종의 기준을 제시하고 있다. 총명한 사람은 남을 헐뜯고 욕하는 행위를 하거나 억울함을 호소하는 사람의 간절한 말을 듣고도 한 번 더 생각하는 냉정함을 잃지 않는다. 어떤 사람이 심하게 남을 비방하거나 억울함을 구구절절이 호소하는 경우, 일반적인 사람들은 그 내용을 자세히 들어 보지도 않고, 함께 동조하며 감정을 폭발하기 쉽다. 총명하다는 것은 눈앞의 현실보다는 멀리 내다보는 원시안으로 인간의 윤리 도덕과 시대정신을 파악하는 자세다.

중국 고대의 동한(東漢) 말년에 유비의 밑에서 일을 했던 방통(龐統)이라는 책사가 있었다. 방통의 재주와 명석함은 제갈량에 비유될 정도로 유명했다. 주유(周瑜)가 병사하자 노숙(魯肅)이 방통을 손권에게 추천했으나 손권이 그를 기용하지 않았다.

그러자 노숙은 방통을 유비에게 추천했다. 유비는 방통이 못생겼다고 생각하여, 그를 뇌양현의 현령으로 보냈다. 방통은 제갈량이 없는 틈을 타 자신의 재능으로 유비의 마음을 돌려놓으려 했으나 제대로 실행하지 못했다.

방통은 뇌양에 도착한 후 매일 술로 지냈다. 유비는 방통이 정사를 제대로 돌보지 않는다는 소식을 듣고 크게 노하여, 장비에게 명령하여 그를 감시하라고 했다. 장비는 손건(孫乾)과 함께 뇌양에 도착했으나, 방통이 그들을 맞이하러 나오지 않았다. 방통과 함께 일하던 관리가 장비에게 방통이 정사를 돌보지 않는다고 하자, 장비는 화가 나서 방통을 잡으려고 했다.

그러자 손건이 우선 방통을 만난 뒤, 죄를 물어도 늦지 않다고 말하며 이를 말렸다. 장비가 방통을 만난 뒤, 큰 소리로 뇌양현의 각종 일을 해결하라고 명령했다. 하지만 방통은 뇌양현의 일이라고 해 봐야 모두 작은 일이라며, 반나절 만에 수개월에 걸쳐서 할 일을 모두 처리해 버렸다. 이에 장비가 놀라워하여 유비에게 그를 추천했다.

이처럼 통치자는 인재의 됨됨이를 정확하게 파악할 수 있어야 한다. 단순하게 외모로 평가해서는 안 된다. 현명하고 재능 있는 사람을 판단할 때는 다른 사람의 편파적인 말만을 듣지 않고, 자신이 스스로 판단할 수 있어야 한다.

42. 참된 사람과 하찮은 사람을 구별하다

참된 사람은 친애하고 화합하려고 하되 부화뇌동하지 않는다. 하찮고 속 좁은 사람은 부화뇌동하며 친애하고 화합하지 않는다.

원 문

君子, 和而不同. 小人, 同而不和. -「子路」23

교육지평

참된 사람과 자질구레하고 하찮은 인간의 특성을 대비하여 지적한 구절이다. 참된 사람은 자신의 의견을 정확하게 표시하는 동시에, 다른 사람의 잘못된 의견을 바로잡고 좋은 의견을 존중하며, 다른 사람의 뜻을 맹종하지 않는다. 조무래기들은 이와 반대되는 행동을 한다. 그들은 이기적인 욕구나 재물을 추구하므로 이익이 되면 다른 사람의 의견일지라도 무조건 맹종하며 자신의 진짜 의견을 드러내지 않는다.

다시 말해, 참된 사람은 진정으로 화합하지 고개만 끄덕거리며 모든 일을 긍정하지 않으며, 자질구레한 사람은 고개만 끄덕거리며 긍정하는 체하며 책임지지 않고 진정으로 화합하지 않는다.

43. 도덕성과 용기의 관계를 말하다

높은 도덕성을 지닌 사람은 반드시 좋은 말을 한다. 그러나 좋은 말을 하는 사람이 반드시 높은 도덕성을 지닌 것은 아니다. 훌륭한 사람은 반드시 용감하게 행동한다. 그러나 용감하게 행동한다고 해서 반드시 훌륭한 사람은 아니다.

원   문

有德者, 必有言. 有言者, 不必有德. 仁者, 必有勇. 勇者, 不必有仁. -「憲問」5

교육지평

이 구절은 도덕성과 말, 훌륭함과 용기의 관계를 다룬 것이다. 사회를 구성하고 있는 인간의 특성은 다양하다.

내면과 외면의 모습이 일치하는 사람이 있고, 겉과 속이 다른 사람도 있다. 속으로는 흑심을 품고 있으면서, 겉으로는 얼마든지 좋은 말을 늘어놓을 수 있다. 정의감에 불타는 사람은 불의를 보면 용기를 발휘하지만, 간혹 정의와 관계없이 혈기만 왕성하여 용감한 사람처럼 보이는 경우도 있다.

44. 포용력을 말하다

높은 자리에 있는 훌륭한 분이지만 포용력을 지니지 못하고 있는 경우가 있다. 그러나 속이 좁은 자질구레한 사람이면서 포용력을 지니고 있는 경우는 없다.

원문

君子而不仁者, 有矣夫. 未有小人而仁者也. -「憲問」7

교육지평

아무리 훌륭한 사람일지라도 잠시 소홀한 사이에 긴장을 늦추거나 방심하여 마음을 빼앗겨 실수를 할 수 있다. 그렇게 되면 순간적으로 개인적인 생각에 사로잡혀 포용력을 잃게 된다. 속 좁은 소인배들은 이기심이 가득하기 때문에 마음을 열거나 포용하려는 생각조차 할 수 없다.

45. 최고지도자에게 직언하다

자로가 물었다.

"최고지도자인 군주를 어떻게 모셔야 합니까? 그 섬기는 도리가 무엇입니까?"

공자가 말했다.

"속이지 마라. 그리고 얼굴을 맞대고 덤빌 정도로 충실하게 간쟁하라!"

원 문

子路問事君. 子曰, 勿欺也, 而犯之. -「憲問」23

교육지평

이 구절은 최고지도자를 섬길 때의 기본 도리를 일러준다. 최고지도자라고 해서, 자기가 모시는 어른이라고 해서, 무조건 수긍하고 따르는 것이 아니다.

충심을 다하되 진실을 엄폐하거나 사실을 속여서는 안 된다. 더욱 중요한 것은 지도자에게 잘못이 있을 때는 가차 없이 직언을 하며 최선을 다해 충고해야 한다.

46. 아끼고 충언하는 사람을 말하다

아끼는 사람이라고 해서 힘든 일을 안 하게 할 수 있겠는가? 정성을 기울여 받드는 사람이라고 해서 윗사람의 잘못을 고치도록 충언을 안 하게 할 수 있겠는가?

원 문

愛之, 能勿勞乎. 忠焉, 能勿誨乎. -「憲問」8

교육지평

사람 사이의 참된 사랑과 진정한 충성이 무엇인지를 일러 주는 문구이다. 인간관계에서 특정한 사람을 아껴주는 것은 좋지만, 그 때문에 고생시키지 않고 편안하게만 살게 하는 일은 참된 사랑이 아니다. 지도자가 잘못을 하고 있는데도 순종만 하고 잘못을 고치도록 충고하지 않는 것은 진정한 충성이 아니다. 사회생활에서 사람이 살아가는 역설의 법칙을 읽을 수 있다.

47. 인간관계에서 성실함과 믿음을 말하다

다른 사람이 나를 속일까 미리 넘겨짚지 말고, 다른 사람이 나를 믿지 않을까 억지 추측하지 마라. 대신, 다른 사람보다 그것을 먼저 깨닫는 사람이 현명한 인간이다.

원   문

不逆詐, 不億不信. 抑亦先覺者, 是賢乎. -「憲問」33

교육지평

인간 사회가 불안할 때 횡행하는 것이 사기와 불신이다. 때문에 인간의 삶은 늘 긴장의 연속이다. 사람들은 사기와 불신의 기미를 알아차리고 현명하게 대처하기 위해 교육을 비롯한 다양한 방법으로 지혜를 짜내는 데 심혈을 기울인다. 보다 근원적인 처방은 성실한 삶을 통해 다른 사람에게 신뢰를 주고, 다른 사람보다 먼저 조심하는 일이다.

어느 해 겨울, 제나라에 3일에 걸쳐 폭설이 내렸다. 제나라 군주였던 경공(景公)은 여우가죽으로 만든 긴 두루마기를 입고 앉아 설경을 감상하고 있었다. 설경이 신기하여 몇 날이고 계속하여 그것을 바라보면 더욱 아름다울 것이라 생각했다.

이때 안자(晏子)가 가까이 다가가자 경공이 말했다.

"3일이나 눈이 내렸는데 조금도 춥지 않구나! 따듯한 봄날 같구나!"

안자는 경공이 실내에서도 두루마기를 꽉 잡고 추위를 막으려는 모습을 보고는 물었다.

"정말, 춥지 않으십니까?"

경공은 고개를 끄덕이며, '춥지 않다!'라고 했다.

안자는 경공이 자신의 의도를 파악하지 않았음을 알고, 직설적으로 말했다.

"저는 이전에 훌륭한 군주에 대한 이야기를 들었습니다. 훌륭한 군주는 자신이 밥을 먹고 있을 때 누군가 굶주리고 있지 않은가 생각하고, 자신이 따듯할 때 누군가 추워하지 않을까 생각하며, 자신이 편안할 때 누군가 힘들어 하지 않을까를 생각합니다. 지금 군주께서는 어째서 다른 사람을 생각하지 않으십니까?"

경공은 안자의 말을 듣고도, 무슨 말인지 제대로 이해하지 못했는지 대답하지 않았다.

훌륭한 사람은 늘 다른 사람을 제 몸처럼 아끼고, 늘 다른 사람과 입장을 바꾸어 생각하는 마음을 갖고 있다. 사람들은 각자의 인생이 다르기 때문에, 가끔 자신의 운명이 불공평하다고 여긴다. 그렇다고 함부로 주저앉아서는 안 된다. 다른 사람의 시각에서 문제를 대하면, 오히려 자신에게 행운이 있을 수도 있다는 점을 스스로 느낄 수도 있다.

48. 삶의 도덕을 깨우치다

어느 날 공자와 고향이 같은 사람인 원양이 쭈그리고 앉아 공자를 기다리고 있었다.

공자가 한심하다는 듯이 말했다.

"어려서는 겸손하지 못하고, 어른이 되어서는 칭찬받을 만한 일도 없으며, 늙어서도 죽지 않고 그냥 살고 있는 자가 다름 아닌 삶의 도적이다."

그러고는 지팡이로 원양의 정강이를 두드렸다.

원 문

原壤, 夷俟. 子曰, 幼而不孫弟, 長而無述焉, 老而不死, 是爲賊. 以杖叩其脛. -「憲問」46

교육지평

원양은 공자와 같은 마을의 사람이었다. 그는 자기 어머니가 죽었는데도 슬퍼하며 장례치를 생각을 하기는커녕, 관 위에 올라가 노래를 불렀다. 이에 공자가 도와주어서 장례를 치렀다고 한다.

유학의 관점에서 보면, 원양은 삶에 대한 개념도 없이, 인생의 보람이나 가치도 모르고 사는 한심한 인간이다. 그러기에 공자가 한탄했다.

49. 천명을 말하다

노나라의 대부 공백료가 계손씨의 가신으로 있던 자로를 계손씨에게 중상 모략했다. 이 사실을 노나라 대부이자 맹손씨의 일족인 자복경백이 공자에게 알리면서 말했다.

"계손씨가 공백료의 말에 마음이 흔들리고 있는 게 분명해 보입니다. 내 힘으로 자로를 모함한 공백료를 죽이고, 그 시신을 시장터에 내버릴 수도 있습니다."

이에 공자가 말했다.

"정상적인 정치가 행해지는 것도 하늘의 뜻이고, 정상적인 정치가 행해지지 않는 것도 하늘의 뜻입니다. 공백료가 그런 하늘의 뜻을 어떻게 하겠습니까?"

원 문

公伯寮愬, 子路於季孫. 子服景伯, 以告曰, 夫子固有惑志於公伯寮. 吾力, 猶能肆諸市朝. 子曰, 道之將行也與, 命也. 道之將廢也與, 命也. 公伯寮, 其如命何. -「憲問」38

교육지평

공백료, 자복경백, 자로와 공자 등, 여러 사람들 사이에 벌어지는 삶의 진실 게임을 엿볼 수 있는 구절이다. 공백료는 공자와 그 제자 자로를 모방함으로써 곤경에 빠트리려고 했고, 공자에게 우호적이었던 자복경백은 공백료를 향해 극단적인 조치를 취하려고 했다.

하지만 공자는 하늘의 뜻을 빌어 정치에서 공평무사한 힘이 승리할 것으로 믿는다.

이는 유학에서 말하는 일종의 천명(天命) 사상이다. 인간 사회의 올바른 도리를 행하는 일은 교양을 제대로 갖추지 못한 소인이 결정할 수 있는 것이 아니다. 도리는 천명에 달려 있지 소인배와 같은 사람에게 있는 것이 아니다.

'일을 꾸미는 것은 사람이지만, 그 일이 제대로 이루어지는 것은 하늘에 달려있다!' 즉 교양 수준을 제대로 갖춘, 천명을 이어받은 훌륭한 사람을 통해 이루어진다는 말이다.

50. 현명한 사람이 처세하다

현명한 사람은 어지러운 세상을 피하고, 그 질서가 무너진 나라를 피하며, 그 다음은 예의가 없는 나쁜 사람을 피하고, 그 다음은 도리에 어긋나는 나쁜 말을 피한다.

원 문

賢者辟世, 其次辟地, 其次辟色, 其次辟言. -「憲問」39, 40

교육지평

현명한 사람은 자신의 몸을 더럽히지 않고 착한 마음을 지키며 사회적으로 존경받는 사람으로, 은자나 야인일 가능성이 높다. 은자들은 혼탁한 세상을 떠나거나 혼란한 나라를 떠나 안정된 땅에 살려고 한다. 또한 사회 질서가 혼란스럽거나 언동이 거슬리면 차분하고 고요한 곳으로 떠나기 쉽다.

사람은 지속적으로 순조로운 환경이나 안정된 사회에서만 살 수는 없다. 역경을 만나면 어떤 행동을 해야 할 것인지, 심사숙고할 필요가 있다.

51. 정직한 도리로 원한을 갚다

어떤 사람이 말했다.

"은혜로 원한을 갚으면 어떻습니까?"

공자가 말했다.

"그러면 은혜를 입은 것은 무엇으로 갚겠는가? 정직한 도리로 원한을 갚고, 은혜는 은혜로 갚아야 한다."

원 문

或曰, 以德報怨, 何如. 子曰, 何以報德, 以直報怨, 以德報德. -「憲問」36

교육지평

인간 사회에서 은혜와 원한은 상반된 상황으로 느껴진다. 일반적으로는 은혜는 은혜로 원한은 원한으로 갚아야 하는 것처럼 느껴질 수도 있다. 하지만 그것은 유학의 사회 윤리에 어긋난다.

유학은 은혜는 은혜로 갚아야지만, 원한은 개인적 감정을 초월하여 공정하고 정직한 도리에 따를 것을 주문한다. 즉 원한으로 자신의 공평함과 정직함을 바꾸는 것이 아니라 지속적으로 정직함을 기본으로 생활하라는 의미다.

옛날 국경을 서로 마주하고 있던 양(梁)나라와 초(楚)나라에 얽힌 이야기다. 양국의 국경이 닿아있는 곳에 한 마을이 있었다. 한 마을의 절반은 양나라이고 절반은 초나라에 소속되어 있었다. 그 마을 사람들은 곡식의 씨앗 심기를 좋아했다. 어느 봄날 마을 사람들이 모두 씨앗을 심었다.

그러나 그 해에 가뭄이 들어 물이 부족하게 되자, 씨앗이 자라는 속도가 매우 느렸다. 양나라에 속한 마을 사람들은 매일같이 밤마다 물을 퍼다 땅에 뿌렸다. 그렇게 며칠이 지나자 씨앗이 발아하여 자라기 시작했다.

　이를 보고 초나라에 속한 마을 사람들은 매우 질투하였고, 어느 날 밤 몰래 양나라 쪽으로 건너가 그 마을 사람들의 씨앗을 모두 밟아버렸다. 이때 그 마을을 담당하던 초나라의 현령으로 송취(宋就)라는 사람이 있었는데, 송취는 그 장면을 보고 말했다.

　"오늘부터 매일 밤 그대들의 밭을 보시오. 그 결과는 그대들이 알 것이오!"

　초나라에 속하는 마을 사람들은 현령의 말대로 숨어서 자신들의 땅을 보기로 했다. 밤이 되자 양나라에 속하는 마을 사람들이 초나라 사람들을 미워하기는커녕 매일매일 그들의 땅에 물을 주고 있었다. 이후 송취는 이 사실을 초나라 군주에게 보고했다. 초나라 왕은 원래 양나라를 깔보고 있었으나, 이 사실을 보고 받은 후, 매우 감동하여 양나라와 우호적인 관계를 맺었다.

　이런 사례가 바로 원한을 원한으로 갚은 것이 아니라 원한을 정직한 도리로 갚은 것이다.

52. 올바른 길을 가려는 사람의 처세를 말하다

공자 일행이 진나라에 머무를 때였다. 먹을 양식이 떨어지고 함께 따라 갔던 제자들이 병이 들어 좀처럼 일어나지 못하게 되었다.

자로가 화가 나서 공자를 뵙고 말했다.

"세상을 구제하기 위해 학문의 길을 걷는 사람이 이렇게 궁핍해야만 합니까?"

공자가 말했다.

"세상을 구제하기 위해 학문의 길을 걷는 사람도 궁핍함에 처할 때가 있다. 하지만 담담하게 받아들인다. 세상몰라라 하고 자기 욕심만 채우려는 조무래기가 궁핍하면, 그들은 문란해질 뿐만 아니라 별의별 짓을 다하여 궁핍을 면한다."

원 문

在陳絶糧, 從者病, 莫能興. 子路慍見曰, 君子亦有窮乎. 子曰, 君子固窮, 小人窮斯濫矣. -「衛靈公」1

교육지평

역사적·경험적 사실로 미루어 볼 때, 동서고금을 막론하고 올바른 길을 가는 사람에게는 다양한 시련이 닥친다. 그런 시련과 역경을 극복하지 않은 위인은 존재하지 않는다. 빈곤과 기아, 정치적 곤궁, 질병 등은 물론이고, 심한 경우에는 죽음에 처할 위기를 맞기도 한다.

공자는 인생에서 곤궁에 처할 때, 자신의 이상과 성품을 꿋꿋이 지켜야 하며, 이럴 때 일수록 훌륭한 사람과 그렇지 못한 사람의 차이가 명확히 드러난다고 했다.

53. 말은 충실하고 행동은 공손하다

자장이 물었다.

"사람이 살아가면서 언제 어디서나 실천할 수 있는 도리를 든다면, 어떤 것이 있습니까?"

공자가 말했다.

"말은 충실하고 믿음직스러워야 하며 행실은 두텁고 공손해야 한다. 그렇게 하면 예의염치라고 찾아볼 수 없는 오랑캐 땅에서도 사람의 도리가 행해질 것이다. 반대로 말이 충실하거나 믿음직스럽지 못하고, 행실이 두텁거나 공손하지 못하면, 자기가 사는 동네라고 한들, 무슨 행세를 하며 도리를 지킬 수 있겠는가? 일어서 있을 때는, 말이 충실하고 믿음직스러운지, 행실은 두텁고 공손한지, 눈앞에 떠올려라. 수레를 타고 있을 때는 그것이 멍에에 걸려 있는 듯이 보아라. 그렇게 하면 사람의 도리는 저절로 행해질 것이다."

원 문

子張問, 行. 子曰, 言忠信, 行篤敬. 雖蠻貊之邦, 行矣. 言不忠信, 行不篤敬, 雖州里, 行乎哉. 立則見其參於前也. 在輿則見其倚於衡也. 夫然後行. -「衛靈公」5

교육지평

사회생활에 필요한 핵심 지침을 언급한 구절이다. 사람의 도리를 말과 행위의 두 차원, 네 가지 영역으로 정돈했다.

말에서는 충실과 신뢰, 행위에서는 신실과 공손이다. 이는 일상생활에서 앉으나 서나 깨우치고 있어야 하는 교육의 내용이자 자세다.

54. 사람과 말을 잃지 않다

더불어 이야기할 만한데 더불어 말하지 않으면 사람을 잃는다. 더불어 이야기할 만하지 않은데 더불어 말하면 말을 잃는다. 지혜로운 사람은 사람도 잃지 않고 또한 말도 잃지 않는다.

원 문

可與言而不與之言, 失人. 不可與言而與之言, 失言. 知者, 不失人, 亦不失言.
-「衛靈公」7

교육지평

이 구절은 사람과 말의 관계 설정 차원에서 음미해 볼 만한 문구다. 바른 사람을 만났다면 바른 말을 적극적으로 전달하여 널리 공유할 필요가 있다. 그런데 바른 말임에도 불구하고 타자와 소통하지 않고 자신만이 간직한다면, 말은 그대로 간직할 수 있으나, 바른 말이 전파될 수 없는 동시에 사람을 잃은 꼴이 된다.

그릇된 사람이라면 아예 말을 꺼내지 않아야 한다. 그릇된 사람에게 바른 말을 던져봐야 왜곡의 소지가 다분하기 때문이다. 어떤 사람에게 어떤 말을 던질 수 있는지, 의사소통의 맥락은 어느 수준에서 이루어져야 하는지 돌아보는 성찰의 기회를 가질 필요가 있다.

55. 살신성인의 정신을 말하다

뜻있는 선비와 열린 마음을 지닌 사람은 개인적인 삶을 구하기 위해 공동체의 도리를 해치지 않고, 자기의 몸을 바쳐서라도 공동체 사회의 도리를 지킨다.

원 문

志士仁人, 無求生以害人, 有殺身以成仁. -「衛靈公」8

교육지평

유명한 살신성인(殺身成仁)이 등장하는 구절이다. 살신성인은 전통적으로 인간의 도덕성을 잘 이해할 수 있게 하는 중요한 격언이다. 지혜로우면서도 포용력 있는 사람은 결코 자신의 삶을 위해 공공의 올바른 일을 해치지 않는다. 몸을 희생해서라도 그것을 지킨다. 이른바 선비 정신이다.

선비들은 올바른 삶을 위해 몸을 바치고 생명을 희생할 줄 아는 사람이다. 올바르지 않은 비굴한 삶을 추구하지 않고 몸을 던져서라도 희생하는 정신을 가진다. 생물학적으로 부여된 생명도 사람에게는 매우 중요하다. 그러나 이 생명보다 귀중한 것이 사회 윤리이자 도덕이라는 정신 생명이다.

56. 똑똑하고 포용력 있는 사람과 사귀다

자공이 포용력을 가질 수 있는 방법에 대해 물었다.

공자가 말했다.

"기술자가 일을 잘하려고 할 때 반드시 먼저 자신이 쓸 연장을 연마한다. 마찬가지로 어느 나라에 살건 그 나라 정치지도자 가운데 똑똑한 사람을 섬기고 그 나라의 실무 관료 가운데 포용력 있는 사람과 사귀어야 한다."

원 문

子貢問爲仁. 子曰, 工欲善其事, 必先利其器. 居是邦也, 事其大夫之賢者, 友其士之仁者. -「衛靈公」9

교육지평

사회에서 전문 기술자가 일을 잘하기 위해서는 먼저 전문적인 일을 하는데 필요한 기구나 연장이 마련되어야 한다. 정치를 할 때도 이런 논리는 그대로 적용된다. 현명한 사람을 모시고 열린 마음을 지닌 사람과 벗하며, 어떤 사람이 인재인지 파악해야 한다. 어떤 일이건 사전에 철저히 예비하며 준비하는 실제적 정신을 가져야 한다는 말이다. 현명한 친구의 도움을 받으며 자신을 성숙해 나가는 자세, 이른바 멘토를 찾아나서야 한다.

예전에 한 젊은이가 있었다. 그는 매일 산으로 가서 나무를 열심히 했다. 다른 사람들이 쉬고 있을 때도, 하루라도 빨리 성공하기 위해 젊을 때 열심히 해야 한다고 생각했다. 그러나 보름이 지났어도 그의 작업량은 선배들에 비해 한참 미치지 못했다. 선배들은 분명히 쉬어 가면서 일을 했는데 어째서 자신보다 일한 양이 많단 말인가?

젊은이는 그 이유를 전혀 이해하지 못하고, 자신의 노력이 부족하다 생각하고, 다음 날부터 더욱 열심히 일하리라 다짐했다. 그 다음날 작업량은 그 전날보다 더욱 적었다. 그 때 한 선배가 젊은이를 불러 쉬어 가면서 일을 하라고 하자 젊은이가 말했다.

"제 작업량이 이렇게도 부족한데 쉴 시간이 어디 있습니까?"

선배가 웃으면서 고개를 절레절레 저으며 말했다.

"이 바보야, 나무를 베는 일은 육체적인 힘이 전부가 아니다. 더 중요한 것은 나무를 베는 도끼니라. 선배들이 왜 많은 양의나무를 베는지 알아? 자주 도끼날을 갈아서 항상 예리하게 하여 나무를 베니까, 당연히 너보다 많이 벨 수 있는 거야! 너는 여태까지 한 번도 도끼날을 갈지 않았지? 아무리 해봐야 여기 선배들보다 작업량이 많지 않아. 열심히 한 들 무슨 소용이 있겠냐!"

57. 미래 생각을 하지 않으면 걱정거리가 생긴다

사람이 원대한 꿈을 지니고 먼 미래를 생각하지 않으면, 반드시 주변의 가까운 곳에 걱정거리가 생기기 마련이다.

원　문

人無遠慮, 必有近憂. -「衛靈公」11

교육지평

어떤 일에 착수할 때 눈앞의 이익이 아니라, 더 멀리 포괄적으로 내다볼 필요가 있다. 그렇지 않으면, 발밑의 조그만 걱정거리로 인해 중요한 일은 진척도 되지 않고, 사소한 일에 매몰될 수 있다.

한 가지 문제를 접할 때 반드시 먼 시선으로 그 문제를 바라보지 않으면, 눈앞에서 곤궁에 빠지게 된다는 것은 의미심장한 사회 철학적 가치다.

58. 도덕성을 지닌 사람은 공평무사하다

도덕성을 지닌 사람은 긍지를 가지되 다투지 않는다. 함께 어울리되 패거리를 만들지 않는다.

원 문

君子, 矜而不爭, 群而不黨. - 「衛靈公」21

교육지평

도덕성을 갖춘 사람은 자부심이 있고 일그러진 마음이 없으므로 사람과 다툴 일이 별로 없다. 그 사회 공동체의 여러 사람들과 잘 어울리고, 특별한 집단이나 특정한 부류의 이익을 위해 당파를 짓지 않으며, 공평무사하고 객관적인 자세를 취한다. 긍지를 갖되 다투지 않으며, 다른 사람들과 더불어 선한 행동을 하고, 패거리를 짓지 않는 것이 정직한 사람이 행하는 윤리 도덕이다.

59. 사람을 신중하게 고려하다

지도적 인격을 갖춘 사람은 말만 잘한다고 그 사람을 추천하지 않는다. 그 사람의 지위가 낮다고 해서 그가 한 의미 있는 말까지 버리지는 않는다.

원 문

君子, 不以言擧人, 不以人廢言. - 「衛靈公」22

교육지평

특정한 사람의 이야기만 듣고 경솔하게 사람을 등용하면 위험하다. 어떤 사람의 신분이나 지위가 낮거나 행위가 선하지 않다고 해서, 그 사람이 한 말까지 그렇게 판단하고 버릴 필요는 없다. 그 가운데 일리 있는 말이 있으면 신중하게 고려할 필요도 있다.

공자는 교양을 갖춘 사람에게 의리[義], 예의[禮], 겸손([遜], 신뢰[信]라는 사회 윤리 도덕을 적극적으로 요청했고, 변치 않은 세 가지 원칙으로 말과 덕과 공을 세우는 입언(立言), 입덕(立德), 입공(立功)을 실천하도로 권장했다.

60. 타자 배려의 삶으로 일관하다

자공이 물었다.

"한 마디 말로, 평생토록 지키고 행할 말이 있습니까?"

공자가 말했다.

"그것은 아마 '타자 배려'일 것이다. 자기가 하고 싶지 않은 일을 다른 사람에게 강요해서는 안 된다."

원 문

子貢問曰, 有一言而可以終身行之者乎. 子曰, 其恕乎. 己所不欲, 勿施於人. - 「衛靈公」23

교육지평

앞에서도 언급한 것처럼, 공자의 일관된 삶의 길은 '자기 충실'과 '타자 배려'였다. 그런데 이 구절에서는 일생의 삶의 지침으로 '자기 충실'은 언급하지 않은 채, '타자 배려'를 들었다. 공자의 길은 자기 충실이라는 수기(修己)를 근본으로 하고 타자 배려라는 치인(治人)을 궁극 목표로 한다. 때문에 자공이 평생토록 지키고 행할 말을 한 마디로 정돈해 달라고 하니까, 자기 충실을 바탕으로 삶의 궁극적 지향이 녹아 있는 '타자 배려' 한 마디를 일러 준 것 같다.

중국의 전국시대 때 백규(白圭)라는 사람이 있었다. 그는 항상 홍수를 다스리는 치수(治水)능력을 두고 자신이 우임금보다 훨씬 낫다고 떠벌리고 다녔다. 이 소문을 들은 위(魏)나라 군주가 그를 불러 위나라의 치수를 부탁했다.

백규의 치수 방식은 현대적으로 말하면 댐을 만들어 물을 가둬 두는 것이었다. 그런데 문제는 댐처럼 물을 가두어 두다 보니 수시로 누수가 발생했다. 물을 가두어 위나라의 홍수는 막았으나, 누수로 발생한 물이 위나라의 옆에 있던 이웃나라로 흘러가게 되어 이웃나라에 홍수가 나게 되었다.

한 번은 맹자가 이를 질책하며 말했다.

"이런 식의 치수는 옳지 않습니다. 옛날 우임금께서 홍수를 다스릴 때는 길을 터 물을 바다로 흘러가게 했습니다. 자신의 국가에 이로움을 가져다주었을 뿐만 아니라 이웃나라에 해를 입히지는 않았습니다. 그러나 지금 이런 방식은 자기 나라의 홍수는 다스렸지만 이웃나라에 홍수가 나게 하여 피해를 주었으니, 어찌 이런 치수의 방식이 우임금보다 낫다고 말할 수 있겠습니까?"

이에 백규는 맹자의 말을 듣고, 입을 다물지 못했고, 다시는 치수와 관련하여 우임금을 입에 담지 못했다고 한다.

61. 근거를 통해 사람을 판단하다

내가 다른 사람에 대해 누구를 비난하고 누구를 칭찬하겠는가? 칭찬할 사람이 있다면 조사를 통해 실증할 수 있을 것이다. 이 사람들은 하·은·주 세 나라 때에 곧은 도리를 실천하던 사람들이다."

원 문

子曰, 吾之於人也, 誰毀誰譽. 如有所譽者, 其有所試矣. 斯民也, 三代之所以
直道而行也. -「衛靈公」24

교육지평

사람을 평가할 때, 비난과 칭찬은 서로 다른 극단에서, 반대편에서 작용한다. 공자는 아무런 근거 없이 함부로 사람을 헐뜯거나 쉽게 칭찬하지 않았다. 반드시 그 사람의 행동이 어떠했는지 실제 행위를 보고, 근거를 통해 판단했다.

선을 좋아하고 악을 미워하는 사람들에게, 비난과 칭찬은 그들이 살아온 삶의 사실과 진실을 통해, 구체적 실례를 확인할 수 있다.

62. 직접 살피고 선택하다

여러 사람이 싫어하더라도 반드시 살펴보고, 여러 사람이 좋아하더라도 반드시 살펴보아야 한다.

원 문

衆惡之, 必察焉. 衆好之, 必察焉. -「衛靈公」27

교육지평

세상에는 여러 부류의 사람이 있다. 대중들의 의견을 무조건 따라가는 사람도 있고, 자신의 신념과 주체적 활동을 통해 행위의 규준을 정하는 사람도 있다.

아무리 많은 사람들이 좋아하고 싫어하는 일이 있더라도, 그것을 확인하지도 않고 그대로 믿을 것이 아니라, 반드시 자신이 직접 살펴보고 판단한 후에 취사선택해야 한다. 이는 자기에 대한 신뢰이자 자기 삶에 대한 실제적 배려다.

각자 다른 관점에서 사람들을 보기 때문에 사람을 이해하는 기준은 모두 다를 수 있다. 따라서 공자는 사람들에게 반드시 주체적인 사고 역량을 길러 사실에 근거하여 생각하라고 했다.

63. 간교한 말을 경계하다

간교한 말은 사회의 윤리 도덕을 어지럽힌다. 작은 것을 참지 못하면 큰일을 그르치게 된다.

원 문

巧言亂德, 小不忍則亂大謀. -「衛靈公」26

교육지평

간사한 말은 사회적으로 형성된 옳은 행위나 그른 행위에 혼란을 주어 그것을 뒤집고, 듣는 사람에게 지켜야 할 도리가 무엇인지 헷갈리게 만든다. 사회생활을 하다보면 조그마한 어려움은 수시로 닥쳐온다. 이런 것을 참고 이기지 못하면, 나비의 날갯짓 바람이 폭풍을 일으키듯 크게 꾸며 놓은 대업을 어지럽히거나 망칠 수 있다.

자신의 이상을 갖고 있는 사람은 사람들의 잘잘못이나 이해득실을 일일이 따져서는 안 된다. 넓은 가슴과 원대한 포부를 안고 있어야 한다. 그래야만 큰일을 치룰 수 있고 자신의 목표를 이룰 수 있다.

64. 윤리가 무너진 시대를 말하다

나는 역사를 기록하는 사관이 의심나는 점을 빼놓고 기록하지 않는 것을 보았다. 말을 가진 사람이 말을 다른 사람에게 빌려 주어 타게 하는 것도 보았다. 그런데 지금은 이런 일이 없어졌다.

원 문

吾猶及史之闕文也. 有馬者, 借人乘之. 今亡矣夫. - 「衛靈公」25

교육지평

사관은 역사적 사실에 대해 가감 없이 정확하게 기록하는 것이 본연의 임무다. 분명하지 않은 사실을 억지로 갖다 붙여도 안 되고 분명한 사실을 빼서도 안 된다.

사람이 다른 사람에게 말을 빌려 주는 이유는 두 가지다. 하나는 말을 가진 사람이 말을 훈련시키기 어려울 경우, 다른 사람에게 빌려 주어 훈련시키게 하는 것이고, 다른 하나는 말이 필요한 사람과 말을 공유할 수 있을 정도로 인심이 후했다는 의미다. 여기서는 후대로 내려올수록 그런 인정미가 없는, 시대가 나쁘게 변한 것으로 이해한다.

65. 인격자와 소인배의 일을 구별하다

지도적 인격을 갖춘 사람은 자질구레한 작은 일은 잘 몰라도 크고 중대한 일은 맡을 수 있다. 소인배들은 중대한 일을 맡을 수는 없으나 자질구레한 작은 일은 알 수 있다.

원 문

君子, 不可小知而可大受也. 小人, 不可大受而可小知也. -「衛靈公」33

교육지평

이 구절은 사회에서 인재를 관찰하는 방법을 보여준다. 사람은 능력과 자질에 따라 일처리에 차이가 있다. 어떤 사람은 크고 중요한 일을 맡을 수 있고, 어떤 사람은 자질구레한 일처리에 적합하다. 그것은 사람의 됨됨이와 규모에 따라 적재적소에 안배할 수 있다는 의미다. 이때 지도자의 자질을 지니고 있는 사람과 실무형 관료의 업무 처리, 도덕성이 높은 사람과 박학다식한 사람의 업무 수행 차이도 고려해야 한다.

66. 옳고 그름을 가려 사람을 믿다

도덕성을 지닌 사람은 곧고 바르지만 무턱대고 다른 사람을 믿지는 않는다.

원   문

君子, 貞而不諒. -「衛靈公」36

교육지평

윤리 도덕성을 지닌 사회지도층 인사는 올바르게 행동하고 굳은 심지를 지킨다. 하지만 어떤 사안이건 마냥 좋기만 하는 사람은 아니다. 특히, 선과 악의 문제에서는 옳고 그름을 분명하게 가린다. 따라서 시비를 가리지 않고 부당하게 사람을 믿거나 포섭하지는 않는다.

공자는 신뢰를 윤리 도덕의 원칙으로 중시하였는데, 이는 인(仁)과 예(禮)라는 대원칙을 전제로 할 때 진정한 신뢰라고 할 수 있다.

67. 유익하고 해로운 사귐을 말하다

이로움을 주는 것에 세 가지 사귐이 있고 해로움을 주는 것에 세 가지 사귐이 있다. 정직한 사람과 사귀고 진실한 사람과 사귀며 많이 듣고 아는 사람과 사귀면 유익하다. 알랑대면 비위맞추는 사람과 사귀고 줏대 없이 굽실대며 복종하는 사람과 사귀며 아첨하고 말 잘하는 사람과 사귀면 해롭다.

원 문

益者三友, 損者三友. 友直, 友諒, 友多聞, 益矣. 友便辟, 友善柔, 友便佞, 損矣. -「季氏」4

교육지평

사람을 사귀는 일에 대한 충고다. 일반적으로는 유익한 벗에 세 종류가 있고 해로운 벗에 세 종류가 있다고 해석하기도 한다. 세 종류로 한정한 것은 인간의 대표적인 특성을 세 가지로 들어서 말했기 때문이다. 친구와의 사귐에서는 세 가지 외에도 다양한 행동을 열거할 수 있을 것이다. 중요한 것은, 바탕이 좋은 친구는 자신의 수양을 쌓게 해주지만, 그렇지 않은 사람은 오히려 좋지 않게 만든다.

우정을 나타낼 때 대명사처럼 쓰이는 관포지교(管鮑之交)라는 말이 있다. 그 주인공인 관중(管仲)과 포숙아(鮑叔牙)는 춘추시대 때 제(齊)나라 사람이었다. 두 사람은 어릴 때부터 가족처럼 친하게 지냈다.

당시 제나라 왕에게 두 아들이 있었다. 한명은 규(糾)였고, 다른 한명은 소백(小白)이었다. 관중은 이 가운데 규를 가르쳤고 포숙아는 소백을 가르치게 되었다. 훗날 두 아들이 왕위 계승을 놓고 싸웠는데, 정권 다툼에서 관중이 가르쳤던 규는 죽고 포숙아가 가르쳤던 소백이 즉위했다.

포숙아는 제나라 왕이 된 소백에게 관중을 추천하며 말했다.

"관중은 매우 재능 있는 사람입니다. 군주께서 부디 그에게 재상직을 맡기소서! 군주께서 큰일을 처리할 때 관중은 분명히 도움이 될 것입니다."

소백은 훗날 제나라 환공으로 불렸는데, 환공은 포숙아의 제안을 받아들여 관중을 제상으로 삼았다. 관중은 정치를 규모에 맞게 정돈하고 자원을 개발하여 농업을 발전시켜, 제나라를 당시 최고의 강대국으로 성장시켰다.

68. 지도자는 사회도덕에 뜻을 둔다

천박한 사람과 함께 지도자를 섬길 수 있겠는가! 그들은 부귀를 얻지 못하면 어떻게 하면 얻을까 골머리를 앓고 얻으면 잃을까 봐 걱정한다. 정말 잃을까 봐 걱정이 들면 못하는 짓이 없을 것이다.

원 문

鄙夫, 可與事君也與哉. 其未得之也, 患得之. 旣得之, 患失之. 苟患失之, 無所不至矣. -「陽貨」16

교육지평

도덕성을 갖춘 인품은 크게 세 등급으로 나눌 수 있다. 도덕에 뜻을 둔 사람, 공명에 뜻을 둔 사람, 부귀에 뜻을 둔 사람이 그것이다. 이 가운데 사회 지도층 인사는 도덕에 뜻을 두어야 한다. 재물이나 지위, 명예나 권력을 먼저 추구해서는 곤란하다. 특히, 부귀에만 뜻을 두게 되면, 수단 방법을 가리지 않고 그것을 달성하려고 하기 때문에, 이런 사람이 사회 지도층이 되면 그 사회는 매우 위험하다.

69. 대화의 방법을 말하다

지도층 인사를 모시고 있을 때, 세 가지 잘못을 저지르기 쉽다. 말을 하기 전에 먼저 말하는 것을 '조급함'이라 하고, 말을 했는데도 대꾸하지 않는 것을 '감춤'이라 하며, 안색을 살피지도 않고 말하는 것을 '무분별'이라고 한다.

원 문

侍於君子, 有三愆. 言未及之而言, 謂之躁. 言及之而不言, 謂之隱. 未見顔色而言, 謂之瞽. -「季氏」6

교육지평

이 구절은 훌륭한 사람이나 지도자, 윗사람과 대화할 때 어떻게 하면 좋은지 구체적 요령을 담고 있다. 일상생활에서 대화의 방법을 제대로 익히지 못하면, 실례하는 경우가 많다. 지금 이 순간에, 말을 해야 하는지 말아야 하는지, 먼저 말을 꺼내야 하는지 나중에 대답을 해야 하는지, 자신의 상황을 파악하는 것도 중요하다.

70. 정치의 생명력은 참된 삶에 있다

제나라 경공은 4,000마리의 말을 가지고 있을 정도로 부유했다. 그러나 그가 죽었을 때 사람들은 그의 덕을 칭송하지 않았다. 백이숙제는 수양산 밑에서 굶주려 죽었다. 그러나 사람들은 오늘날까지도 그를 칭송한다. '사람들이 칭송하는 진실은, 부에 있지 않고 다른 데 있다!'라고 한 것은 바로 이를 두고 말한 것이리라.

원 문

齊景公有馬千駟. 死之日, 民無德而稱焉. 伯夷叔齊, 餓于首陽之下, 民到于今稱之. 其斯之謂與. -「季氏」12

교육지평

정치의 대의명분을 극명하게 일러 주는 구절이다. 제나라 경공은 4,000마리의 말을 보유할 정도로 막대한 재산과 권력을 독차지하고 부귀영화를 누린 인물이다. 하지만 사람들에게 제대로 베풀 줄 몰랐다.

백이숙제는 수양산에서 고사리를 비롯한 산나물을 캐먹고 살다가 굶어 죽었다. 인간의 참된 삶은 빈부 자체에 있는 것이 아니라 정치적 생명력의 지속 여부에 있다.

71. 다섯 가지 도덕 덕목이 있다

제자 자장이 공자에게 열린 마음을 지닌 도덕성에 대해 물었다.

공자가 말했다.

"다섯 가지를 세상에서 실천할 수 있다면 도덕성을 지녔다고 할 수 있다."

자장이 자세히 일러줄 것을 요청하자, 공자가 말했다.

"공손, 관용, 신뢰, 민첩성, 은혜로움이다. 공손하면 모욕을 당하지 않고, 관용을 베풀면 많은 사람들의 지지를 얻으며, 신뢰가 있으면 사람들이 신임하고, 게으르지 않고 민첩하면 일을 성취할 수 있으며, 은혜를 베풀면 사람을 충분히 부릴 수 있다."

원 문

子張問仁於孔子. 孔子曰, 能行五者於天下, 爲仁矣. 請問之. 曰恭寬信敏惠, 恭則不侮, 寬則得衆, 信則人任焉, 敏則有功, 惠則足以使人. -「陽貨」7

교육지평

사회생활에서 다섯 가지 덕목은 사람과 사람 사이의 관계성이자 사회 윤리의 극치를 보여 준다. 그 기초가 공손함과 관대함, 믿음, 민첩성, 은혜로움이다.

이는 삶의 밑천으로 윤리 도덕의 기본을 이룬다. 그것이 얼마나 발휘되느냐에 따라 정치 지도력이 결정되고, 모든 일의 동기 부여 수준이 가늠된다.

72. 소인을 좀도둑에 비유하다

요즘 뭔가 있어 보이는 체하는 존재들은 겉으로는 위엄이 있으나 속으로는 약한 사람이다. 이를 일반 서민에 비유하면 벽을 뚫고 담을 넘는 좀도둑과도 같다.

원 문

色厲而內荏, 譬諸小人. 其猶穿窬之盜也與. -「陽貨」13

교육지평

예나 지금이나 상당수의 사람들은, 속은 텅 비었으면서도 외모를 꾸미고 세상을 속이며 살아간다. 이런 존재들은 겉치레 하나로 번듯한 직위나 직책을 차지하기도 한다. 공자는 그런 사회 상황을 도둑질 하는 일에 비유하며 개탄했다.

73. 소인배의 우두머리를 큰 도적에 비유하다

무식하고 저속한 조무래기들이 떠받드는 두목은, 결국 사회의 도덕을 해치는 큰 도적과 같은 존재다.

원 문

鄕原, 德之賊也. -「陽貨」14

교육지평

천박한 사회 분위기에서 그들이 내세우는 착한 사람, 혹은 두목은 높은 경지의 도덕성을 지니기보다는 얄팍한 인정이나 왜곡된 의리에 끌리기 쉽다. 같은 무리끼리 추잡하게 뭉친다. 비유컨대, 조직 폭력배나 소인배들이 우글거리는 곳의 우두머리는 세상의 질서를 혼란스럽게 하고 도덕을 무너뜨리려는 도적과도 같다.

공자가 말한 향원(鄕愿)은 언행이 일치하지 않는 사람을 뜻한다. 거짓으로 사회의 윤리 도덕을 갖춘 체하기 때문에, 겉으로 보기에는 도덕이 있는 자로 보이지만, 사실은 도덕적으로 부패한 사람으로 그 악명이 겉모습이 가려져 있을 뿐이다.

74. 시대 속에서 사람의 행동을 말하다

옛날에는 사람에게 세 가지 도덕적 결함이 있었다. 하지만 오늘에는 그 것이 없어진 것 같다. 옛날에 엉뚱하게 뜻이 높은 사람은 조그만 예절에 얽매이지 않았으나, 오늘날 뜻이 높은 사람은 방탕하기만 하다. 옛날에 지나치게 긍지가 있는 사람은 방정했으나, 오늘날 긍지가 있는 사람은 사납게 위세만 보인다. 옛날에 학식이 없어 어리석은 사람은 우직했으나, 오늘날 어리석은 사람은 남을 속이려고 수작을 부린다.

원 문

古者, 民有三疾. 今也, 或是之亡也. 古之狂也, 肆, 今之狂也, 蕩. 古之矜也, 廉, 今之矜也, 忿戾. 古之愚也, 直, 今之愚也, 詐而已矣. -「陽貨」17

교육지평

과거와 현재를 비교하며, 시대 변화와 인간을 이해하는 방식을 보여주는 구절이다. 과거 인간이 지닌 세 가지 결함은 첫째, 지나치게 높고 엉뚱한 욕망을 지닌 것, 둘째, 지나치게 자랑하며 긍지를 갖는 것, 셋째, 지식이 없어 어둡고 밝지 못한 것이었다.

지나치게 높고 엉뚱한 욕망을 지닌 사람은 조그마한 예절을 안 지키더라도 자유분 방한 가운데 질서가 있다. 그런데 요즘 사람들은 예절을 지키기는커녕 제멋대로, 심지 어는 방탕하게 행동한다. 지나치게 자랑하며 긍지를 갖는 사람은 나름대로 자신에게 엄격하며 자신을 지킨다. 하지만 요즘 사람들은 자기 자랑만 늘어놓으며 그것이 무시 당할 때면 화를 내고 함부로 싸우거나 남을 해치기도 한다. 지식이 없어 어둡고 밝지 못한 사람은 어둡고 몰라도 강직하게 자기 길을 간다. 그러나 요즘 사람들은 사심을 품고 남을 속이고 남의 재물을 탈취하기도 한다.

75. 비도덕적 처사를 미워하다

자공이 말했다.

"도덕성을 갖춘 훌륭한 사람도 미워하는 것이 있습니까?"

공자가 말했다.

"미워하는 것이 있다. 사람의 나쁜 점을 들추어내서 말하는 것을 미워하고, 아랫자리에 있으면서 윗자리에 있는 사람을 비방하고 헐뜯는 것을 미워하며, 용맹하게 날뛰면서 예의가 없는 것을 미워하고, 과감하지만 꽉 막혀 사리에 통하지 않는 것을 미워한다."

공자가 말했다.

"자공, 자네도 미워하는 것이 있는가?"

자공이 대답했다.

"남의 것을 엿보고 자기가 아는 것같이 하는 것을 미워하고, 겸손하지 않은 태도를 용감한 것으로 여기는 것을 미워하며, 사람의 비밀과 사생활을 폭로하면서 강직하다고 여기는 것을 미워합니다."

원 문

子貢曰, 君子亦有惡乎. 子曰, 有惡. 惡稱人之惡者, 惡居下流而訕上者, 惡勇而無禮者, 惡果敢而窒者. 曰賜也, 亦有惡乎. 惡徼以爲知者, 惡不孫以爲勇者, 惡訐以爲直者. -「陽貨」25

교육지평

사회적으로 윤리 도덕성을 갖춘 사람이 미워하는 대상에 대한 견해다. 공자는 주로 도리에 어긋난 사람을 미움의 대상으로 제시했고, 자공은 의리를 가탁한 사람을 미움의 대상으로 제시했다.

훌륭한 사람은 포용력이 뛰어나므로 모든 사람을 끌어안는 것처럼 생각하기 쉽다. 하지만 깊이 생각해 보면, 진정으로 도덕성을 갖춘 사람만이 사람을 사랑할 수 있고 미워할 수 있다. 일반 사람의 경우, 서로가 사랑과 미움의 대상이 되어 절대적 기준을 설정하기 어렵기 때문에, 진정으로 시시비비를 가리거나 선악을 충고하기 쉽지 않다.

76. 성찰의 지침을 말하다

이로움을 주는 것에 세 가지 좋아함이 있고, 해로움을 주는 것에 세 가지 좋아함이 있다. 보편적인 사회 문화제도인 예악에 맞게 절제하는 일을 좋아하고, 다른 사람의 착함을 말하기 좋아하고, 현명한 벗을 많이 갖기를 좋아하면 유익하다. 방자하게 즐기기를 좋아하고, 안일하게 놀기를 좋아하며, 술잔치를 벌이고 즐기기를 좋아하면 해롭다.

원 문

益者三樂, 損者三樂. 樂節禮樂, 樂道人之善, 樂多賢友, 益矣. 樂驕樂, 樂佚遊, 樂宴樂, 損矣. -「季氏」5

교육지평

일상생활에서 무엇을 좋아하는지, 그 일은 어떤 특성을 지니고 있는지 돌아보는 성찰의 지침이 되는 구절이다. 무엇보다도 일상에서 좋아하는 일의 특성에 따라 삶에 손익을 가져다 줄 수 있다는 것이 인상적이다. 요즘 사람들이 좋아하는 여행이나 등산, 각종 취미와 동떨어진 측면도 있지만 삶의 성숙을 위한 기준으로 삼을 수 있다.

사람의 취미와 흥미는 건강해야 하고 심신에 이로워야 한다. 예악을 이용해 스스로를 다스리면 타인의 좋은 점을 더욱 많이 발견할 수 있고, 예를 통한 절제로 즐거움을 느껴야 다른 사람에게 해를 입히지 않을 수 있다.

77. 사회 지도층 인사는 잘못을 숨기지 않는다

사회 지도층 인사가 저지르는 잘못은 일식이나 월식과 같다. 잘못하면 사람들이 모두 보고, 잘못을 고치면 또 사람들이 모두 우러러본다.

원 문

君子之過也, 如日月之食焉, 過也, 人皆見之, 更也, 人皆仰之(「子張第十九」21)

교육지평

공자의 제자 자공이 한 말로, 정치지도자나 사회 지도층 인사는 자기의 잘못에 대해 숨기거나 꾸밈이 없어야 함을 강조했다. 혹시 잘못한 일이 있으면 반드시 고치는 모습을 솔선하여 보여 주어야 한다. 그것이 유학의 지도자상이다.

78. 사회참여에 관한 입장을 말하다

자로가 스승 공자를 따라가다가 뒤처졌다. 이때 지팡이를 짚고 대나무로 만든 그릇을 어깨에 메고 가는 노인을 만났다.

자로가 물었다.

"어르신, 혹시 우리 선생님을 보셨습니까?"

노인이 말했다.

"사지를 부지런히 움직이지 않고 오곡을 분별하지도 못하면서 세상을 떠다니는 처지에, 누구 보고 선생이라 하시오!"

노인은 지팡이를 땅에 꽂아 놓고 김을 매었다. 자로가 은자임을 알아채고 공손하게 손을 모우고 곁에 서 있었다.

그러자 노인은 자로를 자기 집에 묵어가게 하고, 닭을 잡고 기장밥을 지어 대접했다. 뿐만 아니라, 자기의 두 아들을 자로에게 인사시켰다. 다음 날 자로는 그 집에서 나와 공자에게 이 사실을 알렸다.

공자가 말했다.

"숨어 사는 분, 은자다."

그리고 자로에게, 되돌아가 그를 다시 찾아보게 했다. 그 집에 도착해 보니, 그는 이미 어디론가 떠나고 없었다.

자로가 말했다.

"관직에 나아가 정치력을 발휘하지 않는 것은 세상의 올바른 도의를 버리는 일이다. 어른과 어린아이 사이의 예절도 폐할 수 없는데, 정치지도자와 관리 사이의 예의를 어찌 폐할 수 있겠는가? 자기의 몸을 깨끗이 하려다가 큰 윤리를 어지럽힌 격이다. 지도적 인격을 지닌 사람이 관직에 나가는 것은 도의를 실천하기 위해서다. 지금 이 세상에 도의가 실천되지 않고 있는 것은 나도 이미 알고 있다!"

子路從而後, 遇丈人, 以杖荷蓧. 子路問曰, 子見夫子乎. 丈人曰四體不勤, 五穀不分, 孰爲夫., 植其杖而芸. 子路拱而立. 止子路宿, 殺鷄爲黍而食之, 見其二子焉. 明日, 子路行, 以告. 子曰隱者也, 使子路反見之, 至則行矣. 子路曰, 不仕無義. 長幼之節, 不可廢也. 君臣之義, 如之何其廢之. 欲潔其身而亂大倫. 君子之仕也, 行其義也. 道之不行, 已知之矣. -「微子」7

교육지평

공자가 은자를 대하는 태도가 담긴 유명한 문장이다. 은자들은 일반적으로 사회 참여를 지양한다. 공자도 세상을 피해 숨어 살면서 자신의 몸을 깨끗이 하고 자족하는 사람들을 존경했다. 그러면서도 자신이 세상에 적극적으로 뛰어드는 이유에 대해 합리적으로 설명하려고 한다.

'세상 사람과 어울리지 않고, 누구와 더불어 산단 말인가!'라는 언표는 유학의 정신에 맞게 은자의 존재를 긍정하면서도, 인간으로서 자신의 감정과 의견을 명확하게 제시한다. 자기 한 몸을 깨끗이 하기 위해 은자처럼 숨어 사는 것은 윤리를 지키며 더불어 사는 인류 사회의 윤리와 어긋난다! 사람이 더 나은 사회를 만들기 위해 배우고 벼슬을 하려는 것은 사회적 공익 실천을 위해 기여하려는 것이다!

79. 지도자가 작은 길을 꺼리다

비록 보잘것없는 조그마한 기술일지라도 반드시 볼 만한 점이 있다. 하지만 원대한 뜻을 이루는 데 장애가 될 수도 있으므로 지도층 인사는 이를 배우지 않는다.

원　문

雖小道, 必有可觀者焉. 致遠恐泥, 是以君子不爲也. -「子張」4

교육지평

공자의 제자인 자하의 말이다. 옛날에는 농사나 의술, 점복, 공인 등이 맡은 일은 보잘것없고 하찮은 조그마한 기술로 취급되었다. 대신, 학문을 하여 정치지도자로 나서는 것은 크고 원대한 일로 인정받았다.

어떤 일을 하건 배울 점은 반드시 있다. 그런데 큰일을 하는 사람들은 조그마한 일에도 배울 것이 있지만, 큰일을 진행하는 데 방해가 될까봐 이런 일에 관심 가지기를 꺼렸다.

80. 소인의 특성을 말하다

시녀나 하인은 다루기가 매우 어렵다. 친근하게 대하면 공손하지 않고, 소원하게 대하면 원망한다.

원　문

唯女子與小人, 爲難養也. 近之則不孫, 遠之則怨. -「陽貨」26

교육지평

이 구절에서 앞부분은 흔히 '여자와 소인은 다루기 어렵다!'로 풀이된다. 그럴 경우, 일반적인 부녀자나 서민을 무시하기 쉽고, 그들을 사람답게 기르기 어려운 존재로 인식하게 된다.

공자는 정상적인 여성이나 서민을 비하하거나 경시하지 않았다. 여자는 남자와 동등한 차원에서 서로에게 짝이 되는 존재로, 서민은 지도자의 짝으로 인식해야 한다. 따라서 이 구절은 여자 하인과 남자 하인의 특성을 지적한 것으로 이해하는 것이 좋다.

제5편

정치철학과 교육 - 치세(治世)

1. 일을 충실하게 해서 국민에게 믿음을 주다

1,000대 가량의 전차를 소유한 큰 나라를 운영하려면 지도력을 발휘해야 한다. 어떤 일을 하건 깔끔하게 처리하고, 신뢰를 쌓아야 하며, 예산 낭비를 막고, 사람을 아끼며, 국민들에게 의무를 부과하되 피해가 가지 않도록 때에 맞게 해야 한다.

원   문

道千乘之國, 敬事而信, 節用而愛人, 使民以時. -「學而」5

교육지평

큰 나라를 다스리려면 일을 할 때마다 충실하게 하여 국민들에게 믿음을 줘야 한다. 국민들이 낸 세금을 적절하게 쓰고 낭비하지 말아야 하며, 국민들의 삶을 존중하여 생업에 최대한 지장을 주지 않은 범위에서 의무를 부과해야 한다.

2. 합당한 가치를 실천하다

누가 문을 거치지 않고 들락거릴 수 있는가? 잘 만들어진 길을 어찌하여 가려고 하지 않는가?"

誰能出不由戶. 何莫由斯道也. -「雍也」15

사람은 출입을 할 때 반드시 문을 통해 왕래한다. 문을 통하지 않고 출입할 수 있는 사람은 없다. 정치를 하거나 교육을 하거나 경제를 실천하려고 할 때, 반드시 그에 합당한 문이 있다. 문제는 사람들이 그 정당한 문을 통해 출입하지 않는다는 것이다.

공자가 삶이 문이라 말한 예의 도덕으로 나라를 다스리는 것은 일종의 이상일 수 있다. 현실에서 이루어지기 힘들 수 있다. 그러나 그 문을 통해 나아가지 않고, 덕치(德治)를 미리 포기하는 것은 더욱 큰 문제다.

3. 겸양의 마음을 갖추다

예의의 핵심인 양보와 겸손한 마음을 갖추고 나라를 다스릴 수 있다면, 국가를 운영하는 데 무슨 문제가 있겠는가? 예의의 핵심인 양보와 겸손한 마음을 갖추지 못하여 나라를 다스릴 수 없다면, 이 예의가 어디에 필요하겠는가?"

원 문

能以禮讓, 爲國乎, 何有. 不能以禮讓, 爲國, 如禮何. -「里仁」13

교육지평

예의범절의 핵심은 양보와 겸손이다. 전통 사회에서는 이 겸양의 마음을 갖추었느냐의 여부가 국가지도자의 정치적 자질과 연관되었다. 형식적으로 드러나는 겉치레 인사만으로는 절대 올바른 국정 운영을 하기 힘들었다.

공자는 정치 행위에서 예의와 겸양의 방식으로 해야 좋은 효과를 얻을 수 있다고 여겼다. 예의는 공경을 핵심으로 하기 때문에 예의를 따라 행동하면 일을 알맞게 할 수 있다. 정치에서 서로 양보하고 겸손하면 위·아래 사람들 사이에 다툼이 생기지 않는다.

예의와 겸양으로 나라를 다스리는 일과 도덕적으로 백성을 교육하는 일은 상응 상보관계다. 도덕적으로 교육하는 것은 세상 사람들이 모두 예의를 알고 이해하며 지키게 하는 일이다.

4. 덕과 예로 국민을 인도하다

정치를 할 때 법령으로 사람을 이끌고 형벌을 써서 강압적으로 따르게
하면, 국민들은 법망을 뚫고 죄를 모면하려고만 하고, 사람으로서 부끄러
움을 느끼지 않는다. 반면에 덕성으로 사람을 인도하고 예의로 따르게 하
면, 사람으로서 부끄러워할 줄도 알고, 비뚤어진 마음도 바로잡는다.

원   문

道之以政, 齊之以刑, 民免而無恥. 道之以德, 齊之以禮, 有恥且格. -「爲政」3

교육지평

정치에서 법치(法治)와 덕치(德治), 예치(禮治)의 한 단면을 엿볼 수 있는 구절이다.
공자는 어디까지나 덕치를 정치의 최고 가치로 내세웠고, 그 다음으로는 예의로 다스
리는 예치, 그리고 어쩔 수 없는 난세의 경우 법치를 상정한 것으로 이해된다.

형벌로 국민을 단속하면 형식적으로 범죄를 방지하는 것일 뿐, 근본적으로 국민을
인도하고 다스리는 덕치나 예치는 아니다.

5. 정직한 사람을 등용하다

노나라의 애공이 물었다.

"국민이 잘 따르게 하려면 어떻게 하면 좋겠습니까?"

공자가 이에 대답했다.

"정직한 사람을 등용하여 부조리한 사람의 윗자리에 배치하면 국민이 따르게 됩니다. 반대로 부조리한 사람을 높은 자리에 등용하여 정직한 사람 위에 쓰면 국민이 따르지 않을 것입니다."

원 문

哀公問曰, 何爲則民服. 孔子對曰, 擧直錯諸枉則民服, 擧枉錯諸直則民不服.
-「爲政」19

교육지평

상식 같은 언표지만, 이는 정직과 부조리에 관한 지극히 당연한 인간의 반응이다. 일반적으로 사람들은 정직을 좋아하고 부조리를 싫어한다. 그래서 정직을 실천하려 하고 부조리를 배척하려고 한다. 이 순리의 세계를 정당하게 이행하면 최고지도자로서의 자질을 갖추었다고 볼 수 있다.

공자는 정직한 인재를 선발하여 등용할 것을 주장했다. 현명한 신하를 가까이 하고 소인을 멀리해야 백성들이 믿고 복종할 수 있다. 정치에서 '현명한 사람을 임명한다'는 것은 현명한 사람을 선발하여 그의 능력을 알맞게 정당한 자리를 부여하고, 실력을 발휘하게 한다는 의미다.

6. 국가 간 무력 전쟁을 반대하다

계씨가 노나라의 속국인 전유를 무력으로 치려고 했다. 이에 계씨 밑에서 벼슬을 하던 공자의 제자 염유와 자로가 스승 공자를 뵙고 말했다.

"계씨가 전유를 치려고 합니다."

공자가 말했다.

"염구야, 이런 상황이 발생한 것은 바로 너희들의 잘못이 아니냐? 전유국은 옛날 주나라 선왕께서 동쪽 몽산의 제사를 주관하라고 봉한 곳이야. 노나라의 영토 내에 있기 때문에 노나라를 섬기는 신하의 나라다. 그런데 어째서 무력으로 치려고 하는가?"

염유가 말했다.

"계씨가 그렇게 하려고 하는 것입니다. 저희 두 사람 모두 그것을 원하지 않습니다."

공자가 말했다.

"염구야! 옛날에 사관 주임이 '힘을 다하여 직무를 수행하되 자신의 능력으로 감당할 수 없으면 그만둔다.'라고 했다. 그런데 위태로워도 붙잡아 주지 않고 넘어져도 일으켜 주지 않는다면 그런 도우미를 어디에 쓰겠느냐?

또 너희들의 말도 잘못되었다. 계씨 같은 호랑이와 들소가 우리 밖으로 뛰쳐나오고, 노나라 임금 같은 귀중한 보석이 궤 속에서 깨졌다면, 이는 누구의 잘못이겠느냐?"

염유가 말했다.

"지금 저 전유국은 성곽이 견고합니다. 또 계씨의 개인 땅인 비읍과 가깝습니다. 지금 이를 쳐서 빼앗지 않으면 후세에 반드시 자손들의 근심거리가 될 것입니다."

공자가 말했다.

"염구야! 정치지도자는 겉으로는 아닌 척하면서 속으로는 욕심내는 것을 싫어한다. 그리고 반드시 하려고 하면서 말을 꾸미는 것을 미워한다.

내가 듣기로는, 나라를 다스리거나 가문을 다스리는 사람은 구성원의 숫자가 적음을 걱정하지 않고, 그들에게 혜택이나 분배가 고르게 되지 않음을 걱정한다. 가난을 걱정하지 않고 편안하지 못함을 걱정한다. 고르게 분배하여 혜택을 주면 가난하지 않고 화목한 사람이 적지 않을 것이며, 사람이 편안하게 살면 나라나 가문이 기울거나 망하는 일은 없을 것이다. 이와 같기 때문에, 먼 곳에 사는 사람이 따라오지 않으면 문화적으로 덕치를 하여 스스로 오게 하고, 이미 온 사람들은 편안히 살게 해 주어야 한다.

지금 염구와 자로, 너의 둘은 계씨를 정치적으로 보좌하고 있다. 그런데 먼 곳에 사는 사람들이 따라오지 않는데도 그들이 스스로 오도록 인도하지 못했다. 게다가, 민심이 흩어지고 나라가 갈라져 쪼개지는데도 이를 지키지 못하고 있다. 이런 시국임에도 나라 안에서 무력 전쟁을 일으키려고 하고 있으니, 나는 계손씨의 근심이 전유국에 있지 않고 담장 안에 있음을 심히 우려한다."

원 문

季氏將伐顓臾. 冉有季路見於孔子曰, 季氏將有事於顓臾. 孔子曰, 求, 無乃爾是過與. 夫顓臾, 昔者, 先王以爲東蒙主. 且在邦域之中矣, 是社稷之臣也. 何以伐爲. 冉有曰, 夫子欲之, 吾二臣者, 皆不欲也. 孔子曰, 求, 周任有言曰, 陳力就列, 不能者止. 危而不持, 顚而不扶, 則將焉用彼相矣. 且爾言過矣. 虎兕出於柙, 龜玉毁於櫝中, 是誰之過與. 冉有曰, 今夫顓臾, 固而近於費. 今不取, 後世必爲子孫憂. 孔子曰, 求, 君子疾夫舍曰欲之, 而必爲之辭. 丘也聞有國有家者, 不患寡而患不均, 不患貧而患不安. 蓋均無貧, 和無寡, 安無傾. 夫如是故, 遠人, 不服則修文德以來之, 旣來之則安之. 今由與求也, 相夫子. 遠人不服而不能來也, 邦分崩離析而不能守也, 而謀動干戈於邦內. 吾恐季孫之憂, 不在顓臾而在蕭墻之內也. -「季氏」1

교육지평

계손씨는 노나라 임금을 받들지 않고 국권을 가로챈, 당시 노나라의 무도한 정치 실세였다. 이런 계씨의 밑에서 가신으로 있는 제자들이 전쟁 모의에 가담한 사실을 알고, 공자가 심각하게 꾸짖는 장면이다. 내용의 핵심은 계손씨를 비롯한 세 가문의 세력이 비대하게 되는 것을 경계하는 것이며, 거기에는 노나라 임금을 중심으로 정치가 안정될 것을 바라는 염원도 담겨 있다.

공자는 군사와 무력을 통해 나라 문제를 해결하는 것에 반대했다. 공자의 일관되게 인의(仁義)와 예악(禮樂)을 중심으로 도덕적이고 인도적으로 문제를 해결하려고 한다.

7. 효도와 우애가 정치의 기초이자 밑천이다

어떤 사람이 공직에 있지 않은 공자에게 물었다.

"선생은 어찌하여 정치를 하지 않는가요?"

공자가 말했다.

"『서경』에 이런 말이 있습니다. '부모에게 효도하고 또 효도하라. 형제 자매 사이에 우애롭게 하라. 이 효도와 우애가 정치에 반영된다.' 이렇게 보면 효도하고 우애하는 일이 바로 정치입니다. 어찌 공직에 나가 벼슬하는 것만이 정치이겠습니까?"

원 문

或謂孔子曰, 子奚不爲政. 子曰, 書云孝乎, 惟孝友于兄弟, 施於有政, 是亦爲政, 奚其爲爲政. -「爲政」21

교육지평

유학에서 정치는 일상생활 속에 있다고 본다. 정치가 중앙의 군주를 비롯하여 관리들만의 전유물이 아니라, 모든 사람들의 인간관계에 스며들어 있다는 사고다. 효도와 우애 가운데 정치의 근원이 담겨 있고, 모든 생활을 바르게 하는 게 정치의 목적이다.

그래서 정치(政治)에서 '정(政)'을 올바름을 의미하는 '정(正)'으로 풀이하는 경우가 많다. 정치는 정의를 베푸는 일에 불과하다.

어떤 사람이 공자에게 왜 정치를 하지 않으냐고 물어봤는데, 공자가 꼭 어떤 관직을 가지고 있는 것만 정치를 하는 것이 아니라, 자신의 사상이 관직을 가진 사람에게 영향을 주는 것도 정치를 하는 하나의 방식이라고 했다.

공자는 가족 내에서의 효도와 우애를 정치로 연결시킨다. 부모에게 효도하고 형제들과 우애를 잘 나누는 인재를 국가에서 선발해야 한다고 주장한다. 효는 충의 기초이므로 효성스런 마음을 가지고 정치를 하면 자연스럽게 국가의 일에 충실하게 된다.

8. 북극성과 별자리를 정치에 비유하다

정치는 덕을 가지고 해야 한다. 그것은 북극성과 별자리의 관계에 비유할 수 있다. 북극성은 늘 그 자리를 지키고 있고, 여러 별들은 손을 맞잡고 절을 하듯이 북극성을 따른다. 정치는 이와 같아야 한다.

원 문

爲政以德, 譬如北辰. 居其所, 而衆星, 共之. - 「爲政」 1

교육지평

정치를 의미하는 정(政)은 현대적 의미에서는 정치인들의 정치 행위를 떠올리게 한다. 그러나 정(政)은 앞에서도 언급한 것처럼, 모든 일에서 비뚤어진 것을 바르게 하는 정(正)을 행하는 작업으로 부정을 바로잡는 근간이 된다. 곧은 마음으로 언행을 바르게 하여 정상으로 회복하는 일다.

공자는 윤리 도덕교육을 통해 나라를 다스릴 것을 주장한다. '인정(仁政)'을 실행해서 사람들이 진심으로 믿고 복종해야 민심을 얻을 수 있다. 이는 인덕(仁德)이 정치에서 핵심적 역할임을 강조한 것이다.

9. 올바른 정치를 생각하다

진나라의 대부 필힐이 공자를 초빙하자 공자가 가려고 했다.

자로가 말했다.

"예전에 제가 선생님이 하신 말씀을 들은 적이 있습니다. '몸소 착하지 않은 짓을 하는 그런 사람들 속에 도덕성을 갖춘 인격자가 포함되지는 않는다.'라고요. 그런데 지금 필힐이 중모 지역에서 반란을 일으켰는데 선생님께서 거기에 가시려고 하니, 어찌된 일입니까?

공자가 말했다.

"그래, 그렇다. 하지만 이런 말을 한 적도 있다. '단단하다고 하지 않겠는가? 아무리 갈아도 닳지 않으니! 희다고 하지 않겠는가? 아무리 물들여도 검어지지 않으니! 내 어찌 표주박과 같겠는가? 어찌 공중에 매달려 있기만 하고 먹지도 못하는 것이겠는가?"

원   문

佛肸召, 子欲往. 子路曰, 昔者, 由也聞諸夫子. 曰親於其身, 爲不善者, 君子不入也. 佛肸以中牟畔, 子之往也如之何. 子曰, 然. 有是言也. 不曰堅乎, 磨而不磷. 不曰白乎, 涅而不緇. 吾豈匏瓜也哉, 焉能繫而不食. -「陽貨」8

교육지평

공자의 정치 참여 의지가 강하게 드러나는 구절이다. 얼핏 생각하면, 유학자들은 혼란한 시기에는 정치를 하지 않고, 한 발짝 뒤로 물러나 적절한 시기를 기다리는 것처럼 보이기도 한다. 그러나 공자의 생각은 그런 안일한 자세에서 벗어나 오히려 현실적이고 적극적이다.

유학의 원칙은 혼란하고 무질서한 세상을 착한 세계로 개혁하는 작업이다. 때문에 학문과 도덕성을 갖춘 지도적 인물들이 이런 사업에 많이 참여해야 한다. 악한 인간을 선한 인간으로 변화시키고, 그릇된 정치는 올바른 정치로 변화시켜야 한다. 이것이 유학의 지향점이다. 공자도 정치인으로 등용되어 직접 현실정치에 참여하고 싶은 욕심은 이런 사유에서 유래한다.

10. 예의를 정치에 적용하고 정치를 조율하다

예의를 어떻게 정치에 적용할 것인가? 예의를 지키고 실천할 때 부드럽
게 받아주고 궁색하게 굴지 않는 것이 핵심이다. 과거의 지도자들은 그것
을 아름답게 여겼고, 크고 작은 정치를 모두 이에 따라 처리했다. 그러나
그것이 지나치면 정치가 잘 안 풀릴 때도 있다. 왜냐하면 예의를 정치에
적용하는 것이 중요함을 알고 그것을 적용하되, 다시 예의로 정치를 조절
해야 하기 때문이다.

원 문

禮之用, 和爲貴. 先王之道, 斯爲美. 小大由之, 有所不行. 知和而和, 不以禮
節之, 亦不可行也. -「學而」12

교육지평

공자의 제자인 유약이 '예의를 정치에 적용하는 문제'에 대해 말한 구절이다. 동양
사회에서 예의는 매우 중요한 삶의 양식이다. 주자에 따르면, 예의는 '엄숙하면서도
태연하며, 부드러우면서도 절도가 있다. 이는 사람과 사람 사이의 관계에서 자연스럽
게 발생한다.'

예의는 일상에서 예절이라는 말로 많이 쓰이는데, 예절은 모든 사람이 자신의 자리
에서 역할과 기능을 확인하고 분수에 맞게 행동하는 일종의 질서 규범이다. 특히, 화
해(和諧)를 주축으로 하는 예 사상은 유학이 강조하는 윤리·정치·사회 법칙으로 나라
를 다스리고, 국가의 안전을 유지하는 데 긍정적인 의미가 있다. 예의를 전제로 화해
를 추구하기에, 정치 실천에서 의견이 서로 일치하는 점은 취하고, 서로 다른 점은 잠
시 보류하기도 한다.

11. 자신을 바탕으로 타인을 고려하다

자공이 물었다.

"세상 사람들에게 널리 은혜를 베풀어 그들을 구제할 수 있다면 어떻습니까? 마음을 열고 사람들을 다스렸다고 할 수 있습니까?"

공자가 말했다.

"어찌 마음을 열고 다스렸다고만 하겠는가! 마음을 열고 정치적 능력을 발휘한 사람으로서 최고의 경지에 이르렀다고 해야 하리라! 최고의 지도자로 추앙받는 요임금이나 순임금 같은 분들도 그렇게 하지 못함을 고민했다. 마음을 열고 정치를 하는 사람은 자기가 서고 싶으면 남도 세워 주고, 자기 앞을 트고 싶으면 남의 앞길도 터 준다. 가까이 있는 자신의 처지를 바탕으로 남의 입장을 알아차릴 때, 그것이 바로 마음을 열고 정치를 실천하는 방법이리라."

원   문

子貢曰, 如有博施於民而能濟衆, 何如. 可謂仁乎. 子曰, 何事於仁. 必也聖乎. 堯舜, 其猶病諸. 夫仁者, 己欲立而立人, 己欲達而達人. 能近取譬, 可謂仁之方也已. - 「雍也」 28

교육지평

유교의 핵심 개념인 마음을 열고 사람을 사랑하는 양식인 '인(仁)'을 잘 보여 주는 대목다. 인은 한글로 '어질다'라는 뜻인데 '모질다'의 상대어다. 이는 '열린 마음'이나 '인간 사랑'으로 독해할 수 있는데, 열린 마음으로 정치를 실천하는 일은 은혜를 베풀어 많은 사람을 구제하는 작업과 상통한다. 은혜를 베푸는 일은 다양하지만, 『맹자』의 경우, 50세가 되면 비단 옷을 입게 하고 70세가 되면 고기반찬을 먹을 수 있게 하는 정치가 하나의 사례다.

인덕은 자신의 욕구나 욕망을 바탕으로 상대방을 고려(consideration)하고 배려(caring)할 때 싹튼다. 정치지도자가 국민을 향해 응대하는 일종의 보살핌이고 돌봄이다. 작은 일로 말하면 사람이 혼자 잘 살기 위해 자신의 기쁨과 행복으로 다른 사람에게 고통과 피해를 주면 인과 덕을 갖춘 사람이 아니다. 큰 차원으로 말하면 한 나라의 통치자가 혼자만 잘 살고 백성들의 삶에 대해 신경을 쓰지 않으면 '인정(仁政)'이라고 할 수 없다.

12. 괴이한 일을 말하지 않다

괴이한 일, 폭력, 난동, 귀신에 관해 심각하게 말하거나 논의하지 않는다.

원 문

不語怪力亂神. - 「述而」 20

교육지평

누차에 걸쳐 강조했지만, 유학은 일상의 윤리이자 교육이며 철학이다. 따라서 불가사의한 일보다는 평범한 일, 폭력적이고 무력적인 것보다는 도덕적인 일, 어지러운 것보다는 질서정연하게 다스려지는 일, 헤아리기 어려운 귀신의 일보다는 분명하게 파악되는 사람의 일을 깊이 있게 이야기한다.

이치에 바르지 않거나 쉽게 밝히기 어려운 일에 대해 경솔하게 말하는 것을 경계한다. 그러므로 공자가 논의하는 것도, 인의(仁義)와 도덕 그리고 윤리 교육을 통해 세상을 다스리는, 정치에 관한 문제들이다.

13. 보편적인 도리에 따라 살다

사람들은 그 사회가 보편적으로 인정하는 올바른 도리를 따라 잘 살면 된다. 삶의 깊은 도리를 알지 못해도 괜찮다.

民, 可使由之, 不可使知之. -「泰伯」9

보통 사람은 각 분야의 전문가에 비해 지식수준이 높거나 깊지 않다. 그런 사람들에게 심오한 형이상학적 이론이나 특정한 전문성을 요구하는 것 자체가 무리다. 그렇다고 해서 그들에게 능력이 없는 것은 아니다. 나름대로의 장점과 능력으로 각자 부여받은 임무를 수행한다.

그러하기에 삶의 도리를 알지 못해도 된다는 말은 결코 아니다. 삶의 도리라는 이론적 배경이 중요한 것이 아니라 그들이 잘 살아갈 수 있는 사회 제도적 장치와 실행이 중요하다. 이처럼 공자가 말하는 인간사랑, 국민사랑, 혹은 시민사랑에 해당하는 애민(愛民)은 그들의 삶에 순탄하게 맞도록 하는 사랑의 정신이지, 그들을 혼란스럽고 헷갈리게 만드는 형이상학적 오묘한 정신 경기를 말하는 것이 아니다.

14. 인재를 중시하다

순임금은 훌륭한 신하 5명을 거느리고 세상을 다스렸다.

무왕이 말했다.

"나에게는 잘 다스리는 신하 10명이 있다."

공자가 말했다.

"인재를 얻기가 어렵다. 그렇지 않은가? 요임금이나 순임금 시대 이후로 주나라 때에 훌륭한 인재가 가장 많았다. 그런데 순임금 때보다 무왕때의 신하가 2배로 많기는 하지만, 10명 가운데 여자 한 사람이 끼어 있었으니 결국 9명뿐이었다. 문왕은 세상의 2/3를 차지하여 권력을 잡을 수있었지만, 여전히 은나라에 복종하고 은나라 주를 섬겼다. 그러니 이후에세워지는 주나라의 덕이 참으로 지극하도다."

원 문

舜有臣五人而天下治. 武王曰, 予有亂臣十人. 孔子曰, 才難, 不其然乎. 唐虞之際, 於斯爲盛, 有婦人焉, 九人而已. 三分天下, 有其二, 以服事殷, 周之德, 其可謂至德也已矣. -「泰伯」20

교육지평

정치에서는 '인사(人事)가 만사(萬事)'라고 한다. 이 구절은 세상을 다스리면서 덕망있는 인재를 얻기가 어려움을 비유한 것이다.

요임금이나 순임금 때는 인재가 많아 나라를 잘 다스릴 수 있었다. 주나라 때도 인재가 많다고 하지만, 문화 제도가 복잡해진 만큼 그 규모에 맞는 인재를 찾기는 쉽지않았다. 대신, 공자는 문왕과 무왕의 덕망이 그것을 상당 부분 보완하는 차원에서, 그들의 정치적 덕망을 칭송했다.

한나라의 시조인 유방의 경우에도 인재를 매우 중시했다. 어느 날 유방이 군영에서 쉬고 있는데, 병사가 밖에서 어떤 문인(文人)인 지식인이 만남을 청한다고 보고했다.

유방이 병사에게 다음과 같이 말하며 그 문인을 보내라고 했다.

"지금 한창 전쟁 중인데 문인이 무슨 쓸모가 있는가? 무인(武人)인 장수가 필요하지!"

그러나 그 문인은 마구잡이로 군영으로 들어와서 유방에게 물었다.

"당신은 왜 문인 지식인을 무시합니까?"

유방이 말했다.

"나는 말을 타고 전쟁을 하며 세상을 얻었습니다.!"

문인이 그 말을 되받아쳤다.

"그래요? 무력으로 세상을 얻었는데, 또 무력으로 나라를 다스리려고 합니까?"

이에 유방은 크게 깨닫고, 그 문인에게 사과한 후, 상빈(上賓)으로 모셨다. 항우를 물리치고 황제가 된 후, 유방이 신하들에게 물었다.

"여러분은 내가 왜 항우를 이길 수 있었다고 생각합니까?"

그리고는 차근차근 답해 주었다.

"나는 항우보다 강하지 않지만, 인재를 쓸 줄 압니다. 전략을 세우는 데 나는 장량 (張良)보다 못하고, 정치를 하는 데 나는 소하(蕭何)보다 못하며, 직접 싸울 때는 나는 한신(韓信)보다 못합니다. 그러나 항우에게는 책사인 범증(范增)만 있지 않았습니까? 게다가 항우는 범증의 말조차도 제대로 듣지 않았습니다. 인재들의 말에 귀 기울이십시오! 그것이 내 승리의 원동력입니다."

15. 절약과 검소를 말하다

노나라 사람이 재물을 보관하는 '장부'라는 창고를 만들었다.

그러자 민자건이 말했다.

"이전부터 있던 창고를 그냥 쓰면 어떤가? 반드시 고쳐 지을 이유가 있는가?"

이에 공자가 말했다.

"저 사람은 평소에 말이 없는 사람이다. 말을 하면 반드시 이치에 맞게 한다."

원 문

魯人爲長府. 閔子騫曰, 仍舊貫如之何, 何必改作. 子曰, 夫人, 不言. 言必有中. -「先進」13

교육지평

이 구절에서 민자건의 우려는 다음과 같은 것이었다. '창고를 고쳐 지으면 사람을 동원하여 힘들게 하고 공공의 재물도 축나게 할 수 있다. 가능하다면 예전에 쓰던 그대로 유지하는 것이 낫다.' 공자는 절약하고 검소한 생활을 하는 '절검(節儉)'을 숭상하고, 백성의 힘을 아껴가는 일 등을 인정(仁政)의 중요한 내용이라고 본다.

춘추시대 제나라의 재상이었던 안영(晏嬰)에게서도 그런 사례를 엿볼 수 있다. 안영이 어느 날 집에서 식사하고 있는데 갑자기 경공(景公)이 보내온 사람이 방문했다. 안영은 손님이 아직 식사를 하지 않은 것을 알고, 자기가 먹던 밥의 절반을 나누어 드렸다. 밥을 나누다 보니, 결국 손님과 안영의 식사량이 둘 다 모자라게 되었다.

손님으로 왔던 신하가 조정으로 돌아가 경공에게 정황을 보고했다. 경공은 이 소식을 듣고 감탄했다.

"안영의 집안이 이렇게 가난함을 알지 못한 것은 나의 잘못이다!"

그리고는 바로 사람을 보내 안영에게 재물과 토지를 보내 주었는데, 안영이 이를 거절했다. 경공은 안영이 돈도 땅도 받지 않는 것을 보고, 신하에게 수단방법 가리지 말고 안영을 설득하라고 했다. 그러나 안영은 자신이 지위가 높아서 더욱 소박하게 살아야 하며, 그렇게 해야 다른 신하들에게 모범이 되어 청렴하게 관료 노릇을 할 수 있다고 했다. 아무리 설득해도 안영이 재물과 토지를 받지 않자, 경공의 명령이라 받지 않는다고 우기면 경공이 질책할 것이라고 했다.

그러자 안영은 직접 경공을 찾아뵙고 감사의 마음을 표현했다.

"저희 집안은 가난하지 않습니다. 군주 덕분에 저희 친족들과 친구들이 많은 은혜를 받았습니다. 더 이상 저에게 재물과 토지를 내려 주지 않아도 됩니다. 이 재물과 토지를 백성들에게 주십시오.!"

그 후에도 안영은 평생을 소박하게 살았으며, 제나라 사람에게 모범이 되었다.

16. 도와 예를 기준으로 삼다

임금을 무시하고 전횡을 일삼았던 계강자의 친척인 계자연이 공자에게 물었다.

"당신의 제자인 자로나 염구는 장관급에 속하는 대신이라 할 수 있을까요?"

공자가 말했다.

"나는 당신이 좀 색다른 질문을 할 줄 알았는데, 고작 자로와 염구에 대해 묻는군요. 장관급에 속하는 대신은, 바른 도리로 임금을 섬기고 그렇지 못하면 물러나는 사람을 말합니다. 지금 자로나 염구는 당신의 가신으로 볼 수 있겠지요? 가신의 숫자나 채우는."

계자연이 또 물었다.

"그렇다면, 주인이나 윗사람에게 순종하는 사람들입니까?"

공자가 말했다.

"아비나 임금을 죽이려고 한다면, 하자는 대로 하지는 않을 것입니다."

원 문

季子然問, 仲由冉求, 可謂大臣與. 子曰, 吾以子爲異之問, 曾由與求之問. 所謂大臣者, 以道事君, 不可則止. 今由與求, 可謂具臣矣. 曰然則從之者與. 子曰, 殺父與君, 亦不從也. -「先進」23

교육지평

계자연은 노나라의 무도한 정치 실권자인 계씨의 친인척이다. 자로와 염유는 정치에 관심이 많았으므로, 당시 정치 실권자인 계씨 집안에서 일을 했다.

공자의 대답에는 당시 임금을 무시하고, 정치적 실권을 잡은 계씨 집안의 무도함을 꾸짖는 동시에, 자로를 비롯한 여러 제자들도 인의(仁義)에 의한 도덕 정치를 할 수 있도록, 더욱 굳건하게 깨닫기를 바라는 마음이 담겨 있다.

물론, 공자가 추구하는 여러 교육방식과 동일하지는 않지만, 현대 교육적 의미에서 보면, 공자는 자로나 염구에게 계씨 집안의 정치적 지위를 비판하고 정당한 정치를 펼수 있도록 제자들에게 의식화 교육을 실시하고 싶었을지도 모른다. 의식화 교육은 인간이 자신이 처한 상황을 문제 상황으로 인식하고 비판적으로 사고하게 한다. 그리하여 현실을 주어진 대로 받아들이지 않고, 그 상황의 모순과 자신이 처한 위치를 정확하게 인식하게 하는, 비판적 의식화의 힘을 발달시킨다. 공자의 눈에는 계씨 집안의 가신 노릇을 하는 자로와 염구가 계씨의 정치적 행태를 적극적으로 비판할 수 있기를 바랐을 것이다.

17. 존경과 용서로 인을 말하다

중궁이 마음을 열고 인간을 사랑하는 일이 어떠한 것인지 물었다.

공자가 말했다.

"문밖에 나서 사람을 만나면 귀한 손님을 뵙는 듯이 하고, 사람에게 어떤 일을 시킬 때는 큰 제사를 모시듯이 해야 한다. 내가 하고 싶지 않은 것을 남에게 강요하지 마라! 그래야 국가적 차원에서도 원망을 듣지 않고, 집안의 차원에서도 원망을 듣지 않게 될 것이다."

원 문

仲弓問, 仁. 子曰, 出門如見大賓, 使民如承大祭. 己所不欲, 勿施於人. 在邦無怨, 在家無怨. -「顏淵」2

교육지평

공자는 마음을 열고 인간을 사랑하는 마음, 그 기준을 '존경'과 '용서'에 두었다. 내가 존경하는 마음을 간직하고, 상대에게 용서하는 마음이 미치면, 이기적인 욕심이 자리할 곳이 없다. 그것은 자기 충실과 타자 배려에서 나온다. 사사로운 욕심을 온전하게 없애나갈 때, 마음이 열리고 포용력이 생긴다.

공자는 마음을 열고 사람을 사랑하는 양식으로서 인(仁)에 대해, 두 가지 내용으로 설명했다. 하나는 제자들이 임금을 보좌하거나 백성을 관리할 때, 항상 엄숙하고 진지하게 해야 한다는 것이고, 다른 하나는 넓은 마음으로 사람을 대하고, 자기가 하고 싶지 않은 것을 다른 사람에게 강요하면 안 된다는 것이다.

18. 정치에서는 신뢰가 가장 중요하다

자공이 정치에 대해 물었다.

공자가 말했다.

"식량을 풍족하게 만들고, 국방을 튼튼하게 하며, 국민이 정부를 믿고 따를 수 있도록 하는 것이다."

자공이 보다 구체적으로 물었다.

"부득이 하게, 이 셋 가운데 한 가지를 포기해야 할 상황이 발생한다면, 어느 것을 먼저 버려야 합니까?"

공자가 말했다.

"군비를 감축해야 한다."

자공이 다시 캐물었다.

"부득이 하게, 나머지 둘 가운데 한 가지를 포기해야 할 상황이 발생한다면, 어느 것을 버려야 합니까?"

공자가 말했다.

"식량을 충족하는 정책을 재고해야 한다. 옛날부터 사람은 모두 죽기 마련이다. 하지만, 국민들에게 믿음을 주지 못하면 정부는 지탱될 수 없다."

원 문

子貢問, 政. 子曰, 足食, 足兵, 民信之矣. 子貢曰, 必不得已而去, 於斯三者, 何先. 曰去兵. 子貢曰, 必不得已而去, 於斯二者, 何先. 曰去食, 自古皆有死, 民無信不立. -「顏淵」7

교육지평

정치를 할 때 민생과 국방, 그리고 국민의 신뢰 가운데 신뢰가 가장 중요함을 말한 구절이다. 경제가 활력을 찾고 국민들이 서로 믿고 존중하면, 군대가 없어도 나라를 굳게 지킬 수 있다는 의미다.

사람은 양식이 없으면 궁극적으로는 죽게 된다. 양식이 풍족하건 그렇지 않건, 모든 사람은 죽음을 피할 수 없다. 하지만 신뢰가 없다면 산다고 하더라도 자립할 수 없기 때문에, 죽어 편하게 지내는 것만 못하다.

죽을지언정 국민들의 신뢰를 잃지 않아야 진정한 정치라고 할 수 있다. 백성들이 통치자에 대한 믿음이 없으면 나라는 지속적으로 존재할 수 없다.

19. 국민의 삶을 넉넉하게 하다

노나라 애공이 유약에게 물었다.

"흉년이 들어 국가 재정이 부족한데 어떻게 하면 좋겠습니까?"

유약이 대답했다.

"왜 1/10을 받는 세법을 쓰지 않으십니까?"

애공이 말했다.

"2/10를 받는 세법으로도 모자라는데 어떻게 1/10을 받는 세법을 쓰겠습니까?"

유약이 말했다.

"백성들이 넉넉하게 잘 사는데 어떻게 임금이 쪼들리는 생활을 할 수 있겠습니까? 백성이 쪼들리는 생활을 하는데 어떻게 임금이 넉넉할 수 있겠습니까?"

원 문

哀公問於有若曰, 年饑用不足, 如之何. 有若對曰, 盍徹乎. 曰二吾猶不足, 如之何其徹也. -「顔淵」9

교육지평

유약은 공자의 제자로 앞에서도 언급된 유자이다. 애공은 세금을 더 거두어 국가 재정을 풍족하게 만들려고 하고, 유약은 세금을 덜 거두라고 충고하는 듯하다. 유약은 국가 지도자에게 서민 생활의 안정과 활성화를 고려하고, 자신의 사치와 낭비를 절제하라고 염려한다.

유학이 추구하는 경제 사상의 핵심은 국민들이 잘살게 하는 '부민(富民)'이다. 당시 노나라가 시행했던 전세(田稅)는 20%의 세율을 부과했지만, 나라의 경제 형편은 여전히 어려웠다. 이에 유약은 전세의 세율을 줄이고 10%만 세금을 걷자고 제안하여, 백성의 경제적 부담을 줄이려고 했다. 왜냐하면 백성들의 살림살이가 풍족하게 되면 나라 살림도 가난하지 않고 풍족해질 수 있다고 믿었기 때문이다.

20. 정치인이건 국민이건 명분을 다해야 한다

제나라 경공이 공자에게 정치에 대해 물었다.

공자가 대답했다.

"임금은 임금다워야 하고, 신하는 신하다워야 하며, 부모는 부모다워야 하고, 자식은 자식다워야 합니다."

경공이 말했다.

"좋은 말씀입니다. 임금이 임금답지 않고, 신하가 신하답지 않으며, 부모가 부모답지 않고, 자식이 자식답지 않으면, 창고에 곡식이 가득한들 내가 어찌 먹을 수 있겠습니까?"

원 문

齊景公問政於孔子. 孔子對曰, 君君, 臣臣, 父父, 子子. 公曰, 善哉. 信如君不君, 臣不臣, 父不父, 子不子, 雖有粟, 吾得而食諸. -「顔淵」11

교육지평

제나라 경공은 어리석고 무능하여, 현명한 재상이었던 안영의 도움을 받아 임금 자리를 유지할 수 있었다고 한다. 공자는 경공을 두 번 만나 조언을 했으나, 아무리 좋은 말을 해 주어도 실제 정치에서 그것을 응용하여 실천하지 못했다고 한다.

공자는 공공질서를 회복해야 국가를 정당한 이치로 통치할 수 있고, 사람과 사람 사이의 명분을 분명하게 정돈하는 것이 사회질서를 유지하는데 중요하다고 생각했다.

21. 법으로 모든 것을 처리할 수는 없다

송사를 듣고 재판하는 것은 나도 남들과 마찬가지다. 하지만 나는 반드시 송사 자체를 없게 하려고 한다.

원   문

聽訟, 吾猶人也. 必也使無訟乎. - 「顔淵」13

교육지평

인생에서 벌어지는 모든 문제를 법으로만 처리할 수는 없다. 인생사의 제반 사항을 법으로 규정할 수도 없고 그래서도 안 된다. 때문에 예의와 도덕을 세워, 사람살이의 근본을 바르게 하고, 서로 배려하려는 노력이 중요하다.

공자의 견해는 송사를 통해 문제를 해결하기보다 송사를 하지 않고 문제를 해결하는 것이 더 아름답고 소중하다는 것이다. 이는 공자가 일관되게 주장해 온 덕치(德治)와 예치(禮治)의 정치사상과 상통한다.

22. 공무에는 충실하게 임해야 한다

자장이 정치에 대해 물었다.

공자가 말했다.

"공무원으로 관직에 있으면 절대 게을러서는 안 된다. 모든 일을 할 때 충실하게 진심으로 일해야 한다."

원 문

子張問政. 子曰, 居之無倦, 行之以忠. -「顏淵」14

교육지평

자장은 진나라의 천민 출신으로 공자보다 48세나 나이가 어렸다. 하지만 외모가 당당하고 기상이 넘쳐흘렀다고 한다. 그만큼 활동력이 왕성하다 보니 자칫하면 성실하지 못하고 근엄하지 못한 모습을 보여 주기 쉬웠다. 이런 특성을 지닌 제자 자장에게, 공자가 정치나 공직자로서의 자세를 일러 준 것이다.

23. 앞장서서 바르게 하다

계강자가 공자에게 정치에 대해 물었다.

공자가 대답했다.

"정치란 '바르게 한다'는 뜻입니다. 당신이 앞장서서 바르게 하면 누가 감히 바르게 하지 않을 수 있겠습니까?"

원 문

季康子問政於孔子. 孔子對曰, 政者, 正也. 子帥以正, 孰敢不正. -「顏淵」17

교육지평

계강자는 앞에서도 나온 인물로 당시 정치 실권자였다. 임금을 무시하고 권세를 부리며 무도한 인간으로 행세했다. 이에 공자가 다른 말 할 것 없이, 자신부터 똑바로 정치에 임하라고 일침을 가했다.

이러한 충고에도 불구하고 계강자는 개인적 이익과 탐욕에 빠져 올바른 정치를 행하지 못했다. 정치인이건 관리이건 일반 사람이건, '올바름(正)'을 생명으로 하여 살아야 한다. 공자는 관직을 맡은 공직자에게 매우 엄격했다. 우선 자신부터 올바른 자세로 복무해야 하고, 자신이 맡은 바를 다하며, 부하와 백성에게도 오로지 정도(正道)로써 행해야 한다.

24. 자신의 탐욕을 경계하다

계강자가 도둑이 많은 것을 근심하여 공자에게 그 대책을 물었다.

공자가 대답했다

"우선, 당신 스스로 탐욕을 부리지 마세요. 그러면 상을 준다고 해도 도둑질할 사람이 없을 것입니다."

원 문

季康子, 患盜. 問於孔子. 孔子對曰, 苟子之不欲, 雖賞之, 不竊. -「顔淵」18

교육지평

이 구절은 역사에 등장하는 정치권력 투쟁과 결부해 볼 필요가 있다. 『춘추좌전』애공 3년에 계강자가 왕위 계승 후계자 1순위인 적자 자리를 도둑질한 기사가 보인다. 당시 계손씨 집안의 주군은 계환자였다. 계환자는 병을 앓고 있었고, 총애하는 신하인 정상에게 자신의 후계자를 부탁했다. 계환자의 처인 남유자가 아들을 낳거든 자신의 뒤를 잇게 하고, 딸을 낳으면 할 수 없이 계강자에게 자리를 물려주라고 했다.

그러나 계강자는 계환자가 죽자 즉시 주군의 자리에 올랐다. 나중에 남유자가 아들을 낳았는데도 자리를 내주지 않고 자객을 시켜 계환자의 아들을 살해했다. 명색이 주군인 계강자가 이런 끔찍한 짓을 저지르는데, 일반 사람들이 도둑질을 안 하겠는가? 이에 공자가 본인 스스로 똑바로 정치에 임하라고 충고한 것이다.

이런 공자의 태도는 '정치의 도덕화'를 강조한다. 공자는 계강자에게 법으로 엄격하게 도둑질이란 범죄를 다스리라고 말한 것이 아니라, 덕치로 백성을 교육하고, 죄가 있으면 죄를 잘 다스리라고 말하고 있다.

25. 풀은 바람이 부는 대로 쏠린다

계강자가 정치에 대해 물으면서 공자에게 말했다.

"무도한 자를 사형에 처하고 백성들을 올바른 도리에 나아가도록 한다면 어떻습니까?"

공자가 대답했다.

"당신은 정치를 한다고 하면서 어찌 살인을 하려고 합니까? 정치지도자인 당신이 착하고자 하면 백성들도 착하게 됩니다. 훌륭한 정치지도자의 도덕성은 바람과 같고, 일반 국민들의 도덕성은 풀과도 같습니다. 풀은 바람이 불면 반드시 바람이 부는 대로 쏠리기 마련입니다."

원 문

季康子問政於孔子曰, 如殺無道, 以就有道, 何如. 孔子對曰, 子爲政, 焉用殺, 子欲善而民善矣. 君子之德, 風, 小人之德, 草. 草上之風, 必偃. -「顔淵」19

교육지평

일반 서민들은 정치지도자를 보고 배운다. 반드시 그렇지는 않을지라도, 윗사람이 착하면 아랫사람도 그것을 본받아 착해질 가능성이 높다. 그런데 악덕한 정치지도자인 계강자가 '무도한 사람을 사형시키면서 적절하게 착한 정치지도자로 변해가는 모습을 보여 주면 백성이 따를 것 아니냐.'라고 당당하게 말하자, 공자가 바람과 풀을 비유로 핀잔을 준 구절이다. 정치지도자는 그 사회의 풍속에 큰 영향을 미치기 때문에 스스로의 행동을 조심해야 한다.

26. 마음을 열고 지혜를 펼치다

번지가 열린 마음이 무엇인지에 대해 물었다.

공자가 말했다.

"사람을 아끼고 사랑하는 일이다."

번지가 안다는 것이 무엇인지에 대해 물었다.

공자가 말했다.

"사람을 알아보는 일이다."

번지가 무슨 말인지 그 뜻을 깨닫지 못했다.

공자가 다시 말했다.

"정직한 사람을 등용하여 부정을 저지르는 사람들 위에 앉히면, 부정을 저지르는 사람들도 정직한 사람으로 바뀔 수 있다."

번지가 물러나와 자하를 보고 말했다.

"지난번에 제가 선생님을 뵙고, 앎에 대해서 물었는데, 선생님께서 '정직한 사람을 등용하여 부정을 저지르는 사람들 위에 앉히면, 부정을 저지르는 사람들도 정직한 사람으로 바뀔 수 있다.'라고 했습니다. 이 무슨 뜻입니까?"

자하가 말했다.

"그 말씀은 참으로 풍부한 뜻을 지니고 있습니다. 순임금이 세상을 다스리게 되자, 여러 사람 중에서 현명한 신하인 고요를 등용했습니다. 그러자 무도하고 악한 무리들이 자취를 감추게 되었습니다. 은나라를 세운 탕 임금이 세상을 다스리게 되자 여러 사람 중에서 현명한 신하인 이윤을 등용했습니다. 그러자 무도하고 악한 무리들이 자취를 감추게 되었습니다."

樊遲問仁. 子曰, 愛人. 問知. 子曰, 知人. 樊遲未達. 子曰, 擧直錯諸枉, 能使
枉者直. 樊遲退, 見子夏曰, 鄕也, 吾見於夫子而問知. 子曰, 擧直錯諸枉, 能使枉
者直, 何謂也. 子夏曰, 富哉, 言乎. 舜有天下, 選於衆, 擧皐陶, 不仁者, 遠矣. 湯
有天下, 選於衆, 擧伊尹, 不仁者, 遠矣. -「顔淵」22

이 구절은 스승 공자의 가르침에 대한 제자의 태도를 간략하게 보여준다. 제자 번
지는 스스로 자신의 이해력이 떨어진다는 사실을 인식하고 있었던 것 같다. 그러니까
선생님 앞에서 물러나와, 다시 동문수학하고 있던 자하에게 묻고 깨우치기 위해 애쓰
는 모습을 볼 수 있다.

공자는 마음을 열고 인간을 사랑하는 인(仁)을 중심 사상으로, 중국 고대의 인문 정
신을 표출했다. 그리고 지혜[智]에 관해 공자는 사람을 이해하고 현명한 인재를 선발
하며 나쁜 사람을 내쫓아야 한다고 했다. 문제는 역사적으로 수많은 현명한 인재들이
등용되지도 않았을 뿐만 아니라, 어떤 때는 탄압을 받으며 희생을 강요당하기도 했다.
어쩌면 인(仁)과 지(智)를 행하는 것이 그만큼 어렵기 때문에, 유학에서 윤리 도덕 교
육의 핵심 내용으로 인과 지를 설정했을 수도 있다.

27. 직무를 게을리 하지 않다

자로가 정치에 대해 묻자 공자가 말했다.

"정치지도자 본인이 앞장서서 일하고 몸소 수고해야 한다."

자로가 "더 자세히 말씀해 주십시오."라고 하자, 공자가 말했다.

"자기가 맡은 직무를 게을리 하지 마라!"

원 문

子路問政. 子曰, 先之勞之. 請益曰, 無倦. -「子路」1

교육지평

이 구절은 정치를 비롯한 모든 일에서 지도자의 솔선수범과 노력이 중요함을 강조하고 있다. 특히, 자신의 본분과 역할을 충실히 이행하면서 싫증을 내거나 게으름을 피우지 말라는 정치지도자로서의 프로 정신을 요청한다. 국가를 잘 다스리기 위해서는, 우선 정치지도자가 모범을 보여 백성이 지켜야 할 규범을 만들고 스스로 윤리 도덕의 수준을 올려야 한다.

28. 인재를 먼저 등용하다

중궁이 계강자의 측근이 되어 공자에게 정치에 대해 물었다.

공자가 말했다.

"먼저, 일을 담당한 사람에게 일처리를 하게 하라. 조그마한 잘못은 관대하게 용서해 주고 현명한 인재를 등용해야 한다."

중궁이 다시 물었다.

"어떻게 현명한 인재인지를 알고 그를 등용합니까?"

공자가 말했다.

"자네가 잘 아는 현명한 인재를 먼저 등용하면, 자네가 모르는 현명한 인재를 다른 사람들이 내버려두겠는가!"

원　문

仲弓爲季氏宰問政. 子曰, 先有司, 赦小過, 擧賢才. 曰焉知賢才而擧之. 曰擧爾所知, 爾所不知, 人其舍諸. -「子路」2

교육지평

중궁은 공자의 제자 염옹인데, 높은 도덕성은 갖추었으나 말재주가 없었다고 한다. 공자가 추천하여 계강자의 가신이 되었고, 모든 가신을 총괄하는 높은 자리에까지 이르렀다. 높은 자리에 오른 만큼 그에 맞는 정치지도력을 발휘해야 하는데, 현명한 인재를 어떻게 발굴해야 하는지, 방법을 잘 몰라 공자에게 자문을 구했다.

정치를 실제로 담당하는 정치지도자는 반드시 아래에 있는 사람에게 솔선수범하는 자세를 보여야 하며, 중요한 것은 총명한 인재를 선발하여 그들이 각각 직분을 다할 수 있게 챙겨야 한다.

29. 정치적 명분을 바로 세우다

자로가 물었다.

"위나라 임금이 선생님을 모셔다가 정치를 맡기면, 선생님께서는 제일 먼저 무엇을 하시겠습니까?"

공자가 말했다.

"반드시 명분을 바로잡을 것이다."

자로가 말했다.

"그럴 필요가 있을까요? 선생님께서는 현실을 제대로 파악하지 못한 것 같습니다. 당장 할 일도 많은데, 왜 먼저 명분을 바로잡으려고 하십니까?

공자가 말했다.

"자로 자네, 참으로 무식하고 무례하구만! 정치지도자는 자기가 모르는 일에 대해서는 입을 다물고 있어야 한다. 명분이 바로서지 않으면 말이 순리대로 통하지 않고, 말이 순리대로 통하지 않으면 일이 이루어지지 않는다. 일이 이루어지지 않으면 예악이 흥성하지 않고, 예악이 흥성하지 않으면 형벌이 알맞지 않으며, 형벌이 알맞지 않으면 백성들이 어떻게 행동해야 할지 모르게 된다. 그러므로 정치지도자는 명분을 세우고, 반드시 그것을 말로 할 수 있게 해야 한다. 또한 말한 것은 반드시 실천할 수 있게 해야 한다. 정치지도자는 말로 표현하거나 명분을 밝힐 때, 조금도 소홀하지 않고 엄정해야 한다."

원 문

子路曰衛君, 待子而爲政, 子將奚先. 子曰, 必也正名乎. 子路曰, 有是哉, 子之迂也, 奚其正. 子曰, 野哉, 由也. 君子於其所不知, 蓋闕如也. 名不正則言不順,言不順則事不成, 事不成則禮樂不興, 禮樂不興則刑罰不中, 刑罰不中則民無所措手足. 故君子名之, 必可言也, 言之必可行也. 君子於其言, 無所苟已矣. -「子路」3

교육지평

공자의 제자 가운데 자로는 공자보다 9세 정도 나이가 적은 수제자 격으로, 용감하고 의리를 잘 지키는 강직한 성격의 소유자다. 자로는 당시 위나라 출공 첩의 밑에서 관직을 하고 있었다. 첩은 아버지 괴외를 배척한 불효자식이었다. 임금이 되어서는 안 되는 존재가 임금이 되었다. 때문에 자로가 그런 위나라에서 정치를 한다고 가정했을 때, 공자는 최우선 과제로 명분을 바로잡는 일을 들었다. 그러다가 자로는 첩을 섬기는 것이 의리가 아닌 줄은 모르고, 난리를 피하지 않는 것이 의리인 줄로만 알다가, 난리에 휩싸여 죽게 된다.

정치가는 스스로 모범을 보여서 백성이 지켜야 할 모범을 만들어야 하며, 백성이 하고자 하는 일을 먼저 해야 한다. 명분을 바로 잡는 '정명(正名)'은 공자의 예의 사상의 하나로, 정명의 내용은 '임금은 임금다워야 하고, 신하는 신하다워야 하고, 부모는 부모다워야 하고, 자식은 자식다워야 하는 것'이다. 명분이 정당하면, 언행도 그 이치에 맞게 되어, 어떤 일이건 쉽게 풀릴 수 있다.

30. 정치지도자는 본분을 우선해야 한다

번지가 공자에게 "농사짓는 법을 배우고 싶습니다."라고 했다.

공자가 말했다.

"나는 늙은 농부만 못하다."

번지가 다시 "채소밭 가꾸는 법을 배우고 싶습니다."라고 했다.

공자가 말했다.

"나는 늙은 채소장이만 못하다."

번지가 나간 다음에 공자가 말했다.

"번지는 참으로 서민처럼 촌스럽구나! 정치지도자가 예를 좋아하면 서민들이 그를 공경하지 않을 리 없다. 지도자가 도의를 잘 지키면 서민들이 복종하지 않을 리 없다. 지도자가 신의를 잘 지키면 서민들이 성실하지 않을 리 없다. 이렇게 되면 세상 사람들이 어린 자식을 강보에 싸 업고 몰려들 것인데, 왜 정치지도자가 농사짓는 법을 배우려고 하는가?"

원 문

樊遲請學稼. 子曰, 吾不如老農. 請學爲圃. 曰吾不如老圃. 樊遲出, 子曰, 小人哉, 樊須也. 上好禮則民莫敢不敬. 上好義則民莫敢不服. 上好信則民莫敢不用情. 夫如是則四方之民, 襁負其子而至矣, 焉用稼. -「子路」4

교육지평

앞에서도 언급한 번지는 공자 제자 가운데 학문이나 지식이 상대적으로 부족한 사람이었다. 공자의 가르침은 주로 훌륭하고 교양 있는 사람, 이른바 정치지도자를 양성하는 내용인데, 번지가 곡물이나 채소 농사를 짓는 법에 대한 질문을 하자, 공자는 좀 당황한 듯하다.

그래서 자질이 좀 미치지 않기는 하지만, 번지에게도 지도자 수업에서 그 본질은 서민을 구제하는 데 있음을 인식하게 했다. 주의할 것은 공자도 결코 농사를 경시하지 않았다는 점이다. 단지 본분에 맞는, 농사보다 중요한 것을 강조했을 뿐이다.

공자는 정치지도자가 생활 속에서 사적인 일을 힘써 행하게 된다면, 이는 정치지도자의 본질을 버린 것으로 보았다. 이런 점에서 공자는 교육을 통해 노동자를 양성하기보다 지도자를 기르려는 목적을 지니고 있었다.

31. 훌륭한 지도자는 형벌을 쓰지 않는다

공자가 말했다.

"'훌륭한 지도자가 100년 동안 나라를 다스리면, 잔인하고 포악한 자들을 억누르고 살인을 막아 형벌을 쓰지 않아도 된다.'라고 했는데, 참으로 옳은 말이다."

원　문

子曰, 善人, 爲邦百年, 亦可以勝殘去殺矣. 誠哉, 是言也. -「子路」11

교육지평

역사적으로 볼 때, 아무리 훌륭한 정치지도자가 나라를 다스리더라도 세월이 흐르면 여러 상황에 의해 선과 악은 반드시 나타난다. 국가의 흥망성쇠도 선한 정치를 행하느냐? 악한 정치를 행하느냐?에 따라 좌우된다. 그 기간은 최소한 3대, 100년이 지속적으로 이어질 때 징조를 보인다고 한다.

이런 배경과 연관되는 표현으로 다음과 같은 것이 있다. 『주역』의 곤괘 문언전에 보면 '선을 쌓은 가문은 반드시 경사가 따르고 악을 쌓은 가문에는 반드시 재앙이 따른다.'고 했고, 『순자』「유좌」에는 '선을 행한 사람에게는 하늘이 복으로 보답하고, 악을 행한 사람은 하늘이 화로 갚아준다.'라고 했다.

훌륭한 정치지도자인 선인이 '덕치(德治)'를 이해할 때, 형벌을 없애는 것만이 능사인 것만은 아니다. 전국시대를 마감시켰던 진나라가 6개국을 통일한 후, 백성을 쉬지 못하게 하고 매년 전쟁을 일으켰다. 진시황은 말년에 의심이 많고, 폭정을 일삼았으며, 살인을 즐겼다고 한다.

전국을 통일한 후에도 여전히 잔혹한 법을 시행했고 유학이 중시하는 인의(仁義)의 정치를 시행하려 들지 않았다. 문(文)과 무(武)를 함께 써야 정치가 온전하게 되는 것을 이해하지 못했다. 뿐만 아니라 70여만 명을 동원하여 아방궁을 짓게 하고, 대량의 인력과 재력을 동원하여 여산릉을 만들면서, 빈번하게 전쟁을 일으켰다. 이에 관료 체계가 무너지고 정치적 기초가 흔들리기 시작하면서 진나라의 멸망은 가속화 되었다. 진승과 오광을 비롯하여 여러 사람에 의해 농민 반란이 일어났고, 얼마지나지 않아 진나라는 멸망했다.

32. 백성을 부유하게 한 다음 교육하다

공자가 위나라에 갈 때 염유가 수레를 몰았다.

공자가 말했다.

"아, 사람들이 많구나!"

염유가 물었다.

"이렇게 사람들이 많은데, 무엇을 해 주어야 합니까?"

공자가 말했다.

"서민들을 부유하게 만들어야 한다."

염유가 또 물었다.

"서민들이 부유하게 된 다음에는 무엇을 더 해 주어야 합니까?"

공자가 말했다.

"서민들을 교육해야 한다."

원　　문

子適衛, 冉有僕. 子曰, 庶矣哉. 冉有曰, 旣庶矣, 又何加焉. 曰富之. 曰旣富矣, 又何加焉. 曰敎之. -「子路」9

교육지평

유학에서 교육의 중요성을 보여주는 구절이다. 교육은 인구 증가와 경제적 부의 창출, 그 다음에 고민해야 하는 문화의 문제다.

유학에서 경제와 교육의 논리는 다음과 같다. 인구수가 아무리 많아도 부유하지 않으면 민생이 이루어지지 않는다. 그러므로 서민을 위한 정책을 바르게 하고 세금을 감면하여 서민을 잘살게 해야 한다. 경제적으로 부유하게 되었더라도 제대로 가르치지 않으면 짐승에 가까워지므로 반드시 서민을 교육하여 예의 있는 사회를 만들어야 한다.

이처럼 경제는 교육의 기초이고 교육은 사회를 지속하는 근원적 힘이다. 공자는 경제적으로 잘사는 국민으로서의 '부민(富民)'과 교육적으로 인격을 갖춘 국민으로서의 '교민(敎民)' 사상을 정치의 두 축으로 제시했다. 백성을 교육하는 일은 매우 중요한 의제이지만, 경제적 부유함이 그 이전에 실천되어야할 문제다. 즉 경제는 덕교(德敎)의 기초가 된다.

33. 자신을 바르게 하면 모든 일이 제대로 된다

지도자 자신이 바르면, 법령이나 명령을 내리지 않아도 모든 일이 제대로 행해진다. 지도자 자신이 바르지 못하면, 설사, 호령을 한다고 해도 서민들이 따르지 않는다. 지도자가 몸가짐을 바르게 하면 정치에 무슨 어려움이 있겠는가? 지도자가 몸가짐을 바르게 하지 못하면 어찌 다른 사람의 언행을 바르게 할 수 있겠는가?

원　문

其身正, 不令而行. 其身不正, 雖令不從. 苟正其身矣, 於從政乎, 何有. 不能正其身, 如正人何. -「子路」6, 13

교육지평

정치는 바르게 하는 일이라는 원리를 보다 분명하게 드러내는 구절이다. 정치지도자의 언행과 몸가짐, 역할과 태도가 서민들에게 정치적 행복감을 더해 주는 핵심 요소임을 확인할 수 있다. 정치가는 스스로 모범을 보여 규범을 만들어야 하며, 스스로를 엄하게 다스리지 않으면 아래 사람 또한 자신의 본분을 흐리게 된다.

나라를 다스리는 지도자에게 무엇보다도 자신의 몸가짐을 바르게 하는 일이 중요하다. 지도자가 갖추어야할 자질을 지도성, 혹은 리더십이라고 하는데, 유학에서 요구하는 지도자는 기본적으로 자신의 수양을 전제로 서민을 다스려야 한다. 몸가짐을 바르게 하는 것은 지도자로서의 덕, 윤리, 지식 등을 두루 갖추는, 일종의 지도자 교육이다.

34. 훌륭한 지도자가 다스리면 아름다운 나라가 된다

훌륭한 정치지도자가 다스리면, 반드시 30년 후에는 공평무사한 아름다운 나라가 된다.

원 문

如有王者, 必世而後仁. -「子路」12

교육지평

왕도 정치를 행하는 군주는 덕망을 갖춘 최고지도자다. 그런 훌륭한 지도자가 30년 동안 국가를 통치했을 때, 경제적으로 부유해지고, 교육적으로 예악이 갖춰지며, 사회 문화적 차원의 도덕질서가 잡힌 나라가 될 수 있다. 그러므로 유학에서는 최고지도자의 정통성과 도덕성은 늘 논쟁거리였다. 국가를 제대로 안정시키기 위해서는 100년의 시간이 지나야 이상적 경지에 도달할 수 있다고 한다. 하지만 훌륭한 정치지도자가 30년 가량 잘 다스리면 상당한 정도로 안정된 국가의 모습을 보일 수 있다.

35. 개인의 일은 지도자의 공적인 일이 아니다

염유가 조정에서 조금 늦게 퇴근했다.

공자가 물었다.

"자네, 오늘은 어찌하여 이렇게 늦었는가?"

염유가 대답했다.

"정치적인 문제가 있어 논의하느라 그랬습니다."

공자가 말했다.

"정치적인 문제라고 하는 것이 계씨의 개인적인 일 아닌가? 나라의 정치적인 일이라면 내가 등용되지는 않았지만, 나도 참여하여 들었을 것이다."

원 문

冉子退朝. 子曰, 何晏也. 對曰, 有政. 子曰, 其事也, 如有政, 雖不吾以, 吾其與聞之. -「子路」14

교육지평

염유가 조정에 근무할 때, 염유는 노나라의 정치 실권을 장악하고 있던 계씨의 가신이었다. 그러므로 염유가 늦게 까지 공적인 일을 보았다고는 하지만, 공자가 볼 때, 이는 분명 계씨의 개인적인 일을 논의한 것으로 추측되었다.

당시의 관례는 대부 이상이 되면 직책을 맡고 있지 않아도 나라의 정치에 참여할 수 있었다. 공자도 일찍이 대부가 되었기 때문에 그 정사에 참여할 수 있었다. 그런데 염유가 사사로이 계씨의 일을 봐주자, 공자는 명분을 바르게 하고 계씨의 전횡을 억제하기 위해 염유를 꾸짖었다.

공자가 강조하는 것은 정치지도자가 개인적인 일을 한 것은 정치지도자의 공적인 일이 아니라는 점이다. 이른바 의정(議政)이 아니다. 따라서 정치지도자는 국가를 위해 어떤 일을 할 때, 개인적인 일인지 공적인 일인지 분명히 판단하고 나라 일을 처리해야 한다.

36. 지도자는 서두르거나 작은 이익을 탐내지 않는다

자하가 노나라 거보 지역의 지도자가 된 후에 정치에 대해 물었다.

공자가 말했다.

"빨리 서두르지 말고 조그마한 이익을 탐내지 마라. 빨리 서두르면 목표에 도달하기 어렵고, 조그마한 이익을 탐내면 큰일을 이루지 못한다."

원 문

子夏爲莒父宰, 問政. 子曰, 無欲速, 無見小利, 欲速則不達, 見小利則大事不成. -「子路」17

교육지평

어떤 일이건 빨리하려고 서두르다 보면, 질서가 없게 되어 목표 달성에 실패하기 쉽다. 조그마한 이득을 챙기려고 발버둥 치다 보면 성취하는 것은 작고 잃는 것은 크게 될 수 있다. 자하의 최대 결점은 가깝고 조그마한 일에 소홀히 하는 것이었다. 이에 공자가 더욱 조심할 것을 충고했다.

『맹자』에 나오는 얘기다. 중국 고대의 송나라 때, 매우 성격이 급한 농부가 있었다. 그는 벼 모종이 빨리 자라길 원해 오늘도 가서 재보고, 내일도 가서 재보았다. 그러나 며칠이 지나도 벼 싹이 조금도 자라지 않는 것만 같아 성급해졌다. 밤에 자리에 누워 잠을 청해도 제대로 자지 못하고 계속해서 벼 모종 생각을 했다. 어떻게 해야 싹이 빨리 자라게 할 수 있을까?

이튿날 그는 일찍 일어나 논으로 달려가, 뜨거운 태양을 머리에 이고, 모종 하나하나를 조금씩 위로 뽑아 올렸다. 아침부터 해가 질 때까지, 모든 모종을 한 번씩 위로 뽑아 올려 세웠다. 싹을 뽑아 올리는 데 온 힘을 다하고 난 후라 몸이 매우 무거웠다.

하지만 벼 싹을 자라게 하는 데는 이 방법이 탁월하다 생각하니, 자신이 한 일이 자랑스러웠고 기뻤다. 그는 무거운 두 다리를 이끌고 집까지 터덜터덜 돌아와 땀을 채 닦지도 않고 가족들에게 말했다.

"이거 보시오. 올해는 어떤 집의 곡물 수확도 우리 집의 것만 같지 않을 것이오. 오늘 내가 벼를 빨리 자라게 했는데, 그 싹을 전부 위로 치켜 올렸소!"

그의 아들이 깜짝 놀라 급하게 논으로 달려가 보았더니, 벼 싹들이 전부 말라 죽어 있었다.

이것이 유명한 '알묘조장(揠苗助長)'의 고사인데, 어떤 일이건 서두르다 보면 목표 달성을 하지 못하는 것은 물론이고, 일 자체를 망치고 만다. 정치지도자가 정치를 펼 때도 유념해야 할 중요한 사안이다.

37. 지도자는 한마디 말도 조심스럽게 한다

노나라의 정공이 물었다.

"한마디로 나라를 번영하게 할 수 있는 그런 말이 있습니까?"

공자가 대답했다.

"말이란 것이 원래 그렇게 기약할 수 있는 것이 아닙니다. 사람들이 전하는 말 가운데 '임금 노릇하기도 어렵고 신하 노릇하기도 쉽지 않다.'라는 표현이 있습니다. 임금 노릇하기가 얼마나 어려운지를 안다면 이 한마디 말로 나라의 번영을 기대할 수 있지 않겠습니까?

노나라의 정공이 또 물었다.

"한마디로 나라를 잃게 할 수 있는 그런 말이 있습니까?"

공자가 대답했다.

"말이란 것이 원래 그렇게 기약할 수 있는 것이 아닙니다. 사람들이 전하는 말 가운데 '나는 임금된 것을 즐거워하지 않지만, 말을 하면 어느 누구도 나의 말을 어기지 못하는 것이 즐거울 뿐이다.'라는 말이 있습니다. 임금의 말이 좋은 것이어서 아무도 어기지 못한다면, 좋은 것이 아니겠습니까? 그러나 임금의 말이 좋지 못한데 아무도 어기지 못한다면, 이 한 마디 말로 나라를 잃을 것이라고 기대할 수 있지 않겠습니까?

원 문

定公問, 一言而可以興邦, 有諸. 孔子對曰, 言不可以若是其幾也. 人之言, 曰爲君難, 爲臣不易. 如知爲君之難也, 不幾乎一言而興邦乎. 曰一言而喪邦, 有諸. 孔子對曰, 言不可以若是其幾也. 人之言, 曰予無樂乎爲君, 唯其言而莫予違也. 如其善而莫之違也, 不亦善乎. 如不善而莫之違也, 不幾乎一言而喪邦乎. -

「子路」15

　국가의 흥망성쇠를 한마디 말로 예측하거나 기대하거나 재단하기는 어렵다. 하지만 최고지도자가 어떤 자세와 태도를 취하는지, 어떤 마음가짐으로 정치에 임하는지, 그 상황에 따라 어느 정도 추측할 수는 있다.

　높은 자리에 있는 통치자의 생각, 혹은 말이 하나라도 정당하지 않다면 망국(亡國)으로 향하게 된다. 정치를 하는 정치지도자는 반드시 자신의 말 한마디, 행동 하나하나를 매우 조심하고 주의 깊게 해야 한다.

38. 부모자식 사이의 정치 행위를 말하다

섭공이 공자에게 말했다.

"우리 동네에 정직하게 행동하는 사람이 있습니다. 자기 아버지가 양을 훔치자, 정직한 행동을 하는 사람인 그 아들이 자기 아버지가 양을 훔쳤다고 죄를 증언했습니다."

공자가 말했다.

"우리 동네에서 말하는 정직한 사람은 그와 다릅니다. 아버지는 자식의 죄를 숨겨주고 자식은 아버지의 죄를 숨깁니다. 정직함은 그 가운데 있습니다."

원 문

葉公語孔子曰, 吾黨, 有直躬者, 其父攘羊, 而子證之. 孔子曰, 吾黨之直者, 異於是. 父爲子隱, 子爲父隱, 直在其中矣. -「子路」18

교육지평

부모와 자식 사이의 정치적 관계를 일러 주는 중요한 단서다. 현대 법치주의에서는 죄를 지으면 성역 없이 죄 값을 치르는 것이 원칙이다. 하지만 유학에서는 부모자식 간에 서로 사랑하고 서로를 위하는 인륜을 중시하기 때문에, 죄를 증언하거나 죄 값을 치르게 하는 것이 능사만은 아니다. 숨겨 주고 감추어 주면서 그 관계의 친밀성을 확인한다. 물론 이런 윤리적 차원이 혈연주의의 폐단으로 나타날 수도 있다.

공자는 '부모는 자식을 위해 숨기고, 자식은 부모를 위해 숨기는 것'이 곧은 성품을 지녔다고 보았다. 이에 공자는 정직을 정치적 덕목으로서 효도와 자애의 범주에 포함시켰고, 모든 것은 예의에 따라야 한다고 보았다. 유학에서는 윤리 도덕이 법보다 앞서 있음을 확인할 수 있다.

39. 온전한 정치는 예의에 기초한다

지혜를 발휘하여 나라를 다스린다고 해도, 포용력과 도덕성으로 자리를 지키지 않으면 나라는 반드시 잃게 된다. 지혜를 발휘하여 나라를 다스리고 포용력과 도덕성으로 자리를 지킨다고 해도, 엄숙하고 객관적인 태도로 정치에 임하지 않으면 사람들이 존경하지 않는다. 지혜를 발휘하여 나라를 다스리고 포용력과 도덕성으로 자리를 지키며 엄숙하고 객관적인 태도로 정치에 임하더라도, 사람을 예의로 대접하지 않으면 아직 온전한 정치라고 할 수 없다.

원 문

知及之, 仁不能守之, 雖得之, 必失之. 知及之, 仁能守之, 不莊以涖之, 則民不敬. 知及之, 仁能守之, 莊以蒞之, 動之不以禮, 未善也. -「衛靈公」32

교육지평

정치지도자가 온전한 정치를 실천하기 위해서는 지식과 도덕성, 그리고 객관성과 예의를 갖추어야 한다. 정치를 하면 할수록 사람을 포용하고 드높여야 함을 이해해야 한다. 이는 지도자로서 리더십을 갖추는 단계로, 자기 수양에서 타자 배려로 나아가는 확대의 논리다. 덕으로 사람을 다스리기 위해서는 정치적 도의를 실천할 수 있어야 하고, 그것을 바탕으로 인심을 얻을 수 있음을 알아야 한다.

40. 교육을 한 후 국가 안보를 고려하다

훌륭한 정치지도자가 7년 정도 국민을 교육하면, 그 국민을 전쟁터에 나가 싸우게 할 수 있다. 국민을 제대로 가르치지 않고 싸우게 하면, 이는 그 국민들을 포기하는 것과 같다.

원 문

善人, 敎民七年, 亦可以卽戎矣. 以不敎民戰, 是謂棄之. -「子路」29, 30

교육지평

중국 고대 사회에서 백성을 교육하는 내용의 핵심은 윤리 도덕과 농사, 병법을 익히게 하는 것이다. 이런 교육이 어느 정도 이행되면, 나라에 변고가 생겼을 때, 국민은 나라를 위해, 최고지도자인 임금을 위해 목숨을 바칠 각오가 선다고 한다. 그 기간을 7년 정도로 예상했다. 공자는 폭력과 침략적 성질을 지닌 전쟁을 반대했으나, 국가를 지키고 외세 침략을 막기 위한 국가 안보에 대해서는 긍정했다.

춘추 전국 시대는 한마디로 말해, 전쟁의 시대다. 따라서 평소에 국방을 강화하고 국민에게 병법을 훈련시켜야 했다. 전쟁이나 전투에 대한 기본 교육도 없이 정치지도자가 자신의 야욕을 채우기 위해 국민을 전쟁터로 몰아넣는다면 그것은 곧 국민을 포기하는 일이 된다. 우선해야 할 것은 윤리 도덕 교육을 통해 국민을 정신적으로 무장하는 것이고, 그 다음에 농사짓는 법과 병법을 가르쳐야 한다.

공자는 군사를 수단으로 하여 모종의 문제를 해결하는 것을 완전히 반대하지는 않았다. 교육과 훈련을 받지 않는 자가 전쟁에 나가는 것은 바로 그 목숨을 버리는 것과 같기 때문에 교육의 중요성을 강조한 것이다.

41. 정치지도자도 규모가 있다.

노나라의 대부 맹공작은 진나라의 조나 위와 같은 세도가가 다스리는 지역의 가신 노릇을 하면 잘할 것이다. 등나라나 설나라와 같은 작은 나라의 지도자가 되어서는 잘 다스릴 수가 없다.

원 문

孟公綽, 爲趙魏老則優. 不可以爲滕薛大夫. -「憲問」12

교육지평

맹공작은 큰 가문의 사람이기 때문에 나름대로의 세력이 있었다. 하지만 제후처럼 나라를 다스릴 권한이 있는 것은 아니었다. 거기에다 욕심이 적고 청렴했으며 조용한 성격의 소유자였으나, 재능이 부족했다. 따라서 자신이 직접 나라를 다스리거나 책임 있는 자리를 감당하기에는 모자랐다. 이에 공자가 맹공작을 존경하면서도, 정치지도자로서의 규모나 그릇은 이 정도로 평가할 수밖에 없었다.

42. 정치는 인재등용이 관건이다

공자가 위나라 영공이 국정을 소홀히 하고 정치를 그르치는 일에 대해 토로했다.

계강자가 말했다.

"그런데도 어찌하여 최고지도자 자리를 잃지 않습니까?"

공자가 말했다.

"중숙어가 외국에서 오는 사신들을 잘 접대하여 외교를 잘하고, 축타가 종묘를 잘 관리하여 선조들의 보호를 받으며, 왕손가가 군대를 잘 다스리고 통솔하여 국방을 튼튼히 했습니다. 이와 같으니 어찌 최고지도자 자리를 잃겠습니까?"

원 문

子言衛靈公之無道也. 康子曰, 夫如是, 奚而不喪. 孔子曰, 仲叔圉, 治賓客, 祝鮀治宗廟, 王孫賈, 治軍旅. 夫如是, 奚其喪. - 「憲問」 20

교육지평

중숙어는 위나라의 대부 공문자이고, 축타와 왕손가는 위나라의 가신이다. 한 나라를 다스리는 일은 최고지도자가 혼자서 독단적으로 일처리를 하는 것이 아니다. 외교, 군사, 국내외의 각종 행사를 담당하는 각각의 분야에서 유능한 인재를 등용하여, 그 능력을 발휘하는 데 있다.

공자는 사람의 능력을 파악하여 적재적소에 잘 임용하고, 좋은 인재를 선발하고, 그로써 국가의 부를 얻는 모든 것이 정치 성공의 관건이라고 보았다.

43. 지도자가 덕성과 위엄을 보여주다

계강자가 물었다.

"국민들이 최고지도자를 존경하고 충성을 다하게 하려면 어떻게 해야 합니까? 그와 동시에 일을 잘하도록 동기를 부여하려면 어떻게 해야 합니까?"

공자가 대답했다.

"최고지도자는 국민들에게 지도자로서의 예의와 태도를 보여 주어야 합니다. 그러면 국민들은 지도자를 공경하게 되지요. 지도자가 솔선수범하여 효도하고 자애를 베풀면, 자연스럽게 국민들이 충성하게 됩니다. 국민들 가운데 착한 사람을 등용하고 재능이 부족한 사람을 가르쳐 재능을 북돋아 주면, 그것이 바로 일을 잘할 수 있게 동기를 부여하는 것입니다."

원 문

季康子問, 使民敬忠以勸, 如之何. 子曰, 臨之以莊則敬, 孝慈則忠, 擧善而敎不能則勸. -「爲政」20

교육지평

최고지도자의 덕목은 의외로 간단하다. 지도자로서 그에 맞는 덕성과 위엄을 보여 주면 된다. 그리고 모든 사람에게 보편적인 감정인 효도와 자애를 스스로 실천하고 국민들을 위한 정치와 교육을 제공하면 되는 것이다.

공자는 예치(禮治)와 덕치(德治)의 근거로 윤리 도덕 교육을 강조한다. 지도자가 먼저 스스로의 언행과 품덕을 조심하고, 위엄 있고 엄격해야 하며, 부모에게 효도하고 자비를 베풀어야 한다. 그렇게 해야 국민이 진심으로 선을 향해 서로 매진하며 온 국민이 도덕 윤리를 갖출 수 있다.

한 무제가 기마부대를 이끌고 위교를 건널 때의 일이다. 어떤 사람이 다리 밑을 지나가다가 다리 위에서 말을 타고 지나가던 한 무제를 놀라게 했다. 이에 무제는 사람을 보내 다리 밑을 지나던 사람을 잡아와서 법관인 장석에게 그 사람의 행동에 대한 처분을 맡겼다.

다리 밑에 있던 사람이 말했다.

"저는 다리 밑에 숨어 있다가 위에서 말이 지나간 줄 알고 다리 밖으로 나왔는데, 막상 나와 보니 아직도 무제가 탄 말과 기마 부대가 있는 것을 보고 도망갔습니다."

어쨌건 무제의 말을 놀라게 한 죄로, 장석은 법에 따라 그 사람에게 벌을 주었다.

그러자 무제는 매우 화가 난 상태에서 말했다.

"그 다리 밑에 있던 사람이 내 말을 놀라게 했는데, 어째서 벌만 주는 것이냐!"

장석이 말했다.

"법은 최고지도자는 물론 세상 사람들이 모두 함께 준수해야만 하는 것입니다. 법에 그렇게 규정되어 있어 법에 따라 처벌했을 뿐입니다. 처벌을 더 강하게 하고 싶다면 하십시오. 하지만 그러한 법으로는 세상 사람들의 신임을 얻을 수 없습니다."

무제는 한참 동안 신중하게 생각한 뒤 말했다.

"그래, 네 말이 맞다!"

법은 최고지도자에서 세상 모든 사람이 지켜야만 하는 것이다. 최고지도자라 할지라도 사적인 정의나 의지로 법을 가중해서는 안 된다. 한 무제의 이러한 방식은 일종의 모델링을 통한 정치지도자의 교육 방식이다. 모델링은 바람직한 행동의 모델이 될 만한 사례를 통해 적절한 행동을 보여줌으로써 사람들이 바람직한 행동을 모방할 수 있게 한다.

44. 순 임금이 자연스럽게 정치를 하다

인위적으로 조작하지 않고 자연스럽게 정치를 행한 사람은 과거 순임금이다. 어떻게 했기에 그러한가? 몸가짐을 공손히 하고, 남쪽을 바라보며 임금 자리에 앉아 있을 뿐이었다.

원 문

無爲而治者, 其舜也與. 夫何爲哉. 恭己正南面而已矣. -「衛靈公」4

교육지평

순임금은 덕이 높아 요임금으로부터 선양으로 정치지도자 자리를 이어받은 인물이다. 그에게는 자신을 믿고 옹호하며 따르는 백성이 있었고, 또한 현명한 신하들도 많았다. 그러하기에 각 분야별로 자문을 받아 정치를 할 수 있었다. 이런 공동체 의식으로 나라를 다스리다 보니 정작 순임금 자신이 특별히 나서지 않아도 잘 다스려졌다.

이런 정치 상황을 동양의 고대 사회에서는 태평성대의 모범으로 상정한다. 훌륭한 정치지도자의 덕망이 커서 '특별한 정치 행위를 하지 않아도 세상이 저절로 잘 다스려진다.'라는 무위이치(無爲而治)의 방법은 나라를 다스리는 최고의 방침이 되었다.

45. 정나라 자산의 덕을 말하다

자산은 사람다운 사람으로서 갖춰야 할 네 가지를 지니고 있었다. 첫째, 행실이 공손했고, 둘째, 윗사람을 존경했으며, 셋째, 국민들에게 은혜를 베풀었고, 넷째, 국민들을 올바르게 지도했다.

子産有君子之道四焉. 其行己也恭, 其事上也敬, 其養民也惠, 其使民也矣. -「公冶長」15

자산은 정나라 대부 공손교라는 사람이다. 사람됨이 겸손하고 조심스러우며 인간을 사랑하고 이롭게 하여 정치지도력을 잘 발휘했다고 전해지는 인물이다. 핵심적인 업적으로는 임금이 사는 도성과 지방의 성읍을 구분하여 생활의 편리를 도모했고, 국민들이 제각기 지위와 본분에 맞는 법도와 예절을 지키게 했으며, 농경지를 정리하여 농사를 잘되게 했고, 국민들을 다섯 가구로 묶어 하나의 단위로 삼고 협동하여 살 수 있게 만들었다.

당(唐)나라 때 현종도 이와 유사한 정치지도력을 발휘했다. 집권 초기부터 힘을 다해 나라를 다스리려고 했다. 현명한 인재들을 등용하여 이른바 '개원지치(開元之治)'를 열었고, 사회 안정과 백성의 번영, 그리고 경제 발전을 이루었다. 또한 학풍을 개혁하여 능력 있는 자를 임용하고 교육을 부흥시켰다.

현종이 재위하는 동안, 전국의 밭이 18억 무(畝)가 넘었고, 인구가 번성했다. 현종은 3품 이하의 대신 및 후궁 이하의 사람들에게 금으로 만든 장식을 달지 못하도록 했고, 궁녀들의 수가 많다고 생각하고 그들을 퇴직시켜 국가의 재정을 절약했다. 전국

각지에 진주를 채집하고 비단을 만들지 말도록 명령했고, 농업 발전과 수리 공사를 중요시 하여 백성의 삶에 이로운 정책을 폈다. 이렇게 정치를 시행한 결과, 4년 연속으로 나라의 백성들이 굶주리지 않았다고 한다.

46. 윗사람이 예의로 모범을 보이다

윗사람이 예의를 좋아하면 국민들을 부리기가 쉽다.

원 문

上好禮, 則民易使也. -「憲問」44

교육지평

정치지도자가 예의를 갖추고 있으면 각 계급 계층의 직분을 바르고 안정시키는 데 큰 역할을 할 수 있다. 윗사람이 예의를 좋아하고 솔선수범하여 모범을 보이면, 아랫사람도 자연스럽게 자신의 직분을 깨닫게 되어 부리기가 쉽게 된다.

현대적으로 이해하면, 국민들이 교육을 잘 받게 되어 의식을 각성하고 자신의 일을 합리적으로 처리할 수 있게 된다는 말이다.

공자는 '윗사람이 행하는 대로 아랫사람이 본받는다.'는 상행하효(上行下效)의 정신을 지속적으로 강조한다.

47. 정치지도자의 행동이 세상 흥망을 좌우한다

세상이 체계적으로 질서가 잡혀 있으면 사회의 문화제도나 국가의 대소사가 최고지도자인 천자에 의해 행해지고, 세상이 혼란스럽고 질서가 무너지면 사회의 문화제도나 국가의 대소사가 그 다음 고위 지도자인 제후에 의해 행해진다. 고위 지도자가 국가의 실세 노릇을 하면, 그 후로 10대 정도에 이르기까지 권력을 휘두르다가 망하고, 그보다 아래의 지도자인 대부가 실세 노릇을 하면, 그 후로 5대 정도에 이르기까지 권력을 휘두르다가 망하며, 대부 아래에서 일하던 가신이 실세 노릇을 하면, 그 후로 3대 정도에 이르기까지 권력을 휘두르다가 망한다.

세상이 체계적으로 질서가 잡혀 있으면, 정치가 최고지도자가 아닌 그 아래 지도자의 손에 놀아날 리 없다. 세상이 체계적으로 질서가 잡혀 있으면, 서민들이 정치에 대해 이러쿵저러쿵 의논하지 않는다.

원 문

天下有道, 則禮樂征伐, 自天子出. 天下無道, 則禮樂征伐, 自諸侯出. 自諸侯出, 蓋十世, 希不失矣. 自大夫出, 五世, 希不失矣. 陪臣執國命, 三世, 希不失矣. 天下有道, 則政不在大夫. 天下有道, 則庶人不其. -「季氏」2

교육지평

세상을 다스리는 정치의 원론을 말한 구절이다. 최고지도자는 세계를 올바르게 인도해야 할 지상 명령을 부여받은 사람이다. 따라서 모든 인간을 행복하게 만드는 도덕 정치를 실천할 책무성이 있다. 그리고 그 아래의 각계각층의 정치지도자들은 최고지도자의 자리를 넘보거나 직무수행에서 제멋대로 월권을 행사하지 않고, 충실히 보좌하며 정치 지도력을 발휘해야 한다.

공자는 춘추시대 정치형세를 다음과 같이 분석했다. 첫째는 주나라 천자의 대권(大權)이 제후들 수중에 떨어졌고, 둘째는 제후 국가의 대권이 대부와 가신들의 수중에 떨어졌고, 셋째는 백성이 이러쿵저러쿵 정사를 논의하고 있다.

이러한 상황에 대해 공자는 매우 불만족스러워 했고, '세상이 정치지도자에 의해 제대로 다스려지고 있으면, 일반 백성은 별도로 정치를 논의하지 않는다.'라는 정치철학을 요청했다.

48. 지도자의 행동 원칙을 말하다

일상의 행동거지를 공손하게 하고, 일을 할 때는 신중하게 하고, 다른 사람과 교류할 때는 충실해야 한다. 이 세 가지 태도는 정치지도자로서 어디를 가더라도 포기해서는 안 된다.

원 문

居處恭, 執事敬, 與人忠, 雖之夷狄, 不可棄也. -「子路」19

교육지평

공손함, 신중함, 충실함, 이 세 가지는 유학이 추구하는 열린 마음의 바탕이자 인간 사랑의 기본 원칙이다. 집에서 공경하고 예의 바른 행위는 효제를 중시한 도덕적 요구와 일치한다. 일을 할 때 엄숙하고 신중한 행위는 예의를 중시하는 것과 일치한다. 사람을 대할 때 충성하고 성실한 행위는 인덕이다. 이처럼 정치지도자는 생활, 직업, 교제 등 여러 측면에서 자질을 지녀야 한다.

49. 최고지도자의 덕목을 말하다

최고지도자는 일가친척에게 소홀히 하지 않고, 정치 지도력을 발휘할 수 있는 사람이나 관리들에게 자기를 써 주지 않는다는 원한을 품게 하지 않는다. 원로 공신이나 오랫동안 함께 정치에 참여했던 옛 친구가 특별한 사고가 없다면 버리지 않으며, 또한 한 사람에게 모든 것이 갖추어지기를 요구하지 않는다.

원 문

君子, 不施其親, 不使大臣, 怨乎不以. 故舊, 無大故則不棄也, 無求備於一人.
-「微子」11

교육지평

이 구절은 노나라의 시조나 마찬가지인 주공이 아들 백금을 노나라의 임금으로 삼으면서 한 훈시다. 당시의 봉건제에서 필요한 정치지도자의 덕목을 보여준다. 이는 현명한 군주가 나라를 다스리는 정치 윤리로 공자를 비롯한 유학자들에게 교훈으로 전해졌고, 정치지도자라면 평생 동안 이런 자세를 가지고 정치를 구현하려고 했다.

50. 행정가의 자질을 말하다

자공이 물었다.

"어떻게 해야 하급 관리로서 실무 행정가 역할을 다한다고 할 수 있습니까?"

공자가 말했다.

"자신의 언행에 부끄러움을 느낄 줄 알아야 한다. 또 다른 나라에 외교 사절로 가면 지도자로부터 위임받은 사명을 욕되지 않게 해야 한다. 그래야 실무 관료라고 할 수 있다."

자공이 물었다.

"감히 묻겠습니다. 그 다음 수준의 하급 관리는 어떻습니까?"

공자가 말했다.

"친척들이 효성스럽다고 칭찬하고 동네 사람들이 공손하다고 칭찬하는 사람이다"

자공이 물었다.

"감히 묻겠습니다. 그 다음 수준의 하급 관리는 어떻습니까?"

공자가 말했다.

"말을 하면 반드시 신의를 지켜 행하고, 행하면 반드시 성과를 거두는 사람이다. 좀 딱딱하고 융통성이 없는 듯이 보여 속이 좁은 사람 같지만, 그래도 하급 관리로서 행정가 역할을 잘 할 수 있다."

자공이 물었다.

"요즘 하급 관리들, 행정가의 수준은 어떻습니까?"

공자가 말했다.

"아, 비천하고 자질구레한 사람들에 대해 무엇을 논의하겠는가?"

子貢問曰, 何如, 斯可謂之士矣. 子曰, 行己有恥, 使於四方, 不辱君命, 可謂士
矣. 曰敢問其次. 曰宗族稱孝焉, 鄕黨稱弟焉. 曰敢問其次. 曰言必信, 行必果, 硜
硜然小人哉, 抑亦可以爲次矣. 曰今之從政者, 何如. 子曰, 噫斗筲之人, 何足算
也. -「子路」20

교육지평

정치지도자는 아니지만 지도자를 보좌하여 정치 실무를 행하는 하급 관리, 즉 실무
행정가를 세 부류로 나누어 말한 것이다. 하급 관리는 일반적으로 사(士) 계급으로 통
칭되는데, 위로는 공(公), 경(卿), 대부(大夫)를 모셔야 하고 아래로는 서민(庶民)들을
보살펴야 하는 중대한 업무를 맡고 있다. 이들은 실무형 관리로 실무 지식은 물론, 정
직과 성실, 신의 등 수준 높은 도덕성이 요구된다. 현대적 의미로 공무원으로서 공직
윤리에 철저해야 한다는 말이다.

51. 지도자는 신뢰에 의지한다

정치지도자는 신뢰를 얻은 뒤에 사람을 부려야 한다. 신뢰를 얻지 못하고 아랫사람을 부리면, 사람들은 자기들을 혹독하게 괴롭힌다고 생각한다. 또 신임을 받은 뒤에 윗사람에게 충실히 간해야 한다. 신임을 받지 못하고 간하면, 윗사람은 자기를 비방하거나 훼방한다고 생각한다.

원 문

君子信而後, 勞其民. 未信則以爲厲己也, 信而後諫. 未信則以爲謗己也. -「子張」10

교육지평

이 구절은 공자의 제자인 자하의 말이다. 리더십을 지닌 정치지도자는 반드시 신뢰를 주고받을 수 있어야 한다. 아래 사람에 대해 신뢰를 주지 못할 경우, 대부분의 구성원들은 자신의 지도자가 자기들에게 이익을 주지 않고 해칠 수 있다고 생각한다. 윗사람에게서 신뢰를 받지 못한 경우, 어떤 충고를 하더라도 자기를 비방하고 훼방한다고 생각할 수 있다.

당나라 때 태종은 신하를 관리하는 일을 중시하고 현명하고 능력 있는 사람을 등용하여 간언을 잘 들었다. 왜냐하면 '물은 배를 띄울 수도 있지만 뒤집을 수도 있다!' 정치지도자와 백성의 관계를 충분히 알고 있었기 때문이다.

태종은 능력 있는 사람이면 출신을 물어보지 않고, 옛날에 있었던 은혜와 원한을 특별하게 드러내지 않으면 모두 등용할 수 있다고 했다. 당시의 신하 가운데 위징(魏徵)은 그 신분이 도사(道士)였고, 태종을 죽이는 모의에 참여까지 했던 사람이다. 위지공(尉遲恭)은 철공(鐵工)이었고 적이었다가 항복한 장수였다. 태종은 그들을 모두 중요한 직책에 임명했다.

위징은 200번 넘게 간언을 하면서 태종의 과실을 지적했고, 태종은 자신의 사욕을 누르고 간언을 따라 실천했다. 위징이 죽자, 태종은 너무나 슬퍼하면서 다음과 같이 말했다고 한다.

"구리로 거울을 만들어 자신의 옷과 관을 바르게 볼 수 있고, 역사를 거울로 삼아 한 나라가 흥망성쇠 하는 이유를 알 수 있으며, 사람을 거울로 삼아 자기의 행실에서 얻는 것과 잃는 것을 알 수 있다. 지금 위징이 죽어, 나는 하나의 거울을 잃었다!"

52. 최고지도자의 됨됨이를 보다

요임금이 말했다.

"자! 그대 순아! 하늘이 정한 최고지도자의 차례가 그대에게 왔노라! 그대는 반드시 진실로 그 마음을 잡으라. 세상이 괴롭고 가난하면 하늘이 내린 최고지도자의 지위도 영원히 끊어질 것이다."

순임금도 선양을 할 때, 우임금에게 이와 같이 일러 주었다.

은나라의 시조 탕 임금이 하나의 폭군이었던 걸(桀)을 치고 최고지도자의 자리에 오르기 전에 하늘에 제사를 지내며 말했다.

"변변치 못한 소자 리(履)는, 감히 검은 수컷소를 제물로 바치고, 빛나고 위대하신 상제께 아뢰옵니다. 죄가 있는 자는 어느 누구에게도 용서받지 못합니다. 그러므로 상제의 신하인 걸의 죄도 덮어둘 수 없었습니다. 모든 것은 상제의 마음에 달렸습니다. 제 몸에 죄가 있는 것은 세상 사람들 때문이 아닙니다. 세상 사람들에게 죄가 있는 것은 그 죄과가 저에게 있습니다."

주나라 무왕이 은나라의 폭군이었던 주(紂)를 칠 때 말했다.

"하늘이 주나라에 큰 복을 주었다. 이에 착한 사람이 많아졌다. 아무리 가까운 친척이 있을지라도 사람을 사랑하는 사람만 못하다. 국민들에게 허물이 있으면 그 책임은 최고지도자 나 한 사람에게 있는 것이다. 도량형을 점검하고 문물제도를 정비하며 폐기한 관공서를 복구했다. 이에 나라의 정치 질서가 잡혀 간다. 멸망한 나라를 다시 일으켜 세우고, 끊어진 세대를 다시 이어주며, 숨겨진 인재를 등용했다. 이에 세상 사람들의 민심이 주나라로 돌아왔다. 주나라가 소중히 여긴 것은 국민을 잘살게 하는 민생, 죽은 사람을 정중하게 장사 지내는 상례, 그리고 죽은 후 경건하게 제사를 모시는 제례였다. 관대했기 때문에 많은 사람들이 모여들었고, 신의가 있었기에 사람들이 신임했으며, 게으르지 않고 성실했기에 많은 공적을 세웠고, 공평무사했기에 사람들이 기뻐하며 따랐다."

堯曰, 咨爾舜, 天之曆數, 在爾躬. 允執厥中. 四海困窮, 天祿永終. 舜亦以命禹. 曰予小子履, 敢用玄牡, 敢昭告于皇皇后帝. 有罪不敢赦, 帝臣不蔽, 簡在帝心, 朕躬有罪, 無以萬方, 萬方有罪, 罪在朕躬. 周有大賚, 善人是富. 雖有周親, 不如仁人, 百姓有過, 在予一人. 謹權量, 審法度, 修廢官, 四方之政, 行焉. 興滅國, 繼絶世, 擧逸民, 天下之民, 歸心焉. 所重民食喪祭, 寬則得衆, 信則民任焉. 敏則有功, 公則說. -「堯曰」1

요임금, 순임금, 탕왕, 무왕 등 유학에서 말하는 최고지도자의 정치적 행보와 공적을 간략하게 정돈했다. 최고지도자의 자리를 물려주면서 남긴 최고지도자의 자세와 행동 강령 등이 담겨 있다. 이것이 유학의 유래이고 유학의 정치, 교육, 문화의 전통을 이루는 근간이다.

대부분의 내용은 『서경』이나 『시경』의 역사 기록을 차용하여 정리한 것이다. 도덕으로 교화하여 나라를 다스리려면 정치지도자 자신이 먼저 열린 사람이 되어야 한다. 자신이 모범을 보여 백성들을 인도하고, 예의를 통해 세상의 사람들에게 믿음을 주어야 세상이 모두 지도자의 편이 될 수 있다.

53. 정치지도자의 미덕과 악덕을 말하다

자장이 공자에게 물었다.

"어떻게 하면 정치지도자로서 능력을 발휘할 수 있습니까?"

공자가 말했다.

"다섯 가지 아름다운 도덕을 존중하고 네 가지 나쁜 일을 막으면, 정치지도력을 발휘할 수 있을 것이다."

자장이 말했다.

"무엇을 다섯 가지 아름다운 도덕이라고 합니까?"

공자가 말했다.

"정치지도자는 베풀되 허비하지 않고, 수고롭게 하되 원망을 사지 않고, 의욕을 갖고 하되 탐하지 않고, 태연하되 교만하지 않고, 위엄이 있되 사납지 않아야 한다."

자장이 물었다.

"베풀되 허비하지 않는다는 것은 무슨 뜻입니까?"

이에 공자가 다섯 가지 아름다움 도덕에 대해 구체적으로 말했다.

"사람들이 이롭게 여기는 것을 이롭게 하니, 이것이 베풀되 허비하지 않는 것이 아니겠는가? 힘든 일을 할 만한 때를 가려서 힘들게 일을 시키니, 또 누가 원망하겠는가? 도덕적인 일을 하려다가 도덕성을 갖추었는데, 또 무엇을 탐하겠는가? 정치지도자는 재물이 많건 적건, 세력이 크건 작건 감히 거만하게 행동하지 않는다. 이것이 태연하되 교만하지 않는 것이 아니겠는가? 정치지도자는 의관을 단정하게 하고 눈을 바르게 뜨고 사물을 바라보아야 한다. 그래야 사람들이 엄숙한 태도로 우러러보고 경외심을 갖는다. 이것이 위엄이 있되 사납지 않은 것이 아니겠는가?"

자장이 말했다.

"무엇을 네 가지 나쁜 일이라고 합니까?"

공자가 말했다.

"사람을 가르치지도 않고 죄를 지으면 죽이는 것을 '잔학'이라고 한다. 미리 훈계하지도 않고 잘못된 결과만을 나무라는 것을 '포악'이라고 한다. 법령을 엉성하게 정하고 기한을 촉박하게 한정하는 것을 '잔적'이라고 한다. 어차피 남에게 내줄 것인데 출납에 인색한 것을 창고지기의 횡포, 즉 '유치한 근성'이라고 한다."

원 문

子張問於孔子曰, 何如, 斯可以從政矣. 子曰, 尊五美, 屛四惡, 斯可以從政矣. 子張曰, 何謂五美. 子曰, 君子惠而不費, 勞而不怨, 欲而不貪, 泰而不驕, 威而不猛. 子張曰, 何謂惠而不費. 子曰, 因民之所利而利之, 斯不亦惠而不費乎. 擇可勞而勞之, 又誰怨. 欲仁而得仁, 又焉貪. 君子無衆寡, 無小大, 無敢慢, 斯不亦泰而不驕乎. 君子, 正其衣冠, 尊其瞻視, 儼然人望而畏之, 斯不亦威而不猛乎. 子張曰, 何謂四惡. 子曰, 不敎而殺, 謂之虐. 不戒視成, 謂之暴. 慢令致期, 謂之賊. 猶之與人也, 出納之吝, 謂之有司. -「堯曰」2

교육지평

정치지도자의 정치 방법을 핵심적으로 요약한 중요한 구문이다. 동서고금을 막론하고 정치는 도덕성과 포용력이 중심이다. 그것은 달리 말하면, 사랑의 정치, 베품의 정치, 나눔의 정치, 협력의 정치, 공동체의 복지를 고려하는 정치 등 다양한 양상으로 표현할 수 있다.

공자는 이러한 5가지 미덕을 존중하면서, 잔학하고 포악하며 국민을 억압하는 법령이나 창고지기의 횡포 등 4가지 악정을 폐지해야 할 것을 주장했다.

제6편

사회철학과 문명제도 - 예악(禮樂)

1. 제례를 정성껏 받들다

사회의 지도층 인사는 솔선수범하여 돌아가신 분에 대해 진정으로 애도하고 정성껏 장례를 모셔야 한다. 부모나 선조의 제사를 잘 모셔 영혼이 평안하기를 기원해야 한다. 그래야만 국민들도 그것을 본받아 효도하고 사람이 기본적으로 지켜야 할 사회적 도덕성을 갖춘다.

원 문

愼終追遠, 民德, 歸厚矣. -「學而」9

교육지평

효도로 유명한 공자의 제자 증자가 말한 구절이다. 상례와 장례, 그리고 제례는 동양의 유학에서 매우 중시되는 전통이며, 지금도 인간 사회에서 벌어지는 어떤 행사보다 소중히 여기며 실천하고 있는 예식이다. 왜냐하면 죽음은 삶을 돌아보게 하는 주요한 계기로 작용하기 때문이다. 상례와 장례, 그리고 제례를 중시하는 것은 이를 효도의 연장선상에서 중요하게 여겨서이다.

2. 문명의 계승에서 손익을 말하다

자장이 물었다.

"세월이 가면 계속해서 왕조가 바뀌겠지요? 그렇다면 왕조가 열 번 정도 바뀐 다음에 세상이 어떠할지 알 수 있겠습니까?"

공자가 말했다.

"나는 알 수 있다고 본다. 은나라는 하나라 제도를 바탕으로 건국했다. 그러하기에 하나라와 은나라를 비교해 보면 은나라가 무엇을 빼고 더했는지 알 수 있다. 주나라는 은나라의 제도를 바탕으로 건국했다. 그러하기에 은나라와 주나라를 비교해 보면 주나라가 무엇을 빼고 더했는지 알 수 있다. 그러므로 이후에 세워지는 왕조가 주나라의 제도를 계승한다면 앞으로 백 번 정도 왕조가 바뀌어도 세상일을 예측할 수 있다."

원 문

子張問, 十世, 可知也. 子曰, 殷因於夏禮, 所損益, 可知也. 周因於殷禮, 所損益, 可知也. 其或繼周者, 雖百世, 可知也. -「爲政」23

교육지평

옛날에 왕조를 새로 세울 때는 이전 왕도와 다른 성을 지닌 왕조가 들어선다. 성이 다른 왕조가 천명을 받기 때문에 역성혁명(易姓革命)이라고 하고, 새 왕조를 세운 사람은 1세(世)가 된다. 또한 부자간의 세대교체는 30년 정도에 이루어지는데, 이를 대(代)라고 한다.

인간의 삶은 전통과 현대를 가로지르고 있고 보편성과 특수성을 고루 갖추고 있기 때문에, 세대가 교체되더라도 그 삶의 내용과 수준, 방향을 어느 정도 추측할 수 있다.

이런 점에서 유학은 나름대로의 증거나 근거, 경험에 의해 세상을 바라보려는 특징을 지니고 있다.

공자는 인류 문명사를 계승과 발전의 관계에서 손익의 규칙을 제시했다. 손익은 증가와 감소, 그리고 계승과 변혁을 뜻한다. 이전시대의 제도와 법령을 계승하고 전승할 뿐만 아니라, 개혁하고 변화시키기도 한다는 말이다.

3. 인간다운 예의를 말하다

야만적이고 예의가 없는 오랑캐 나라에도 추장이 있다. 하지만 올바른
나라에서 임금 없이 거저 지내는 것만 못하다.

원   문

夷狄之有君, 不如諸夏之亡也. -「八佾」5

교육지평

어떤 사회 공동체이건 최고지도자가 존재한다. 하지만 지도자가 있느냐 없느냐, 그
것 자체가 핵심 문제는 아니다. 중요한 것은 인간이 인간답게 살아가는 데 필요한 예
의와 제도, 즉 인간의 길을 갈 수 있는 여건이 구비되어 있느냐의 여부다.

공자에게는 중화(中華)를 중심으로 생각하는 명확한 관점이 존재한다. 이는 후세로
갈수록 중국과 오랑캐 사이라는 전통적 관념으로 발전했다.

공자는 먼저 중원 지역이 예악 문명을 회복하고, 그 다음에 이런 예악 문명이 멀리
떨어진 지역까지 일반적으로 유포되어 풍속이 아름답게 되는 세상을 바랐다.

4. 예악 남용 행위를 비판하다

공자가 노나라 대부 계손씨에게 말했다.

"당신은 최고지도자의 무악인 팔일을 집안의 뜰에서 추게 했소이다. 신분과 지위에 맞지 않는 이런 무례한 짓을 거리낌 없이 행할 수 있는데, 어떤 나쁜 짓인들 못하겠소이까?"

원 문

孔子謂季氏, 八佾, 舞於庭. 是可忍也, 孰不可忍也. -「八佾」1

교육지평

음악을 연주하고 춤을 주는 인원수는 관직이 높은 데서 아래로 내려오면서, 두 줄씩 감소한다. 천자는 8열, 제후는 6열, 대부는 4열, 사는 2열인데, 대부에 불과한 계손씨가 천자와 같은 수준으로 했으니 무지막지한 짓을 저지른 것이다.

공자는 계씨가 예악을 남용하는 행위에 대해 한탄하면서 이처럼 명분을 잃은 사안에 대해 적극적으로 비판했다. 공자가 살았던 춘추시대 말기 각 제후국에서는 군주가 신하에게 죽임을 당하는 경우가 종종 발생했다. 이 구절은 한편으로는 계씨가 예의를 위반하는 행위에 대해 분노를 표현하고, 다른 한편으로는 세상이 뿔뿔이 흩어지는 것에 대한 걱정을 드러낸다.

5. 예악보다 사람다움이 먼저다

사람이 사람답지 않으면 예는 무슨 소용이 있으며, 사람이 사람답지 않으면 악은 무슨 소용이 있겠는가?

원 문

人而不仁, 如禮何, 人而不仁, 如樂何. -「八佾」3

교육지평

사람답다는 것은 세상을 살면서 바른 도리를 잃지 않는 삶을 말한다. 그것은 사람 사이에 행해지는 일종의 질서 의식이요 조화다. 사람답게 살지 않는다면, 화려하게 겉치레를 하거나 듣기 좋은 음악을 영유한다고 해도 진정한 삶의 재미를 느끼기는 힘들 것이다. 이런 점에서 함께 어울리며 희로애락을 나눌 수 있는 사람다움을 강조했다.

고대 사회에서 악(樂)은 예(禮)의 한 부분이었다. 음악을 연주하는 것은 예의규범에 부합해야 하고 예의규범은 각종 음악으로 표현된다. 인(仁)은 사람들 마음 속에 있는 도덕규범이고 인문의 기초다. 어진 마음이 없으면 예의규범을 지키는 것을 진심으로 이해할 수 없고 음악을 이해할 수 없다. 그러므로 악(樂)은 사람의 인(仁)을 반영한다.

6. 예법을 벗어난 제사를 비판하다

자기가 모셔야 할 조상도 아닌데 제사를 지낸다면, 이는 특정한 사람에게 아첨하고 복을 바라는 짓이다. 마땅히 해야 할 바른 일을 보고도 주춤거리며 행하지 않는 것은 용기가 없다는 증거다.

원 문

非其鬼而祭之, 諂也. 見義不爲, 無勇也. -「爲政」24

교육지평

공자 시대의 제례를 보면, 제후(諸侯)는 종묘에서 8대까지 제사를 지낼 수 있고, 경(卿)·대부(大夫)는 5대, 사(士)·서민(庶民)은 3대를 제사 지낼 수 있다.

이런 예법을 벗어나 자기의 이익만을 바라는 것이 다름 아닌 아첨이고, 올바른 일인 줄 알면서도 행동으로 실천하지 않는 것은 바로 용기가 없는 삶이다.

7. 문헌 증거를 통해 옛 제도를 연구하다

중국 고대의 하나라가 어떤 제도와 법도로 나라를 다스렸는지 내가 말할 수는 있다. 하지만 하나라를 계승한 기나라에서 그것을 증명할 만한 증거를 찾을 수는 없다. 또한 은나라가 어떤 제도와 법도로 나라를 다스렸는지 내가 말할 수는 있다. 하지만 은나라를 계승한 송나라에서 그것을 증명할 만한 증거를 찾을 수는 없다. 왜냐하면 남아 있는 문헌이 부족하기 때문이다. 문헌이나 증거가 있다면 내가 그것을 증명할 수도 있으리라!

원   문

夏禮, 吾能言之. 杞不足徵也. 殷禮, 吾能言之. 宋不足徵也. 文獻, 不足故也. 足則吾能徵之矣. -「八佾」9

교육지평

공자는 교육과 연구, 탐구의 방법에서 문헌을 통한 고증을 강력하게 주장했다. 배움과 연구는 철저하게 근거를 들어 익혀야 한다. 그렇지 않을 경우, 거짓 정보를 통해 혹은 막연한 상상으로 사상과 실천을 재단하는 위험에 빠질 수 있다.

공자는 하나라의 제도와 은나라의 제도에 대한 설명은 반드시 충분한 역사 고적을 바탕으로 현인이 서술해야 한다고 생각했다. 하·상·주의 제도나 법도를 매우 잘 알고 있으면서도 지속적으로 충실하게 연구했으며, 철저하게 문헌조사를 한 후에도 쉽게 결론을 내어 아는 체하지 않았다.

공자의 말에서 살펴보아도, 공자는 옛날 제도나 법도를 조금도 게을리 하지 않고 열심히 연구하는 태도를 볼 수 있다. 공자는 당시 사람들이 예의규범을 준수하고 그것을 벗어나는 행동을 하지 않기를 원했다.

8. 곧은 마음 바탕을 먼저 마련하다

자하가 물었다.

"『시경』에 다음과 같은 시가 있지 않습니까? '방긋 웃는 입매, 아리따운 검은 눈동자, 흰 분으로 더욱 빛나네!' 이는 무엇을 뜻합니까?"

공자가 말했다.

"그림을 그릴 때도 먼저 흰 바탕을 마련하여 밑그림을 그리고 그 위에 색칠한다."

자하가 "예의로 마무리한다는 뜻이군요!"라고 답했다.

공자가 말했다.

"내 말 뜻을 알아차리는 사람이 바로 자네다. 이제야 자네와 함께 시를 말할 수 있게 되었다."

원 문

子夏問曰, 巧笑倩兮, 美目盼兮, 素以爲絢兮, 何謂也. 子曰, 繪事後素. 曰, 禮後乎. 子曰, 起予者, 商也, 始可與言詩已矣. -「八佾」8

교육지평

'회사후소(繪事後素)'라는 유명한 말이 등장하는 구절이다. 그림을 그릴 때 기본은 바탕을 희게 한 다음에 그리는 것이다. 사람의 경우에도 아름다운 자질을 갖춘 후에 그에 맞게 차근차근 치장해 나가야 한다. 그것은 마치 단맛을 접하면 달게 즐기고, 흰색을 접하면 채색을 가하며, 충실하고 신의 있는 사람을 만나면 예를 배울 수 있는 것과 같다.

공자는 사람은 먼저 인덕(仁德)을 갖추고 나면, 자연스럽게 예의 규범이 생긴다고 말한다. 인덕의 마음이 없으면 예를 말할 수 없다. 예는 사회 윤리에서 보면 행위를 절제하는 도덕의 외재적 형식이다. 즉 의식을 가지고 예의를 지키는 정신적 절개다.

인덕의 마음은 인간의 순수한 본심을 유지하는 것이 핵심이다. 인덕은 하얀 백지와도 같다. 그 백지 위에 아름다운 문명과 제도의 그림을 그려나가는 것이 삶이다.

9. 마음을 담아 제사를 지내다

선조의 제사를 지낼 때는 그 선조가 살아 계신 듯이 정중하게 모신다. 산천의 제사를 지낼 때처럼, 다른 신에게 제사 지낼 때도 그 신이 앞에 있는 듯이 경건하게 제사를 모신다. 아울러 이런 제사에 마음을 담아 제대로 참여하지 않으면 제사를 지내지 않은 것과 같다.

원 문

祭如在, 祭神如神在. 吾不與祭, 如不祭. -「八佾」12

교육지평

유학에서 제사는 인간이 자신의 존재 근거를 확인하는 작업이다. 모든 인간은 멀게는 선조로부터, 가깝게는 부모로부터 태어났다. 따라서 제사는 자신의 자리가 어디인지를 확인하고 자신의 본분을 정립하는 계기가 된다. 이때 필요한 최고의 태도는 성의다.

성의는 선조에 대해 모든 정성을 쏟는 작업이다. 살아 있을 때 베풀어 준 은혜를 기억하고 살아 있을 때처럼 알차게 신령을 대하는 자세가 제사의 기본이다.

어느 날 공자의 제자인 증자가 공자 옆에 앉아 있었다. 공자가 증자에게 말했다.

"옛날 성인들은 최고의 덕행을 지니고 있으면서 정교한 이론으로 사람들을 교화시켰다. 이에 사람들이 조화롭게 잘 지내고 군주와 신하들도 서로 불만이 없었다. 그것이 무엇인지 알겠는가?"

이 말을 들은 증자는 선생님의 뜻이 어디에 있는지 알아차리고, 자리에서 바로 일어나 공경한 태도로 말했다.

"저는 미련해서 잘 모르겠습니다. 선생님께서 이런 도리가 무엇인지 가르쳐 주십시오.!"

여기에서 '자리에서 바로 일어나는' 증자의 태도는 매우 예의 바른 행위다. 증자는 선생님이 자신을 가르치려고 하는 것을 보고, 바로 자리에 일어나 선생님께 가르침을 청했다.

이런 자세처럼, 모든 일에서 진정으로 마음을 담아 실천하듯이, 조상을 모시는 제사에서도 마음을 담으라는 부탁이 서려 있다.

10. 현실의 문화 제도를 따르다

주나라는 하나라와 은나라, 두 나라의 예악 문화를 이어받아 찬란한 문화를 이룩했다. 때문에 나는 현재 사용되고 있는 주나라의 빛나는 문화를 따르려고 한다.

원문

周監於二代, 郁郁乎文哉. 吾從周. -「八佾」14

교육지평

공자는 현재 진행되고 있는 주나라의 예악을 중심으로 공부를 하고 연구했던 현실주의자였다. 한 사회의 문화는 그 사회의 생활양식이다. 그러므로 사람들 사이에 보편성을 얻고 전통으로 쌓여 인정받을 때 빛을 발한다.

주나라 문화는 이른바 하·은·주 삼대를 거쳐 형성된 문화의 종결판이었기에 공자가 온몸으로 받아들이려고 한 것 같다. 주나라의 예의제도는 하와 은의 정수가 될 수 있는 뛰어난 제도를 계승하고 참고했기 때문에 내용이 매우 풍부하고 다양하게 완비되었다. 공자는 주나라의 문명 제도를 정돈한 『주례』에 대해 긍정적으로 칭찬하고 높이 평가했다.

11. 겸손한 마음으로 제사 의식을 묻다

어느 날 공자가 노나라 주공의 사당에 들어가 제사 의식을 행했다. 제사 절차를 정확하게 몰랐는지 의식을 행할 때마다 하나씩 하나씩 구체적으로 물었다.

그러자 어떤 사람이 빈정대며 말했다.

"누가 추 지역 출신의 시골뜨기를 데려다 놓고 예법을 안다고 한 거야! 사당에 들어가서 제사 절차도 제대로 몰라 일일이 묻지 않는가!"

공자는 이 말을 듣고 이렇게 말했다.

"그렇게 묻는 것이 예의다."

원 문

子入大廟, 每事問. 或曰, 孰謂鄹人之子, 知禮乎. 入大廟, 每事問. 子聞之曰, 是禮也. - 「八佾」15

교육지평

공자는 어떤 사안에 대해 배우고 연구할 때, 모르는 일에 대해서는 모든 것을 구체적으로 묻는 태도를 취했다. '안다는 것을 안다고 하고 모르는 것을 모른다'고 하는 것이 진정한 앎이다. 따라서 모르는 것에 대해서는 익히 알고 있는 사람에게 물어 정확하게 알고 실행하는 것이 앎과 행함의 본질이다.

공자는 주나라의 문명 제도를 정돈해 놓은 『주례』에 대해 잘 알고 있었고, 평생 『주례』를 회복시키려고 노력했다. 그러나 공자는 주공을 제사하는 태묘에 가서 사람들에게 이것저것을 많이 물어보았다. 이런 행동을 통해 공자가 예를 연구하는 전문가로 자처하지 않고, 겸손한 마음으로 가르침을 청하는 사람인 것을 알 수 있다.

12. 지나치게 감정을 표현하지 않다

『시경』의 「관저」는 즐거우면서 음란하지 않고, 슬프지만 마음을 상하게 하지 않는다.

원 문

關雎, 樂而不淫, 哀而不傷. -「八佾」20

교육지평

『시경』「관저」는 『시경』「국풍」 '주남'의 첫머리 시다. 시는 "꾸우꾹 우는 징경새 / 모래톱에 있네 / 고상하고 정숙한 숙녀 / 군자의 좋은 짝이로다"로 시작된다. 이 시를 두고 논평한 공자의 말은 '옛날의 시가를 총체적으로 평가한 언표'로 회자된다.

공자의 『시경』에 대한 평가는 '생각에 사악함이 없어야 한다'는 '사무사(思無邪)'라는 예술관으로 잘 드러난다. 이 시는 남녀 간의 사랑을 묘사하고 혼례를 축하하는 것인데, 이때 즐거움도 슬픔도 지나치지 말아야 하고, 우러나오는 감정을 절제할 수 있어야 한다고 강조했다.

13. 예의가 무너지는 현실을 슬퍼하다

자공이 매달 초하루 사당 제사에 바치는 희생양을 더 이상 쓰지 않으려고 하자 공자가 말했다.

"자네, 희생양을 아까워하는가? 나는 초하루 사당 제사와 그 예의를 중요하게 생각한다."

원 문

子貢, 欲去告朔之餼羊. 子曰, 賜也, 爾愛其羊, 我愛其禮. -「八佾」17

교육지평

이 구절에서 스승과 제자의 사회 인식, 전통과 현대의 시대가 교차하는 지점을 엿볼 수 있다. 자공은 실속 없이 재물을 낭비하는 희생양 제도를 안타깝게 생각했고, 공자는 당시 예의가 퇴색하긴 했어도 희생양이라도 바치면 전통적인 예의를 기억하며 그 의미를 되새길 수 있을 것으로 판단했다.

『주례』에 따르면 해마다 가을과 겨울이 교체하는 시점에 천자는 다음 해의 역서(曆書)를 제후들에게 나누어 준다. 역서에는 매달 삭일(朔日)이 표시되어 있다. 이것은 '고삭(告朔)'이라고 불린다. 제후들은 역서를 받아서 조묘 안에 보관하고, 매달 1일 조묘에 가서 양 한 마리를 희생으로 올렸다.

'고삭'은 하나의 제례 양식인데 공자 당시에 이미 이 제도는 형식에 그치고 있었다. 때문에 자공은 '희생양을 폐지하는 것이 낫겠다는 의견을 제시했다. 그러나 공자는 고대의 예의를 준수하고 보존하는 것을 중시했기 때문에, 공자는 예의가 무너지는 현실을 안타깝게 여겼다.

14. 예의 실천되지 않는 현실을 한탄하다

지도자를 섬기려고 예의를 다하는데, 사람들은 이를 두고 아첨한다고 생각한다.

원 문

事君盡禮, 人以爲諂也. -「八佾」18

교육지평

사회를 살아가는 모든 사람 사이에는 자신이 속한 공동체를 유지하기 위한 예의가 존재한다. 지도자와 구성원 사이, 구성원과 구성원 사이에 각자의 지위와 본분에 따른 예의가 있다.

이때 구성원이 지도자를 섬기거나, 지도자가 구성원을 섬기거나, 구성원이 구성원을 배려하는 것은 일종의 사회적 상식이다. 그것을 다른 시각으로 바라보면, 아첨하거나 아부한다는 식의 잘못된 시선으로 사람을 재단하는 오류를 범하게 된다. 사람을 섬기는 행위는 자연스런 인간의 정감일 뿐이다.

공자 당시의 예의는 군주와 신하의 관계마저도 무너져 있었다. 신하들이 군주를 섬길 때 무례한 경우가 많았기 때문에 공자는 『주례』가 회복되어야 한다고 주장했다. 예의로 나라를 다스리고 세상을 편안하게 만들어야 한다는 것이다. 공자는 『주례』에 따라 몸소 군주를 섬겼지만, 군주에게 아첨하는 행위로 오해받았다. 공자는 이처럼 예의가 파괴된 현실에 대해 슬퍼하며 탄식했다.

15. 예의와 충실로 사람을 섬기다

정공이 물었다.

"지도자가 참모를 부리고 참모가 지도자를 섬기려면 어떻게 해야 합니까?"

공자가 대답했다.

"지도자는 예의를 갖추어 참모를 초빙하여 쓰고, 참모는 충실하게 지도자를 모셔야 합니다."

원 문

定公問, 君使臣, 臣事君, 如之何. 孔子對曰, 君使臣以禮, 臣事君以忠. -「八佾」19

교육지평

공자는 노나라의 정공을 모시고, 당시 실권을 휘두르던 삼환 세력, 즉 맹손씨, 숙손씨, 계손씨를 누르려고 했으나 실패했다. 공자가 정공을 모시고 있으면서 군주와 신하의 자세, 이른바 지도자와 참모의 예의에 대해 일러 준 구절이다.

지도자는 예의와 겸양으로 참모를 등용하고, 참모는 충실과 성의로 지도자를 섬기는 것이 예의의 기본이다. 군주가 예의로 신하를 다스려야 신하들이 충성하고, 백성들이 복종하며, 세상이 다스려질 수 있다.

16. 활쏘기를 열심히 배우면 과녁을 맞출 수 있다

활을 쏘는 목적은 과녁의 가죽을 뚫는 데 있지 않다. 왜냐하면 활 쏘는 사람의 힘이 똑같지 않고 실력에 차등이 있기 때문이다. 이것이 옛날부터 내려오던 활 쏘는 방법이다.

원   문

射不主皮, 爲力不同科, 古之道也. -「八佾」16

교육지평

공자는 활쏘기를 통해 배움의 방법을 간략하게 제시했다. 활쏘기의 목표는 과녁의 가죽을 힘으로 꿰뚫는 데 있기보다는 표적을 제대로 맞추는 것이다. 왜냐하면 선천적으로 타고난 육체적 힘은 노력한다고 해서 강해지는 것이 아니기 때문이다. 하지만 표적을 맞추는 일은 열심히 배우면 가능하다. 그것이 활쏘기, 즉 배움의 관건이다.

활쏘기는 주나라 귀족이 자주 거행하던 일종의 사회 예절 의식이다. 활쏘기 시합의 관건은 그 화살촉 자체에 있는 것이 아니라 과녁의 중심을 맞추는 데 있다. 교육이나 학습, 연구도 이와 마찬가지다. 열심히 노력하고 배우면서 게으르지 않는다면, 학습의 양이 아닌 학습의 대상 속에서 일정한 법칙을 깨우칠 수 있다.

17. 재능은 있으나 예의가 부족하다

공자가 말했다.

"관중이란 인물은 그 그릇이 작아요!"

어떤 사람이 물었다.

"관중은 검소했습니까?"

공자가 대답했다.

"관중은 부인을 셋이나 두었고, 호화로운 관청에 있었으며, 참모 몇 사람이 아니라 사안마다 한 사람씩의 참모를 두었으니 어찌 검소하다 하겠소!"

또 물었다.

"그렇다면 관중은 예의를 알았던 사람인가요?"

공자가 말했다.

"당시에는 최고지도자의 대문에만 안팎 칸막이로 쓰는 울타리를 칠 수 있었는데, 관중도 안팎으로 울타리를 쳤어요. 또한 최고지도자라야 그들끼리 외교 관계를 하기 위해 술잔 대를 갖추는 법인데, 관중도 그런 술잔 대를 가졌어요. 이런 관중이 예의를 안다면 예의를 모를 사람이 어디 있겠소!"

원 문

子曰, 管仲之器小哉. 或曰, 管仲儉乎. 曰管氏有三歸, 官事不攝, 焉得儉, 然則管仲, 知禮乎. 曰邦君, 樹塞門, 管氏亦樹塞門, 邦君 爲兩君之好, 有反坫, 管氏亦有反坫, 管氏而知禮, 孰不知禮. -「八佾」22

관중과 포숙의 우정 이야기로 잘 알려져 있는 관중은 춘추시대 사람이다. 관중은 제나라의 환공을 도와 그를 최고의 패자, 즉 춘추시대의 강력한 다섯 나라인 춘추오패(春秋五霸) 가운데 으뜸이었던 제나라를 만든 장본인이다.

관중은 제나라를 부국강병의 나라로 만들기는 했으나, 검소함과 예의를 지키는 생활 측면, 또는 왕도 정치나 덕치의 차원에서 보면, 도량이 넓지는 못하다는 것이 공자의 평가다. 그것은 올바름을 중시하고 권모술수를 부리지 않는 유학의 정치와 다른 양상을 띤다.

관중이 정치지도자로서의 장점도 있다 하지만 공자는 세상을 다스리는 양식에서 바른 도리와 덕으로 하지 않고, 거짓된 도리로 윗사람의 비위를 맞추고 공을 세우는 것에 대해 경계했다. 관중은 비록 나라를 다스릴 수 있는 재능을 지녔지만, 예의를 알고 지키는 데에는 부족했다는 것이다.

18. 음악의 변주를 파악하다

공자가 노나라에 있을 때 노나라의 음악을 담당하던 관리에게 음악이 무엇인지를 적확하게 일러 주었다. 음악은 이렇게 이루어져야 한다. 시작할 때는 종이 크게 울리고, 그 다음에는 합주가 은은하게 리듬을 타고 흐르며 관악기와 현악기가 제각기 선율을 연주하고, 마지막에는 여운이 이어지는 듯이 마무리되어야 한다.

원   문

子語魯大師樂曰, 樂, 其可知也. 始作, 翕如也, 從之, 純如也, ⊠如也, 繹如也, 以成. -「八佾」23

교육지평

공자는 다방면에 능숙했는데, 특히 음악에 관해서는 전문가 수준이었다. 음악은 삶의 희노애락을 압축적으로 보여주는 영혼의 울림이다. 그러기에 음악은 끊임없이 삶을 변주한다. 사회생활에서 인간의 삶을 변주하는 문명이나 제도도 마찬가지다.

공자는 일찍이 이런 음악의 특성을 간파했다. 시작을 알리는 종소리와 함께, 리듬, 멜로디, 하모니의 조화를 통해 가지런히 가락을 뽑고, 가닥이 추려지면서 잇달아 뚜렷한 음절이 만들어지면서 연주를 이어가는, 조화와 균형, 절도와 절제의 미학을 잘 알고 있었다. 그리하여 공자는 노나라 악관에게 음악 연주의 전 과정을 말해줌으로써 음악 사상을 드러내는 동시에 그것을 사회의 운영 원리로 끌어 들였다.

19. 세상의 목탁으로 삼다

위나라의 국경 지대인 의라는 성읍의 관리가 공자를 뵙고자 청하며 말했다.

"올곧은 사람이 이곳에 오면 제가 모두 찾아뵈었습니다."

이에 공자를 따르던 제자들이 그를 안내하여 공자를 뵙게 했다. 공자를 만난 후, 나오면서 그는 공자 제자들에게 이렇게 말했다.

"여러분은 어찌하여 스승이신 공자께서 관직을 잃은 것에 대해 걱정하고 있습니까? 세상에 사람이 가야 할 길이 무엇인지 갈 길 몰라 헤맨 지 오래, 하늘은 여러분의 스승이신 공자를 세상의 목탁으로 삼을 것입니다."

원문

儀封人, 請見曰, 君子之至於斯也, 吾未嘗不得見也. 從者見之. 出曰, 二三子何患於喪乎, 天下之無道也久矣, 天將以夫子爲木鐸. -「八佾」24

교육지평

노나라 정공 13년, 공자의 나이 56세 때, 공자는 노나라의 정치 실권자인 삼환을 제거하려다 실패하고 국경을 넘어 위나라로 갔다. 이때 성읍을 경비하던 관리가 공자를 만났다. 그 결과 공자야말로 세상을 이끌고 지도할 인물이라고 판단하여 공자를 목탁(木鐸)으로 칭송했다.

목탁은 쇠로 겉의 입을 만들고 나무로 혀를 만든 것, 즉 나무로 만든 방울이 달린 요령으로, 옛날에 교령을 낼 때 관원들이 들고 다니면서 치던 것이다. 따라서 목탁은 사람을 인도하고 어리석은 사람을 가르칠 지도력을 갖춘 사람을 말한다.

20. 점을 쳐서 요행 바라는 것을 경계하다

장문중은 자기 집에 임금이 점을 칠 때 사용하던 큰 거북을 두고, 그 거북을 보관하는 방을 만들었다. 그리고 그 방의 기둥 끝에 산 모양을 새기고 대들보에는 풀 모양의 무늬를 그렸다. 이런 행동이 어찌 슬기로운 사람이 하는 일이겠는가?

원 문

臧文仲, 居蔡, 山節藻梲. 何如其知也. -「公冶長」17

교육지평

장문중은 노나라 대부 장신이라는 사람이다. 대부와 같은 장관급의 고위 정치지도자는 그 본분이 국민들을 잘 살게 하도록 힘쓰는 일이다. 그런데 올바른 정치는 버려 두고, 점을 치거나 요행을 바라며 귀신에게 아첨하는 일이나 하고 있으니, 공자가 보기에 장신은 한심한 인간의 전형이었다.

큰 거북이를 나타내는 채(蔡)는 군주가 점을 볼 때 사용했는데, 채(蔡)라는 지역의 거북이가 특산품이었기에 그 거북이를 '채'라 불렀다. 장문중은 당시 사람들에게 현자로 불리던 사람이었지만, 사회의 문명 제도를 발전시키는 예의에는 관심이 없었다.

그러다 보니, 『주례』를 살펴보지 않고 개인적으로 거북이를 저장하고, 방을 산 모양으로 조각했으며, 기둥에 풀과 꽃무늬를 새겼다. 이런 행동이 예의를 넘은 것이므로 장중을 지혜롭지 않은 사람으로 비판했다.

21. 예의가 무너진 사회를 한탄하다

사각형 모양인 고라는 술잔이 사각형으로 생기지 않았다면, 어찌 고라고 할 수 있으랴! 어찌 고라고 할 수 있으랴!

원 문

觚不觚, 觚哉觚哉. -「雍也」23

교육지평

모든 사물은 그에 합당한 이치와 형체, 쓰임새가 있다. 고는 물건에 있는 모서리를 말한다. 즉 네모난 물건으로, 술잔 혹은 나무로 만든 간책으로 쓰였다. 여기에서 고는 사람이 맡은 직책을 상징한다. 사람이 자신이 맡은 직책을 도리에 맞게 수행하지 못할 경우, 사람 구실을 못하므로 이를 경계한 것으로 이해된다.

고는 고대 때 술을 담던 그릇으로 그 모양이 바뀌자 공자는 불만을 표출했다. 공자는 사각형 모양인 '고'라는 술잔이 사각형으로 생기지 않았음을 비유하여, 당시 군주가 군주답지 못하고, 신하가 신하답지 못하며, 부모가 부모답지 못하고, 자식이 자식답지 못한, 예절이 무너진 사회 현상을 목격하며 한탄하기에 이르렀다.

22. 예의는 실질적이고 검소해야 한다

임방이 예의 근본이 무엇인지 물었다.

공자가 말했다.

"참으로 중요한 질문이다. 예식은 사치스럽게 겉을 꾸미는 것보다 실질적이고 검소하게 차리는 것이 좋다. 장례식은 번지르르하게 여러 절차를 갖추기보다는 진심으로 슬픔이 넘쳐야 한다."

원 문

林放問, 禮之本. 子曰, 大哉問. 禮, 與其奢也, 寧儉. 喪, 與其易也, 寧戚. -「八佾」4

교육지평

세상 사람들은 상당수가 다른 사람들이 하는 대로 그냥 세속의 형식적인 예의를 따라 행동한다. 오늘날 혼인이나 장례, 돌잔치나 생일, 회갑 등 다양한 예식에서도 그런 면을 엿볼 수 있다. 그것은 예식의 근본정신을 간과하고 남의 시선을 의식한 겉치레에 불과한 경우가 많다.

예식은 형식보다는 공경하는 마음이 넘치는 실질을 갖추고, 상례는 절차를 제대로 구비하지 못했더라도 슬퍼하는 마음이 넘치는 것이 바람직하다. 예의 근본은 형식이 아닌 진정한 마음이다. 단순히 표면상의 의식이 아닌 진심을 다하는 것이 예의 근본이다. 사람의 마음에 예의가 없다면 예의규범은 그 진정한 의미를 잃게 된다.

23. 시서를 익혀 예를 잘 지키다

공자는 항상 "시와 서를 잘 배우고 예를 잘 지키고 행하라."고 하며, 평소 때 늘 표준말로 얘기했다.

원문

子所雅言, 詩書執禮, 皆雅言也. -「述而」17

교육지평

시(詩)는 인간의 성품과 정서를 조화롭게 하고, 서(書)는 역사를 통해 정치의 도리를 깨닫게 한다. 예(禮)는 몸가짐을 신중히 하고 윤리 도덕과 사회 질서를 지키게 한다. 시서예(詩書禮) 가운데 예는 사람이 반드시 굳게 지키고 실천해야 하는 덕목이자 교육 내용이다.

아언(雅言)은 주나라 때 사용하던 관리들의 말인데, 요즘 말로 하면 표준어로 볼 수 있다. 공자는 평소 사투리를 사용했겠지만, 『시경』이나 『서경』을 읽거나 또는 관혼상제의 예를 행할 때는 반드시 표준어를 사용했다. 이런 점에서 공자의 성실함과 진심을 알 수 있다.

24. 음악의 아름다움에 감탄하다

공자가 제나라에 있을 때, '소' 음악을 듣고 석 달 동안 고기 맛을 잊었다고 한다. 그때, 공자는 자신의 느낌을 이렇게 말했다. "음악이 이렇게까지 아름다운 경지에 이르리라고는 생각하지 못했다."

원 문

子在齊聞韶, 三月不知肉味. 日不圖爲樂之至於斯也. -「述而」13

교육지평

'소'는 순임금의 덕을 높인 음악으로 진선진미의 맛을 보여 준다고 한다. 공자는 35세 때 제나라에 갔는데 석 달에 걸쳐 소 음악을 배웠다. 그때, 제나라 악공들이 연주하는 소 음악을 듣고 그 맛있는 고기 맛조차 잊을 정도로 감탄했다. 아마도 순임금의 덕을 찬양한 음악인만큼 일상과 정치적 삶이 아름다웠고, 그것을 음악으로 만들었을 때 멋들어지게 연주된 것으로 판단된다.

주나라 경왕(敬王) 때의 대부 장홍(萇弘)이 자신의 집에서 손님을 접대하고 있었는데, 이 손님은 바로 노나라의 대부 공자였다.

공자가 공손하게 말했다.

"저는 음악을 좋아합니다만 알 듯 말 듯 합니다. 혹시, 소(韶) 음악과 무(武) 음악의 차이를 아십니까?"

장홍이 느릿느릿하게 말했다.

"제 어리석은 생각이지만, 소 음악은 요임금과 순임금의 태평과 화합을 노래한 음악이고, 무 음악은 그 음운이 호쾌합니다."

공자는 한 단계 더 나아가 물었다.

"두 음악은 내용상 어떤 차이가 있습니까?"

장홍이 대답했다.

"내용상으로 보면, 소 음악은 평온하고 예의로 사람을 교화하는 내용이지만, 무 음악은 난세를 통치하고 정명(正名)을 세우는 데 있습니다."

그러자 공자는 유학의 예의와 교육에 관심을 갖고 자신의 이상을 펼치려는 생각을 갖고 있었기에, 소 음악에 더욱 빠져 매일 거문고를 켜며 노래했다.

25. 예의에 부합하지 않음을 비판하다

염유가 물었다.

"공자께서 위나라 군주를 도와 벼슬을 할까요?"

자공이 말했다.

"글쎄, 내가 공자께 한번 물어보겠습니다."

그러고는 안으로 들어가 "백이와 숙제는 어떤 사람입니까?"라고 물었다.

공자가 말했다.

"옛날의 잘난 사람들이다."

자공이 물었다.

"그들은 수양산에 들어가 고사리나 산나물을 캐서 먹고 살았다고 하는데, 혹시 사회에 불만이 있었습니까?"

공자가 말했다.

"착하게 살려고 했고 착하게 살았는데, 무슨 불만이나 원망이 있었겠는가?"

자공이 나와서 말했다.

"공자께서는 위나라 군주를 도와 벼슬을 할 것 같지는 않다."

원 문

冉有曰, 夫子爲衛君乎. 子貢曰諾, 吾將問之. 入曰, 伯夷叔齊, 何人也. 曰古之賢人也. 曰怨乎. 曰求仁而得仁, 又何怨. 出曰, 夫子不爲也. -「述而」14

교육지평

이 구절은 공자가 위나라에 있을 때 얘기다. 당시 위나라 임금은 출공 첩이었는데,

출공은 영공의 손자이자 괴외의 아들이었다. 영공은 생전에 애첩이었지만 품행이 나쁜 남자를 총애하여 많은 잘못을 저질렀다.

이에 영공의 아들이자 태자였던 괴외가 그 남자를 제거하려다 실패하자 이웃 나라로 망명을 갔다. 이후 영공이 죽고 괴외가 돌아와 임금 자리에 오르려고 하자 괴외의 아들 첩이 아버지를 무력으로 막고 자신이 임금 자리에 올랐다.

이런 상황에서 공자는 백이숙제를 추앙하고, 위나라 임금인 출공이 아버지 괴외가 왕위에 오르지 못하도록 한 사건을 비도덕적으로 보고 못마땅하게 여긴 듯하다. 공자가 이 두 사건을 평가한 기준은 바로 예의에 부합하느냐의 여부였다.

26. 상을 당한 사람에게 동정심을 보이다

공자는 상을 당한 사람의 곁에서 식사할 때는 배부르게 먹지 않았다. 조문을 가서 슬픔을 나눈 날에는 노래를 부르지 않았다.

원 문

子食於有喪者之側, 未嘗飽也. 子於是日, 哭則不歌. -「述而」9

교육지평

상을 당한 사람은 슬픔에 잠겨 있기에 제대로 먹을 수 없다. 그런 사람을 곁에 두고 나 홀로 배불리 먹는다거나, 슬픔을 달래주기는커녕 즐겁게 노래를 부르는 것은 예의가 아니다. 이는 사람에 대한 깊은 배려와 동정심을 고려한 삶의 태도다.

북송 때의 정치가이자 학자였던 범중엄은 고대 문인들이 사물을 보는 정감에 대해 깊이 연구했다. 그러다 보니, 전통적으로 어진 사람과 뜻있는 선비, 이른 바 '인인지사(仁人志士)'는 조정에 들어가서 벼슬을 할 때는 관리를 걱정하고, 조정에서 퇴근하여 저 외진 강가에서 산책을 하면서도 나라 걱정에 빠졌다고 한다.

그렇다면 그들은 도대체 언제 즐거워했단 말인가? 어떤 사람이 이렇게 물을 때 범중엄은 다음과 같이 대답했다.

"세상 사람들이 나라를 근심하기에 앞서 먼저 근심하고, 세상 사람들이 즐거움을 다한 후에 즐거워한다!"

27. 자신의 잘못을 인정하다

진나라의 사패가 물었다.

"노나라의 임금 소공은 예법을 아는 사람입니까?"

공자가 말했다.

"예법을 알던 분이었습니다."

공자가 물러간 후, 사패가 공자의 제자 무마기에게 앞으로 나오기를 요청하면서 말했다.

"인격을 갖춘 사람은 특별히 어떤 사람을 편들지 않는다고 들었습니다. 그런데 그런 사람도 편을 드는지요? 소공은 오나라에 장가를 가서 부인을 얻었어요. 그런데 노나라와 오나라의 성이 같으므로 부인을 오희라고 하지 않고 오맹자라 했습니다. 그런 소공이 예법을 안다면 누가 예법을 모르겠습니까?"

이런 사실을 무마기가 스승 공자에게 전하자 공자가 말했다.

"나는 참으로 복이 많은 사람이다. 내게 조금이라도 잘못이 있으면 남들이 반드시 그것을 나에게 알려 주니 말이다."

원 문

陳司敗問, 昭公, 知禮乎. 孔子曰, 知禮. 孔子退, 揖巫馬期而進之曰, 吾聞君子不黨, 君子亦黨乎. 君取於吳, 爲同姓, 謂之吳孟子. 君而知禮, 孰不知禮. 巫馬期以告, 子曰, 丘也幸, 苟有過, 人必知之. -「述而」30

교육지평

동양의 고대 사회에서, 예법을 아느냐 모르느냐의 문제는 군주의 자격 가운데 중요한 문제였다. 공자 당대의 예법은 같은 성에게 장가들지 않는 것이었다. 그런데 노나라와 오나라는 같은 희성이었다.

소공은 부인을 오맹자라고 하여 그런 사실을 숨기고 송나라 여자의 성과 같이 하려고 했다. 사패는 법을 관장하는 관리로 오늘날 법무부 장관에 해당한다. 공자는 예법에 관한 논의에서 솔직했다. 그것이 공자의 위대함이다. 사패의 지적에 대해 자기 군주의 잘못은 말하지 않고 자신의 잘못을 가감 없이 인정하는 태도를 보인다.

28. 시대상황에 맞는 예의를 따르다

삼으로 짠 검은색 면류관을 쓰는 것이 전통적인 예법이다. 하지만 요즘 사람들은 명주실로 만든 면류관을 쓰는데, 이유는 간편하기 때문이란다. 그렇다면 나도 요즘 방식을 따라야겠다.

신하가 임금을 뵐 때는 당 아래에서 절을 하는 것이 전통적인 예법이다. 그런데 요즘 신하들은 당 위에서 절을 한다. 이는 교만한 태도다. 여러 신하들이 당 위에서 절한다고 하더라도 나는 당 아래에서 절하며 전통 예법을 따르겠다.

원 문

麻冕禮也. 今也純, 儉, 吾從衆. 拜下, 禮也. 今拜乎上, 泰也. 雖違衆, 吾從下.
- 「子罕」3

교육지평

교육받은 사람, 혹은 교양을 갖춘 사람의 주체적 행동을 엿볼 수 있는 구절이다. 여기에서 주체적 행위의 기준은 예의와 정의다.

세상을 살아갈 때, 많은 사람들에게 호응을 받는 일이 사회 정의를 해치지 않는다면, 그것이 전통 예법일지라도 취하지 않을 수 있다. 하지만 사회 정의에 어긋난다면 따라서는 곤란하다. 이 지점에서 전통과 현대 사이의 연속과 단절을 체험할 수 있다.

공자는 비록 『주례』의 회복을 주장했지만, 『주례』의 모든 내용을 완벽하게 실행하려고 했던 것은 아니다. 공자는 어떤 문제에서는 보수적 입장을 취했고, 또 어떤 문제에서는 진보적 입장을 취했다.

삼베를 이용해 예식에 쓰는 모자를 만든 것은 예의에 부합하는 표현이다. 그러나 공자 시절에는 검은 면직물로 모자를 만드는 것이 더욱 절약하는 방식이었으므로, 공자는 검은 면직물로 모자 만드는 것을 찬성했다.

그러나 군주를 대하는 예절에서는 당시 사람들이 너무 거만하다고 생각하여 찬성하지 않았다. 이는 공자가 단순히 완고하게 『주례』의 규정만을 요구한 것이 아니라, 자신이 용인하는 범위 내에서 변화를 허락하고, 일정 수준 이상에서는 양보하지 않았음을 보여준다.

29. 지나친 사치와 검약을 조심하다

지나치게 사치스러우면 공손하지 못하게 되고, 지나치게 검약하면 고리타분해져서 예의를 벗어날 수 있다. 공손하지 못한 것보다는 차라리 고리타분한 것이 낫다.

원 문

奢則不孫, 儉則固. 與其不孫也, 寧固. -「述而」35

교육지평

지나친 사치나 지나친 검약은 사회적으로 일상생활에서 적당하지 못한 행위다. 특히, 사치는 폐해가 더욱 크다. 따라서 평소에 자신의 분수를 잘 살피고 그에 맞는 삶의 균형을 이루기 위해 절도 있는 자세가 요청된다. 공자는 사치와 검소, 그 중용의 입장에서 삶의 이치와 지혜를 강조했다.

북송 시대의 정치가이자 학자인 사마광은 일생을 매우 검소하고 소박하게 살았다. 사마광은 제자를 가르칠 때 사치를 지극히 경계하고 절약하며 살 것을 강조하며 다음과 같이 말했다.

"옷은 평생 동안 추위만 막으면 되고, 먹을 것은 배만 채우기만 하면 된다!"

또 자식을 가르치면서는 이렇게 말했다.

"양식이 풍족하면 사치스런 행동이 생기고, 너무 간략하게 행동하면 거만함이 생긴다!"

사마광의 이런 교육의 강조는 모두 검소함과 소박함을 지향하고 있다.

30. 상황에 맞게 예를 갖추다

초상을 당하여 상복을 입은 사람이나 공직에 복무하는 관복을 입은 사람, 앞을 보지 못하는 시각장애인을 만나면, 상대가 나이가 어릴지라도 반드시 일어나 예를 갖추었다. 그 사람 앞을 지나갈 때는 경의를 표하고 그들에게 방해가 되지 않도록 재빠르게 행동했다.

원 문

見齊衰者, 冕衣裳者, 與瞽者, 見之, 雖少必作, 過之, 必趨. -「子罕」9

교육지평

교양을 갖춘 사람은, 상을 당한 사람을 보면 애통해 하고, 공공의 이익을 위해 봉사하는 공무원을 보면 존경하며, 신체적으로 약자인 사람을 가엽게 여긴다. 이런 마음이야말로 진실하고 사랑이 가득한, 최고의 인간학적 배려다.

공자는 『주례』에 관해 매우 잘 알고 있었고, 어떤 사람을 만나면 어떤 예를 취해야 하는지 알고 있었다. 현실 사회를 지탱하는 실제 행위 하나하나에서 예를 지키고 사회 질서를 유지하려고 했다.

31. 신분에 맞는 예의를 지키다

공자의 병환이 위중하자 제자 자로가 초상에 대비하여 문인들을 공자의 가신인 것처럼 꾸몄다. 다행히 병이 어느 정도 회복되자 공자가 말했다.

"오래도록 자로가 사기를 치며 사람을 속여 왔구나! 나에게 가신이 없는데 가신이 있는 것처럼 꾸몄으니. 내 누구를 속이랴. 하늘을 속이랴! 나는 가짜로 꾸민 가신들 앞에서 죽어 거두어지기보다는 차라리 자네들 몇 사람 앞에서 죽어 거두어지는 것이 좋다. 또 내가 죽어 성대하게 장례를 치르지 못할지라도 자네들이 있는데 내가 길바닥에서 죽도록 버려지기야 하겠는가?"

원 문

子疾病, 子路使門人爲臣. 病間曰, 久矣哉, 由之行詐也. 無臣而爲有臣, 吾誰欺, 欺天乎. 且予與其死於臣之手也, 無寧死於二三子之手乎. 且予縱不得大葬, 予死於道路乎. -「子罕」11

교육지평

이때 공자는 벼슬자리에서 물러난 상황이라 가신을 둘 수 없었다. 그것을 안타깝게 여긴 제자 자로가 선생님을 높이고 부끄럽지 않게 하기 위해 가신을 두고 혹시나 모를 공자의 장례를 대비했다. 하지만 자로는 스승을 높일 줄만 알았지, 예의를 몰랐다.

공자에게서 예의는 하늘에 죄를 짓는 사회적 생명력과도 같은 것이었다. 이에 자로를 꾸짖으며 다시 깨우침을 주었다. 공자는 매우 예를 중시해서 장례를 치룰 때에도 엄격하게 신분에 따른 원칙을 지키고자 했다.

각 신분에는 그에 맞는 장례의식이 있는데, 이 규정을 어기면 도리에 크게 어긋나는 것이다. 공자는 평생 인의(仁義)를 추구했고, 그것을 따르는 제자도 많았다. 공자는 자신의 장례식이 크게 치러지기를 원하지도 않았지만, 길가에서 아무도 보지 않는 곳에서 죽으려고 하지도 않았다. 공자는 벼슬에서 물러난 상황이라 그 벼슬에 해당하는 대부의 예로 자신의 장례를 치루는 것을 반대하며, 『주례』의 규정을 완벽히 지키려고 했다.

32. 음악으로 노나라 질서를 바로 잡으려 하다

내가 위나라에서 노나라로 돌아온 후, 노나라의 음악을 정리하여 바로 잡았다. 왕실이나 귀족들의 향연에서 연주하던 악곡인 아와 종묘에서 제사 지낼 때의 무악인 송이 저마다 제자리를 잡게 되었다.

원 문

吾自衛反魯然後, 樂正. 雅頌, 各得其所. -「子罕」14

교육지평

기원전 484년 노나라 애공 11년, 나이 68세 때 공자는 위나라에서 노나라로 돌아왔다. 이때 노나라에는 주나라의 예악이 남아 있었는데, 그 본래 모습이 훼손되어 엉망진창이었다.

공자는 수십 년에 걸친 천하주유 덕분에 주나라의 예악을 익혀 음악에 대해 잘 알고 있었다. 공자는 노나라의 사회질서 문란이 시와 음악이 제자리를 찾지 못했기 때문이라고 판단하고, 고국인 노나라에 돌아오자 음악을 바로잡는 데 심혈을 기울였다.

33. 예의에 맞게 인정을 말하다

안연이 죽자 아버지 안로가 공자에게 요청했다.

"타고 다니는 수레를 주면 그것을 팔아서 아들의 관을 감싸는 덧 관을 만들겠습니다."

공자가 말했다.

"재주가 있건 없건, 자식에 대한 부모의 정은 마찬가지입니다. 내 아들 리는 내가 가장 아끼는 제자 안연의 재주에 미치지 못합니다. 하지만 그 아이가 죽었을 때도 관만 있었지 덧관은 하지 않았습니다. 나는 수레를 팔아 걸어 다니면서까지 아들의 덧 관을 마련해 줄 수가 없었습니다. 왜 냐하면 당시 나는 대부의 신분이었기 때문에 수레를 타지 않고 걸어 다닐 수 없었기 때문입니다."

원 문

顔淵死, 顔路請子之車, 以爲之椁. 子曰, 才不才, 亦各言其子也. 鯉也死, 有棺 而無椁. 吾不徒行, 以謂之椁. 以吾從大夫之後, 不可徒行也. -「先進」7

교육지평

공자는 가장 아끼는 제자 안연이 죽었기에, 그 아버지 안로의 마음을 충분히 이해 했을 것으로 생각된다. 하지만 안로의 요청을 거절했다. 그 이유는 세 가지 측면에서 볼 수 있다.

첫째, 당시 장례에서 덧 관을 쓰지 않아도 예의에 어긋나지 않았다.

둘째, 자신의 신분상 수레를 타지 않고 걸어 다닐 수 없었다.

셋째, 당시 수레는 임금이 내려 주는 것인데 이를 함부로 남에게 주어 시장에 팔게 하는 것은 예의가 아니었다.

공자는 이전에 대부의 신분으로 관리직을 맡고 있었는데, 대부는 반드시 자신의 수레로 다녀야만 했다. 걸어서 다니면 예의에 어긋난 행위를 저지르는 것이었다. 이 구절은 공자가 예의에 대한 엄격한 태도를 보여주는 동시에 예의에 알맞아야 비로소 인정도 말할 수 있음을 보여준다.

34. 상황에 맞게 장례를 치르다

안연이 죽자 안연의 동료인 공자의 제자들이 장례를 성대하게 치르려고 했다.

이 소식을 듣고 공자가 말했다.

"이래서는 안 된다."

그러나 제자들이 성대하게 장사를 지냈다.

공자가 말했다.

"잘 알다시피, 안회는 나를 친아버지처럼 생각했다. 하지만 나는 그를 친자식처럼 장례를 치러 주지 못했구나! 그것은 나의 뜻이 아니라 너희들 몇 명이 그렇게 만들었다!"

원 문

顏淵死, 門人, 欲厚葬之. 子曰不可. 門人, 厚葬之. 子曰, 回也, 視予猶父也. 予不得視猶子也, 非我也, 夫二三子也. -「先進」10

교육지평

장례식은 사회에서 매우 중요한 예식이다. 그러나 그 예식은 무조건 성대하게 할 것이 아니라, 처한 상황과 형편에 맞게 하는 것이 삶의 기본 예의다.

앞에서도 언급한 것처럼, 안로의 요청에 공자는 수레 팔기를 거절하여 예의를 지켰다. 안연의 집안 형편이 그리 넉넉하지 않은데, 제자들이 성대하게 장례를 치르는 것은 도리에 맞지 않았다. 이에 공자가 '옳지 않다'고 충고했으나 제자들은 이를 무시하고 성대하게 장례를 치렀다.

가난한 집안 형편에 맞게 친자식 보내듯이 장례를 치러야 하는데, 제자들의 행위는 오히려 안연을 욕되게 하는 일이기에, 공자가 제자들을 원망하는 동시에 안연에게 미안한 마음을 드러내었다. 이는 공자가 개인적 감정과 사회의 예의 제도를 명확하게 구분하고 있음을 보여준다.

35. 명분을 바르게 하다

진성자가 제나라 간공을 시해했다. 그러자 공자가 목욕재계하고 조정에 나아가 노나라 애공에게 아뢰었다.

"진항이 자기의 군주를 시해했으니, 그를 토벌하십시오."

이에 애공이 말했다.

"내 무슨 힘이 있겠소. 저 맹손, 숙손, 계손, 세 가문에게 말하시오."

조정에서 퇴근한 후, 공자가 말했다.

"나도 대부의 자리에 있었기 때문에 감히 말씀드리지 않을 수 없어 아뢰었는데, 군주께서는 저 세 가문에게 말하라고 하시는구먼!"

그 후, 세 가문에게 말했으나 '안 된다'라고 했다.

그러자 공자가 말했다.

"나도 대부의 자리에 있었기 때문에 감히 말씀드리지 않을 수 없어 말했습니다!"

원 문

陳成子弑簡公. 孔子沐浴而朝, 告於哀公曰, 陳恒弑其君, 請討之. 公曰, 告夫三子. 孔子曰, 以吾從大夫之後, 不敢不告也. 君曰, 口告夫三子者. 之三子告, 不可. 孔子曰, 以吾從大夫之後, 不敢不告也. - 「憲問」 22

교육지평

진성자는 제나라의 대부인 진항이다. 진항은 원래 초나라에게 멸망당한 진나라 사람이다. 그러나 제나라로 와서 정치 세력을 얻으면서 성을 진이라고 고쳤다.

제나라에서 간공을 시해한 후, 간공의 동생인 평공을 임금 자리에 앉히고 전횡을 행했다. 공자가 볼 때, 자기 임금을 시해한 역적은 반드시 법으로 처벌해야 하고, 명분을 바로잡는 것이 관리이자 정치지도자의 도리였다.

하지만, 당시 노나라의 정치권력의 실세들인 세 가문이 이에 반대했다. 어찌 보면 이들도 애공을 허수아비로 두고 자신들이 실권을 쥐고 있었기에, 진성자와 유사한 상황이라고 할 수 있다. 공자는 군주를 존중하는 존군(尊君)과 그 자리에 맞는 이름을 바르게 하는 정명(正名)으로써 예의를 지키고 제도에 맞는 입장을 고수하려고 했다.

36. 현실에 대한 책임감을 드러내다

미생무라는 은자가 공자에게 말했다.

"공구, 자네는 어찌하여 이렇게 세상에 미련을 두고 오락가락하는가? 말 재주나 부리는 것은 아닌가?"

공자가 말했다.

"감히 말 재주나 부리려는 것은 결코 아닙니다. 병들고 구태의연한 세상을 가슴 아프게 여기고 이를 고쳐 보려고 합니다."

원 문

微生畝謂孔子曰, 丘, 何爲是栖栖者與, 無乃爲佞乎. 孔子曰, 非敢爲佞也, 疾固也. -「憲問」 34

교육지평

이 구절에서 미생무는 누구인지 정확하지는 않으나, 공자의 이름을 부르며 충고하는 것으로 보아, 공자 생존 당시에 나이도 많고 학식도 있는 은자로 생각된다.

당시 은자들은 도가(道家) 계통의 사람들이 많았는데, 공자와 같이 유학을 주장하는 지식인들이 현실 정치에 참여하는 것에 대해 빈정대기도 했다. 공자는 국가를 향한 지성인으로서 책임 있는 태도와 올바른 정치 이상을 향한 의지를 보여주었다.

37. 예의로 정치할 것을 주장하다

위나라의 영공이 전쟁을 할 때 무력을 배치하는 방법에 대해 공자에게 물었다.

공자가 대답했다.

"제사를 지낼 때 제기 놓은 예법에 대해서는 일찍이 들어서 알고 있습니다만 군사 관련 일에 대해서는 아직 배우지 못했습니다."

그러고는 다음날 위나라를 떠났다.

원 문

衛靈公問陳於孔子. 孔子對曰, 俎豆之事, 則嘗聞之矣. 軍旅之事, 未之學也. 明日, 遂行. -「衛靈公」1

교육지평

공자는 위나라에 머물면서 영공이 올바르게 정치를 하도록 다양한 방법으로 설득했다. 하지만 영공은 공자의 충고를 귀담아 듣지 않았다.

특히, 일상에서 국민을 화합할 수 있는 예악에 힘쓰지 않고, 전쟁을 일으키려고 할 때, 공자는 대단히 실망했다. 공자는 지속적으로 예의로 정치할 것을 주장했고, 60세 무렵에 위나라를 떠났다.

38. 상례에 진심으로 슬퍼하다

상례를 치를 때는 진심으로 슬픔을 다해야 한다.

원   문

喪, 致乎哀而止. -「子張」14

교육지평

이 구절은 공자의 제자 자유의 말이다. 유학은 관(冠), 혼(婚), 상(喪), 제(祭)의 예의를 매우 소중히 한다.

특히 상례의 경우, 외형적으로 꾸미기보다 마음으로 슬픔을 다하는 것이 예의다. 그렇다고 슬픔이 지나쳐서 자신의 성품과 정서를 잃어버리는 지경에 이르러서는 곤란하다. 비통하고 애통한 심정을 충분히 표현하면 된다. 상례를 치르는 일에 대해서는 매우 슬퍼하면서도 너무 슬퍼 그 몸을 상하게 하지는 말아야 한다.

이런 상례에서의 예의는 현대 사회의 죽음교육에서 보면, '비탄교육'과도 유사하다. 비탄교육은 죽음이나 상례에 임해, '충분히 슬퍼하고 풀어내는 것이 무엇보다 중요하다.' 즉 죽음으로 인한, 슬픔이나 상실의 아픔을 이겨내는 데 의미가 있다.

39. 부인 호칭을 정확하게 기록하다

최고지도자인 군주의 아내를 군주 자신이 일컬을 때는 '부인'이라고 한다. 부인이 자기 스스로를 일컬을 때는 '소동'이라고 한다. 그 나라 사람들이 군주의 부인을 일컬을 때는 '군부인'이라 하고, 다른 나라 사람에게 일컬을 때는 '과소군'이라고 한다. 다른 나라 사람이 군주의 부인을 일컬을 때도 '군부인'이라고 한다.

원문

邦君之妻, 君稱之曰夫人. 夫人自稱曰小童. 邦人稱之曰君夫人. 稱諸異邦曰寡小君. 異邦人稱之, 亦曰君夫人. -「季氏」14

교육지평

이 구절은 군주의 부인에 대한 호칭 문제를 집중적으로 기록하고 있다. 군주의 부인에 대한 호칭이 구체적으로 설명된 것으로 보아, 당시 계급계층에 대한 명칭이 예의와 사회 제도 차원에서 정돈되었을 것으로 추측된다.

『예기』「곡례」에 따르면, 천자의 아내는 후(后)이고, 제후(諸侯)의 아내는 부인(夫人), 대부(大夫)의 아내는 유인(孺人), 사(士)의 아내는 부인(婦人), 서인(庶人)의 아내는 처(妻)라고 한다.

40. 예악을 통한 교육을 칭찬하다

공자가 무성에 갔는데 거문고 소리에 맞춰 노래 부르는 소리를 들었다. 이에 공자가 빙그레 웃으면서 말했다.

"닭 잡는 데 어찌 소 잡는 칼을 쓰는가?"

당시 무성의 읍장으로 가 있던 자유가 대답했다.

"예전에 제가 선생님께 들은 바 있습니다. '지도적 인격을 갖춘 사람이 참된 정치의 길이 무엇인지 배우면 덕망이 높아져서 사람을 사랑하고, 일반 사람이 인간의 길이 무엇인지 배우면 품성과 정서가 순해져서 부려 쓰기 쉽다.'라고 하셨습니다."

그러자 공자가 말했다.

"여러분! 자유의 말이 옳아요. 아까 내가 한 말은 농담이었어요."

원 문

子之武城, 聞弦歌之聲. 夫子莞爾而笑曰, 割鷄, 焉用牛刀. 子游對曰, 昔者, 偃也, 聞諸夫子. 曰君子, 學道則愛人, 小人, 學道則易使也. 子曰, 二三者. 偃之言, 是也. 前言戱之耳. -「陽貨」4

교육지평

공자의 제자 자유가 무성의 지도자가 되어 정치를 잘하고 있는 것을 보고, 공자가 기뻐한 구절이다. 자유가 정말 정치를 잘하는 지 아닌지, 공자는 '닭 잡는데 소 잡는 칼을 쓰는가?'라며 슬쩍 떠 보았다. 이는 무성과 같은 작은 지방을 다스리면서 국가 차원 규모의 음악을 연주하고 노래할 필요가 있는지 물은 것이다.

정치에서는 규모가 크건 작건, 나라를 다스리는 원리는 마찬가지다. 그러하기에 공자의 물음은 은근히 비꼬는 것 같지만, 참뜻은 칭찬하는 데 있다. 이렇게 농담하는 공자의 모습이 인간적으로 정겹게 보인다. 이 대화는 공자와 자유의 농담을 빌어, 예악을 통한 교육이 국민에게 끼친 의의와 작용에 대해 말하고 있다.

41. 마음에서 우러나는 예의를 중시하다

많은 사람들이 '예의가 중요하다, 예의가 중요하다.'고 말하지만, 예물인 보석이나 비단을 말하는 것이겠느냐? '음악이 중요하다, 음악이 중요하다.'고 말하지만, 악기인 종이나 북을 말하는 것이겠느냐?

원 문

禮云禮云, 玉帛云乎哉. 樂云樂云, 鐘鼓云乎哉. -「陽貨」12

교육지평

예와 악은 유학의 알파와 오메가다. 공자는 예악의 형식보다는 그 근본과 본질을 중시했다. 내면의 존경을 외형적 예물인 보석이나 비단으로 드러나는 것이 예이고, 내면의 화합을 외형적 악기인 종이나 북으로 연주되는 것이 악이다.

중요한 것은 겉치레가 아니라 마음에서 우러나는 진정성이다. 공자가 당시 사회에서 예악이 무너지거나 혼란스러워진 상황에 대해 깊은 탄식을 하고 있음을 보여준다. 춘추시대 정치 권력가들이 사치에 빠져 예악은 이미 형식적으로 전락했으므로, 공자는 예악이 본래의 성격을 잃은 것에 대해 실망했다.

42. 혼란스런 사회상을 비판하다

자주색이 붉은색을 빼앗는 것을 미워하고, 정나라의 음탕한 음악이 우아한 아악을 어지럽히는 것을 미워하며, 말재주가 나라나 가문을 전복시키는 것을 미워한다.

원 문

惡紫之奪朱也, 惡鄭聲之亂雅樂也, 惡利口之覆邦家者. -「陽貨」19

교육지평

자주색은 붉은색에 흙색을 띠고 있기 때문에 붉은색의 광채를 빼앗는다. 정나라의 간사하고 음란한 음악은 선대 지도자들의 업적을 기리는 훌륭한 음악을 혼란스럽게 만들 수 있다. 말만 잘하는 유세가들이 무엇이 올바른 길인지 알지 못하고 정치지도자들의 판단을 흐리게 하여 나라가 무너질 수도 있다.

때문에 모든 일에서 시비를 잘 판단하여 사악함이 올바름을 해치는 일이 없도록 경계해야 한다. 당시 혼란스러운 사회 상황 속에서 공자는 당시 제도의 파괴, 옳고 그름의 전도, 진짜와 허위가 섞여버린 사회 정치 현상에 대해 비판했다.

43. 악사들이 흩어짐을 안타까워하다

악관의 수장으로 대사를 맡고 있던 지는 제나라로 갔다. 아반의 악사인 간은 초나라로 갔고, 삼반의 악사인 요는 채나라로 갔으며, 사반의 악사인 결은 진나라로 갔다. 북을 치는 방숙은 하내로 들어갔고 작은 북을 흔드는 무는 한중으로 들어갔다. 악관을 돕던 소사인 양과 경쇠를 치는 양은 바다에 있는 섬으로 갔다.

원   문

大師摯, 適齊. 亞飯干, 適楚. 三飯繚, 適蔡. 四飯缺, 適秦. 鼓方叔, 入於河. 播鼗武, 入於漢. 小師陽, 擊磬襄, 入於海. -「微子」10

교육지평

아반, 삼반, 사반은 식사를 할 때 음악으로 흥을 돋우던 자리다. 노나라 소공 때, 나라가 어지럽고 정국이 혼란스러워지면서 예와 악이 무너지자, 여러 악관들이 사방으로 흩어진 상황을 설명한 것이다.

공자는 음악으로 교육하는 악교(樂敎)를 중시했다. 그러나 당시 악사들의 처우를 보고 매우 깊이 탄식했다. 특히 노나라 악사들이 애공이 다스리던 시기에 여기저기로 흩어져버린 상황을 보고는 안타까움을 감추지 못했다.

44. 직책과 임무에 성실하다

최고지도자를 모실 때는 자기의 직책과 임무를 성실하게 수행하고, 그 보수는 나중에 받아야 한다.

원 문

事君, 敬其事而後其食. - 「衛靈公」37

교육지평

이 구절은 최고지도자를 섬기는 방법이다. 직업상의 책무가 먼저인가? 보수가 먼저인가? 요즘은 '연봉 협상', '보수 협의'라고 하여 능력이 있는 사람은 자신의 일보다 보수를 자신의 채용 조건으로 내미는 경우가 많다.

하지만 동양 전통 사회에서는 보수보다는 관직이나 직위에 따른 임무에 열과 성을 다해 신중히 하는 것이 일종의 사회 문화적 관례였다.

제7편

친교와 사교 – 목린(睦隣)

1. 제자를 그리워하다

나와 함께 진나라와 채나라에서 고생한 제자들이 지금은 내 문하에 없구나!

원   문

從我於陳蔡者, 皆不及門也. - 「先進」 2

교육지평

이 구절은 공자가 제자를 그리워하는 대목이다. 공자는 천하주유를 하면서 제자들과 더불어 많은 고생을 했다. 위험한 고비를 넘기며 함께 고생하던 제자들에 대해서도 여러 번 얘기를 했다.

특히 10명의 제자에 대해, 그들이 지닌 장점을 네 가지로 나누어 그 특징을 기술했다. 이들을 공자 문하의 10대 제자, 이른 바 '공문십철(孔門十哲)'이라고 한다. 십철은 공자 제자 중에서 10명의 지성인을 지목한 것으로 당나라 현종 때에 붙여 준 말이다.

기원전 489년 공자와 제자들과 진나라에서 채나라로 향하고 있었다. 가는 도중에 그들은 진나라 사람들에게 구금당하여 7일 동안 음식을 먹지 못하게 되어, 여러 제자들이 배가 고파 걸을 수도 없었다. 당시 공자와 함께했던 제자로는 자로, 자공, 안연 등이 있었다. 기원전 484년 공자는 노나라에 돌아온 뒤, 자로와 자공 등이 공자의 곁을 떠났고, 안회도 죽었다. 공자는 수시로 그들을 매우 그리워했는데, 때때로 깊은 한숨을 쉬며, 제자를 그리워하는 감정을 호소하기도 했다.

2. 글로 벗을 사귀고 친교로 덕을 높이다

교양 있는 사람은 글로서 벗을 사귀고, 친교를 통해 마음을 열고 서로의 도덕성을 높인다.

원　　문

君子, 以文會友, 以友輔仁(「顏淵第十二」24).

교육지평

이 구절은 매우 유명한 말로 공자의 제자 증자의 언표이다. 여기에서의 벗은 단순하게 희희낙락하면서 어울려 노는 벗이 아니라 학문에 정진하고 도덕 윤리를 갈고 닦으며 서로를 보듬어 줄 수 있는 인격적 존재다. 벗들과 함께하는 공동체는 학문과 도덕으로 서로를 격려하며 수양을 촉진하는 지성의 요람이다.

증자는 공자의 사상을 이어 글을 익히면서 친구 사귀었다 서로가 도덕성을 쌓도록 도와주는 것이 친구를 사귀는 목적이자 인격자로서 행해야 할 도리다.

이문회우(以文會友)와 이우보인(以友輔仁)을 한 사례는 많다. 후한 때에 범거경(範巨卿)이라는 사람이 있었다. 범거경은 금향(金鄕)사람으로, 여남(汝南) 사람인 장소(張劭)와 친구였다. 두 사람은 함께 태학(太學)에서 공부했는데, 범거경이 고향으로 돌아가면서 2년 뒤에 장소를 만나러 가겠다고 약속했다.

2년 후, 장소는 집에 있는 모친에게 편지를 써서 술과 맛있는 안주거리를 만들어 범거경을 맞이할 준비를 해 달라고 부탁했다. 그러자 장소의 모친이 말했다.

"아니, 2년이나 떨어져 있었는데, 아무리 약속을 했다고 하지만, 그렇게 멀리 떨어져 사는데, 그 사람이 오겠느냐? 어떻게 확신하느냐?"

장소가 말했다.

"범거경은 믿을 수 있는 사람입니다. 절대로 약속을 깰 사람이 아닙니다!"

모친이 말했다.

"네가 그렇게 말한다면 준비하마!"

약속 당일이 되자, 범거경은 장소의 집으로 왔다. 둘은 함께 대청마루에서 즐겁게 술을 마시고 헤어졌다.

이후 장소가 병에 걸려 임종이 다가왔을 때, 범거경을 만나지 못함을 매우 슬퍼했다. 장소가 죽은 뒤, 범거경은 꿈속에서 장소가 죽었음을 알고는 급히 말을 타고 대성통곡을 하며 장례식에 참석했다. 범거경이 도착하기 전에는 장소의 관이 꿈쩍도 하지 않았는데, 범거경이 도착한 뒤 직접 관에 밧줄을 매어 들자 그제서야 관이 움직였다. 범거경은 장소의 무덤 옆에서 한참을 살며, 그를 위해 나무를 심어준 뒤에야 떠났다고 한다.

3. 안연의 죽음을 애통해하다

안연이 죽자 공자가 몸부림치며 소리 내어 울었다.

따라간 제자가 말했다.

"선생님, 너무 애통해 하십니다."

공자가 말했다.

"애통한 것이 지나쳤느냐? 이런 제자를 위해 애통해 하지 않고 누구를 위해 애통해 하겠는가?"

원 문

顏淵死, 子哭之慟. 從者曰, 子慟矣. 曰有慟乎. 非夫人之爲慟, 而誰爲. -「先進」9

교육지평

안연이 죽었을 때 공자의 나이가 71세였다고 한다. 30세 아래인 안연은 공자의 수제자이자 분신이나 마찬가지였으니 어찌 슬프지 않았겠는가!

공자가 최고로 애통하는 심정을 토로한 장면으로 공자가 얼마나 인정이 넘치는 인간인지를 엿볼 수 있다.

4. 자로의 강직함을 걱정하다

민자건은 공손하고 즐거운 모양을 했고, 자로는 고지식하고 강직한 모습이었으며, 염유와 자공은 부드럽고 화락한 모양을 보여 주었다. 이런 제자를 두고 공자는 대체로 즐거워했다.

하지만 자로에 대해서만은 다음과 같이 말했다.

"자로와 같은 강직한 사람은 지나친 용기 때문에 화를 당하여 정상적으로 죽지 못할 수도 있다."

원 문

閔子侍側, 誾誾如也. 子路, 行行如也. 冉有子貢, 侃侃如也. 子樂. 若由也, 不得其死然. -「先進」12

교육지평

제자들이 공자를 모시고 있을 때의 모습은 제각기 달랐다. 이에 공자는 즐거운 마음으로 제자들을 지켜보면서도 유독 자로를 걱정했다. 왜냐하면 자로의 성격이 굳세고 강하기 때문이었다.

자로와 같은 강직한 성격은 불의를 참지 못하여 사람들과 부딪치기 쉽고, 그렇기 때문에 편하게 죽기 어려운 운명을 지녔다는 것이다.

『춘추좌전』 애공 15년의 기록에 에 따르면, 자로는 63세 때 위나라 괴외와 그의 아들 출공 첩의 왕위 다툼에 휘말려 죽었다. 적의 칼에 맞아 죽으면서도, 공자의 제자답게 관을 바르게 고쳐 쓰고 죽었다고 전한다.

공자와 제자 사이에는 끈끈한 정이 있었다. 스승이 제자를 사랑하는 것은 사람으로서 당연한 감정이지만, 공자는 사실 영재 급에 해당하는 지성인들을 교육했기에, 제자 걱정을 하면서도 자랑스러웠고, 상당히 기쁜 마음을 지니고 있었다.

5. 사제 간의 자연스러운 감정이 드러나다

공자가 위나라의 광 지역에서 포위되어 곤란을 당한 적이 있었는데, 안연이 뒤늦게 도착했다.

공자가 말했다.

"나는 자네가 죽은 줄 알았다."

안연이 말했다.

"선생님이 계신데 제가 어찌 함부로 죽겠습니까?"

원　　문

子畏於匡, 顏淵後. 子曰, 吾以汝爲死矣. 曰子在, 回何敢死,. -「先進」22

교육지평

광 지역에서 곤란을 당한 사건은 『논어』「자한」5에 자세하게 기록되어 있다. 공자와 제자 가운데 수제자급에 해당하는 안연의 대화를 통해, 사제 간의 정이 어떠해야 하는지 느낄 수 있다.

공자의 언표에는 사랑하는 제자에 대한 염려의 정이 넘쳐나고, 안연의 대답에는 죽음을 무릅쓰면서도 스승의 은혜에 보답하려는 정성이 넘친다. 공자와 안연의 대화에는 짝을 잃고 헤어졌다가 만난 사람 사이의 걱정, 의리, 은혜, 반가움이 함께 녹아 있다.

공자의 제자들은 공자를 매우 존경했고, 그로 인한 사제 간에 도의도 아주 돈돈했는데, 이는 지극히 자연스러운 인간의 감정이다.

6. 예악으로 행하는 정치를 칭찬하다

자로와 증석, 염유와 공서화가 공자를 모시고 앉아 있을 때였다.

공자가 말했다.

"내가 자네들보다 나이가 많다고 하여 어려워하지 마라. 자네들은 평소에 '나를 알아주는 사람이 없다.'라고 말하는데, 남들이 자네들을 알아주고 등용하면 어떻게 하겠는가?"

그러자 자로가 불쑥 나서며 말했다.

"전차 1,000대 정도를 동원할 수 있는, 즉 제후가 다스리는 나라가 큰 나라 사이에 끼어서 무력 침략을 당하고 거기에 흉년까지 겹쳤다고 생각해 보십시오. 이런 나라를 제가 나서서 다스리면 3년 안에 나라를 강성하게 만들고 국민들이 도덕 윤리를 갖추게 할 수 있습니다."

이 말을 듣자마자 공자가 빙그레 웃었다. 그리고 염유를 돌아보며 물었다.

"염유, 자네는 어떻게 하겠는가?"

염유가 대답했다.

"사방 60, 70리 혹은 50, 60리쯤 되는 작은 나라를 제가 맡아 다스린다면, 3년 정도면 민생을 풍족하게 할 수 있습니다. 하지만 예악을 통해 사람을 교육하는 부분에서는 제가 모자라는 점이 많기 때문에 그에 익숙한 훌륭한 사람을 모실 것입니다."

특별한 반응 없이 공자는 공서적에게 똑같이 물었다.

"공서적, 자네는 어떻게 하겠는가?"

공서적이 대답했다.

"제가 잘할 수 있는 것이 아니라 배우고 싶은 부분을 말씀드리겠습니다. 저는 예악에 뜻을 두고 있습니다. 그래서 종묘의 제사나 제후들이 회동할 때 예복을 입고 의식을 행하는 보좌관이 되고 싶습니다."

마찬가지로 별 반응 없이 공자가 증석에게도 똑같이 물었다.

"증석, 자네는 어떻게 하겠는가?"

곁에서 조용히 거문고를 타고 있던 증석은 팅하고 소리를 내며 연주를 멈춘 후, 거문고를 놓고 일어나서 대답했다.

"저는 세 사람의 생각과 조금 다릅니다."

공자가 말했다.

"무슨 상관이 있는가. 각자 자기의 뜻을 말한 것뿐이네."

그러자 증석이 말했다.

"늦은 봄날에 봄옷이 마련되면, 어른 대여섯 사람과 어린아이 예닐곱을 데리고 기수에서 목욕한 뒤 기우제를 올리는 봉우리에 올라 바람을 쐬고, 노래하며 돌아오겠습니다."

이 말을 듣고 공자가 크게 감탄하며 말했다.

"나도 자네와 같은 생각이네."

자로와 염유, 공서화, 세 사람이 나가고 증석만이 남았다. 그리고 공자와 증석, 두 사람은 마주 앉아 다음과 같이 말을 주고받았다.

먼저, 증석이 물었다.

"세 사람의 말이 어떻습니까?"

공자가 대답했다.

"각자의 뜻을 말했을 뿐이다."

증석이 물었다.

"그런데 선생님은 자로의 말을 듣고 왜 웃으셨습니까?"

공자가 대답했다.

"나라를 다스리는 일은 예의를 갖추어서 신중하게 해야 하는데 불쑥 대답을 하기에 웃었지."

증석이 또 물었다.

"염유가 말한 것도 나라를 다스리겠다는 뜻 아닙니까?"

공자가 대답했다.

"사방 60, 70리건 50, 60리건, 그 정도 규모라면 나라라고 보아야 하지 않겠는가."

증석이 물었다.

"그렇다면 공서화가 말한 것은 나라를 다스리는 일이 아닙니까?"

공자가 대답했다.

"종묘의 제사나 회동하는 일이 어찌 제후의 일이 아니겠는가. 나라의 의식을 보좌하는 일을 공서화가 맡아 보고 싶다고 했는데, 이를 작은 일이라고 하면 누가 그보다 큰일을 보조한단 말인가?"

원　문

子路曾晳冉有公西華, 侍坐. 子曰, 以吾一日長乎爾, 毋吾以也. 居則曰, 不吾知也, 如或知爾, 則何以哉. 子路, 率爾而對曰, 千乘之國, 攝乎大國之間, 加之以師旅, 因之以饑饉. 由也爲之, 比及三年, 可使有勇, 且知方也, 夫子哂之. 求, 爾何如. 對曰, 方六七十, 如五六十, 求也爲之, 比及三年, 可使足民, 如其禮樂, 以俟君子. 赤, 爾何如. 對曰, 非曰能之, 願學焉, 宗廟之事, 如會同, 端章甫, 願爲小相焉. 點, 爾何如. 鼓瑟希, 鏗爾舍瑟而作. 對曰, 異乎三子者之撰. 子曰, 何傷乎. 亦各言其志也. 曰, 莫春者, 春服, 旣成, 冠者五六人, 童子六七人, 浴乎沂, 風乎舞雩, 詠而歸. 夫子喟然嘆曰, 吾與點也. 三子者出, 曾晳後, 曾晳曰, 夫三子者之言, 何如. 子曰, 亦各言其志已矣. 曰, 夫子何哂由也. 曰, 爲國以禮, 其言, 不讓, 是故, 哂之. 唯求則非邦也與. 安見方六七十, 如五六十而非邦也者. 唯赤則非邦也與. 宗廟會同, 非諸侯而何, 赤也爲之小, 孰能爲之大. - 「先進」25

교육지평

이 장은 『논어』에서 가장 긴 구절로 제자와의 대화를 통해 공자의 정신을 잘 드러내고 있다. 공자는 네 명의 제자들이 추구하는 뜻을 들은 후, 경솔하게 발언을 한 자로에 대해서는 그 잘못을 고쳐주고, 염유와 공서화 등 겸손미를 더한 제자들은 격려하며, 뜻이 높은 증석은 칭찬해 주었다.

당시 대부분의 지식인들은 정치인으로 등용되기를 꿈꾸었다. 이에 공자도 제자들의 의향을 넌지시 물어보았던 것 같다. 그러자 자로는 직설적으로 '3년이면 나라를 부강하게 만들 수 있다.'고 큰소리를 쳤고 이에 공자가 웃었다. 왜냐하면 자로가 예악을 통한 덕치를 말하지 않고 부국강병만을 말했기 때문이다. 염유와 공서화도 정치를 하겠다고 했지만 그 태도가 자로에 비해 상대적으로 겸손했다.

그러나 증석은 앞의 세 사람과 뜻이 달랐다. 현재는 정치를 할 때가 아니니 현실 정치에서 벗어나 덕을 쌓는 일에 매진하겠다는 의지를 밝혔다. 이에 공자가 감탄하고 증석의 생각에 힘을 실어 주었다. 왜냐하면 증석은 예악이 만연해 있는 사회 모습을 묘사하며, '인'과 '예'의 치국(治國) 원칙을 나타냈기 때문이다.

스승과 제자가 각자의 정치적 이상과 지향점을 논하는 분위기는 유쾌함과 열렬함이 넘쳐나며, 평등하고 친절한 민주적 분위기를 느낄 수 있다.

7. 충고하되 듣지 않으면 그만두다

자하가 벗을 사귀는 도리에 대해 물었다.

공자가 말했다.

"충고를 통해 잘 인도해 주되 충고를 듣지 않으면 그만두어라. 지나치게 충고하여 욕을 보는 일은 없어야 한다."

원　　문

子貢問友. 子曰, 忠告而善道之, 不可則止. 無自辱焉. -「顏淵」23

교육지평

친구 사이의 기본 예의를 일러 주는 구절이다. 벗은 나를 비춰볼 수 있는 거울이다. 벗과 벗 사이의 사귐을 통해 서로의 도덕성과 지혜를 북돋아 줄 수 있기 때문에, 성심성의껏 충고하고 설득하며 인도해 주어야 한다.

그러나 아무리 좋은 말일지라도 상대가 듣지 않으면 그만두어야 한다. 충고를 거듭하여 지나치게 해서 오히려 나 자신이 소외되고 욕을 보는 경우가 있기 때문이다.

동한(東漢)시기의 사람인 관녕(管寧)과 화운(華韻)은 사이좋은 친구였다. 그들은 함께 책을 읽으며 공부하고 일도 했다. 어느 날 관녕과 화운이 잡초를 뽑던 중, 정원에 한 덩어리의 황금이 숨겨져 있는 것을 발견했다. 관녕과 화운은 평소 함께 책을 읽고 품성을 수양하며 스스로 잡념을 떨쳐버릴 것을 요구해 왔기에, 의외의 재물을 보고도 크게 동요하지 않았다.

관녕은 황금을 돌처럼 대하고 거들떠보지도 않고 정원의 한쪽으로 밀쳤다. 화운은 황금을 가져가서는 안 된다는 것을 알고 있었지만, 참을 수 없어 한번 들어 보고는 정원에 조용히 내려놓았다. 관녕은 화운에게 의외로 발견한 재물을 탐해서는 안 된다고 충고했다. 그러나 화운은 겉으로는 관녕의 충고를 듣는 척 했지만, 속으로는 여전히 욕심이 있었다.

며칠 후, 두 사람이 함께 방 안에서 책을 읽고 있었다. 그런데 밖에서 어떤 귀족이 화려한 마차를 타고 지나가는 중이라 매우 소란스러웠다. 관녕은 이를 못 본체 하며 글을 읽었다. 그러나 화운은 문 앞으로 나가 그 모습을 보고, 심지어는 부러워했다. 관녕이 이를 보고는 칼을 갖고 와서 둘이 함께 쓰던 자리를 반으로 갈라놓았다. 그리고는 화운에게 말했다.

"우리는 생각이 너무 다르오! 그대는 다시는 내 벗이 아니오!"

8. 제자의 죽음을 애통해하다

안연이 죽자, 공자는 다음과 같이 흐느꼈다.

"아! 하늘이 나를 버리는구나! 하늘이 나를 버리는구나!"

원   문

顔淵死. 子曰噫, 天喪予, 天喪予. -「先進」8

교육지평

안연은 공자의 수제자였다. 그만큼 공자는 자신의 학문이 안연에게 전해지기를 기대하며 안연을 자기의 분신처럼 여겼다.

하지만 안연이 너무 젊은 나이에 죽고 말았다. 이에 자신이 추구하던 학문을 세상에 전해질 수 없음을 슬퍼했다. 그리고는 하늘이 자기를 버린 것처럼 애통하며 안연을 애도했다.

9. 도덕성의 수준을 말하다

도덕성을 갖춘 인격자는 법도의 테두리를 넘으면 안 된다. 그러나 조그마한 예의범절을 지키며 사는 서민의 경우, 약간은 넘나들 수 있다.

大德, 不踰閑. 小德, 出入可也. - 「子張」11

이 구절은 공자의 제자 자하가 한 말이다. 자칫하면 내용을 오해하기 쉽다. 법도나 예의범절은 지키려고 만든 것이다. 그러므로 모두가 지켜야 한다. 그런데 누구는 지키고 누구는 지키지 않는다는 말인가? 그것이 아니다.

도덕성을 갖춘 인격자는 이미 도덕성을 온전히 갖추었기 때문에 높은 도덕성이 요청되고 법도에 어긋난 행동을 해서는 안 된다. 하지만 아직도 배우고 있는 사람, 도덕성이 좀 덜 갖춰진 사람은 일상생활의 예의범절을 모두 지키지 못하고 실수를 하는 경우도 있다. 이런 부분에 대한 유학적 관용이다.

예컨대, 정치지도자는 정치의 달인이자 프로이기 때문에, 정치에서 실수를 저질러서는 안 된다. 하지만 일반 서민은 정치의 달인도 아니고, 정치에 대해 얘기를 해 보았자 아마추어 수준이다. 이때 서민들이 말하는 약간의 실수나 오류는 용납하거나 이해할 수 있다는 의미이다.

교육이나 연구에서도 마찬가지다. 어떤 부분에서 전공을 한 사람은 전공을 하지 않은 사람에 비해, 전공의 영역에서 실수를 최소화해야 한다.

10. 하급관리의 역할을 말하다

자로가 물었다.

"어떻게 해야 하급 관리, 실무 행정가라고 할 수 있습니까?"

공자가 말했다.

"사람들 사이에 착한 행동을 하도록 간절하게 권장하고, 잘못을 고치도록 애를 쓰며, 함께 화목하게 즐길 수 있으면, 그 역할을 했다고 볼 수 있다. 친구 사이에는 착한 행동을 권장하고 잘못을 고치도록 애를 쓰고 형제자매간에는 화목하게 즐겨야 한다."

원 문

子路問曰, 何如, 斯可謂之士矣. 子曰, 切切偲偲, 怡怡如也, 可謂士矣. 朋友, 切切偲偲, 兄弟怡怡. - 「子路」 28

교육지평

여러 번 언급했지만, 자로는 성격이 강직하고 용감하며 급했다. 따라서 간절하게 착한 일을 권장하거나 화목한 분위기를 조성하는 일을 할 때 상대적으로 부족한 측면이 있다.

이런 점을 염두에 두고, 공자가 자로에게 하급 관리의 역할과 부리는 방법에 대해, 다시 강조하여 일러주었다.

11. 사람을 포용하는 것이 중요하다

일반 사람에게는 마음을 열고 포용해 주는 정치 지도력이 물이나 불보다 소중하다. 나는 물과 불에 빠져 죽는 사람은 보았지만, 사람을 포용하다가 죽는 사람은 보지 못했다."

원 문

民之於仁也, 甚於水火. 水火, 吾見蹈而死者矣, 未見蹈仁而死者也. -「衛靈公」34

교육지평

사람들에게 물과 불은 일상생활에서 필수 요건이다. 하지만 그보다 중요한 것은 인간에 대한 따스한 사랑과 마음을 열고 감싸주는 인정이다.

물과 불은 홍수나 화재로 바뀌면 사람에게 피해를 주기도 한다. 그러나 포용력 있는 정치 지도력은 늘 인간의 목숨은 물론 삶을 활력 있게 만드는 데 기여한다. 그만큼 공자는 마음을 열고 사람을 친근하게 이끄는 인(仁)이 인생과 사회를 건강하게 발전시키는 근본 요소라고 강조했다.

12. 길이 다르면 도모하지 않다

길이 같지 않으면 서로 도모하지 않는다.

道不同, 不相爲謀. -「衛靈公」39

교육지평

삶의 방향이나 정치 노선, 여행의 경로가 다르면, 아무리 친한 사람이라도 서로 상의하여 계획하기 어렵다. 때문에 가는 길이 같지 않으면 함께 도모하지 않아야 한다. 취향이 같지 않은 데 어떻게 함께 일을 기획할 수 있겠는가? 유유상종이라는 하지 않았는가?

길이 같은 사람, 함께 논의할 사람을 불교에서는 도반(道伴)이라고 하고, 유교에서는 동지(同志)라고 한다. 이 모두를 벗, 친구, 혹은 붕우라고도 한다. 서로 뜻이 같고 생각이 일치해야 함께 무언가를 도모할 수 있다.

뜻을 함께 하는 사람들의 상징적 사례로 도원결의(桃園結義)가 있다. 중국의 동한 시대 말기에 조정이 부패하자, 장각(張角)은 농민 반란을 일으켜 조정에 저항했다. 장각은 노란 두건을 머리에 두르고 봉기했기 때문에, 역사적으로 이들을 '황건적의 난'이라고 한다.

동한의 황제는 이 황건적을 제압하기 위해 각지에 신병 모집을 명령했다. 이 때 유비가 병사를 모집하는 글을 보고 있었는데, 등 뒤에 검은 피부를 가진 거대한 사내가 서 있었다. 유비가 그의 모습을 보고 이상하다 느껴 이름을 묻자, 그 사내는 장비라고 대답하며 천하호걸과 친분을 맺고 싶다고 말했다.

유비는 매우 기뻐서 함께 술을 먹으며 의용군에 참가하자고 했다. 두 사람이 술집에 들어가 술을 먹고 있을 때, 피부가 붉은 큰 사내가 들어오며 소리쳤다. '술을 가져오너라! 빨리 의용군에 참가하고 싶단 말이다!' 유비는 매우 큰 키에 위풍이 당당하다고 판단하고 그에게도 함께 술을 마시자고 권했다. 이 사람이 바로 관우였고, 이 지역의 도적을 없애기 위해 여기에 왔다고 말했다.

유비는 자신의 의향을 관우에게 말했고 관우도 크게 기뻐했다. 그리고 유비는 공식적으로 장비와 관우에게 제안했다.

"우리 함께 큰일을 한번 벌여 봅시다!"

이에 세 사람은 함께 술을 마신 뒤, 장비의 복숭아밭으로 와서, 큰일을 도모하며 형제의 인연을 맺었다. 이것이 그 유명한 '도원결의(桃園結義)'다.

13. 악사를 배려하다

시각장애인인 악사 면이 공자를 뵈러 왔다. 계단 앞에 이르자, 공자가
말했다.

"거기는 계단입니다."

앉을 자리 앞에 이르자, 공자가 말했다.

"거기는 앉을 자리입니다."

모두가 자리에 앉자, 공자는 그에게 다시 알려 주며 말했다.

"아무개는 여기 있고, 또 아무개는 저기 있습니다."

악사 면이 물러간 후, 제자 자장이 물었다.

"시각장애인인 악사와 말하는 데도 도리가 있습니까?"

공자가 말했다.

"그렇다. 이렇게 하는 것이 본래 악사를 배려하는 도리다."

원 문

師冕見. 及階, 子曰, 階也. 及席, 子曰, 席也. 皆坐, 子告之曰, 某在斯, 某在斯.
師冕出, 子張問曰, 與師言之道與. 子曰, 然固相師之道也. -「衛靈公」41, 42

교육지평

동양 고대 사회에서 악사는 대부분 시각장애인이 담당했다. 세상의 다양한 상황을
직접 보고 경험하면 온갖 감정이 실려 음악이 잡다하게 섞일 수 있다. 시각장애인은
이런 점에서 벗어나 순수하게 음악을 연주할 수 있기 때문에, 재능이 있는 사람에게
악사 자격을 부여한 것 같다.

공자가 추구했던 사람다움의 길은 간단했다. 악사는 시각장애인이다. 그러므로 그

에 맞는 안내가 요청된다. 공자의 판단은, 전문성을 지닌 악사의 음악 연주 자체가 아니었다. 그는 앞을 보지 못하는 만큼, 음악을 연주할 수 있도록 분위기를 조성하고, 동기부여를 하며, 자상한 배려를 하는 것이 그에 대한 예의이자 도리일 뿐이었다.

이런 정신은 최고지도자를 비롯하여 서민에 이르기까지 모든 사람에게 적용된다. 그것이 다름 아닌 유학 최고의 덕목인 열린 마음이요 포용력이고, 타자배려인 서(恕)의 정신이다.

14. 사람 사귀는 원칙을 말하다

자하의 문인이 자장에게 물었다.

"사람을 사귀려면 어떻게 해야 합니까?"

자장이 말했다.

"자네 선생인 자하는 무어라고 하시던가?"

문인이 대답했다.

"저의 선생님 자하는 이렇게 말했습니다. '옳은 사람과는 사귀고 옳지 못한 사람은 거절해라.'"

자장이 말했다.

"내가 들은 것과는 다르다. 도덕성을 갖춘 사람은 현명한 사람을 존중하지만 보통 사람도 포용한다. 착한 사람을 아름답게 여기지만 재능이 없는 이도 불쌍하게 여긴다. 내가 아주 현명하다면 어떤 사람이건 받아줄 수 있다! 그러나 내가 현명하지 않다면 다른 사람들이 먼저 나를 거절할 것이니, 어찌 다른 사람을 거절할 수 있겠는가?"

원 문

子夏之門人, 問交於子張. 子張曰, 子夏云何. 對曰, 子夏曰, 可者與之, 其不可者, 拒之. 子張曰, 異乎吾所聞, 君子, 尊賢而容衆, 嘉善而矜不能, 我之大賢與, 於人何所不容, 我之不賢與, 人將拒我, 如之何其拒人也. -「子張」3

교육지평

공자의 제자인 자하와 자장이 사람을 사귀는 방식에 대해 언급한 구절이다. 사람을 사귀는 원칙에 대해 생각에 따라 약간 다른 견해가 드러난다.

자하는 신중하게 사람을 택하여 교제할 것을 제안하고 있고, 자장은 넓고 다양하게 교류할 것을 주장한다.

자하처럼 재능과 덕망이 자기보다 나은 올바르고 좋은 사람을 선택하여 친구로 삼는 것도 중요하다. 또한 자장처럼 내가 현명하기 때문에 현명한 사람과 어울리는 것도 좋지만, 일반 사람들과도 함께하며 포용하는 교제도 필요하다.

15. 은혜를 베푸는 정치를 하다

초나라의 대부인 섭공이 정치에 대해 물었다.

공자가 말했다.

"가까이 있는 사람들이 기뻐하면 따르고, 멀리 있는 사람들이 지도자의 도덕성을 보고 몰려오도록 하는 것입니다."

원 문

葉公問政. 子曰, 近者說, 遠者來. -「子路」16

교육지평

정치를 제대로 하려면 지도자는 최선의 은덕을 베풀어야 한다. 그리하여 서민들이 마음으로 기뻐하고 성심껏 복종할 수 있는 분위기 조성이 필요하다.

그 원리는 가까이 있는 사람을 친교로 챙기는 일에서 시작해야 한다. 그리고 멀리 있는 사람을 사귀어 친구로 만드는 데까지 나아가야 한다. 섭이라는 나라는 춘추시대의 조그마한 국가인데, 이런 작은 나라일수록 주변 국가와 우호적인 친교 관계를 맺고 포용하는 리더십을 실천해야 한다.

제8편

인생과 지혜 - 논현(論賢)

1. 떳떳한 사람을 사위삼다

공자가 공야장의 인물됨을 다음과 같이 평가했다.

"공야장은 사위로 삼을 만한 사람이다. 포승줄에 묶여 감옥에 갇힌 일이 있었지만, 그것은 그의 죄가 아니었다."

그러고는 자신의 딸을 공야장에게 시집보내고, 사위로 삼았다.

원   문

子謂公冶長, 可妻也. 雖在縲絏之中, 非其罪也. 以其子, 妻之. -「公冶長」1

교육지평

공자는 제자 공야장을 매우 높이 평가했다. 공자는 사람을 평가할 때 세속적 관점에 영향을 받지 않았다. 공야장은 감옥에 갇힌 일이 있었지만 공자는 이것이 그의 잘못이 아니라고 생각했다. 즉 공자는 사람을 평가할 때 여러 규칙을 평가 기준으로 삼아 형식에 얽매이지 않고, 인간의 본질을 중시했다.

2. 능력과 지혜를 믿다

공자가 남용의 인물됨을 다음과 같이 평가했다.

"나라가 안정되어 제대로 운용된다면 반드시 등용될 만하고, 나라가 어지러워 혼란에 빠지더라도 형벌이나 살육을 면할 수 있는 사람이다."

그러고는 형의 딸을 남용에게 시집보내고, 조카사위로 삼았다.

원 문

子謂南容, 邦有道, 不廢. 邦無道, 免於刑戮. 以其兄之子, 妻之. -「公冶長」1

교육지평

남용은 인간관계가 원활하고 융통성이 있어 혼란의 시기건 안정된 시기건 잘 살 수 있었다. 공자의 이런 처세철학은 후세에 깊은 영향을 주었고 많은 지식인과 정치인들이 그의 철학을 따르고 존경했다.

3. 노나라의 교육환경을 말하다

공자가 나이 어린 제자인 자천의 인물됨을 다음과 같이 평가했다.

"교양을 갖춘 사람이다. 노나라에 이런 참된 사람이 없었다면 자천이 어찌 그렇게 훌륭한 학문과 덕행을 터득했겠는가?"

원 문

子謂子賤, 君子哉. 若人, 魯無君子者, 斯焉取斯. -「公冶長」 2

교육지평

자천은 공자보다 나이가 49세가량 적은, 제자 중에서도 막내 급에 해당된다. 나이는 어리지만 단보라는 조그만 읍의 수장으로 있으면서 인간다운 면모를 많이 보여 준 듯하다. 이런 자천의 풍모는 그가 나고 자랐던 노나라에 지성인이 많이 있어 그에게 다양한 차원에서 영향력을 미쳤기 때문이라는 추측이다.

그것은 결국 교육 환경 문제와 직결된다. 노나라에 지성인이 없었다면 자천은 올바른 품행을 갖추지 못했을 것이다. 공자의 노나라에 여전히 지성인이 많고, 자천은 인격이 높은 군자에게 배워 훌륭한 인품을 지닌 사람이 될 수 있었다는 것을 의미한다.

4. 자공은 귀한 그릇이다

자공이 물었다.

"선생님 저는 어떻습니까?"

공자가 대답했다.

"자네의 인물됨은 그릇에 비유할 수 있다."

자공이 다시 물었다.

"어떤 그릇에 해당합니까?"

공자가 대답했다.

"제사 때 쓰이는 귀중한 호련과 같은 그릇일세."

원   문

子貢問曰, 賜也, 何如. 子曰, 女器也. 曰何器也. 曰瑚璉也. -「公冶長」3

교육지평

자공은 공자의 수제자 급에 해당한다. 때문에 가장 아끼면서도 가장 엄격하게 다그쳐야 할 제자이기도 하다. 공자가 자공을 그릇에 비유한 것도 이런 이중적 평가를 담고 있다.

종묘에서 제사 지낼 때 쓰는 서직을 담는 호련과 같은 그릇에 비유한 것은 매우 긍정적인 평가다. 호련은 옥으로 장식되어 있고 그릇 중에서도 가장 귀중하고 아름다운 것이다. 이에 자공을 비유한 것은, 자공이 세상에 유용하게 쓰일 좋은 자질을 갖춘 인물이라는 뜻이다.

한편, 그릇은 하나의 기능만을 지닌 제한된 특성을 지니고 있다. 그렇기 때문에 호련에 비유한 것은 융통성이 없고 포용력과 종합력이 떨어진다는 비판적 충고를 담고 있기도 하다.

그러나 이 둘 다 수제자에게 던지는 사랑의 징표로 느껴진다.

5. 자로의 장점과 단점을 말하다

공자가 말했다.

"세상이 사람답게 살아갈 수 있도록 길이 보여야 하는데, 그런 희망이 없으니 이제 나는 뗏목이나 타고 바다로 떠다니려 한다. 이때 나를 따라올 제자는 자로가 아닐까 생각한다."

자로가 이 말을 듣고 기뻐했다. 그러자 공자가 말했다.

"자로는 용맹스러움이 나를 능가한다. 하지만, 뗏목 만들 재료를 구하지는 못하는구나!"

원 문

子曰, 道不行, 乘桴, 浮於海, 從我者, 其由與. 子路聞之, 喜. 子曰, 由也, 好勇過我, 無所取材. - 「公冶長」 6

교육지평

공자는 천하주유를 하며 세상을 제대로 다스리는 현명한 군주가 없음을 한탄했다. 그렇게 마음 둘 곳을 찾기가 어려워지자 뗏목을 타고 바다를 유랑하는, 세속에서 벗어난 삶을 동경하기도 했다. 그렇다고 현실을 적극적으로 벗어나려는 노장철학이나 불교와 동일한 처세의 방법을 택한 것은 아니다. 늘 현실을 지향하면서도 현실 상황을 주시하며 처세를 고민했다.

자로는 용감하면서도 강직한 성품을 지닌 충직한 제자였다. 하지만 상대적으로 다른 제자에 비해 지혜롭지 못하고, 급한 성격 탓에 욱하면서 잘 나서려고 한 것 같다. 이런 자로가 고맙기는 하지만, 한편으로는 아쉬움과 안타까운 측면이 있음을 토로하는 장면이다.

6. 칠조개의 겸손함을 기뻐하다

공자가 칠조개에게 공무원이 될 것을 권유했다. 그러자 칠조개는 겸손
하게 대답했다.

"선생님, 저는 아직 공무원이 될 자질을 갖추지 못했습니다."

이에 공자는 기뻐하며 흡족했다.

원　문

子使漆雕開仕. 對曰, 吾斯之未能信. 子說. -「公冶長」5

교육지평

칠조개는 공자보다 7살 적은 초기의 제자다. 공자가 그에게 벼슬자리를 권했을 때
는, 이미 그 자리를 감당할 만한 학식을 갖추었다고 판단했기 때문이다.

그런데 칠조개는 선생님의 권유마저 사양하며 아직도 자질이 부족하다고 냉정하게
자신을 평가했다. 공자가 이런 제자의 자세에 대해 기뻐한 이유는, 칠조개 스스로 더
욱 갈고 닦아 나중에 훨씬 훌륭한 공무원으로 대성할 자질을 보았기 때문이다.

7. 능변보다 실천을 중시하다

어떤 사람이 말했다.

"염옹은 열린 마음의 소유자이기는 하나 말주변이 없어요."

공자가 말했다.

"말재주나 부리며 아첨하는 말주변을 어디다 쓰겠는가? 사람을 말주변으로만 대하면 항상 남에게 미움을 사게 된다. 나는 염옹이 열린 마음을 지녔는지는 모르겠다. 그러나 말재주나 부리며 아첨하는 말주변을 어디다 쓰겠는가?"

원 문

或曰, 雍也, 仁而不佞. 子曰, 焉用佞, 禦人以口給, 屢憎於人, 不知其仁, 焉用佞. -「公冶長」4

교육지평

동서고금을 막론하고 훌륭한 정치가의 자질 중 하나가 연설이다. 말 잘하고 구변이 좋은 것은 정치를 꿈꾸는 사람에게 일종의 현명함처럼 보이기도 할 것이다. 그러나 구변에만 능숙하고 진정성이 없다면 많은 사람으로부터 미움을 받을 수 있다. 마치 선거에서 실천할 수 없는 공약이 남발되듯이 말다. 공자의 관점으로는 능변보다 실천이 더 중요하다.

어느 날 공자가 수업을 하고 있는데, 젊은 사람이 검을 들고 들어왔다. 그는 모자 위에 색깔이 화려한 깃털을 꽂고 검을 휘두르며, 칼로 공자를 찌를 뻔했다.

공자는 그가 침착하게 검을 휘두르는 것을 보고 말했다.

"검술을 잘 하시는군요. 나를 따라 공부하는 것은 어떻습니까?"

그러자 그 사람이 말했다.

"저는 공부에는 관심이 없습니다. 제 몸이 검처럼 재빠른데 공부가 무슨 소용이 있겠습니까?"

공자는 웃으면서 말했다.

"공부를 하면 지식을 얻게 되고, 대나무 화살에 금속 화살촉을 더하는 것과 같이 되니, 이렇게 하면 더 날카롭지 않겠습니까?"

그 사람은 겸손하고 예의바른 공자의 모습을 보고, 매우 부러워하여 바로 무릎을 꿇고 공자를 스승으로 모셨다.

이 사람이 바로 자로다. 나중에 공자가 여러 나라를 돌아다닐 때, 자로는 늘 공자를 보호했다.

8. 현실적으로 솔직하게 제자를 평가하다

노나라의 대부인 맹무백이 물었다.

"자로는 열린 마음을 지닌 사람입니까?"

공자가 말했다.

"잘 모르겠습니다."

맹무백이 다시 묻자 공자가 말했다.

"자로는 1,000대 정도의 전차를 보유할 수 있는, 제후가 다스리는 나라의 중앙 무대에서 국방장관이나 국세청장 정도의 자리를 맡아 정치를 할 수 있는 인물입니다. 하지만 열린 마음을 지니고 있는지는 모르겠습니다."

맹무백이 물었다.

"염구는 어떻습니까?"

공자가 말했다.

"염구는 1,000가구 정도의 큰 읍이나 100대 정도의 전차를 보유할 수 있는 대부가 다스리는 자치단체의 장, 그러니까 도지사나 구청장, 군수와 같은 자리를 맡아 정치를 할 수 있는 인물입니다. 하지만 열린 마음을 지니고 있는지는 모르겠습니다."

맹무백이 또 물었다.

"공서적은 어떻습니까?"

공자가 말했다.

"지도자의 참모가 되어 예복을 갖추고 찾아온 손님들을 접대할 정도로 실무에 능합니다. 하지만 열린 마음을 지니고 있는지는 모르겠습니다."

孟武伯問, 子路仁乎. 子曰, 不知也. 又問, 子曰, 由也, 千乘之國, 可使治其賦
也, 不知其仁也. 求也, 何如. 子曰, 求也, 千室之邑, 百乘之家, 可使爲之宰也, 不
知其仁也. 赤也, 何如. 子曰, 赤也, 束帶立於朝, 可使與賓客言也, 不知其仁也. -
「公冶長」7

교육지평

이 구절은 당시 노나라의 맹손씨 집안의 정치적 실세이던 맹무백이 공자의 제자들
이 어떠한지, 그 인물됨에 대해 공자에게 자문을 구하고 있는 모습이다.

맹무백은 맹희자의 손자인데, 맹희자는 공자를 매우 존경했다. 맹희자는 자신의 아
들인 맹의자에게 '공자에게 예를 배우라'고 유언을 할 정도였다. 맹의자의 아들이 바로
맹무백이다. 아마도 맹무백이 공자의 제자 중에서 자기를 도와 줄 인재를 등용하기 위해
공자에게 자문을 구한 것이 아닌가 생각된다.

중요한 것은 공자가 막연하게 제자들을 칭찬하거나 등용해 주기를 부탁하는 것이
아니라, 제자들의 인물됨을 객관적이고 구체적으로 일러 주어, 자문을 구하는 사람에
게 정확한 정보를 제공하고 있다는 점이다. 여기에서 실질을 중시하는 공자의 성격이
드러난다.

9. 안회를 칭찬하다

공자가 자공에게 말했다.

"너와 안회 가운데 누가 더 뛰어나다고 생각하는가?"

자공이 대답했다.

"제가 어찌 감히 안회를 따라갈 수 있겠습니까? 비유할 수 있는 대상이 아닙니다. 안회는 한 가지 일에 대해 들으면 열 가지 일에 대해 알 정도로 유연하고 사고의 폭이 넓습니다. 저는 한 가지 일에 대해 들으면 겨우 두 가지 일에 대해 알 정도로 단순합니다."

공자가 말했다.

"그래, 안회를 따라갈 수가 없지. 나나 너나 그만 못하지!"

원 문

子謂子貢曰, 女與回也, 孰愈. 對曰, 賜也. 何敢望回. 回也, 聞一以知十. 賜也, 聞一以知二. 子曰, 弗如也, 吾與女, 弗如也. -「公冶長」8

교육지평

안회는 공자의 제자 중에서도 총명예지가 뛰어난 제자다. 어떤 사안이 진행될 때, 시작되는 모습을 보고 그 결말이 어떨지를 구체적으로 알 수 있을 정도의 인물이다.

반면에 자공은 어떤 사안이 진행될 때, 다양한 차원에서 추측해 가면서 일을 파악하거나 한 가지를 보고 다른 한 가지를 유추해서 아는 인물 특성을 지녔다.

안회가 명확하고 명증하게 자기 확신에 차 있는 주체적 차원의 장점을 지녔다면, 자공은 조심스럽고 다른 사안으로부터 유추하는 객관적 차원의 장점을 지닌 듯하다.

공자 또한 자공과 유사한 차원에서 자기 평가를 한다. 공자는 자신이 전면적 혹은 주체적, 자의적 판단에 의한 앎을 주장하지 않는다. 객관적으로 증명되거나 증거나 근거에 의한 사실을 통해 삶에 유용한 진리를 유추해 낸다.

10. 말을 듣고 행실을 살피다

재여가 낮잠을 자고 있었다.

공자가 말했다.

"썩은 나무에는 조각을 할 수 없고, 거름으로 쓰기 위해 썩힌 흙으로 쌓은 담장에는 흙손질 할 수가 없다. 재여 같은 인간을 꾸짖어서 무엇 하겠는가?"

공자가 말했다.

"나는 처음 사람을 만났을 때, 대부분 그 사람의 말을 듣고 그 사람의 행실을 믿는다. 하지만 이제는 사람을 만나면 그 사람의 말을 듣고 그 사람의 행실을 살피게 되었다. 재여의 저런 행동이 나를 이렇게 바꾸었다!"

원　문

宰予晝寢. 子曰, 朽木, 不可雕也. 糞土之墻, 不可杇也. 於予與, 何誅. 子曰, 始吾於人也, 聽其言而信其行. 今吾於人也, 聽其言而觀其行. 於予與, 改是. -「公冶長」9

교육지평

어떤 분야건 공부를 하겠다고 나선 사람은 기력이 다할 때까지 힘써 배워야 한다. 그런데 제자가 공부에 뜻을 두지 않고, 게으르게 낮잠이나 자고 있으니, 스승인 공자가 볼 때 얼마나 한심 했겠는가?

공부의 최대 적은, 다름 아닌 게으름과 안일에 빠지는 일이다. 재여의 행동에서 공부와 연구, 교육의 반면교사의 전형을 엿볼 수 있다.

11. 자로가 실천을 중시하다

자로는 이전에 가르침 받았던 내용을 아직까지 실행하지 못하고 있을 경우, 새로운 가르침을 더 듣게 될까 봐 두려워했다."

원 문

子路, 有聞, 未之能行, 唯恐有聞. -「公冶長」13

교육지평

자로는 공자 제자 중에서도 용맹함을 주특기로 했던 열혈 청년이었기에, 공부에서 실천을 자신의 목숨처럼 소중하게 여겼다. 좋은 말을 들으면 반드시 용감하게 실행했다.

그런데 이전에 배운 내용을 아직까지 실천하지 못한 것은 자신의 삶에 오점이기 때문에 매우 부끄러워했다. 자로는 급한 성격을 갖고 있었지만 솔직하고 실천력이 강하며 용감한 특성을 갖고 있어 어떤 일을 할 수 있다는 것을 알게 되면 고민 없이 바로 하는 성격이었다. 그래서 자로는 새로운 일을 알게 되면 현재하고 있는 일을 완성 못 할 수 있다는 것을 알기 때문에 새로운 일을 알게 되는 것을 두려워했다.

12. 오래되어도 공경하는 마음을 변치 않다

안평중은 사람들과 잘 사귄다. 그런데 그 사귐이 오래될수록 공경하는 마음을 변치 않았다.

원 문

晏平仲, 善與人交. 久而敬之. -「公冶長」16

교육지평

안평중은 제나라 대부 안영을 말한다. 보통 사람의 경우, 오래도록 사람을 사귀다 보면, 친해진 만큼 마구 대할 수도 있고 공경이 시들해지기 쉽다.

하지만 안영은 이와 달리 오래된 친구일수록 존경함이 더욱 깊어져 삶의 모범을 보여 주었다. '길이 멀면 달려가는 말의 실력을 알 수 있고, 시간이 지나면 그 사람의 마음을 알 수 있다!'는 말처럼, 안영은 고상한 사람이다.

13. 경건하게 처신하다

공자가 말했다.

"염옹[중궁]은 높은 자리에 올라 신하들을 다스릴 수 있는 인물이다."

중궁이 물었다.

"자상백자는 어떻습니까?"

공자가 말했다.

"괜찮기는 한데 지나치게 소탈하고 대범하다."

중궁이 물었다.

"몸가짐을 경건하게 하고 행동을 소탈하고 대범하게 하여 백성을 대한 다면, 또한 괜찮지 않겠습니까? 몸가짐을 소탈하고 대범하게 하고 행동도 소탈하고 대범하게 한다면, 지나치게 소탈하고 대범한 것이 아니겠습니 까?"

공자가 말했다.

"염옹의 말이 옳다."

원 문

子曰, 雍也, 可使南面. 仲弓, 問子桑佰子. 子曰, 可也簡. 仲弓曰, 居敬而行簡, 以臨其民, 不亦可乎, 居簡而行簡, 無乃大簡乎. 子曰, 雍之言然. -「雍也」1

교육지평

자상백자라는 인물을 통해 삶과 정치에서 중요한 태도가 무엇인지를 구명하고 있는 구절이다. 그것은 다름 아닌 경건, 혹은 거경이다.

경건하게 처신할 때 마음의 중심이 잡히고 자신의 행동을 적절하게 조절할 수 있다. 지나친 소탈함이나 대범함은 번거롭지 않고 간단하다는 차원에서는 장점일 수는 있으나, 그로 인해 자신에게 소홀히 할 수 있고 최소한의 제도 자체를 거부할 위험성이 있다.

고대 사회에서는 북쪽에 앉아 남쪽을 향하는 위치가 존귀한 자리다. 공자는 염옹이 정치를 하는 기본 조건을 갖추고 나라를 다스릴 수 있는 인물로 평가했다.

14. 정치에서 지혜를 발휘하다

위나라의 대부 영무자는 나라가 잘 다스려질 때는 지혜를 발휘하여 현실 정치에 참여했다. 나라가 어지러울 때는 어리석은 척하며 정치에서 물러났다. 잘 다스려질 때 현실 정치에 참여하는 것은 따라할 수 있으나 어지러울 때 정치에서 물러나는 일은 따라할 수 없다.

원 문

寧武子, 邦有道則知, 邦無道則愚. 其知, 可及也, 其愚, 不可及也. -「公冶長」20

교육지평

영무자는 위나라 문공과 성공 때 벼슬을 한 사람이다. 문공 때는 정사가 잘 다스려졌는데, 이때 영무자가 현실 정치에 참여했어도 드러날 만한 일을 하지 않았다. 왜냐하면 잘 다스려지기 때문에 특별히 나설 이유가 없기 때문이었다.

반면 성공 때는 정사가 어지럽혀져 나라를 잃을 지경에 이르렀다. 이때 영무자는 보이지 않는 곳에서 혼란을 막기 위해 혼신의 힘을 다했다. 이처럼 자신을 낮추는 자세, 음지에서 애를 쓰며 환란을 덜어 주는 자세는 정치 일선에 나서서 문제를 해결하는 방식이 아니었다.

사회가 안정되어 현실 정치에 참여할 때는 적극적으로 나서지 않다가, 사회가 혼란스러워졌을 때는 오히려 정치 일선에서 물러나 적극적으로 수습에 참여하는 것은 바람직하지 않다. 일반적인 정치인이라면 그와 반대로 행동할 것이다.

춘추시대 초(楚)나라 때 장왕(莊王)에 관한 이야기다. 장왕은 등극한 지 3년이 넘었는데도 주색에 빠져 나라를 다스리는 일에 관심이 없었다. 장왕은 다른 사람이 간언하는 것을 막기 위해 '간언하는 자 모두 사형에 처한다.'라는 명령을 내렸다.

당시 대부였던 오거(伍擧)는 매우 충성스런 신하였는데, 장왕의 행동을 보고 나라 걱정이 되어, 목숨을 걸고 장왕을 만나기로 마음먹었다. 어느 날 오거는 장왕에게 수수께끼를 내며 맞춰보라고 했다. 장왕이 신기해서 허락했다.

오거가 말했다.

"큰 새 한 마리가 있는데 초나라의 산위에 3년 동안 머물렀습니다. 그러나 그 새는 움직이지도 않고 소리도 안 냅니다. 이 새는 무슨 새일까요?"

장왕은 이 수수께끼를 듣고, 그 내용이 자기를 지칭하는 것임을 바로 알아차렸다. 그리고는 웃으면서 대답했다.

"이 새는 날지 않으면 몰라도, 한번 날면 반드시 하늘로 높이 오른다. 울지 않으면 몰라도, 한번 울면 사람을 놀라게 한다!"

오거는 이 말을 듣고 안심했다. 이후, 장왕은 오거의 간언을 받아들이며, 다시 정신을 차리고 나라를 다스리는 데 집중하게 되었고, 초나라는 중국의 남부 지역에서 가장 강대한 나라가 되었다.

15. 삶을 긍정하고 즐기다

참으로 현명하구나, 나의 제자 안회여! 대나무 그릇에 담은 한 그릇의 밥을 먹고, 표주박에 담은 한 종지 물을 마시며, 누추한 골목에 살고 있다. 보통 사람들은 이런 삶을 괴로워하며 견디기 힘들어 하건만, 안회는 그런 삶에 즐거워 하니, 참으로 현명하구나, 안회여!

원 문

賢哉, 回也. 一簞食, 一瓢飮, 在陋巷. 人不堪其憂, 回也, 不改其樂, 賢哉, 回也. -「雍也」9

교육지평

유명한 안빈낙도(安貧樂道)로 상징되는 일단사 일표음(一簞食 一瓢飮)이라는 말의 출처다. 엄밀하게 말하면, 안회가 대나무 그릇의 밥을 먹고 표주박의 물을 마시고 누추한 마음에 사는 빈궁함 자체를 즐긴 것은 아니다. 그것은 결코 즐겁지 않다.

안회는 가난에 시달려도 인간의 길을 지키고, 자기 마음을 다치지 않으며, 자신의 삶을 긍정하고 그에 맞게 즐겼다.

16. 열린 마음을 지속하다

나의 제자 안회는 한결같아 3개월이라는 긴 시간 동안 열린 마음을 지속했다. 다른 사람들은 기껏해야 1일, 길어야 1개월 정도 열린 마음을 지닐 뿐이다.

원 문

回也, 其心, 三月不違仁. 其餘則日月至焉而已矣. -「雍也」5

교육지평

공자의 최고 제자 중 한 사람인 안회는 마음이 한결같았다. 그가 칭찬 받는 이유는 털끝만큼도 개인적 욕망에 사로잡히지 않았기 때문이다. 미성숙한 보통 사람은 수시로 세상의 유혹에 빠지기 쉽다. 하지만, 안회는 3개월이나 되는 긴 시간 동안, 한 계절이 다 지나갈 정도의 시간을 열린 마음으로 공평하게 처신했다.

17. 안회의 호학을 칭찬하다

애공이 공자에게 물었다.

"제자 가운데 누가 배우기를 좋아합니까?"

공자가 대답했다.

"안회라는 제자가 있었는데 배우기를 정말 좋아했습니다. 가난했지만 투덜대지 않았고, 똑같은 잘못을 두 번 다시 저지르는 일이 없었어요. 그런데 불행히도 일찍 죽고 지금은 없습니다. 그 후로는 배우기를 좋아하는 제자가 있다는 얘기는 듣고 못하고 있어요."

원 문

哀公問弟子, 孰爲好學. 孔子對曰, 有顔回者好學. 不遷怒, 不貳過. 不幸短命死矣, 今也則亡. 未聞好學者也. -「雍也」2

교육지평

안회는 32세에 죽었는데, 공자의 제자 가운데 배우기를 좋아하여 학문에 뛰어난 사람은 72인이나 된다.

이 중에서도 안회는 가장 실천적인 인물이었기에, 공자는 안회가 일찍 죽은 것에 대해 매우 안타까워했다.

18. 실제적 장점을 말하다

계강자가 물었다.

"자로에게 정사를 맡겨도 괜찮겠습니까?"

공자가 대답했다.

"자로는 배짱이 있습니다. 정사를 맡겨도 큰 문제는 없을 것입니다."

또 물었다.

"자공에게 정사를 맡겨도 괜찮겠습니까?"

공자가 대답했다.

"자공은 사리에 두루 밝습니다. 정사를 맡겨도 큰 문제는 없을 것입니다.

또 물었다.

"염유에게 정사를 맡겨도 괜찮겠습니까?"

공자가 대답했다.

"염유는 재능이 뛰어나고 재주가 많습니다. 정사를 맡겨도 큰 문제는 없을 것입니다."

원 문

季康子問, 仲由, 可使從政也與. 子曰, 由也果, 於從政乎何有. 曰賜也, 可使從政也與. 曰賜也達, 於從政乎何有. 曰求也, 可使從政也與. 曰求也藝, 於從政乎何有. -「雍也」6

교육지평

계강자는 당시 노나라 임금인 소공을 몰아낸 대부다. 그가 공자에게 접근하여 제자들의 정치 참여의 가능성을 타진하고 있다.

공자는 자로, 자공, 염유 세 제자의 장점, 이른바 배짱과 사리 통달, 재능의 탁월함을 들어 정치가로서 적합하다고 추천했다. 이 구절에서는 공자의 제자 사랑이 엿보이기도 하고, 자신의 정치적 소망을 제자를 통해 실현하려는 의지도 드러나는 듯하다.

19. 인재를 중시하다

공자의 제자 자유가 노나라 도성 아래에 위치한 무성의 읍장이 되었다.
조금 지난 후에 공자가 물었다.

"자네, 정사를 돌보는데 쓸 만한 사람을 구했는가?"

자유가 대답했다.

"예, 담대멸명이라는 사람이 있습니다. 그는 좁은 샛길로 살짝 다니지
않고, 공무가 아니면 제 집무실에 들어오는 일이 없습니다."

원 문

子游爲武城宰. 子曰, 女得人焉爾乎. 曰有澹臺滅明者, 行不由徑, 非公事, 未
嘗至於偃之室也. -「雍也」12

교육지평

공무원의 전형을 볼 수 있는 구절이다. 좁은 샛길로 다닌다는 것은 행동이 떳떳하
지 못함을 상징한다. 공적인 사안이 아닌데 공무원이 개인적으로 상관을 만날 필요는
없다.

하지만 대부분의 사람은 편하고 빠르게 갈 수 있는 지름길이나 샛길을 선택하지 않
을 때, 어리석다고 하고, 개인적으로 상관을 찾아뵙지 않는 것을 상관에 대해 소홀히
한다고 생각한다.

이런 생각을 하는 순간, 공명정대는 무너진다. 공자는 인재를 발견하는 것을 중시
했다.

20. 다른 사람을 원망하지 않다

백이와 숙제는 지난 일에 대해 원한을 품지 않았다. 그래서 다른 사람을 원망하는 일도 드물었다.

伯夷叔齊, 不念舊惡, 怨是用希. -「公冶長」22

교육지평

동양의 역사에서 백이숙제는 정의와 청렴을 대변하는 인물이다. 정의와 청렴을 생명으로 하는 사람은 부정과 부패한 악인을 미워하기 마련이다.

하지만 백이숙제는 다른 사람들의 악한 행위를 막으려고 했을 뿐, 사람 자체를 미워하거나 원망하지 않았다. 원한을 마음에 두면 복수심이 생기고 이는 악순환의 고리처럼 반복될 수 있다. 개인이나 특정 사안에 대한 원한을 마음에 두지 않고 무력화시켜 버리는 위대함을 높이 평가한 듯하다.

21. 성품과 감정을 차분하게 하다

공자는 온화하면서도 엄숙하고, 위엄 있으면서도 사납지 않고, 공손하면서도 안도감을 준다.

원   문

溫而厲, 威而不猛, 恭而安. -「述而」37

교육지평

이 구절은 공자의 평소 용모와 태도에 대한 기록으로 공자에 대한 가장 전면적인 평가다. 온화함과 엄숙함, 위엄과 사나움, 공손과 안도감은 상반되는 특성이 있어 공존하기가 쉽지 않다. 하지만 공자는 자기 수양을 통해 세상의 이치와 현실을 잘 파악하고 시대정신을 읽으면서 상황에 따라 적절한 대처를 한 것으로 보인다.

공자의 용모와 모습은 중용의 도에 적합하고 지나치지 않고 부족하지도 않다. 친절하고 장중하며 위엄이 있다. 이는 실로 도달하기 지극히 어려운 경지다.

22. 태백을 칭송하다

주나라 문왕의 큰 아버지인 태백은 정말로 숭고한 마음씨를 지닌 분이었다. 세 번이나 임금 자리를 사양하면서도 은밀하게 했다. 백성들이 그의 덕을 칭송할 자취조차 남기지 않았다.

원 문

泰伯, 其可謂至德也已矣. 三以天下讓, 民無得而稱焉. -「泰伯」1

교육지평

이 구절을 이해하기 위해서는 주나라 문왕의 계보를 살펴볼 필요가 있다. 문왕의 할아버지인 태왕은 고공단보다. 태왕에게 세 아들이 있었는데, 첫째가 태백, 둘째가 중옹, 셋째가 계력이다. 태왕은 계력의 아들인 손자 창이 어질고 현명하므로 임금 자리를 셋째인 계력에게 물려주려고 했다. 이를 알아차린 태백과 중옹은, 왕위 계승에 지장이 없도록 아무에게도 알리지 않고 남쪽의 형만으로 가서 은둔하며 살았다. 그후, 왕위 계승은 순조롭게 이루어졌고 창은 훗날 문왕이 되어 세상을 잘 다스렸다고 한다. 공자는 태백이 아버지를 난처하게 하지 않고 효성을 다했다고 인정하고 그를 찬미한 것으로 보인다.

23. 순임금과 우임금을 칭송하다

참으로 높고 위대하도다! 순임금과 우임금은 세상을 소유하여 다스리면서도 그것을 자신의 것이라고 함부로 하지 않았다.

원   문

巍巍乎. 舜禹之有天下也, 而不與焉. -「泰伯」18

교육지평

순임금과 우임금은 왕위를 선양 받은 최고지도자다. 왕정 사회의 최고지도자는 온 세상이 자신의 것이었다.

그럼에도 불구하고 순임금과 우임금은 세상을 자신의 것이라고 주장하면서 적극적으로 관여하거나 임금 자리를 즐겁게 여기지 않았다. 오로지 자신에게 주어진 임무에 충실하여 세상 사람들의 존경을 받았다.

24. 요임금의 덕과 공적을 칭송하다

아, 참으로 대단하다! 요임금이 다스리던 시절이여! 참으로 높고 위대하도다! 자연의 섭리만이 진정으로 믿을 수 있거늘, 요임금만이 자연의 질서를 본받았구나! 그 덕이 넓고 넓어 백성들이 이루 말로 칭송하지 못하는구나. 참으로 높고 위대하도다! 그분이 이룬 공적이여. 정말로 찬란하도다! 그분이 만든 문화 제도여!"

원 문

大哉. 堯之爲君也. 巍巍乎唯天, 爲大, 唯堯則之. 蕩蕩乎民無能名焉. 巍巍乎其有成功也. 煥乎其有文章. - 「泰伯」 19

교육지평

요임금은 정치와 교육의 전설로 통하는 인물이다. 최고의 태평성세를 구가한 임금이자 성인으로 인간으로서 도달할 수 있는 완결판이다.

그의 행위는 흔히 말해 다스리지 않아도 저절로 다스려지는 무위자연의 세계와 통한다. 공자는 최상의 말로 요임금의 덕과 공적을 칭송했다. 동시에 공자 자신의 이상이 실현되지 못함을 한탄했다.

25. 우임금을 칭송하다

나는 우임금에 대해 흠잡을 수 없다. 자신이 먹는 음식은 소박했지만 선조들 제사는 정성껏 모셨다. 자신이 입는 옷은 검소했지만 제사 때 입는 예복은 아름답게 꾸몄다. 자기가 거처하는 궁전은 조촐하게 꾸몄지만 전답의 수리시설 만드는 데는 힘을 다했다. 이런 우임금에 대해 나는 흠잡을 수 없다.

원 문

禹吾無間然矣. 菲飮食而致孝乎鬼神. 惡衣服而致美乎黻冕. 卑宮室而盡力乎溝洫. 禹吾無間然矣. -「泰伯」21

교육지평

우임금은 개인의 부귀영달을 위하는 일에는 조촐했으나 백성을 섬기는 일에는 매우 부지런했다. 이는 사적 영역과 공적 영역의 차원에서 볼 때 공적 영역을 중시한 태도다. 이른바 개인적 영역보다 사회적 영역에 대한 지도자의 관심을 극명하게 보여 주는 사례다.

26. 하늘의 뜻을 고려하다

공자가 위나라의 광이라는 지역에서 그 지역 사람들에게 위협 당하자 바짝 경계하고 긴장하면서 다음과 같이 말했다.

"주나라의 찬란한 문화를 건설했던 문왕은 이미 돌아가신 지 오래되었다. 하지만 그 문화는 여기 우리 앞에 이렇게 남아 있지 않은가? 하늘이 이 문화를 없애려고 했다면 우리 같은 후세 사람들이 이 문화를 누리고 계승할 필요를 느끼지 못했으리라. 하지만 하늘이 이 찬란한 문화를 없애려 하지 않는 한, 광지역의 사람들인들 이 문화를 계승할 자격이 있는 나에게 함부로 해코지를 할 수 있겠는가?"

원   문

子畏於匡. 曰文王, 旣沒, 文不在玆乎. 天之將喪斯文也, 後死者, 不得與於斯文也. 天之未喪斯文也, 匡人, 其如予何. -「子罕」5

교육지평

공자는 천하주유를 하면서 별의별 사건을 겪었다. 이 구절도 그런 사건 중 하나다. 광 지역의 사람들에게 자신들을 학대하던 원수 같은 존재가 있었다. 그 원수는 양호라는 사람인데, 예전에 광 지역에서 포악한 짓을 많이 했다. 그런데 우연하게도 공자의 모습이 양호와 닮았다.

이에 광 지역의 사람들이 공자를 양호로 오인하고 공자를 포위하여 위협을 가할 때 공자가 한 말이다. 공자는 고대 문화 전통의 계승을 자신의 임무로 여겼고 그것이 외압에 의해 무너질 수 없음을 스스로 독려했다.

27. 기본 덕성을 갖추다

500가구쯤 되는 달항이라는 마을에 사는 어떤 사람이 말했다.

"공자는 참으로 위대한 분이다. 하지만 그렇게 박학다식하면서도 한 가지 특출한 분야에서 명성을 날리지 못하고 있으니 참으로 안타깝다."

공자가 이런 소식을 듣고 제자들에게 말했다.

"내가 한번 한 가지 일을 전문으로 해 볼까? 말고삐를 잡고 수레 모는 일을 할까? 활을 잡고 쏘는 일을 할까? 남의 머슴처럼 가장 천한 일에 속하는 말고삐를 잡고 수레 모는 일을 하여 한 번 명성을 날려 볼까!"

원 문

達巷黨人曰, 大哉, 孔子, 博學而無所成名. 子聞之, 謂門弟子曰, 吾何執, 執御乎, 執射乎, 吾執御矣. -「子罕」 2

교육지평

공부의 목적이 무엇일까? 박학다식인가? 특별한 전문성을 기르는 일인가? 공자는 덕을 골고루 갖추되 한쪽으로 치우치지 않을 것을 권한다.

한 가지 전문성을 가지고 세상에 명성을 떨치면 많은 사람의 칭찬을 받을 수는 있을 것이다. 그보다 중요한 것은 세상에 이름이 나지 않더라도 인간으로서 기본적인 덕성을 갖추는 일이다.

28. 사람다움에 대해 말을 아끼다

평생에 걸쳐 많은 얘기를 했으나, 공자가 말을 적게 한 부분이 있다. 그 것은 '이익'이나 '목숨', '사람다움'에 관한 언급이었다.

원 문

子罕言利與命與仁(「子罕第九」1)

교육지평

이익을 따지게 되면 정의를 해치게 되고, 목숨의 이치는 제대로 파악하기 힘들기 때문에 함부로 논할 수 없다. 그리고 사람다움의 길은 너무나 넓고 크기 때문에 한마디로 단언하기 어렵다.

공자가 이익과 목숨, 사람다움에 대해 말을 아낀 것은, 이 세 가지가 인간의 삶에서 중요한 문제에 속하므로 더 신중하게 생각하고 가볍게 말하지 않으려는 마음을 지녔기 때문인 것으로 생각된다.

29. 다재다능할 필요는 없다

오나라의 재상인 비가 공자의 제자인 자공에게 물었다.

"그대의 스승인 공자는 훌륭한 사람인가? 어찌 그렇게 다재다능하신가?"

자공이 말했다.

"정말이지, 하늘이 낸 훌륭한 분이십니다. 또 본래 잘하는 것이 많으십니다."

이를 듣고 공자가 말했다.

"태재 벼슬을 하는 비가 나를 아는 것 같구나! 나는 어렸을 때 보잘것없는 미천한 존재였다. 그래서 자질구레하고 남들이 잘 하지 않는 천박한 일들을 많이 했다. 그래서 다재다능한 것처럼 보일 수 있다. 훌륭한 사람이라고 해서 모두가 다재다능해야 하는가? 반드시 그럴 필요는 없다."

원 문

大宰問於子貢曰, 夫子聖者與, 何其多能也. 子貢曰, 固天縱之將聖, 又多能也. 子聞之曰大宰知我乎. 吾少也賤故多能鄙事. 君子多乎哉, 不多也. -「子罕」6

교육지평

공자는 어려서 매우 가난했다. 천박한 것으로 점철된 일상의 체험은 먹고살기 위해 물불을 가리지 않는 일꾼으로 성장하게 만들었다. 일꾼으로서의 경험은 삶의 원동력이자 다재다능한 인간 존재의 원천이 되었다.

30. 재능은 노력과 학습이다

언젠가 선생님께서는 이렇게 말씀하신 적이 있다. '나는 관직에 등용되지 못했다. 그래서 생활을 위해 여러 가지 재주와 기예를 많이 배우고 익혔다. 그런 경험이 재능을 있게 만들었다.'

원 문

牢曰, 子云吾不試故藝. -「子罕」6

교육지평

공자의 제자 자장이 공자의 말을 전해 주는 구절이다. 개천에서 용이 나온다는 말이 있듯이, 공자에게서 젊은 날의 빈천은 삶의 거대한 뿌리가 되었다.

공자는 자신을 천재라고 보지 않았다. 자신의 재능은 모두 노력과 학습을 통해서 얻게 된 것이라고 여겼다.

31. 노래를 익히려고 하다

공자가 다른 사람과 함께 노래를 부를 때, 그가 노래를 잘하면 반드시 그 노래를 다시 부르게 하고 그 다음에 함께 노래를 불렀다.

원문

子與人歌而善, 必使反之, 而後和之. -「述而」31

교육지평

동서고금을 막론하고 노래는 사람을 즐겁게 만드는 삶의 활력소다. 공자가 다른 사람의 노래를 듣고 그 노래를 반복하여 부르게 한 것은, 그 노래에 대해 자세하게 알고 좋은 점을 익히려고 해서다. 나중에 함께 부른 것은 좋은 점을 익혀서 터득하여 기뻤기 때문이라고 한다. 여기에서도 타자에게서 배우려는 공자의 마음이 드러난다.

32. 게으르지 않고 부지런하다

자기가 말한 것에 대해 게으르지 않고 실행한 사람은 나의 제자 안회일 것이다.

원   문

語之而不惰者, 其回也與. - 「子罕」19

교육지평

공자가 제자 안회를 칭찬하는 말이다. 안회는 스승 공자의 말을 들으면 마음 깊이 이해하고 진정으로 힘써 행했다. 식물이 때에 맞춰 내리는 단비를 맞고 줄기와 잎사귀, 꽃을 피우듯이. 안회의 언행은 공자가 감탄할 정도로 다른 제자들이 대충대충 알아듣고 설렁설렁 행동하는 것과는 다른 차원이었다.

공자는 항상 스승의 말을 잘 듣는 학생은 오직 안회밖에 없다고 하면서, 안회가 부지런히 공부하는 것을 극찬했다.

공자의 어머니는 공자가 3살 때부터 책을 주고 글 읽는 것을 가르쳤다. 4살 때 공자는 이미 100개의 한자를 읽을 수 있었다. 어느 날 공자의 어머니가 '어제 내가 알려준 한자를 다 외웠느냐?'라고 물어보니, 공자는 다 외웠다고 말했다.

어머니는 내일 아침에 시험을 본다고 말했다. 이날 저녁 공자는 형에게 '저는 이미 여러 번 외웠는데 내일 혹시 실수할까봐 더 연습해야겠어요.'라고 말했다. 형은 공자가 이렇게 노력하는 모습을 보고 감동 받았다. '날이 추우니 내 배 위에서 연습해!' 어린 공자는 형의 가슴에서 글자를 쓰기 시작했다. 마지막 글자를 쓰고 나서 바로 잠들었다.

다음날, 어머니가 시험을 보자 모두 맞췄다. 어머니는 기뻐하여 '우리 아들 참 똑똑하네. 그저께 한자를 그렇게 많이 알려줬는데 하루 지나서 다 외웠으니, 나중에 꼭 큰 일을 할 수 있겠어!' 라고 말했다.

공자는 기뻐하며 웃었다. 형은 공자의 이런 재능이 모두 노력과 공부를 향한 강한 의지를 통해 얻게 된 것임을 알고 있었다.

33. 공사를 분명히 구별하다

공자는 고향 마을인 향당에 있을 때는 누구에게나 공손하고 성실하게 대하며 말도 잘 못하는 것처럼 처신했다. 그러나 정사를 논의하는 자리인 종묘나 조정에 있을 때는 말을 명백하게 하고 신중한 태도로 일관했다.

원 문

孔子於鄕黨, 恂恂如也, 似不能言者, 其在宗廟朝廷, 便便言, 唯謹爾. -「鄕黨」1

교육지평

공자의 평소 행동이나 태도는 자리에 따라 분명했다. 고향 마을인 향당은 사적인 자리이고 정사를 논의하는 종묘나 조정은 공적인 자리다. 이 둘은 성격이 분명히 다르다.

공자는 공과 사의 구분을 명확히 했다. 사적인 자리에서는 자기가 아무리 현명하고 지혜롭다고 하여 함부로 사람들 앞에 나서지 않았다. 왜냐하면 고향 마을에는 부모형제와 친인척 등 종친이 함께 살기 때문이다.

공적인 자리에서는 분명하게 정사를 따지고 올바른 길을 제시해야 한다. 그렇기 때문에 조심스러우면서도 분명히 의견을 개진해야 한다. 이것이 공과 사를 대하는 기본 예의다.

34. 올바른 인간의 길을 말하다

누더기 삼베옷을 걸치고 있으면서 여우나 담비의 털옷을 입은 자와 함께 서 있어도 부끄러워하지 않을 사람은 나의 제자 자로일 것이다. 『시경』의 '해치지도 않고 탐내지도 않으니, 어찌 착하지 않으리!'라는 시구를 자로가 늘 외우고 다녔다. 이것도 도에 이르는 길이겠지만 이에 그쳐서 되겠는가?

원 문

衣敝縕袍, 與衣狐貉者, 立而不恥者, 其由也與. 不忮不求, 何用不臧. 子路, 終身誦之. 子曰, 是道也, 何足以臧. -「子罕」26

교육지평

싸구려 옷을 입은 사람이 명품 옷을 입은 사람과 함께 서 있어도 부끄럽지 않은 일은 빈부의 차이로 인해 마음이 흐트러지지 않으며 올바른 길을 모색할 수 있는 용기다. 가난한 사람이 부자와 인간관계를 맺게 되면 성격이 강한 자는 반드시 부자를 해치고 약한 자는 반드시 그를 탐하기 마련이다.

유학자들은 싸구려 옷이나 음식을 부끄럽게 여기는 일을 학자의 병폐로 여겼다. 그들은 겉치레보다는 실질을 숭상하고 올바른 인간의 길을 따라 정진하여 날마다 새롭게 하는 실천력을 중시했다.

35. 지속적으로 덕을 쌓다

공자가 먼저 죽은 수제자 안연을 회상하며 이렇게 말했다.

"아, 너무나도 아깝게 일찍 죽었다! 나는 안회가 나아가는 것만 보았지 한 번이라도 멈추는 것은 보지 못했어!"

원 문

子謂顔淵曰, 惜乎, 吾見其進也, 未見其止也. -「子罕」20

교육지평

안연은 학문이나 덕행에서 늘 앞으로 나아가기만 하고 중지하거나 멈추지 않았다고 한다. 그만큼 부지런하고 성실했으며 세상에 큰 기여를 할 가능성이 있는 존재였다. 공자가 제자 안회의 죽음을 누구보다도 안타까워하고 슬퍼하는 이유도 여기에 있다고 판단된다. 공자는 이렇게 제자들을 격려하면서 다른 제자들이 안연을 모범으로 삼아 계속 정진하여 학업과 덕성수양에 커다란 진보가 있길 원했다.

우리에게 익숙한 형설지공(螢雪之功)이라는 말이 있다. 진(晉)나라 때의 손강(孫康)은 어릴 때부터 게으름 피지 않고 공부했다. 그러나 집안이 가난하여 기름을 살 돈이 부족하여 저녁이 되면 책을 볼 수 없었다. 따라서 손강은 책을 볼 수 있는 시간이 한정되어 시간이 빨리 지나가는 것을 매우 아깝게 생각했다.

예전에는 달빛 아래에서 책을 읽어보았으나 너무 어두워 눈이 빨리 피로해졌다. 그러자 한밤중에 손강은 잠에서 깨어 머리를 창문에 기대었다. 그때 창문 틈에서 빛이 들어오는 것을 발견했다. 그것은 흰 눈에 비친 달빛이었다. 그는 책에 있는 글자를 눈 위에 그리면 더욱 잘 보일 것이라고 생각하여 매우 기뻐했다.

그리하여 서둘러 옷을 입고 책을 집어 밖으로 나갔다. 광활한 땅에서 빛나는 눈빛은 어두운 방 내부보다 더욱 밝았다. 손강은 추위에도 아랑곳하지 않고 글을 쓰기 시작했다. 또 손발이 차가워 움직임이 둔해질 때는 뛰어서 열을 내었다.

이후에는 눈만 내리면 그는 좋은 기회를 놓치지 않고 열심히 공부했다. 이렇게 열악하지만 열심히 공부하려고 한 정신 덕분에 손강의 학습 수준은 일취월장하여, 결국에는 어사대부(御史大夫)라는 높은 관직에 올랐다.

36. 지위에 대화를 달리하다

　최고지도자인 임금이 조회하기 전, 조정에서 지위가 조금 낮은 하대부와 이야기할 때는 강직하게 하고 지위가 조금 높은 상대부와 이야기할 때는 온화하면서도 시비를 분명하게 따졌다. 임금 앞에서는 지극히 공경하며 함부로 결단하지 못하는 태도로 어려워했다.

원　문

　朝與下大夫言, 侃侃如也, 與上大夫言, 誾誾如也, 君在, 踧踖如也, 與與如也 (「鄕黨第十」3)

교육지평

　공자는 지위와 직책에 따라 언어와 용모를 달리했다. 이 구절을 이해하기 위해서는 국가의 최고위급 회의를 하기 전후의 모습을 연상하면 좋다. 공자는 조정에서 정사를 논의할 때 윗사람을 대하는 자세와 아랫사람을 대하는 태도를 달리했다. 아랫사람에게는 언사와 용모를 온화하고 재미있게 했고 윗사람에게는 말과 태도를 정중하게 했다. 임금 앞에서는 최고의 예우를 갖추어 보필했다.

37. 예의규범에 맞추어 행하다

　공자는 최고지도자가 외국에서 온 손님을 국빈으로 접대하라고 하면 엄숙한 자세로 재빠르게 발걸음을 옮겼다. 함께 서 있던 내빈들과 인사할 때는 왼쪽과 오른쪽에 있는 사람들 모두에게 예의를 갖추어 번갈아 인사했다. 빠른 걸음으로 그들에게 나아갈 때도 자세가 단정했다. 내빈들이 물러가면 반드시 최고지도자에게 '외국에서 온 손님들이 뒤돌아보지 않고 잘 갔습니다.'라고 보고했다.

원　문

　君召使擯, 色勃如也, 足躩如也. 揖所與立, 左右手, 衣前後, 襜如也. 趨進, 翼如也. 賓退, 必復命曰, 賓不顧矣. -「鄕黨」4

교육지평

　다른 나라에서 온 손님 접대에 관한 예의다. 공자가 살았던 시기는 봉건제가 국가를 구성하는 제도적 역할을 했다. 천자는 제후들에게 다양한 방식으로 봉토를 나누어 주었고, 그 결과 수많은 나라가 존재했다.

　따라서 이들 사이의 외교 관계는 중요한 국가의 행사였다. 공자는 예를 아는 사람으로 인정받았기 때문에, 관직에 있으면서 최고지도자의 지시에 따라 외국 손님을 모실 수 있는 기회를 많이 가졌다. 이때마다 공자는 국빈 대접에 대한 긍지를 가지고 예우를 다했다.

38. 행동거지가 예의에 맞다

대궐 문에 들어갈 때는 몸을 굽히고 대궐 문이 그를 막아서는 것처럼 했다. 설 때는 문의 가운데 서지 않고 들어갈 때는 문지방을 밟지 않았다. 최고지도자인 임금이 서는 자리를 지날 때는 표정과 안색을 엄숙하게 하고 총총걸음으로 지나갔으며 말을 잘 못하는 듯이 과묵했다. 옷자락을 잡고 층계를 오르고 마루에 오를 때도 절하듯이 몸을 굽히며 기를 낮추어 숨을 쉬지 않는 듯했다. 마루에서 나와 층계에 내려서서는 안색을 펴고 온화한 얼굴로 즐거운 낯빛을 지었고, 층계를 다 내려와서는 총총걸음으로 걷되 단정하게 하며, 제자리로 돌아와서는 신중하고 경건했다.

원   문

入公門, 鞠躬如也, 如不容. 立不中門, 行不履閾. 過位, 色勃如也, 足躩如也, 其言, 似不足者. 攝齊升堂, 鞠躬如也, 屛氣. 似不息者出降一等, 逞顔色, 怡怡如也, 沒階, 趨進翼如也, 復其位, 踧踖如也. -「鄕黨」5

교육지평

대궐에 들어가서 업무를 보고 나올 때까지의 예의에 대한 기록이다. 대궐 문에서 대궐 안에 들어가기까지의 예절은 물론 대궐에서 업무를 보고 제자리에 설 때까지 최고지도자를 대하는 예의를 자세히 알려 주고 있다.

39. 예의를 갖추어 옷을 입다

교양을 갖춘 사람은 보라색과 붉은 색으로 옷깃을 장식하지 않는다. 또한 다홍색과 자주색으로 속옷을 만들어 입지 않는다. 여름에 더울 때는 고운 베나 거친 베옷을 겉에 걸치고 외출을 한다. 검정 옷을 입을 때는 검은 양가죽 옷을 받쳐 입고 흰옷을 입을 때는 어린 사슴의 가죽 옷을 받쳐 입으며 누런 옷을 입을 때는 여우 가죽 옷을 받쳐 입는다. 평상시에 입는 가죽 옷은 길게 하되 오른쪽 소매를 짧게 한다. 반드시 잠옷을 마련하되 그 길이가 키의 한 배 반 정도 되게 한다. 집안에 편히 있을 때는 여우나 담비의 두꺼운 털을 바닥에 깔고 앉는다. 탈상을 한 다음에는 다시 패옥을 찬다. 예복인 유상이 아니면 천을 좁게 대어 입는다. 염소 가죽으로 만든 옷과 검은 관을 쓰고 조문하지 않는다. 매월 초하루에는 관복 차림으로 조정에 간다.

원　　문

君子, 不以紺緅飾, 紅紫, 不以爲褻服, 當署, 袗絺綌, 必表而出之, 緇衣, 羔裘, 素衣, 麑裘, 黃衣, 狐裘, 褻裘長, 短右袂, 必有寢衣, 長一身有半, 狐貉之厚以居, 去喪無所不佩, 非帷裳, 必殺之, 羔裘玄冠, 不以吊, 吉月, 必朝服而朝. -「鄕黨」7

교육지평

옷을 입는 예의에 관한 설명이다. 오늘날에는 여러 가지 여건상 잘 맞지 않는 복식예의가 많다. 요즘은 조문을 할 때 검은 옷을 입지만 예전에는 흰 옷을 입었다. 이처럼 옷의 형식이나 질감도 그렇고 예의의 내용 차원에서도 요즘과 많이 다르다.

현재도 마찬가지지만, 경조사가 있을 때의 의복과 평상시의 의복에 차이가 있듯이 일상의 상황에 따라 합리적이고 편안함을 추구하는 모습이 엿보인다.

40. 제사에 예의를 갖추다

제사를 지내기 전에는 반드시 목욕을 하고 몸을 깨끗하게 유지하기 위하여 삼베로 만든 명의를 입었다. 음식도 평소와 다르게 했는데, 특히 술과 마늘을 먹지 않았다. 거처하던 자리도 평소와 다르게 했는데 평상시에는 아내와 같이 거처하다가 재계 때는 바깥으로 나와 거처했다.

원 문

齊必有明衣, 布, 齊必變食, 居必遷坐. -「鄕黨」8

교육지평

제사 지내기 전에 하는 재계는 신령과 교감을 하는 소중한 행위다. 따라서 평상시와 다르게 정결하고 공경을 다해야 한다. 깨끗하게 목욕을 하고 술이나 맵고 냄새나는 음식은 먹지 않으며 거처를 옮겨 엄숙함을 더한다. 정신적 육체적으로 삼가고 공경하는 자세를 갖추는 것이다.

41. 외교관으로서 예의를 보다

공자가 외교관 자격으로 다른 나라에 갔다. 규를 손에 들고 다른 나라 최고지도자에게 바칠 때는 그 무게를 감당하기 어려운 듯 몸을 굽혔다. 규를 위로 들어 올릴 때는 가슴보다 약간 높게 읍하듯이 했고 아래로 내릴 때는 물건을 넘겨주는 것처럼 행동했다. 신중하고 두려워하는 듯한 낯빛을 지었으며, 걸음은 땅에 대고 뒤꿈치를 끄는 듯이 총총히 옮겼다. 예물을 드릴 때는 부드럽고 온화한 낯빛을 지었다. 개인적으로 회견할 때는 더욱 화기애애한 표정을 지었다.

원 문

執圭, 鞠躬如也, 如不勝, 上如揖, 下如授, 勃如戰色, 足蹜蹜如有循, 享禮有容色, 私覿, 愉愉如也. -「鄕黨」6

교육지평

규는 옥으로 만든 것인데, 중국 고대 사회에서 사신이 이웃나라를 방문할 때 최고지도자인 임금이 파견하는 외교관에게 주어 상대국의 지도자에게 신임을 받는 징표였다.

현대적으로 이해하면, 외교 사절을 파견하려고 할 때 상대국이 동의를 하는 아그레망에 비유할 수도 있다.

42. 공적을 자랑하지 않다

노나라의 대부인 맹지반은 자기가 공을 세웠다고 자랑하지 않는다. 전투에서 패배하여 후퇴할 때는 맨 뒤에서 묵묵히 적을 막고, 성문으로 들어올 무렵에는 자기가 탄 말을 채찍질하면서 이렇게 말했다. '일부러 뒤 처지려고 한 것이 아니라, 이놈의 말이 제대로 달리지 않아 처진 것이라네.'

원   문

孟之反, 不伐. 奔而殿, 將入門, 策其馬, 曰非敢後也, 馬不進也. -「雍也」13

교육지평

맹지반은 자신을 내세우지 않는 사람의 모범이다. 전투에 패하여 정신없이 도망하는 상황에서, 동료들을 먼저 보내고 맨 뒤에서 적을 막는다. 그리고 동료들이 성문 안으로 들어가 안전하게 되었을 때, 그것이 자신의 공임에도 불구하고, 자기 말이 제대로 뛰지 못하여 늦게 도착했다는 유머로 자기 임무를 다할 뿐이다.

기원전 484년 노나라와 제나라 사이에 전쟁이 일어났다. 노나라의 우익군이 패배했을 때 맹지반은 마지막으로 패한 노나라 군대를 엄호했다. 맹지반은 자신을 생각하지 않고 사람들이 다 퇴각할 때까지 엄호하면서, '내가 용감하거나 내 말이 느려서 너희를 엄호하는 것이 아니다'라고 했다.

공자는 맹지반의 행동을 선양하며 '공은 홀로 차지하지 않고, 허물을 남에게 미루지 않는다'고 주장을 했다. 공자가 생각하는 이상적인 지성인은 이러한 모습을 지니고 있는 사람이다.

43. 사귐에 예의를 보이다

다른 나라에 사람을 보내어 친구의 안부를 묻게 할 때는, 가는 사람의
등을 보고 두 번 절을 했다.

원 문

問人於他邦, 再拜而送之. -「鄕黨」12

교육지평

공자가 사람을 사귈 때의 성의를 기록한 글이다. 자기를 대신하여 다른 나라에 심
부름 가는 사람에 대한 기본 예의로 절을 두 번이나 하며 전송하는 것은, 자기가 직접
가는 것처럼 상대방에 대한 공경을 나타낸다.

44. 약을 신중하게 복용하다

노나라의 세도가인 계강자가 약을 보내오자 공자가 정중하게 절을 하고 받으면서 말했다. "이 약이 어떤 성질을 지니고 있는지 잘 모르므로 당장 먹을 수는 없습니다."

원　문

康子饋藥, 拜而受之日, 丘未達, 不敢嘗. -「鄕黨」12

교육지평

공자가 사람을 사귈 때의 성의를 기록한 글이다. 보내온 물건을 정중하게 받고 그것을 먹어 보는 것이 기본 예의다.

하지만 보내온 물건이 약이므로 신중하게 생각하려는 강직함이 담겨 있다. 이 구절은 약의 복용에 관한 공자의 말로 현재까지 매우 중요시 되고 있다.

45. 음식에도 공경하는 마음을 지니다

잡곡밥이나 나물국을 먹더라도, 반드시 그것을 있게 한 모든 존재들에게 감사의 뜻을 잊지 않고, 공경하는 마음을 지녀야 한다.

원 문

雖疏食菜羹, 瓜齊, 必齊如也. -「鄕黨」8

교육지평

볼품없는 음식이라도 먹기 전에 항상 공경함과 성실함으로 대해야 한다.

46. 군주가 부르면 지체하지 않다

군주가 부르면, 수레가 준비되기를 기다리지 않고 급하게 달려갔다.

원 문

君命召, 不俟駕行矣. -「鄕黨」14

교육지평

최고지도자가 호출하는 경우에는 그만큼 긴급한 사안이 있다는 뜻이므로, 시간을 지체하지 않고 즉시 달려가 찾아뵙고 일을 처리해야 한다.

47. 친구 사귐의 도리를 보이다

친구가 죽었는데 뒤를 봐줄 상주나 빈소가 없을 경우, 공자는 "내 집에 빈소를 마련하라."고 말했다.

원　문

朋友死, 無所歸, 曰於我殯.. - 「鄕黨」16

교육지평

이 구절은 친구 사이에 사귀는 도리를 보여 준다. 친구는 도의로 맺은 존재이기에 죽어서 빈소가 없다면 친구인 내가 우리 집에 빈소를 차리는 것이 도리다.

48. 평소 인간의 예의를 보이다

잘 때는 죽은 사람처럼 뻗은 자세로 자지 않았고, 집에서 한가롭게 있을 때는 차림새를 꾸미지 않아야 한다.

원   문

寢不尸, 居不容. -「鄕黨」17

교육지평

평소의 생활과 인간에 대한 예의를 보여 준다. 시체처럼 눕지 않는 것은 죽은 것을 혐오해서가 아니라 나태한 기운이 몸에 번져 뻣뻣해지지 않기를 바라는 마음에서 그러한 것이다.

공자는 통달한 사람으로 집에 있을 때에는 편안하게 휴식을 취했고 외출할 때나 혹은 손님을 맞이할 때는 예의를 다했는데 그 무게가 집안에 있을 때와는 전혀 달랐다.

49. 운전에서 예에 맞게 행동하다

차를 탔을 때는 반드시 손잡이를 잡았다. 차 안에서는 이리저리 둘러보지 않고 말을 빨리 하지 않으며, 여기저기 가리키며 손가락질하지 않아야 한다.

원 문

升車, 必正立執綏. 車中, 不內顧, 不疾言, 不親指. -「鄕黨」17

교육지평

바르게 서서 끈을 잡는 것은 몸과 마음을 성실하고 엄숙하게 하려는 의도다. 차 안에서 온갖 참견을 하며 이리저리 둘러보거나 말을 빨리 하거나 여기저기 가리키는 것은, 스스로도 체면을 잃고 다른 사람도 헷갈리게 한다. 요즘으로 말하면, 자가용을 타고 가면서 어떻게 행동해야 하는지 연상하면 이해가 쉬울 것이다.

50. 학문이 일정 수준에 오르다

공자가 말했다.

"자로, 자네가 어찌 그런 거문고 곡조를 우리의 배움의 전당에서 치고 있는가?"

그러자 동문들이 자로를 존경하지 않게 되었다.

자신의 말을 잘못 알아듣고 제자들이 자로에 대해 뭔가를 오해하고 있는 듯하여 공자가 다시 말했다.

"그 정도의 실력이면 자로의 학문은 당에 올라섰다. 아직 실에 들지 못했을 뿐이다."

원 문

子曰, 由之瑟, 奚爲於丘之門. 門人, 不敬子路. 子曰, 由也, 升堂矣, 未入於室 也. -「先進」14

교육지평

자로가 거문고 타는 것을 듣고 화음이 잘 이루어지지 않음을 발견하고 공자가 이를 지적한 것인데, 제자들은 그가 형편없는 실력을 지닌 것으로 오해했다. 이에 공자가 다시 자로의 장점을 들어 격려했다.

집에 비유하면, 당은 대청마루이고 실은 내실, 즉 안방이다. 안방은 대청에 오른 다음 들어갈 수 있다. 대청마루에 오른 것만 해도 상당히 높은 수준의 학문을 이른 것이다. 대청마루에 오르면 안방에 들어가는 것은 시간문제다. 공자는 자로가 당에 오른 정도의 실력을 지녔고 조만간 안방에 들어갈 수 있다고 평가했다.

51. 자로의 현명한 결단력을 칭찬하다

한 마디 짧은 말로써 재판에서 판결을 내릴 수 있는 사람은 자로밖에 없을 것이다. 자로는 승낙한 것을 미루는 일이 없다.

원 문

片言, 可以折獄者, 其由也與. 子路, 無宿諾. -「顏淵」12

교육지평

자로의 결단력과 현명한 판단력을 기록한 구절이다. 자로는 빈천했으나 기질이 용맹하고 성급했으며, 남달리 강직하고 의리를 지킨 사람이었다. 그런 자로가 한 마디 말로 송사를 결단하는 것은, 그만큼 말보다 신뢰가 있었기 때문이다.

한번 승낙한 것을 미루지 않는 것도 자로의 성격과 연관된다. '한 마디 짧은 말'은 두 가지 해석이 있다. 하나는 말 그대로 '한 마디'이고, 다른 하나는 '원고나 피고 어느 한 쪽의 말만 듣는다'는 의미다. 어떤 의미로 쓰건 짧은 한 마디에 진실이 담겨 있고, 그것을 자로가 현명하게 적용했다.

52. 검소하고 만족할 줄 알다

공자가 위나라의 대부인 공자 형을 다음과 같이 높이 평가했다.

"그는 집안의 살림을 잘 챙겼다. 처음 재물이 생기자 '조촐하지만 어느 정도 쓸 수 있겠다.'라고 말했다. 그 후 재물이 조금 더 늘어나자 '이만하면 어느 정도 갖추어졌다.'라고 말했다. 재물이 많이 늘어나 넉넉하게 된 후에는 '이제야 집안 살림이 아름답게 되었다.'라고 말했다."

원 문

子謂衛公子荊. 善居室, 始有, 曰苟合矣. 少有, 曰苟完矣. 富有, 曰苟美矣. -「子路」8

교육지평

공자 형이 삶을 대하는 태도는 순서에 따라 절도 있게 했다는 데 그 장점이 있다. 한꺼번에 모든 것을 갖추려고 하면 재물에 얽매여 교만해지거나 인색해지기 쉽다. 공자 형은 절약하고 검소하며 만족할 줄 아는 마음을 지녔기에 공자가 칭찬한 것이다.

53. 훌륭한 정치지도자의 요건을 말하다

노나라 대부 남궁괄이 공자에게 물었다.

"예는 활쏘기를 잘했고, 오는 육지에서 배를 끌고 다닐 정도로 힘이 셌지만, 둘 다 제명에 죽지 못했습니다. 그러나 우임금과 후직은 몸소 농사를 지으며 일을 했으나 나중에 최고지도자 자리에 올랐습니다."

이에 공자가 특별히 반응을 보이지 않자 남궁괄이 나갔다.

그러자 공자가 말했다.

"저런 사람이 지도자 자질이 있는 분이다! 정말 저런 사람이 도덕성을 존중하는 분이다!"

원 문

南宮适, 問於孔子曰, 羿善射, 奡盪舟, 俱不得其死, 然禹稷, 躬稼而有天下. 夫子, 不答. 南宮适出. 子曰, 君子哉, 若人, 尙德哉, 若人. -「憲問」6

교육지평

훌륭한 정치지도자의 요건을 보여 준다. 예는 유궁 나라의 임금인데, 활을 잘 쏘았고 하나라 임금 상을 치고 임금 자리를 빼앗았다. 하지만 나중에 한착이 예를 죽이고 임금 자리에 올랐는데, 한착의 아들이 오다. 우임금은 하나라의 시조로 순임금으로부터 임금 자리를 선양받았고, 후직은 주나라의 선조로 농사를 지어 많은 서민에게 도움을 주었다.

예와 오는 특별한 재능이 있었지만 도리에 어긋났고, 우임금과 후직은 몸소 일하며 모범을 보여 주었다. 동서고금을 막론하고 훌륭한 지도자 중에는 서민의 삶을 몸소 경험하며 깨닫는 사람이 많은 듯하다. 공자는 통치자에게 반드시 덕으로 천하를 다스릴 것을 요구했다. 이를 계승하여 후대 유학자들은 '사람의 마음을 얻는 자는 흥하고 마음을 잃는 자는 망한다'라는 주장을 내세웠다.

54. 문서를 작성하는 자세를 말하다

정나라에서는 외교 문서를 작성할 때, 비심이 초고를 만들고, 세숙이 내용을 검토하고, 외교관인 자우가 문장을 수정하고, 동리에 살던 자산이 글을 아름답게 다듬었다.

원 문

爲命, 裨諶, 草創之, 世叔討論之, 行人子羽, 修飾之, 東里子産, 潤色之. -「憲問」9

교육지평

외교 문서를 비롯하여 공식 문서를 작성할 때의 자세에 관한 언급이다. 비심과 세숙, 자우, 자산은 모두 정나라의 대부로 당시 최고의 지식인이었다.

외교 문서는 매우 중요한 것이기 때문에, 여러 전문가들이 자세히 살피고 깊이 생각하여 만들어야 한다. 그래야 다른 나라와의 관계에서 실수를 하지 않는다.

공자는 행정문서를 작성할 때 여러 사람들의 손을 거쳐 완성해야 함을 말했다.

55. 관중을 평가하다

어떤 사람이 정나라 자산에 대해 물었다.

공자가 말했다.

"자산은 은혜를 베푸는 자혜로운 사람이다."

초나라의 자서에 대해 물었다.

공자가 말했다.

"그 사람, 그저 그런 사람이다."

관중에 대해 물었다.

공자가 말했다.

"이 사람은 뛰어난 정치가다. 제나라 대부 백씨가 소유했던 병읍 지역, 300호나 살던 땅을 몰수했다. 백씨는 거친 음식을 먹으며 빈궁하게 살다가 죽었으나, 관중을 원망하는 말을 하지 못했다."

원 문

或問子産, 子曰, 惠人也. 問子西, 曰彼哉彼哉. 問管仲, 曰人也, 奪伯氏, 騈邑三百, 飯疏食沒齒, 無怨言. -「憲問」10

교육지평

공자가 자산, 자서, 관중, 세 사람을 평가했다. 자산은 은혜로운 사람으로 평했고, 자서는 평가하기 싫었는지 애써 외면했다. 관중에 대해서는 정치적 수완이 있는 유능한 정치인으로 평가했다.

관중은 제나라의 환공을 도와 제나라를 부국강성한 나라로 만든 관자다. 백씨는 그간 자기의 영토를 넓히며 잘 살아왔으나 관중에게 토지를 몰수당했다. 하지만 관중이

나리를 부강하게 만드는 일등공신이고 자신은 그간 서민들을 착취하면서 부귀영화를 누렸기에, 자기의 죄를 인정하고 죽을 때까지 어떤 원망도 하지 않았다고 한다.

56. 재물을 함부로 취하지 않다

공자가 위나라 사람 공명가에게 위나라 대부인 공숙문자가 어떤 사람인지 물었다.

"정말로 공문숙자는 말이 없고 웃지도 않으며 재물을 함부로 취하지 않는가?"

공명가가 대답했다.

"누가 그렇게 말했는지 모르겠으나 말을 전한 사람이 잘못 말한 것 같습니다. 공숙문자는 말이 없었던 것이 아니라 꼭 말해야 할 때 말을 하므로 사람들이 그의 말을 싫어하지 않았습니다. 웃지 않았던 것이 아니라 진정으로 즐거울 때 웃었으므로 사람들이 그의 웃음을 싫어하지 않았습니다. 재물의 경우, 그것을 취해도 정당하다는 것을 안 뒤에 취했으므로 사람들이 그가 취하는 것을 싫어하지 않았습니다."

공자가 말했다.

"그랬을까? 진정으로 그랬을까?"

원 문

子問公叔文子於公明賈曰, 信乎夫子, 不言不笑不取乎. 公明賈對曰, 以告者過也, 夫子時然後言, 人不厭其言, 樂然後笑, 人不厭其笑, 義然後取, 人不厭其取. 子曰, 其然, 豈其然乎. -「憲問」14

교육지평

숙문자는 당시 사람들에게 청렴하고 조용한 사람으로 칭송이 자자했던 것 같다. 특히, 말과 낯빛, 재물로 이익을 취하는 일 등은 사람살이에서 중요하므로 때에 맞게 적절하게 해야 한다. 이에 대해 공자가 의심의 눈초리로 경계하며 문의한 구절이다.

57. 아래에서 배워 위로 통달하다

공자가 말했다.

"세상이 나를 알아주지 않는구나!"

그러자 자공이 되물었다.

"어찌 선생님을 알아주지 않는다고 한탄하십니까?"

이에 공자가 말했다.

"하늘을 원망하지 않고 사람도 탓하지 않으리라. 아래에서 배워 위로 통달하니, 나를 알아주는 것은 저 자연일 뿐이다."

원   문

子曰, 莫我知也夫. 子貢曰, 何爲其莫知子也. 子曰, 不怨天, 不尤人. 下學而上達. 知我者, 其天乎. -「憲問」37

교육지평

이 구절에서 공자의 달관한 삶을 느낄 수 있다. 누구를 원망하고 탓하랴! 모든 것은 나의 처신에 있다! 세상을 두루 돌아다니며 뜻을 펴려고 했건만, 알아주는 사람 하나 없다. 그러면 택할 수 있는 것은 단 하나다. 죽도록 공부하여 세상 이치를 꿰뚫는 것이다!

그것은 지상의 세계인 인간사를 배워, 천상의 세계, 즉 자연의 질서와 우주의 섭리를 터득한다는 말이다. 인간의 세계와 자연의 세계를 모두 터득하여 자신을 단련시키는 일이다.

『사기』「공자세가」에 보면, 공자는 71세에 노나라 군주가 사냥을 해서 괴물을 잡자, 그 동물이 기린이라고 생각하여 눈물을 흘렸다. 이런 상황에서 공자는 자신의 정치 이상을 실현하지 못하는 것을 한탄했지만, 하늘을 원망하거나 남을 탓하지 않았다. 여기에서 공자의 위대한 인격이 드러난다.

58. 세상을 구제를 포기하지 않다

자로가 노나라 성 밖에 있는 석문이라는 지역에 머무르며 하루를 묵었다. 다음 날 새벽이 되자 성문을 열어 주는 문지기가 말했다.

"어디에서 오는 거요?"

자로가 말했다.

"공자 문하에서 왔습니다."

그러자 문지기가 말했다.

"아, 안 될 줄 알면서 고집스럽게 하려는 사람이구먼!"

원 문

子路宿於石門. 晨門曰, 奚自. 子路曰, 自孔氏. 曰是知其不可而爲之者與. - 「憲問」41

교육지평

당시 성문을 열어 주는 문지기들 중에는 지혜롭고 똑똑한 사람이 꽤 있었다고 한다. 이들은 은퇴하여 관문을 지키는 사람으로, 세상을 바로잡을 수 없다고 생각하고 그런 일에 애쓰지 않았다.

일종의 은자이면서, 공자와 같이 세상을 구제하려는 사람을 조롱하는 경우가 많았다. 안 될 줄 알면서 고집스럽게 하는 것은 강한 신념이 있기 때문에 두려워하지 않는 것이다. 안 될 줄 알면서 고집스럽게 한다는 말에서 공자의 집착과 포기하지 않는 의지를 알 수 있다.

59. 세상을 잊으며 사는 것은 어렵지 않다

공자가 위나라에 있을 때 경쇠라는 악기를 치고 있었다. 때마침 삼태기를 메고 공자가 머무르던 집 앞을 지나가던 사람이 말했다.

"뜻이 담겨 있도다! 치는 경쇠 소리에!"

잠시 후에 또 말했다.

"천박하구나! 돌멩이 부딪치듯 각박한 소리여! 자기를 알아주지 않으면 그만둘 뿐이로구나. 『시경』에 '물이 깊으면 옷을 벗고, 물이 얕으면 옷을 걷어 올리고 건너가라.'고 했는데."

이에 공자가 말했다.

"과감하게 세상을 잊었구먼. 그렇게 사는 일은 어렵지 않지."

원 문

子擊磬於衛, 有荷蕢而過孔氏之門者, 曰有心哉, 擊磬乎. 旣而曰鄙哉, 硜硜乎. 莫己知也, 斯已而矣. 深則厲, 淺則揭. 子曰, 果哉, 末之難矣. -「憲問」42

교육지평

삼태기를 메고 일하는 사람들은 은자에 속한다. 은자가 경쇠 악기 치는 소리를 듣고, 그에 담긴 인간의 심성을 살펴본 것이다. 여기에서도 공자와 은자 사이에 세상을 대하는 시각 차이가 미묘하게 드러난다.

공자가 어려움을 두려워하지 않고 이상을 위해, '안 될 줄 알면서 고집스럽게 실천했음'을 말하고 있다.

60. 도의를 저버린 양화를 피하다

양화가 공자를 만나려 했으나 공자가 만나주지 않았다. 그러자 양화가 공자에게 삶은 돼지고기를 선물로 보내왔다. 이에 공자는 양화가 집에 없을 틈을 타 사례를 하려고 그의 집으로 갔다. 그런데 공교롭게도 가는 도중에 길에서 양화를 만났다.

양화가 공자에게 말했다.

"이리 오시오. 내 당신에게 할 말이 있소! 당신은 훌륭한 학식과 인품이라는 귀중한 보배를 지니고 있어요. 지금 나라가 혼란에 빠져 있는데도 구하지 않고 내버려 두는데, 이를 두고 지도적 인품을 지녔다고 할 수 있겠소? 아닐 것이오. 정치에 참여하고 싶으면서도 자주 때를 놓치는데, 이를 지혜롭다 할 수 있겠소? 아닐 것이오. 시간은 지나가고 세월은 우리를 기다려 주지 않습니다."

이에 공자가 말했다.

"알았소이다. 내 한 번 생각해 보고 정치 참여를 고민해 보겠습니다."

원 문

陽貨欲見孔子, 孔子不見. 歸孔子豚. 孔子時其亡也而往拜之. 遇諸途. 謂孔子曰來, 予與爾言. 曰懷其寶而迷其邦, 可謂仁乎. 曰不可, 好從事而亟失時, 可謂知乎. 曰不可. 日月逝矣, 歲不我與. 孔子曰諾, 吾將仕矣. -「陽貨」1

교육지평

양화는 계씨의 가신인 양호다. 계환자를 잡아 가두고 나랏일을 가로채 전횡을 행했다. 당시의 예의로 볼 때, 대부 계급인 양화가 사 계급인 공자에게 선물을 보내면 높은 계급인 대부에게 가서 절을 해야 했다. 양화가 이런 점을 이용하려고 했으나, 예의를 잘 아는 공자도 이를 피해 양화가 집에 없는 틈을 봐서 예의를 갖추려고 했지만, 도중에 만난 것이다.

사실, 공자는 정치 참여에 관심이 없었던 것이 아니다. 단지 양화와 같은 무리들과 함께하고 싶지 않았기 때문에 그를 피한 것이다. 정치 참여를 고려해 보겠다는 공자의 말은 진심이라기보다는 대화의 절차상 건성으로 한 것 같다.

61. 정치적 도의를 저버리자 떠나다

제나라 사람이 미인들로 구성된 가무단을 보내왔다. 노나라의 계환자가 이를 받아들이고 신하들과 함께 즐기며 사흘간 조회를 열지 않았다. 그러자 공자가 노나라를 떠났다.

원　문

齊人歸女樂. 季桓子, 受之, 三日不朝. 孔子行. -「微子」4

교육지평

공자가 노나라의 사구(司寇), 오늘날의 검찰 총장이 되어 정치력을 발휘하자, 3개월 만에 나라가 제대로 다스려졌다. 이때 이웃 나라인 제나라는 노나라가 강성해지면 제나라에게 이롭지 못할까 걱정이 되었다.

이에 노래 잘하고 춤 잘 추는 미녀들로 가무악단을 만들어 노나라에 보냈다. 공자는 이를 받아들여 즐기고 정사를 돌보지 않는 지도층의 모습에 환멸을 느꼈다. 특히, 공자는 그들의 행태가 정치적 도의를 저버리고 보편적 예의에 어긋난다고 보고, 실망하여 떠났다.

62. 처세 방식을 재확인하다

공자가 말했다.

"사어! 참으로 곧은 사람이다. 나라가 질서 있게 다스려져도 화살처럼 곧게 행하고, 나라가 혼란스러워 다스려지지 않아도 화살처럼 곧게 행한다.

거백옥! 참으로 훌륭한 사람이다. 나라가 질서 있게 다스려지면 관직에 나아가고, 나라가 혼란스러워 다스려지지 않으면 관직에서 물러나 자신의 재능을 거두어 간직해 둔다."

원 문

子曰, 直哉, 史魚. 邦有道, 如矢, 邦無道, 如矢. 君子哉, 蘧伯玉. 邦有道則仕. 邦無道則可卷而懷之. -「衛靈公」6

교육지평

사어와 거백옥은 모두 위나라의 대부다. 두 사람의 정치적 태도를 극단적으로 대비했다.

『공자가어』「곤서」에 따르면, 사어는 현명한 사람을 등용하게 하거나 어리석은 사람을 물러나게 하는 역할을 제대로 하지 못했다. 위나라 영공 때의 일이었다. 우매한 영공이 현명한 거백옥을 등용하지 않고 어리석은 미자하를 등용했다. 사어가 이에 대해 바로 간했다. 그러나 영공이 이를 듣지 않았고, 사어는 스트레스를 받아 죽고 말았다.

죽기 전에 사어는 아들에게 유언하기를 '내가 죽으면 시체를 문간에 두어라.'고 하며, 죽음으로 영공에게 충실히 간하는 모습을 보였다. 이에 영공도 거백옥을 등용할 수밖에 없었다. 사어의 행위가 그만큼 강직하다는 점을 공자가 긍정한 것이다. 거백옥은 이와 달랐다. 난세에는 조용히 물러나 훗날을 기약했다. 처세의 방식에서 차이를 보인다.

63. 은나라의 세 명의 충신을 말하다

미자는 떠나갔고, 기자는 노예처럼 행세하며 숨었고, 비간은 끝까지 간하다가 죽었다.

공자가 말했다.

"은나라에 세 명의 도덕성을 갖춘 지도층 인사가 있었다."

원 문 箕子, 爲之奴, 比干, 諫而死. 孔子曰, 殷有三仁焉. -「微子」1

교육지평 〒 은나라 말기, 주왕(紂王) 때의 사람이다. 미자는 주왕의 형이고 기자와 비간은 주왕의 숙부다. 한 일은 같지 않으나 세 사람 모두 주왕이 포악무도한 정치를 하자 자신의 지위와 생명을 걸고 충고하다가 고초를 겪거나 죽임을 당했다.

공자는 미자(微子), 기자(箕子), 비간(比干)이 나라와 백성을 걱정하는 인자의 마음과 나라를 위해 헌신하는 정신을 인(仁)으로 여겼다.

비간은 어릴 때부터 똑똑하고 부지런하며 공부를 좋아했다. 20세에 벌써 태사가 되어 제을(帝乙)을 섬겼다. 비간은 40년 동안 정치를 하면서 세금을 줄였고 농업을 발전시켰다. 제련 기술을 키우고 나라를 부유하게 하고 군대를 강하게 만들었다. 은나라 말기에 주왕(紂王)은 포악하고 황음무도했다. 비간은 '군주의 잘못을 간언하지 않는 것은 충성을 하는 것이 아닙니다. 죽음이 두려워서 간언하지 않는 것은 용기가 없는 것입니다. 잘못을 간언하고 받아들이지 않으면 죽는 것이니 이것이 충성입니다."라고 한탄했다. 그리고 바로 적성루(摘星樓)에 가서 10일 동안 계속 간언했다.

주왕은 '왜 그렇게 믿는가?'라고 물었다. 비간은 '선행과 인의를 믿고 있어 스스로 믿는다.'고 했다. 주왕은 매우 화가 나서, '성인들의 마음은 일곱 개의 구멍이 있다고 들었는데 당신도 그렇습니까?'라고 말하고, 비간의 심장을 보려고 비간을 죽였다.

64. 유하혜가 처세를 말하다

노나라 대부 유하혜가 노나라의 재판관이 되었다가 세 번이나 자리에서 쫓겨났다.

어떤 사람이 물었다.

"자네, 세 번이나 쫓겨났는데, 이 나라를 떠나는 게 낫지 않겠는가?"

그러자 유하혜가 말했다.

"도리를 곧게 지키며 사람을 섬기면 어느 나라에 간들 세 번 쫓겨나지 않겠는가? 도리를 굽히고 접으며 사람을 섬기면 지도층과 영합하여 잘살 수 있는데 어찌 내가 태어난 조국을 떠날 필요가 있겠는가?"

원문

柳下惠爲士師, 三黜. 人曰, 子未可以去乎. 曰直道而事人, 焉往而不三黜, 枉道而事人, 何必去父母之邦. - 「微子」 2

교육지평

유하혜는 양심에 따라 떳떳하게 자신의 임무를 수행한 인물이다. 하지만, 거짓이 횡행하고 혼란스럽고 질서가 무너진 사회에서 올바른 도리는 통하지 않았다. 쉽게 말하면, 당시 노나라 지도자들의 입맛에 맞지 않으므로 세 번이나 자리에서 쫓겨났다. 세상에 어떤 나라도 안정되어 있지 않기에 어디를 가도 상황은 마찬가지라는 의미다.

유하혜는 정직하고 능력 있는 인재로 공자는 그를 매우 높이 평가했다. 노나라에서 전옥관(典獄官)을 할 때 형벌과 소송을 관리했다. 당시 노나라 왕실이 쇠퇴하고 정권은 일부 귀족이 손에 잡고 있었다. 유하혜는 성격이 솔직해서 귀족들에게 비굴하게 아첨하지 못하고 자주 원한을 사서 세 번 연속으로 파직되었다.

유하혜는 파직당하여 자신의 뜻과 이상을 실현하지 못하지만 그의 도덕성과 학문은 천하에 전해졌다. 각 나라의 제후들은 그를 초빙하려 했지만 유하혜는 모두 거절했다. 어떤 사람이 노나라를 왜 떠나지 않으냐고 물어봤데 그는 한숨 쉬면서 말했다.

"제가 노나라에서 파직된 것은 원칙을 고수해서 그렇게 된 것입니다. 그러므로 다른 나라에 가서도 파직 당하게 될 것입니다. 만약 제가 원칙을 포기 할 수 있으면 노나라에서도 높은 관직을 할 수 있는데 왜 굳이 다른 나라에 가야하겠습니까?"

65. 현명함을 알면서도 기용하지 않음을 비판하다

노나라의 대부 장문중은 벼슬자리를 도둑질하는 사람이다. 노나라 대부 유하혜가 현명한 사람인 줄 알면서도 자기와 함께 벼슬자리에 있게 하지 않았다.

원   문

子曰, 臧文仲, 其竊位者與. 知柳下惠之賢而不與立也. -「衛靈公」13

교육지평

장문중은 노나라의 정치가였지만, 상대적으로 능력이 부족했던 모양이다. 같은 대부였지만 유하혜처럼 현명한 사람을 알아보지 못했다. 현명한 것을 알면서 등용하지 않았다면, 이는 자기 자리가 위협받을까 봐 그의 현명함을 덮고 가린 것이다.

이런 장문중의 태도를 보고 공자가 못마땅하게 여기며 벼슬자리를 도적질한 사람이라고 표현했다. 공자는 장문중이 정당하지 않은 수단으로 지위를 얻는 것을 지적하면서 현자가 자리를 지키길 원했다.

66. 나아가기도 하고 물러나기도 하다

초야에 은둔한 인재로는 백이, 숙제, 우중, 이일, 주장, 유하혜, 소련 등 일곱 사람을 꼽을 수 있다.

공자가 말했다.

"자기의 뜻을 굽히지 않고, 자기의 몸을 욕되게 하지 않은 사람은 백이와 숙제일 것이다."

유하혜와 소련에 대해서는 다음과 같이 평했다.

"이 들은 둘 다 뜻을 굽히고 몸을 욕되게 했다. 그러나 말이 의리에 맞고 행실이 생각과 일치했으니, 이런 점에서 괜찮았다."

우중과 이일에 대해서는 다음과 같이 평했다.

"은둔해 살면서 큰소리를 치기도 했다. 그러나 몸가짐이 청렴했고 세상을 버리고 은둔하는 시기가 적절했다."

그러나 나는 이들과 다르다. 할 수 있는 것도 없고 할 수 없는 것도 없다.

원 문

逸民, 伯夷, 叔齊, 虞仲, 夷逸, 朱張, 柳下惠, 少連. 子曰, 不降其志, 不辱其身, 伯夷叔齊與. 謂柳下惠少連, 降志辱身矣. 言中倫, 行中慮, 其斯而已矣. 謂虞仲夷逸, 隱居放言. 身中淸, 廢中權. 我則異於是. 無可無不可. -「微子」8, 9

교육지평

은둔에 대한 공자의 뜻은 시기 흐름에 적절함, 추세의 마땅함에 따르는 것이다. 반드시 관직에 나아가야 하는 것도 아니고, 그렇다고 반드시 은둔해야 하는 것도 아니다. 정치에 참여하는 것이 옳다고 판단되면 나아가고, 물러남이 은둔하는 것이 옳다고 판단되면 물러난다.

67. 정치지도자의 자세를 말하다

맹손씨가 증자의 제자인 양부를 재판관으로 등용했다. 그러자 양부가 증자에게 와서 자문을 구했다.

증자가 말했다.

"정치지도자들이 실정을 하여 사람들이 뿔뿔이 흩어진 지 오래되었다! 네가 사람들의 범죄 상황이 어떠한지 조사하여 그 실정을 알게 된다면, 그들을 불쌍히 여기고 죄상을 밝혀냈다고 기뻐하지 마라."

원 문

孟氏使陽膚, 爲士師, 問於曾子. 曾子曰, 上失其道, 民散久矣. 如得其情則哀矜而勿喜. -「子張」19

교육지평

소송을 담당하는 사법관의 자세, 혹은 정치지도자로서의 자세를 일러 준다. 위에 있는 정치지도자가 도덕성을 갖추어야 아래에 있는 사람들도 그렇게 된다.

바른 길을 잃고 흩어진 사람들은 어떻게 살아야 하는지, 현실의 삶 자체가 혼란스러워 우왕좌왕한다. 이럴수록 범죄율은 높아지기 쉬운데, 혹시 정치지도자로서 그런 존재들의 범죄 사실을 밝혔더라도, 상황을 고려하여 조치하면서 재판관의 자세를 갖추라는 충고다.

68. 높은 경지를 말하다

노나라의 대부 숙손무숙이 조정에서 다른 대부들에게 말했다.

"자공이 공자보다 똑똑합니다."

이 말을 노나라 대부 자복경백이 자공에게 전하자, 자공이 말했다.

"궁궐 담장에 비유하겠습니다. 저 자공의 담장은 어깨 정도의 높이에 해당합니다. 때문에 담장 너머로 궁궐 안의 방이나 집 구조의 아름다움을 엿볼 수 있습니다. 하지만 우리 선생님 공자의 담장은 몇 길이나 되는 높은 담장입니다. 대문을 통해 안으로 들어가지 못하면 궁궐 안에 있는 종묘의 아름다움과 여러 관리들의 다양하고 풍부한 학덕을 볼 수 없습니다. 그런데 그 대문으로 들어간 사람이 별로 없습니다. 때문에 공자의 높은 경지를 모르는 숙손무숙의 말이 또한 마땅하지 않겠습니까?"

원 문

叔孫武叔, 語大夫於朝曰, 子貢賢於仲尼, 子服景伯, 以告子貢. 子貢曰, 譬之宮牆, 賜之牆也, 及肩, 窺見室家之好. 夫子之牆, 數仞, 不得其門而入, 不見宗廟之美, 百官之富. 得其門者, 或寡矣. 夫子之云, 不亦宜乎. -「子張」 23

교육지평

공자가 어느 정도의 경지인지를 모르는 숙손무숙의 발언에 대해, 공자의 제자 자공이 그런 상황이 발생한 것에 대해 해명하며 관용을 베푸는 것 같은 구절이다.

공자는 유학 최고의 스승이고 성인이기 때문에, 어떤 차원에서도 완전한 사람이다. 침범할 수 없는 영역이자 절대 선으로 묘사된다. 공자의 사상은 평범하지만 위대하다. 공자의 언어는 평범하지만 그 속의 이치는 매우 풍부하고 진리의 빛이 난다.

69. 보다 높은 경지를 말하다

진자금이 자공에게 말했다.

"자네가 겸손하게 말해서 그렇지, 공자가 어찌 자네보다 현명하겠는가?"

자공이 말했다.

"지도층 인사는 한 마디 말로 지혜롭게 되기도 하고, 한 마디 말로 지혜롭지 않게도 됩니다. 말은 삼가지 않을 수 없는 것입니다. 우리 선생님 공자에게 미칠 수 없는 것은 하늘을 사다리로 오를 수 없는 것과 같습니다. 선생님이 나라를 맡아 다스린다면, '사람다운 생활을 하게 분위기를 만들어 주니 사람들이 나가서 일을 하고, 도덕을 실천하도록 가르쳐주니 사람들이 올바르게 행동하며 따르고, 편안하게 살게 하니 사람들이 모여들고, 저마다 활동할 수 있게 격려하니 서로 어울리고, 살아 계실 때는 서로 존중하여 영광으로 여기고 돌아가시면 서로 슬퍼하게 된다.'라고 했습니다. 경지가 이러한데 어찌 다른 사람이 공자에 미칠 수 있겠습니까?"

원   문

陳子禽, 謂子貢曰, 子爲恭也, 仲尼, 豈賢於子乎. 子貢曰, 君子一言, 以爲知, 一言以爲不知. 言不可不愼也. 夫子之不可及也, 猶天之不可階而升也. 夫子之得邦家者, 所謂立之斯立, 道之斯行, 綏之斯來, 動之斯和, 其生也榮, 其死也哀. 如之何其可及也. -「子張」25

교육지평

자공이 다시 한 번 공자의 재능과 정치적 지도력, 학덕 등에 관해 대변했다. 공자가 죽은 후, 자공을 비롯한 여러 제자들이 공자의 무덤 곁에 여막을 짓고 3년상을 치렀다. 자공은 공자의 제자 중에서 유일하게 다시 3년상을 치렀다. 6년상을 한 셈이다. 그만큼 자공은 공자를 존경했고 공자를 옹호했다.

70. 해와 달에 비교하다

숙손무숙이 공자의 가르침을 헐뜯고 욕하며 비방했다. 그러자 자공이
그에게 말했다.

"그러지 마시오. 그래 봐야 소용이 없습니다. 선생님은 헐뜯을 수 없는
분입니다. 다른 사람의 현명함은 언덕과 같아서 대부분 넘을 수 있습니
다. 하지만 공자는 해나 달 같아서 어떤 누구도 그 분을 넘을 수 없습니다.
사람들이 스스로 선생님의 가르침을 거절한다고 해도, 어찌 해와 달 같은
선생님의 가르침에 손상을 미칠 수 있겠습니까? 도리어 비방하는 사람이
자신이 분수를 헤아리지 못함을 보이는 짓일 뿐입니다."

원   문

叔孫武叔, 毁仲尼. 子貢曰, 無以爲也. 仲尼, 不可毁也. 他人之賢者, 丘陵也,
猶可踰也. 仲尼, 日月也, 無得而踰焉. 人雖欲自絶, 其何傷於日月乎. 多見其不
知量也. -「子張」24

교육지평

공자의 가르침을 해와 달에 비유하여, 어떤 사람이 아무리 비방한다고 해도 그 광
채에 아무런 손상도 없을 것이라고 언급하고 있다.

해와 달에 비유한 것은 진리의 절대성을 말한 것인데, 이는 공자의 인간미를 부각
하기보다는 그것을 초월하는 다른 면을 지나치게 높여 신격화로 치달은 느낌이 없지
않다.

참고문헌

『論語集註』

『論語義疏』

『論語集註』

『論語集釋』

『論語疏證』

『論語集註詳說』

『論語古今註』

『論語』(언해본)

『詩經』

『書經』

『周易』

『禮記』

『春秋』

『周禮』

『史記』

『孟子集註』

『大學章句』

『中庸章句』

『小學集註』

『管子』

『荀子』

『國語』

강봉수.『論語와 세상보기의 道』. 서울: 원미사, 2012.

邱鎭京.『論語思想體系』. 臺北: 文津出版社, 2001

吉田賢抗.『論語』(新釋漢文大系 1). 東京: 明治書院, 1976.

김도련 역주.『論語』. 서울: 현음사, 2003.

김용옥.『논어한글역주』(1,2,3). 서울: 통나무, 2008.

김원중 옮김.『논어』. 서울: 글항아리, 2012.

류종목.『논어의 문법적 이해』. 서울: 문학과지성사, 2000.

배병삼 주석.『논어』(1,2). 서울: 문학동네, 2002.

傅佩榮 主編·審訂.『孔子辭典』. 臺北: 聯經, 2013.

傅佩榮.『論語三百講』(上,中,下). 臺北: 聯經出版有限公司, 2011.

성백효. 『論語集註』. 서울: 한국인문고전연구소, 2013.
신창호. 『공자가 청춘에게』. 서울: 추수밭, 2012.
_____. 『유교 四書의 배움론』. 고양: 온고지신, 2011.
_____. 『일생에 한번은 논어를 써라』. 서울: 추수밭, 2014.
_____. 『한글 논어』. 서울: 판미동, 2014.
_____. 『한글 대학·중용』. 서울: 판미동, 2015.
_____. 『한글 맹자』. 서울: 판미동, 2015.
_____. 『『大學』, 유교의 지도자 교육철학』. 서울: 교육과학사, 2010.
十三經注疏整理委員會. 『論語注疏』(十三經注疏). 北京: 北京大出版社,
安作璋. 『論語辭典』. 上海: 上海古籍出版社, 2004.
楊伯峻. 『論語譯注』. 北京: 中華書局, 1980.
吳宏一. 『論語新繹』. 臺北: 聯經出版有限公司, 2010.
유교문화연구소 옮김. 『논어』. 서울: 성균관대출판부, 2005.
이기동. 『논어강설』. 서울: 성균관대출판부, 1991.
이을호. 『한글 논어』. 서울: 올재클래식스, 2011.
李澤厚. 『論語今讀』. 天津: 天津社會科學出版社, 2006.
장기근 편저. 『論語集註』. 서울: 명문당, 2009.
張超群 編著. 『論語大全』. 北京: 新文創, 2013.
錢 穆. 『論語新解』. 臺北: 東大圖書公司, 2006.
趙紀彬. 『論語新探』. 北京: 人民出版社, 1976.
陳冠學. 『論語新注』. 臺北: 東大圖書公司, 1995.
平岡武夫. 『論語』(全釋漢文大系 第1卷). 東京: 集英社, 1981.
胡 廣 外(孔子文化大全編輯部). 『四書集註大全』. 山東友誼書社, 1989.
홍찬유 역. 『論語』(一). 서울: 사단법인 유도회, 1982.
候淑琴. 『名家批注論語』. 沈陽: 万卷出版公司, 2010.

Burton Watson. *The Analects of Confucius*. New York: Columbia Univ, 2007
David Hinton. *The Analects Confucius*. New York: Counterpoint, 1998.
Edward Slingerland. *Confucius Analects*. Cambridge: Hackett, 2003
James Legge. *THE CHINESE CLASSICS*. 台北: 南天書局有限公司, 1981.
Roger T. Ames.Henry Rosemont, Jr. *The Analects of Confucius: A Philosophical Translation*. New York: The Ballantine Publishing Group, 1998
Simon Leys. *The Analects of Confucius*. New York: Norton, 1997

이 연구는 2017학년도 고려대학교 사범대학 특별연구비 지원을 받아 수행되었음

논어의 지평
교육학적 관점에서

초판 1쇄 인쇄 2018년 2월 1일
2쇄 인쇄 2018년 12월 27일

지은이 신창호
편 집 강완구
펴낸이 강완구
펴낸곳 써네스트
브랜드 우물이 있는 집
디자인 임나탈리야

출판등록 | 2005년 7월 13일 제 2017-000025호

주 소 | 서울시 마포구 망원로 94, 2층 203호

전 화 | 02-332-9384   **팩 스** | 0303-0006-9384

이메일 | sunestbooks@yahoo.co.kr

ISBN | 979-11-86430-62-0 (93140)   값 24,000원

2018ⓒ신창호

우물이 있는 집은 써네스트의 인문브랜드입니다.

이 도서의 국립중앙도서관 출판예정도서목록(CIP)은 서지정보유통지원시스템 홈페이지(http://seoji.nl.go.kr)와 국가자료공동목록시스템(http://www.nl.go.kr/kolisnet)에서 이용하실 수 있습니다. (CIP제어번호 : CIP2018002461)